21 世纪高等学校旅游管理专业本科教材

重庆市高校一流本科课程配套教材

重庆市高校课程思政示范课程配套教材

中国礼仪文化

刘 焱◎主编

中国旅游出版社

项目策划：段向民
责任编辑：武　洋
责任印制：钱　宬
封面设计：武爱听

图书在版编目（ＣＩＰ）数据

中国礼仪文化 / 刘焱主编 . -- 北京 ：中国旅游出版社 ，2025. 7. --（21世纪高等学校旅游管理专业本科教材）（重庆市高校一流本科课程配套教材）（重庆市高校课程思政示范课程配套教材）. -- ISBN 978-7-5032-7487-9

Ⅰ. K892.26

中国国家版本馆 CIP 数据核字第 2025HH1910 号

书　　　名：中国礼仪文化

作　　　者：刘焱
出版发行：中国旅游出版社
　　　　　　（北京静安东里6号　邮编：100028）
　　　　　　https://www.cttp.net.cn　E-mail:cttp@mct.gov.cn
　　　　　　营销中心电话：010-57377103、010-57377106
　　　　　　读者服务部电话：010-57377107
排　　　版：北京旅教文化传播有限公司
经　　　销：全国各地新华书店
印　　　刷：北京明恒达印务有限公司
版　　　次：2025年7月第1版　2025年7月第1次印刷
开　　　本：787毫米×1092毫米　1/16
印　　　张：19.25
字　　　数：389千
定　　　价：49.80元
ＩＳＢＮ　　978-7-5032-7487-9

前　言

文化关乎国本、国运。习近平总书记指出：要认真汲取中华优秀传统文化的思想精华和道德精髓，使中华优秀传统文化成为涵养社会主义核心价值观的重要源泉。礼仪文化是中国传统文化的核心内容之一，其中蕴含着中国传统文化价值观念的思想精华和道德精髓，因此，科学阐述中国礼仪文化的思想内涵，汲取其合理内核，使之成为涵养社会主义核心价值观和引导当代社会行为规范的重要源泉，是我们在全球文化激荡中站稳脚跟的根基之一。

但我们发现，现有礼仪教材总体上存在重国际礼仪，轻中华礼仪；重现代礼仪，轻传统礼仪的弊病。而中国礼仪、礼制、礼节是伴随中国五千年历史文明发展积淀的文化精髓，其蕴含的尊老爱幼、礼貌待人、谦逊有礼等许多元素，都是现代社会所倡导的核心价值观。将中华礼仪、传统礼仪与国际礼仪、现代礼仪有效融合，有助于我们更好地传承弘扬中华优秀传统文化，更灵活应对现代泛在情境下的礼仪文化需求。

在此背景下，编写团队依托重庆市一流本科线上课程、重庆市课程思政示范课程（及示范教学团队）、重庆市高校在线课程建设与应用优秀示范案例、重庆市一流本科课程示范案例、重庆高等教育智慧教育平台共享课程"旅游礼仪"、重庆市精品视频课程"传统文化与人生智慧"、重庆市文化和旅游发展委员会党的二十大精神文旅精品课程"传统文化与现代礼仪"，在保留职业礼仪情境的基础上，悉心挖掘包括文化传承、行业新态、制度自信、国际担当在内的四类思政素材，探索汇聚中华与国际、传统与现代礼仪教育资源于教材的呈现方式，尽力将中国礼仪文化中蕴含的向善、为和、有序的价值观念，放进更广阔的文化框架中进行科学的阐释与演绎。让中学生、大学生乃至社会学习者都能通过学习，体味、实践，认同中国礼仪文化，提升个人价值取向，调控社会行为路径。

本书特点如下：

（1）"礼"思政内容体系呈现，凸显教材思想引领力。

教材突破了礼仪课程重视技能培养的传统思维，按照"传统礼仪＋现代礼仪"的章节编写逻辑，主动融合与社会相连、时代同频、实践相通的礼仪情境案例，深化个人心德、职业道德、行业情德、爱国品德的思政价值导向。

（2）数字"礼"资源建设，凸显教材信息化前瞻性。

抓好"数字教材建设"是国家教育数字化战略行动的具体实践。教材构建了以礼仪应用场景为单元的系列数字化配套资源（包括教学视频、教学案例等），推动数字资源建设与教育教学融合创新。

本书由重庆市一流本科线上课程、重庆市课程思政示范课程（示范教学团队）、重庆市高校在线课程建设与应用优秀示范案例、重庆市一流本科课程示范案例、重庆高等教育智慧教育平台共享课程"旅游礼仪"负责人，重庆市文化和旅游发展委员会党的二十大精神文旅精品课程"传统文化与现代礼仪"负责人，重庆第二师范学院刘焱副教授担任主编，并承担了绪论、第一章、第五章、第七章的编写工作，重庆第二师范学院张瑾副教授、赵雅讲师、黄小亚讲师、刘亚男助教分别承担了第八章、第二章和第三章、第六章和第九章、第四章的编写工作。要特别感谢重庆第二师范学院学生卢静茹、吴灵隆，他们为本书做了图片拍摄、形象展示、信息搜集等方面的工作。

在编写过程中，笔者参阅了大量的书籍和报刊，在此对被参考和借鉴的书籍及报刊的作者表示深深的谢意。由于编者水平有限，书中不足之处在所难免，还请广大读者不吝赐教，多多包涵。

刘焱

2025 年 3 月

CONTENTS ■■■ 目　录

绪　论 ·· 1

第一章　中国礼仪文化概述 ································· 10
　　第一节　礼仪文化精髓 ································· 10
　　第二节　礼仪文化经典 ································· 22
　　第三节　礼仪特征 ····································· 28
　　第四节　礼仪功能 ····································· 29

第二章　中国仪表礼仪文化 ································· 32
　　第一节　古代衣冠礼仪 ································· 33
　　第二节　古代仪容礼仪 ································· 39
　　第三节　现代仪表礼仪 ································· 43

第三章　中国仪态礼仪文化 ································· 67
　　第一节　古代坐立礼 ··································· 67
　　第二节　古代行走礼仪 ································· 78
　　第三节　现代仪态礼仪 ································· 81

第四章　中国沟通礼仪文化 ································· 114
　　第一节　古代称谓礼仪 ································· 114
　　第二节　古代言语礼仪 ································· 129
　　第三节　现代称谓礼仪 ································· 135

第四节 现代言语礼仪 ……………………………… 138

第五章 中国媒介礼仪文化 ……………………… 149
第一节 古代书信礼仪 ……………………………… 149
第二节 现代媒介礼仪 ……………………………… 156

第六章 中国个人礼仪文化 ……………………… 170
第一节 古代个人礼仪 ……………………………… 170
第二节 现代个人礼仪 ……………………………… 179

第七章 中国社交礼仪文化 ……………………… 186
第一节 社交礼仪概述 ……………………………… 186
第二节 古代社交礼仪 ……………………………… 189
第三节 现代社交礼仪 ……………………………… 198

第八章 中国餐饮礼仪文化 ……………………… 218
第一节 古代餐饮礼仪 ……………………………… 219
第二节 现代餐饮礼仪 ……………………………… 224

第九章 中国情境礼仪文化 ……………………… 247
第一节 古代宫廷礼仪 ……………………………… 247
第二节 古代民间礼俗礼仪 ………………………… 252
第三节 中国传统节日礼仪 ………………………… 265
第四节 现代节俗礼仪 ……………………………… 274
第五节 公共休闲礼仪 ……………………………… 279
第六节 高雅场合礼仪 ……………………………… 297

绪　论

2023年10月全国宣传思想文化工作会议，正式提出并系统阐述了习近平文化思想。这是一个重大战略决策，在党的理论创新进程中具有重大意义，在党的宣传思想文化事业发展史上具有里程碑意义。

近代以来，中国文化建设面临的一个重要问题就是如何正确处理好"古今中西"的关系。自马克思主义传入中国以来，中国共产党成立之后，我们就面临着如何正确处理好"古今中西马"的关系，特别是"中西马"三者之间的关系。可以说，对"古今中西马"关系的处理就决定着中国近代以来文化发展的道路和文化建设的成果。而习近平文化思想的研究纲领，就是习近平总书记如何正确处理"古今中西马"关系问题的原则，这既是习近平文化思想的内在逻辑，也是习近平文化思想的重要原则和重要方法论。

习近平文化思想的形成，标志着我们党对中国特色社会主义文化建设规律的认识达到了新高度，表明我们党的历史自信、文化自信达到了新高度。

深入学习领会习近平文化思想，是全党尤其是全国宣传思想文化战线的一项重要政治任务，也为我们学习和掌握礼仪提供了一个更加开放包容的视角。它可以使我们更好地理解和把握传统礼仪、现代礼仪与国际礼仪之间的内在联系和共通之处，更加积极地探索和创新礼仪表达方式，使礼仪操作既符合时代要求，又彰显中华文化特色。

一、深入学习领会关于坚持党的文化领导权的重要论述

坚持党的文化领导权是事关党和国家前途命运的大事。坚持党的文化领导权，是习近平总书记深刻总结党的历史经验、洞察时代发展大势提出来的，充分体现了对新时代文化地位作用的深刻认识，体现了对党的意识形态工作的科学把握。习近平总书记指出，意识形态关乎旗帜、关乎道路、关乎国家政治安全。"经济建设是党的中心工作，意识形态工作是党的一项极端重要的工作。面对改革发展稳定复杂局面和社会思想意识多元多样、媒体格局深刻变化，在集中精力进行经济建设的同时，一刻也不能放松和削弱意识形态工作，必须把意识形态工作的领导权、管理权、话语权牢牢掌握在手中，任何时候都不能旁落，否则就要犯无可挽回的历史性错误。"党管宣传、党管意识形态、党管媒体是坚持党的领导的重要方面，要"坚持政治家办报、办刊、办台、办新闻网站"。他强调："所有宣传思想部门和单位，所有宣传思想战线上的党员、干部，都

要旗帜鲜明坚持党性原则。""坚持党性，核心就是坚持正确政治方向，站稳政治立场，坚定宣传党的理论和路线方针政策，坚定宣传中央重大工作部署，坚定宣传中央关于形势的重大分析判断，坚决同党中央保持高度一致，坚决维护党中央权威。""做到爱党、护党、为党"。他要求，要全面落实意识形态工作责任制，"各级党委要负起政治责任和领导责任，把宣传思想工作摆在全局工作的重要位置，加强对宣传思想领域重大问题的分析研判和重大战略性任务的统筹指导""宣传思想战线的同志要履行好自己的神圣职责和光荣使命，以战斗的姿态、战士的担当，积极投身宣传思想领域斗争一线""要牢牢掌握意识形态工作领导权""建设具有强大凝聚力和引领力的社会主义意识形态"。习近平总书记的这些重要论述，深刻阐明了加强党对宣传思想文化工作领导的极端重要性，明确了做好宣传思想文化工作必须坚持的政治保证。

二、深入学习领会关于推动物质文明和精神文明协调发展的重要论述

推动物质文明和精神文明协调发展是坚持和发展中国特色社会主义的本质特征。立足中国特色社会主义事业发展全局，正确把握物质文明和精神文明的辩证关系，体现了对社会主义精神文明建设重要性和中国国情的深刻认识和全面把握。习近平总书记指出，实现中华民族伟大复兴的中国梦，物质财富要极大丰富，精神财富也要极大丰富。中国式现代化是物质文明和精神文明相协调的现代化。物质富足、精神富有是社会主义现代化的根本要求。物质贫困不是社会主义，精神贫乏也不是社会主义。他强调："人无精神则不立，国无精神则不强。精神是一个民族赖以长久生存的灵魂，唯有精神上达到一定的高度，这个民族才能在历史的洪流中屹立不倒、奋勇向前。""我们要继续锲而不舍、一以贯之抓好社会主义精神文明建设，为全国各族人民不断前进提供坚强的思想保证、强大的精神力量、丰润的道德滋养。"他指出，我们不断厚植现代化的物质基础，不断夯实人民幸福生活的物质条件，同时大力发展社会主义先进文化，加强理想信念教育，传承中华文明，促进物的全面丰富和人的全面发展。他要求，"加强思想道德建设，深入实施公民道德建设工程，加强和改进思想政治工作，推进新时代文明实践中心建设，不断提升人民思想觉悟、道德水准、文明素养和全社会文明程度""深入开展群众性精神文明创建活动""深化文明城市、文明村镇、文明单位、文明家庭、文明校园创建工作，推进诚信建设和志愿服务制度化，提高全社会道德水平""深入挖掘、继承、创新优秀传统乡土文化，弘扬新风正气，推进移风易俗，培育文明乡风、良好家风、淳朴民风，焕发乡村文明新气象"。习近平总书记的这些重要论述，站在经济建设和上层建筑关系的哲学高度，深刻阐释了社会运动规律，深刻阐明了精神文明的重要作用，具有极为重要的本体论和认识论意义，为新时代坚持和发展中国特色社会主义、推进中国式现代化提供了科学指引。

三、深入学习领会关于"两个结合"的根本要求的重要论述

"两个结合"的根本要求拓展了中国特色社会主义文化发展道路。创造性提出并阐述"两个结合",揭示了开辟和发展中国特色社会主义的必由之路,也揭示了党推动理论创新和文化繁荣的必由之路。习近平总书记指出,新的征程上,我们必须"坚持把马克思主义基本原理同中国具体实际相结合、同中华优秀传统文化相结合""中国共产党人深刻认识到,只有把马克思主义基本原理同中国具体实际相结合、同中华优秀传统文化相结合,坚持运用辩证唯物主义和历史唯物主义,才能正确回答时代和实践提出的重大问题,才能始终保持马克思主义的蓬勃生机和旺盛活力"。他指出,在五千多年中华文明深厚基础上开辟和发展中国特色社会主义,把马克思主义基本原理同中国具体实际、同中华优秀传统文化相结合是必由之路。"如果没有中华五千年文明,哪里有什么中国特色?如果不是中国特色,哪有我们今天这么成功的中国特色社会主义道路?"只有立足波澜壮阔的中华五千多年文明史,才能真正理解中国道路的历史必然、文化内涵与独特优势。他强调,历史正反两方面的经验表明,"两个结合"是我们取得成功的最大法宝。第一,"结合"的前提是彼此契合。马克思主义和中华优秀传统文化来源不同,但彼此存在高度的契合性。相互契合才能有机结合。正是在这个意义上,我们才说中国共产党既是马克思主义的坚定信仰者和践行者,又是中华优秀传统文化的忠实继承者和弘扬者。第二,"结合"的结果是互相成就。"结合"不是"拼盘",不是简单的"物理反应",而是深刻的"化学反应",造就了一个有机统一的新的文化生命体。"第二个结合"让马克思主义成为中国的,中华优秀传统文化成为现代的,让经由"结合"而形成的新文化成为中国式现代化的文化形态。第三,"结合"筑牢了道路根基。我们的社会主义为什么不一样?为什么能够生机勃勃、充满活力?关键就在于中国特色。中国特色的关键就在于"两个结合"。中国式现代化赋予中华文明以现代力量,中华文明赋予中国式现代化以深厚底蕴。第四,"结合"打开了创新空间。"结合"本身就是创新,同时又开启了广阔的理论和实践创新空间。"第二个结合"让我们掌握了思想和文化主动,并有力地作用于道路、理论和制度。"第二个结合"是又一次的思想解放,让我们能够在更广阔的文化空间中,充分运用中华优秀传统文化的宝贵资源,探索面向未来的理论和制度创新。第五,"结合"巩固了文化主体性。任何文化要立得住、行得远,要有引领力、凝聚力、塑造力、辐射力,就必须有自己的主体性。文化自信就来自我们的文化主体性。这一主体性是中国共产党带领中国人民在中国大地上建立起来的;是在创造性转化、创新性发展中华优秀传统文化,继承革命文化,发展社会主义先进文化的基础上,借鉴吸收人类一切优秀文明成果的基础上建立起来的;是通过把马克思主义基本原理同中国具体实际、同中华优秀传统文化相结合建立起来的。创立习近平新时代中国特色社会主义思想就是这一文化主体性的最有力体现。习近平总书记的这些重要论述,充

分表明我们党对中国道路、中国理论、中国制度的认识进一步升华，拓展了中国特色社会主义道路的文化根基。

四、深入学习领会关于新的文化使命的重要论述

新的文化使命彰显了我们党促进中华文化繁荣、创造人类文明新形态的历史担当。在强国建设、民族复兴伟业深入推进的关键时刻，高瞻远瞩提出新的文化使命，具有强大感召力和引领力。习近平总书记指出，"做好新形势下宣传思想工作，必须自觉承担起举旗帜、聚民心、育新人、兴文化、展形象的使命任务""巩固马克思主义在意识形态领域的指导地位、巩固全党全国各族人民团结奋斗的共同思想基础""在新的起点上继续推动文化繁荣、建设文化强国、建设中华民族现代文明，是我们在新时代新的文化使命"。他强调，要坚持中国特色社会主义文化发展道路，发展社会主义先进文化，弘扬革命文化，传承中华优秀传统文化，激发全民族文化创新创造活力，增强实现中华民族伟大复兴的精神力量。他指出："中国特色社会主义文化，源自于中华民族五千多年文明历史所孕育的中华优秀传统文化，熔铸于党领导人民在革命、建设、改革中创造的革命文化和社会主义先进文化，植根于中国特色社会主义伟大实践。发展中国特色社会主义文化，就是以马克思主义为指导，坚守中华文化立场，立足当代中国现实，结合当今时代条件，发展面向现代化、面向世界、面向未来的，民族的科学的大众的社会主义文化，推动社会主义精神文明和物质文明协调发展。要坚持为人民服务、为社会主义服务，坚持百花齐放、百家争鸣，坚持创造性转化、创新性发展，不断铸就中华文化新辉煌。"他强调："对历史最好的继承就是创造新的历史，对人类文明最大的礼敬就是创造人类文明新形态。"他要求，新时代的文化工作者必须以守正创新的正气和锐气，赓续历史文脉、谱写当代华章。习近平总书记的这些重要论述，强调了新的文化使命是新时代新征程党的使命任务对文化发展的必然要求，落脚点是铸就社会主义文化新辉煌、建设中华民族现代文明。而礼仪文化是中华民族宝贵的文化遗产，它蕴含着丰富的历史、文化和人文精神。推动传统礼仪与现代礼仪的融合，意味着在尊重和传承传统的基础上，对其进行创新性转化和发展，使其更加符合现代社会的需求和审美。这种融合不仅有助于增强民族自豪感和文化自信，还能促进社会的和谐稳定。

五、深入学习领会关于坚定文化自信的重要论述

坚定文化自信，是事关国运兴衰、事关文化安全、事关民族精神独立性的大问题。习近平总书记指出："一个国家、一个民族的强盛，总是以文化兴盛为支撑的，中华民族伟大复兴需要以中华文化发展繁荣为条件。""我们说要坚定中国特色社会主义道路自信、理论自信、制度自信，说到底是要坚定文化自信。""文化自信，是更基础、更广泛、更深厚的自信，是更基本、更深沉、更持久的力量。"他强调："中华文明历经数千

年而绵延不绝、迭遭忧患而经久不衰，这是人类文明的奇迹，也是我们自信的底气。坚定文化自信，就是坚持走自己的路。坚定文化自信的首要任务，就是立足中华民族伟大历史实践和当代实践，用中国道理总结好中国经验，把中国经验提升为中国理论，既不盲从各种教条，也不照搬外国理论，实现精神上的独立自主。要把文化自信融入全民族的精神气质与文化品格中，养成昂扬向上的风貌和理性平和的心态。"习近平总书记的重要论述，深刻阐明了文化自信的特殊重要性，彰显了我们党高度的文化自觉和文化担当，把我们党对文化地位和作用的认识提升到一个新高度。学习中国礼仪文化正是增强文化自信、养成昂扬风貌和平和心态的重要途径。通过学习中国传统的社交礼仪、道德规范等，可以更深入地理解中华文化的精髓和价值，更自信地展现与传播中华文化魅力。

六、深入学习领会关于培育和践行社会主义核心价值观的重要论述

培育和践行社会主义核心价值观是凝魂聚气、强基固本的基础工程。坚持以德树人、以文化人，是习近平总书记始终念兹在兹、谆谆教诲的一件大事。习近平总书记指出："人类社会发展的历史表明，对一个民族、一个国家来说，最持久、最深层的力量是全社会共同认可的核心价值观。核心价值观，承载着一个民族、一个国家的精神追求，体现着一个社会评判是非曲直的价值标准。""核心价值观是一个国家的重要稳定器，能否构建具有强大感召力的核心价值观，关系社会和谐稳定，关系国家长治久安。""如果没有共同的核心价值观，一个民族、一个国家就会魂无定所、行无依归。"他指出："我们提出要倡导富强、民主、文明、和谐，倡导自由、平等、公正、法治，倡导爱国、敬业、诚信、友善，积极培育和践行社会主义核心价值观。富强、民主、文明、和谐是国家层面的价值要求，自由、平等、公正、法治是社会层面的价值要求，爱国、敬业、诚信、友善是公民层面的价值要求。这个概括，实际上回答了我们要建设什么样的国家、建设什么样的社会、培育什么样的公民的重大问题。"他强调："核心价值观的养成绝非一日之功，要坚持由易到难、由近及远，努力把核心价值观的要求变成日常的行为准则，进而形成自觉奉行的信念理念。""要注意把社会主义核心价值观日常化、具体化、形象化、生活化，使每个人都能感知它、领悟它，内化为精神追求，外化为实际行动，做到明大德、守公德、严私德。"他要求，弘扬以伟大建党精神为源头的中国共产党人精神谱系，用好红色资源。"要以培养担当民族复兴大任的时代新人为着眼点，强化教育引导、实践养成、制度保障，发挥社会主义核心价值观对国民教育、精神文明创建、精神文化产品创作生产传播的引领作用，把社会主义核心价值观融入社会发展各方面，转化为人们的情感认同和行为习惯。坚持全民行动、干部带头，从家庭做起，从娃娃抓起。深入挖掘中华优秀传统文化蕴含的思想观念、人文精神、道德规范，结合时代要求继承创新，让中华文化展现出永久魅力和时代风采。"习近平总书记的这

些重要论述，深刻阐明了中国特色社会主义文化建设的一项根本任务，明确了推进社会主义核心价值观建设的重点和着力点。尤其是其诚信、友善、敬业等核心价值观，在中国礼仪文化中都有着深厚的根基和丰富的体现。通过学习中国礼仪文化，可以更好地践行社会主义核心价值观，促进社会和谐与进步。

七、深入学习领会关于以人民为中心的工作导向的重要论述

以人民为中心的工作导向体现了我们党领导和推动文化建设的鲜明立场。新时代以来宣传思想文化改革发展历程，贯穿着以人民为中心的鲜明主线，充分展现了习近平总书记深厚的人民情怀。习近平总书记指出，"人民性是马克思主义的本质属性""人民立场是中国共产党的根本政治立场""中国共产党的根本宗旨是全心全意为人民服务"。宣传思想文化工作必须坚持以人民为中心的工作导向。他强调："文艺要反映好人民心声，就要坚持为人民服务、为社会主义服务这个根本方向。""以人民为中心，就是要把满足人民精神文化需求作为文艺和文艺工作的出发点和落脚点，把人民作为文艺表现的主体，把人民作为文艺审美的鉴赏家和评判者，把为人民服务作为文艺工作者的天职。"他强调，哲学社会科学研究要"坚持以马克思主义为指导，核心要解决好为什么人的问题。为什么人的问题是哲学社会科学研究的根本性、原则性问题。我国哲学社会科学为谁著书、为谁立说，是为少数人服务还是为绝大多数人服务，是必须搞清楚的问题"。他指出："我们的党是全心全意为人民服务的党，我们的国家是人民当家作主的国家，党和国家一切工作的出发点和落脚点是实现好、维护好、发展好最广大人民根本利益。我国哲学社会科学要有所作为，就必须坚持以人民为中心的研究导向。脱离了人民，哲学社会科学就不会有吸引力、感染力、影响力、生命力。我国广大哲学社会科学工作者要坚持人民是历史创造者的观点，树立为人民做学问的理想，尊重人民主体地位，聚焦人民实践创造，自觉把个人学术追求同国家和民族发展紧紧联系在一起，努力多出经得起实践、人民、历史检验的研究成果。"习近平总书记的这些重要论述，深刻回答了文化为什么人的问题，彰显了党的性质宗旨和初心使命。而学习中国礼仪文化，可以帮助我们以更加文明、礼貌、尊重的方式与人民群众沟通与交流，增强人民群众对我们的信任和支持。这种信任和支持，是我们做好各项文化工作的基础，也是我们实现以人民为中心的工作导向的重要保障。

八、深入学习领会关于保护历史文化遗产的重要论述

保护历史文化遗产是推动文化传承发展的重要基础。历史文化遗产承载着中华民族的基因和血脉。习近平总书记对文化遗产保护高度重视，展现了强烈的文明担当、深沉的文化情怀。习近平总书记指出，中华文明探源工程等重大工程的研究成果，实证了我国百万年的人类史、一万年的文化史、五千多年的文明史。历史文化遗产"不仅属于

我们这一代人，也属于子孙万代"。"革命文物承载党和人民英勇奋斗的光荣历史，记载中国革命的伟大历程和感人事迹，是党和国家的宝贵财富，是弘扬革命传统和革命文化、加强社会主义精神文明建设、激发爱国热情、振奋民族精神的生动教材。"中华文化是我们提高国家文化软实力最深厚的源泉，是我们提高国家文化软实力的重要途径。要使中华民族最基本的文化基因与当代文化相适应、与现代社会相协调，以人们喜闻乐见、具有广泛参与性的方式推广开来，把跨越时空、超越国度、富有永恒魅力、具有当代价值的文化精神弘扬起来，把继承优秀传统文化又弘扬时代精神、立足本国又面向世界的当代中国文化创新成果传播出去。要系统梳理传统文化资源，让收藏在禁宫里的文物、陈列在广阔大地上的遗产、书写在古籍里的文字都活起来。"要敬畏历史、敬畏文化、敬畏生态，全面保护好历史文化遗产，统筹好旅游发展、特色经营、古城保护，筑牢文物安全底线，守护好前人留给我们的宝贵财富。"他指出："不忘历史才能开辟未来，善于继承才能善于创新。优秀传统文化是一个国家、一个民族传承和发展的根本，如果丢掉了，就割断了精神命脉。我们要善于把弘扬优秀传统文化和发展现实文化有机统一起来，紧密结合起来，在继承中发展，在发展中继承。传统文化在其形成和发展过程中，不可避免会受到当时人们的认识水平、时代条件、社会制度的局限性的制约和影响，因而也不可避免会存在陈旧过时或已成为糟粕性的东西。这就要求人们在学习、研究、应用传统文化时坚持古为今用、推陈出新，结合新的实践和时代要求进行正确取舍，而不能一股脑儿都拿到今天来照套照用。"他强调，"要坚持古为今用、以古鉴今，增强对历史文物的敬畏之心，树立保护文物也是政绩的科学理念，统筹好文物保护与经济社会发展，全面贯彻'保护为主、抢救第一、合理利用、加强管理'的工作方针，切实加大文物保护力度，推进文物合理适度利用，使文物保护成果更多惠及人民群众。各级文物部门要不辱使命，守土尽责，提高素质能力和依法管理水平，广泛动员社会力量参与，努力走出一条符合国情的文物保护利用之路，为实现'两个一百年'奋斗目标、实现中华民族伟大复兴的中国梦作出更大贡献。"学习中国礼仪文化与保护历史文化遗产都承载着传承和弘扬中华优秀传统文化的使命。历史文化遗产是中华文明的重要组成部分，它们记录了中华民族的历史变迁、文化传承和社会发展。而礼仪文化则是中华民族的传统美德和行为规范，体现了中华民族的文明素养和精神风貌。两者都是中华文化的重要载体，共同承载着传承和发扬中华优秀传统文化的重任。

九、深入学习领会关于构建中国话语和中国叙事体系的重要论述

构建中国话语和中国叙事体系体现了我们党提高国家文化软实力、占据国际道义制高点的战略谋划。习近平总书记提出增强我国国际话语权的重要任务并摆上突出位置，体现了宽广的世界眼光和高超的战略思维。习近平总书记指出，要"增强中华文明传播力影响力。坚守中华文化立场，提炼展示中华文明的精神标识和文化精髓，加快构建中

国话语和中国叙事体系，讲好中国故事、传播好中国声音，展现可信、可爱、可敬的中国形象""要讲清楚中国是什么样的文明和什么样的国家，讲清楚中国人的宇宙观、天下观、社会观、道德观，展现中华文明的悠久历史和人文底蕴，促使世界读懂中国、读懂中国人民、读懂中国共产党、读懂中华民族"。他认为，讲故事，是国际传播的最佳方式。要讲好中国特色社会主义的故事，讲好中国梦的故事，讲好中国人的故事，讲好中华优秀文化的故事，讲好中国和平发展的故事。讲故事就是讲事实、讲形象、讲情感、讲道理，讲事实才能说服人，讲形象才能打动人，讲情感才能感染人，讲道理才能影响人。他要求，要组织各种精彩、精炼的故事载体，把中国道路、中国理论、中国制度、中国精神、中国力量寓于其中，使人想听爱听，听有所思，听有所得。要创新对外话语表达方式，研究国外不同受众的习惯和特点，采用融通中外的概念、范畴、表述，把我们想讲的和国外受众想听的结合起来，把"陈情"和"说理"结合起来，把"自己讲"和"别人讲"结合起来，使故事更多为国际社会和海外受众所认同。要加强国际传播能力建设，全面提升国际传播效能，形成同我国综合国力和国际地位相匹配的国际话语权。深化文明交流互鉴，推动中华文化更好走向世界。要完善人文交流机制，创新人文交流方式，发挥各地区各部门各方面作用，综合运用大众传播、群体传播、人际传播等多种方式展示中华文化魅力。习近平总书记的这些重要论述，既是思想理念又是工作方法，指明了提升国家文化软实力的关键点和着力点。而中国礼仪文化蕴含着丰富的道德理念和人文关怀，这些理念与社会主义核心价值观相契合，可以帮助外国人理解中国人的思想观念、道德规范和社交方式，在构建中国话语和中国叙事体系中发挥着重要的作用。

十、深入学习领会关于促进文明交流互鉴的重要论述

促进文明交流互鉴彰显了中国共产党人开放包容的胸襟格局。习近平总书记提出弘扬全人类共同价值、落实全球文明倡议等重要理念、重大主张，着眼的就是开放包容，为推动人类文明进步、应对全球共同挑战提供了战略指引。习近平总书记指出："文明没有高下、优劣之分，只有特色、地域之别。""每一种文明都扎根于自己的生存土壤，凝聚着一个国家、一个民族的非凡智慧和精神追求，都有自己存在的价值。""历史告诉我们，只有交流互鉴，一种文明才能充满生命力。""文明因交流而多彩，文明因互鉴而丰富。文明交流互鉴，是推动人类文明进步和世界和平发展的重要动力。"推动文明交流互鉴，可以丰富人类文明的色彩，让各国人民享受更富内涵的精神生活、开创更有选择的未来。他强调："我们应该推动不同文明相互尊重、和谐共处，让文明交流互鉴成为增进各国人民友谊的桥梁、推动人类社会进步的动力、维护世界和平的纽带。我们应该从不同文明中寻求智慧、汲取营养，为人们提供精神支撑和心灵慰藉，携手解决人类共同面临的各种挑战。"坚持美人之美、美美与共。担负起凝聚共识的责任，坚守和弘

扬全人类共同价值。本着对人类前途命运高度负责的态度，做全人类共同价值的倡导者，以宽广胸怀理解不同文明对价值内涵的认识，尊重不同国家人民对价值实现路径的探索，把全人类共同价值具体地、现实地体现到实现本国人民利益的实践中去。他特别指出："在各国前途命运紧密相连的今天，不同文明包容共存、交流互鉴，在推动人类社会现代化进程、繁荣世界文明百花园中具有不可替代的作用。"为此，习近平总书记提出了全球文明倡议："共同倡导尊重世界文明多样性""共同倡导弘扬全人类共同价值""共同倡导重视文明传承和创新""共同倡导加强国际人文交流合作"。习近平总书记的这些重要论述，深刻揭示了人类文明发展的基本规律，体现了我们大党大国的天下情怀和责任担当。而文明交流互鉴为中国礼仪文化的传承与创新提供了广阔的平台和机遇，中国礼仪的博大精深和独特魅力可以成为展示中华文化的重要窗口。

习近平文化思想是一个不断展开的、开放式的思想体系，必将随着实践深入不断丰富发展。我们必须及时跟进，不断深入学习领会和贯彻落实[①]。相信在习近平文化思想的引领下，通过深入挖掘传统礼仪文化内涵，结合现代社会的实际需求和使用场景，可以创造出更多符合时代精神的礼仪形式和活动内容，使中国礼仪文化更加丰富多彩、更具生命力。

---

① 曲青山.深入学习领会习近平文化思想［N］.学习时报，2023-10-23（1）.

第一章　中国礼仪文化概述

1. 了解中国传统礼仪奠基名士、经典著作、名篇佳句。
2. 掌握礼仪的概念、内涵、起源、演变。
3. 理解礼仪的特征及功能。
4. 理解中国传统礼仪文化的当代实践、转化与呈现。

➜ 佳句赏析

不学礼，无以立。——《论语·季氏》

礼尚往来。往而不来，非礼也；来而不往，亦非礼也。——《礼记·曲礼上》

第一节　礼仪文化精髓

习近平总书记指出，礼仪是宣传价值观、教化人民的有效方式。中国素称礼仪之邦。礼在中国传统社会生活中无处不在、形态丰富，是宝贵的历史文化遗产。今天的中国，正处于一个中与西，古与今之礼相混杂的时代，但不可否认，中华民族传统美德的核心价值理念"仁义礼智信"以及"温良恭俭让"的基本要求，仍融入寻常百姓之家，深刻在日常生活之中。人们从家庭琐事到为人处世，从宴飨到婚丧，从私人领域到公共场所，亲朋好友、长幼平辈之间，都可以看到传统之礼发挥的作用。对于今天的每一个中国人来说，"不学礼，无以立"，懂礼、习礼、明礼、守礼仍是为人处世、行为准则上的一个重要衡量标准。

那么在古今中西文化的激荡中，如何以开放的姿态面对与吸收西方礼仪文化元素，传承与弘扬传统礼仪文化，并保持中华礼仪文化的独特性，是现代人必须面对与思考的现实问题。

一、传统礼仪与中国文化

（一）传统礼仪伦理的当代更新

中国是拥有悠久礼乐文明的礼仪大国，一向重视礼制建设与礼俗教化。《周易·系辞》就讲："观乎人文，以化成天下"，这里的"人文"，是包蕴敬天礼地、体现族群伦理与政教伦理等礼义核心的礼仪文化。荀子《礼论》说："上事天，下事地，尊先祖而隆君师，是礼之三本也。"这也是强调"礼"的功能，并明确提出礼仪文化依循三大伦理原则，即与天地协调的自然伦理、以祖先纪念情感为中心的家庭伦理、推崇君师为政教的政治伦理，这三者是"礼"的核心内涵，是传统礼仪文化的根本性质所在。

但当代社会是以人民为主体的现代社会，新的社会生活自然需要相应的礼仪。传统礼仪遵循的三大伦理原则在当代社会必然发生根本性的变化。现代礼仪伦理更强调人与自然和谐共生的生态伦理，而不是对天地神灵的被动膜拜；更强调家庭社会和谐的社会伦理，而不是上下尊卑的严格等级区分；更强调社会主义国家"以人民为中心"的政治伦理，而不是居高临下的"牧民"统治。以新的伦理原则处理人与自然、家庭社会等的关系，既保留了中华民族礼仪文化的底色，又体现了礼仪文化融入当代社会的创新性发展。

礼仪伦理通过创造性转化、创新性发展实现重建与更新，是新时代精神文明建设和文化强国建设的重要内容。传统礼仪资源的活化利用，对于家国情怀的培育、社会文明的提升、民族凝聚力的增强、公民道德教育与新的伦理人格养成有着积极的促进作用。

（二）传统礼仪文化的当代实践

中国传统社会是礼制社会，伦理传统是礼制社会的核心传统。当代社会是法治社会，传统礼仪如何融入当代社会，服务与辅助我们的日常生活，促进社会稳定和谐，值得认真思考。可以从传统礼仪文化的当代实践中探讨其与现代社会对接、转化创新的路径。

第一，守望相助、相互扶持的人情社交礼俗传统的当代传承与转化。乡土文化是中国人的根性文化，乡土社会的生存方式与社会结构决定了乡民之间形成特定的自我组织、自我服务、守望相助的互惠关系。这种关系在宋人吕氏兄弟拟写、朱熹扩充的《蓝田乡约》中有精准表述，所谓"德业相劝，过失相规，礼俗相交，患难相恤"。人们在乡土共同体中，在生活伦理与基层社会秩序维护方面，相互激励、相互救助。进入现代社会以后，社会结构发生重大变化，人们的生产与生活方式已经越过了家庭与村落范围，人际关系也发生重大变化，人情礼俗传统随着城市化进程的加快与乡村治理方式的变化趋向淡化，并呈现新的变化。但红白喜事中的人情互惠传统在城乡特别是广大乡村仍然普遍存在。在改革开放之初，乡里人情还是沿海地区引进外资、开展商贸合作的重要依托，许多华人华侨对故乡的情感性投资与工业商贸项目引入，促进了沿海地方经济的发展。这种礼俗相交、患难相恤的民俗传统在民间社会传承延续，民间自我组织与自我服务仍然是乡村社会治理的有效方式之一。当然，我们也看到一些传统人情礼俗给现代社会生活带来了困扰，比如互相攀比、价码不断抬高的人情往来费用，因人情而滋生的干预社会公正的弊端，这些都需要在传承优良礼俗时予以抑制与避免。为此，现代礼仪要重视以人情社交礼俗传统为基础，融合现代公益慈善与志愿服务精神，重建与增进家庭、村落、社区的亲密关系，特别是让远离故乡的新城市人，通过日常生活中礼仪传统的现代转化，如传统节日的社区成员聚会、邻里间相互关爱等，在城市住宅区重新获得家园感。

第二，人生礼仪传统的当代传承与转化。人生礼仪是生命个体经过仪式洗礼的社会化过程，也是人生命历程中的重要时间节点。我们看到在日常家庭性的生命保育仪式上，传统表现比较活跃。诞生礼是人生经历的第一道仪礼。为了祝贺新生命的诞生与护佑新生命的健康，满月礼表达的是对新生命诞生的喜悦与祝福，周岁礼充满了对幼儿未来的期待。更重要的是养成礼，在一些地区，幼儿上学发蒙之际，要举办开笔礼与启蒙礼，这是人生第一课。在开笔仪礼上，幼儿学写的第一个汉字是"人"，一撇一捺支撑起一个堂堂正正的"人"，将教化的理念渗入礼仪中，这是真正的人生启蒙礼。

成年礼是人生仪礼的重要环节。传统冠礼虽然已经大面积消失，但农村的成年礼俗还不同程度存在，比如广东潮州的十六岁"出花园"、福建泉州"做十六岁"等，依然是家庭大事。但当代社会的成人目标已经发生重大改变，生命个体的成长更多面向社会。在城市的中学，往往通行十八岁成年礼。作为个体生命走向社会生命标志的成年礼，需要有特定的仪式时空，以文化象征的提示促成青年的自我觉醒，进而实现其人生价值与意义。传统冠礼举行的时空，以家族、自然时序为依据，一般正月新春在家庙举行，强调生命成长与天道节律的协调。当代社会，成年礼举行的时空选择，自然要考虑培育新人的伦理需要与现实生活节奏的需要，这同样符合传统"成人之道"。因此，成年仪式活动时间的选择主要有两个标准：一是特定历史事件的记忆时间，将受礼者个体生命的成长与国家历史命运的记忆相结合；二是适应学校教育的时间节奏，选择在开学季的春天举行成人仪式。仪式空间的设置同样十分重要，成年礼作为一种宣布告别青少年时期、迈入成年社会的过渡仪式，仪式的空间设置要能够营造出神圣与庄严的仪式感，能够唤起受礼者对于民族文化的认同，从小家庭走入大社会，成为社会的一员。成年礼可选择在地方公共文化空间中举行，如具有特殊历史传统意义、地标特征明显的纪念广场、孔庙、古迹遗产地、祭坛等。通过仪式互动，受礼者可以感知民族文化的魅力，增进民族文化认同。"不负韶华，担责当行""十八而志，青春万岁"的成年礼刻在受礼人心中，能够为其终生向上提供精神动力。

婚丧礼仪是人生的重要礼仪。近代以来，婚丧礼俗成为传统礼仪与当代社会生活融合转化的重要载体。传统婚丧礼仪基于传统家庭结构，重视家庭关系的缔结与慎终追远。婚丧礼俗中的家庭伦理原则与仪式主要环节仍然活态存在于当代社会。我们看到当代婚丧礼俗已经发生了变化，礼仪举行的时空已经与当代社会协调适应。村落社区大都建立了红白理事会，在婚事新办、丧事简办的现代社会治理原则下，烦琐与铺陈的传统仪式显著减少，在节约人力、物力，凸显现代文明礼仪上，各地有许多新尝试。婚丧礼仪传统中祝愿婚姻美好与庄重送别亡人的仪式依然保持。在当代社会，传统礼仪转化融合在现代生活场域和仪式环节中，人生礼仪实践呈现传统与现代融合的鲜活与多样状态。为此，现代礼仪同样要重视人生礼仪实践的内涵与表达。

第三，节日礼仪的回归与更新。节日礼仪是传统礼仪的重要组成部分。岁时节日为人们回归传统提供了时空平台，人们在节日礼仪中体认、享受与传承传统，传统也利用节日礼仪进行自我调整与更新。人们春节回家团圆、敬拜祖先，强化家庭伦理与情感传统，邻里互访，增进社区团结。清明祭祀先人与为国牺牲的烈士，通过虔诚的祭拜礼仪，感恩先人与先烈，传承家国情怀。端午以纪念屈原等爱国先贤的礼仪，强化人们的历史伦理与爱国精神。中秋的赏月与团圆庆贺礼仪主题让自然与人伦传统得到强化。重阳节是中国的敬老节，重阳敬老祈寿礼仪传统在当代具有越来越重要的现实意义。中国老年人在总人口中的比例逐年上升，关爱老年人成为当代文明的重要表现。传承重阳敬老礼仪，动员各方社会力量以实际行动表达对老年人的敬重与关怀，更能体现当代社会文明程度，能够更好地促进社会和谐稳定。

第四，当代公共生活中传统礼仪文化的传承与创新。礼仪文化是日常生活秩序与精神传承的习俗保障，在今天的公共生活特别是国家治理层面，礼仪文化同样十分重要。我们有自先秦以来影响深远的完整的国家礼仪体系，吉、凶、宾、军、嘉"五礼"共存，不仅规约个人在国家、社会以及人生重要时刻的行为与情感，而且对于民族认同产生了巨大作用。在国家重大政治生活领域与重大节庆场合，传承与弘扬传统礼仪文化，可以有效地展示社会政治伦理，汇聚民心，树立国家文明形象。国家是人民的共同体，在以人民为中心的国度，人民的礼仪文化传统自然深刻地影响着我们的国家礼仪文化。"礼，以顺人心为本"（《荀子·礼论》）。国家在大政小情、内政外交上率先垂范，遵守、实践礼仪文明，不仅有助于在国内外树立良善的国家文明形象，而且能够充分体现国家的文化软实力。

党的十八大以来，我国十分重视国家公共生活中礼仪礼典建设，有任职宣誓仪式，有元旦新年、春节新年的致辞与庆贺礼仪，有先烈纪念日的礼敬仪式，有清明祭扫英烈的活动等，特别是在人民遭遇重大灾难后，举行肃穆庄严的全国哀悼活动。2020年新冠疫情的暴发，使部分一线医护工作者与感染者失去了宝贵的生命，国家在清明节举行了隆重的哀悼仪式。这一顺人心、合人情的仪式的举行，不仅为凝聚全国力量，共同抗击疫情提供了重要精神与情感助力，而且提升了我国的国家文明形象。"礼序乾坤，乐和天地"。2019年中华人民共和国成立70周年庆典、2021年中国共产党成立100周年庆典都是盛大庄严的，充分体现了仪式感、参与感。由此可见，礼仪文化对于构建现代国家文明具有重大价值与特别意义。

作为拥有五千年文明的礼仪国度，中国有着制礼作乐的悠久传统。丰厚的礼仪文化理论积累与历代传承的礼仪实践，构成了礼仪之邦的文化表征，通过融合与转化，礼仪也构成了今天社会主义先进文化的重要组成部分。礼仪文化是自古及今中国社会整合与文明进步的文化要素。当前我们面临建设文化强国的重大任务，优秀礼仪文化具有夯实中国文明与温润中国文化的重要作用，同时也是促进新时代文明实践的重要文化基础。

二、礼仪的内涵

中国人自古以"礼"作为人之所以为人的根本标志，人是按照礼的要求来生活的。著名史学家钱穆先生说，礼仪是中国文化之心。中国文化最核心的内涵就是"礼"，中华传统礼仪体现了中国文化的核心价值。

礼在《说文解字》中指"履也，所以事神致福也"，它与祭祀有关。商朝已经出现礼字，写作"豐"。《礼记·表记》记载："夏道尊命""殷人尊神""周人尊礼"。殷人祭祀的对象包括天神、地祇和人鬼三类，殷朝时期形成了细密的礼法和丰富的礼器，但尚未形成具有礼义的严格意义上的礼。周朝时期，周公提出"明德慎罚"的治国纲领，制定了包括政治制度、道德标准、行为准则在内的一系列典章制度，史称"周公制礼作乐"，它具有一以贯之的道德理念精神。周人意识到"天命靡常"，商亡的根本原因是"不敬厥德"，故腐败暴虐。要避免重蹈覆辙就要"敬德"，像文王那样"明德慎罚，不敢侮鳏寡"。要相信道德的力量，"至治馨香，感于神明。黍稷非馨，明德惟馨"，神明看重的是美德，而非供桌上馨香的黍稷。周公就此提出"德治"的理念，从殷人迷信鬼神到周人的"自求多福"，实现了从鬼神之道向人道的伟大转折，是古代中国人文精神得以确立的重要开端。

通观中国古代礼仪经典，可以发现其对礼的概念与功用的论述因具体的语境不同而有不同的层次。

第一，礼是人类区别于其他动物的标志。人是从动物界脱胎而来的。人与动物有共性，也有区别。人与其他动物的区别究竟是什么？这是人们常常思考的问题。《礼记·冠义》说："凡人之所以为人者，礼义也。"《礼记·曲礼》说："鹦鹉能言，不离飞鸟；猩猩能言，不离禽兽。今人而无礼，虽能言，不亦禽兽之心乎？夫唯禽兽无礼，故父子聚麀。是故圣人作，为礼以教人，使人以有礼，知自别于禽兽。"意思就是，人与其他动物的根本区别不是语言的有无，而是礼。动物有着基于生物学特性和进化历程形成的繁殖模式，与人类的道德、伦理和社会规范有着本质区别。而古人懂得同姓不能通婚的道，制定了婚姻嫁娶之礼，所以人类能够不断进化。唐人孔颖达说："人能有礼，然后可异于禽兽也。"

第二，礼是文明与野蛮的区别，这是更高一个层次的区别，是指族群与族群或者国家与国家之间的区别，是人与人之间的区别。相传孔子作《春秋》，以备后世之人取法借鉴。后人对于孔子为什么要作《春秋》有很多讨论。韩愈在他的名著《原道》中说："孔子之作《春秋》也，诸侯用夷礼则夷之，进于中国则中国之。"他认为，一部《春秋》讲的无非是严夷夏之别，而夷夏之别无非是一个"礼"字。当时周天子纲纪不振，诸侯僭越礼法，周边文化相对落后的民族乘机进攻中原。在此过程中，有些诸侯国不能保持既有的先进文化，反而被蛮风陋俗所化。对于这样的诸侯国，只能把它当夷狄看待，因为它已经失去中原的先进文明。相反，有些夷狄之邦向慕中原文明，为之所化，则不妨将它们与中原的诸侯国同等对待。韩愈认为，春秋乱世本质上是文明与野蛮的斗争，即"礼"者与"非礼"者谁统治谁的斗争。而历史的进步，往往是在文明战胜野蛮之后。如再读《左传》，对书中触目皆是的"礼也"还是"非礼也"的史评就觉得十分自然了。

第三，礼是自然法则在人类社会的体现。孔子在回答鲁哀公"君子何贵乎天道"之问时说："贵其不已。如日月东西相从而不已也，是天道也；不闭其久，是天道也；无为而物成，是天道也；已成而明，是天道也。"笼罩大地，哺育万物，是人类的生命之源。它昼夜交替，寒往暑来，具有不可逆转的力量。儒家看到了天地的永不衰竭的生命力和创造力，是为孔子的天道观。宇宙永存，自然法则不可改变，是天然合理的。人类社会要与天地同在，就必须"因阴阳之大顺"，顺应自然规律，仿效自然法则。治国、修身之道只有与天道一致，才是万世之道，所谓"天不变，道亦不变"，说的就是这个道理。儒家认为礼就是天道在人类社会的运用，儒家在礼的设计上处处仿效自然，使之处处与天道相符，由此取得形而上的根据。

第四，礼是统治秩序。《辞源》："礼仪，行礼之仪式。"其通常是指在较大较隆重的正式场合，为表示敬意、尊重、重视等所举行的合乎社交规范和道德规范的仪式。古代中国在中央与地方、上级与下级，以及并列关系的处理原则上，都用"礼"的形式来体现。如天子对于各诸侯国要定期进行视察，以便了解下情，称为"巡守礼"。《礼记·王制》记载："天子五年一巡守，岁二月，东巡守至于岱宗，柴而望祀山川……五月，南巡守至于南岳，如东巡守之礼。八月，西巡守至于西岳，如南巡守之礼。十有一月，北巡守，至于北岳，如西巡守之礼。"诸侯朝于天子曰"述职"，一不朝则贬其爵，再不朝则削其地，三不朝则六师移之。所以说，朝觐之礼是要明君臣之义。至于诸侯之间，则要定期聘问，以联络感情。这些礼制对于维系一个幅员辽阔的王国是必不可少的。

第五，礼是国家典制。中国国家典礼都是按照以人法天的原则制定的。天子与北极天帝相对应，天乙所居在紫微垣，则天子所居称紫禁城。《周礼》设计出一套理想官制，设天地春夏秋冬六官，象征天地四方六合。六官各辖六十职，共计三百六十职，象征天地三百六十度。隋唐以后，这套制度成为历朝的官制模式，称职官制度为职官礼，称军政制度为军礼，甚至连营造法式也因品阶官爵高下而异，处处包含等级制度，所以也是处处为礼。

第六，礼是一切社会活动的准则。儒家认为人的活动应该符合"德"，要体现仁、义、文、行、忠、信的要求，为此，根据德的行为要求制定了一套规范，称之为"礼"。比如，婚礼应该如何举行、丧服应该如何穿着、对父母应该如何服侍、对尊长应该如何称呼等。儒家将伦理道德归纳为一系列准则，认为其是社会活动中最合理的原则。《礼记·仲尼燕居》记载："礼也者，理也。"《礼记·乐记》记载："礼也者，理之不可易者也。"礼又是为政者不可须臾或离的大经大法，《左传·隐公十一年》记载："礼，经国家、定社稷、序民人、利后嗣者也。"……在社会生活中，礼是衡量是非曲直的标准，是诸事之本。《礼记·曲礼》记载："道德仁义，非礼不成；教训正俗，非礼不备；分争辨讼，非礼不决；君臣、上下、父子、兄弟，非礼不定；宦学事师，非礼不亲；班朝治军，莅官行法，非礼威严不行；祷祠祭祀，供给鬼神，非礼不诚不庄。"

第七，礼是人际交往的方式。人与人交往，如何称呼对方、如何站立、如何迎送、如何宴饮等，都有礼的规定。行为合于礼，是有教养的表现；反之，则不能登大雅之堂。甚至在双方并未见面而用书信交流时，也有特殊的礼貌用语。

总体而言，礼仪的内涵十分丰富。尽管中国是礼仪之邦，但是没有人可以用"一言以蔽之"的方法给"礼"下一个定义。已故著名礼学大家钱玄先生说，礼的"范围之广，与今日'文化'之概念相比，或有过之而无不及"。因此，礼学实际上可以说是中国"上古文化史之学"。"试以《仪礼》《周礼》及大小戴《礼记》所涉及之内容观之，则天子侯国建制、疆域划分、政法文教、礼乐兵刑、赋役财用、冠昏丧祭、服饰膳食、宫室车马、农商医卜、天文律历、艺制作，可谓应有尽有，无所不包。""是以三礼之学，实即研究上古文化史之学。"（《三礼辞典》自序）

三、礼仪的起源

在五千年的历史长河中，中国创造了灿烂的文化精粹，形成了高尚的道德准则，积淀了完整的礼仪规范，被世人称为"文明古国，礼仪之邦"。同时，悠久的礼仪文明也对中国历史发展、社会生活等方方面面起到广泛而深远的影响。那么，礼仪究竟何故而起，自古以来，人们做过种种探讨，归纳起来，大体有以下五种说法：

（一）天神生礼说

这是人们还没有认识到礼仪的真正起源时的一种信仰说教，是神崇拜的反映，代表了人类图腾崇拜时期对原始礼仪的一种认识。《左传》有言："礼以顺天，天之道也。"其意思是说，礼是用来顺乎天意的，而顺乎天意的礼就合乎"天道"。"天神生礼说"虽然不科学，但却反映了礼仪起源的某些历史现象。

（二）天人统一说

这种观点是春秋以后兴起的一股思潮。它认为，天、地与人既有制约关系和统一性，又具有高于人事的主宰性。把礼引进到人际关系中来讨论，比单纯的"天神生礼说"有了很大进步，但仍没有摆脱原始信仰，所以仍是不科学的。

（三）矛盾产物说

这一学说的目的，在于解决人和环境的矛盾。孔子"克己复礼"的观点，就是看到了人和环境的矛盾，而解决这种矛盾的方法是"克己"。人的好恶欲望如不加以节制，什么坏事都干得出来，于是圣人制礼，节制贪欲。

（四）人性说

此为儒家的创见，儒家学派把礼和人性结合起来，以为礼起源于人的天性。孔子以仁释礼，一方面把"礼"作为处理人际关系的总则，另一方面把"仁"当作"礼"的心理依据。克己以爱人，就是"仁"；用仁爱之心正确而恰当地处理好人际关系，就是"礼"。

（五）理俗说

这是对礼仪起源的更深入的探讨。理，是指事物的必然性的道理。人们为了正常生存和发展，根据面临的生存条件，制定出合乎人类生存发展必然性和道理的行为规范，就是"礼"。"礼"是理性认识的结果。事物的礼落到实处，使之与世故习俗相关，所以又有了礼起源于俗的说法。荀子说："礼以顺民心为本，顺人心者皆理也。"即，礼即理也，从理和俗上清晰辨明了礼的起源。

总体来说，礼仪是在人们的社会活动中，为了维护稳定的秩序，为了保持一种交际的和谐应运而生的。但无论哪种说法，必须明确的是，在中国古代，礼仪是为了适应当时社会需要，从宗族制度、贵贱等级关系中衍生出来的，因而带有那个时代的典型特征及局限性。时至今日，中国现代礼仪与古代礼仪已有较大差别，在传承沿袭的过程中不断发展变革。

四、礼仪的演变

从礼仪的起源到现代礼仪实践，可以看出中国礼仪文化的形成与发展，经历了从无到有、从低级到高级、从零散到完整的渐进过程，大致可以分为以下 8 个时期：

（一）礼仪的萌芽时期（公元前 5 万年—前 1 万年）

礼仪最早起源于原始社会时期，在长达 100 多万年的原始社会历史中，人类逐渐开化。在原始社会中、晚期（约旧石器时期）出现了早期礼仪的萌芽。例如，生活在距今约 1.8 万年前的北京周口店山顶洞人，就已经知道打扮自己。他们用穿孔的兽齿、石珠作为装饰品，挂在脖子上。他们在去世的族人身旁撒放赤铁矿粉，举行原始宗教仪式，这是迄今为止在中国发现的最早的葬仪。

（二）礼仪的草创时期（公元前1万年—前22世纪）

公元前1万年左右，人类进入新石器时期，不仅能制作精细的磨光石器，并且开始从事农耕和畜牧。在其后数千年的岁月里，原始礼仪渐具雏形。例如，在今西安附近的半坡遗址中，发现了生活距今约五千年前的半坡村人的公共墓地。墓地中坑位排列有序，死者的身份有所区别，有带殉葬品的仰身葬，还有无殉葬品的俯身葬等，此外，仰韶文化时期的其他遗址及有关资料表明，当时人们已经注意尊卑有序、男女有别。而长辈坐上席，晚辈坐下席；男士坐左边，女子坐右边等礼仪日趋明确。

（三）礼仪的形成时期（公元前21世纪—前771年）

公元前21世纪至公元前15世纪的夏代，开始从中国原始社会末期向早期奴隶社会过渡。在此期间，尊神活动升温。由于缺乏科学知识，人们不理解一些自然现象。他们猜想，照耀大地的太阳是神，风有风神，河有河神，因此，他们敬畏"天神"，祭祀"天神"。从某种意义上说，早期礼仪是原始社会宗教信仰的产物，又包含原始社会人类生活的若干准则。

周朝对礼仪建树颇多。特别是辅佐周成王的周公，对周代礼制的确立起了重要作用。他制作礼乐，将人们的行为举止、心理情操等纳入一个尊卑有序的模式之中。全面介绍周朝制度的《周礼》，是中国流传至今的第一部礼仪专著，讲述了周朝典章制度。许多中国古代礼仪在商末周初已基本形成。此外，成书于商周之际的《易经》和在周代大体定型的《诗经》，也有一些涉及礼仪的内容。彼时，相见礼和婚礼（包括纳采、问名、纳吉、纳徵、请期、亲迎等"六礼"）成为定式，流行民间。此外，尊老爱幼等礼仪也已明显确立。

（四）礼仪的发展、变革时期（公元前770—前221年，东周时期）

西周末期，王室衰微，诸侯纷起争霸。公元前770年，周平王东迁洛邑，史称东周。承继西周的东周王朝已无力全面恪守传统礼制，出现了所谓"礼崩乐坏"的局面。而在由奴隶社会向封建社会转型的春秋战国时期，则相继涌现出孔子、孟子、荀子等思想巨人，发展和革新了礼仪理论。其中，孔子较系统地阐述了礼及礼仪的本质与功能，把礼仪理论提高到一个新的高度。

学习拓展

曾子避席

"曾子避席"的典故出自《孝经》，是一个非常著名的礼仪故事。原文是：仲尼居，曾子侍。子曰："先王有至德要道，以顺天下。民用和睦，上下无怨。汝知之乎？"曾子避席曰："参不敏，何足以知之？"说的是：有一次曾参在孔子身边侍坐，孔子问他："以前的圣贤之王有至高无上的德行，精要奥妙的理论，用来教导天下之人，人们就能和睦相处，君王和臣下之间也没有不满，你知道它们是什么吗？"曾参听了，明白老师是要指点他深刻的道理，于是立刻从坐着的席子上站起来，走到席子外面，恭恭敬敬地回答道："我不够聪明，哪里能知道，还请老师把这些道理教给我。"在这里，"避席"就是一种非常礼貌的行为，是为了表示对老师的尊重。

后来很多人都向曾子学习这种礼仪，尤其是东亚国家的传统都是习惯席地而坐（中国在宋代以后才普及使用椅子），于是，人们都会采用这种礼仪行为离开座席而伏于地，表示对对方的尊敬和自己的谦逊。而"避席"亦作辟席，逐渐成为东亚各国表达礼貌的传统交往礼节之一。

（五）礼仪的强化时期（公元前 221—1796 年）

公元前 221 年，秦王嬴政最终吞并六国，统一中国，建立起中国历史上第一个中央集权的封建王朝，秦始皇在全国推行"书同文""车同轨""行同伦"。秦朝制定的集权制度，成为后来延续两千余年的封建体制的基础。

西汉初期，叔孙通协助汉高帝刘邦制定了朝礼之仪，突出发展了礼的仪式和礼节。而西汉思想家董仲舒（公元前 179—前 104 年），把封建专制制度的理论系统化，提出"唯天子受命于天，天下受命于天子"的"天人感应"之说。（《汉书·董仲舒传》）把儒家礼仪具体概括为"三纲五常"。"三纲"即"君为臣纲，父为子纲，夫为妻纲。""五常"即仁、义、礼、智、信。汉武帝刘彻采纳董仲舒"罢黜百家，独尊儒术"的建议，使儒家礼教成为定制。

汉代时，孔门后学编撰的《礼记》问世，此书堪称集上古礼仪之大成，上承奴隶社会、下启封建社会的礼仪汇集，是封建时代礼仪的主要源泉。

盛唐时期，《礼记》由"记"上升为"经"，成为"礼经"三书之一（另外两本为《周礼》和《仪礼》）。宋代时，则出现了以儒家思想为基础，兼容道学、佛学思想的理学，程颐兄弟和朱熹为其主要代表。家庭礼仪研究硕果累累，是宋代礼仪发展的另一个特点。明代时，交友之礼更加完善，而忠、孝、节、义等礼仪日趋繁多。

（六）礼仪的衰落时期（1796—1911 年）

满族入关后，逐渐接受了汉族的礼制，并且使其复杂化，导致一些礼仪显得虚浮、烦琐。如清代的品官相见礼，当品级低者向品级高者行拜礼时，动辄一跪三叩，重则三跪九叩（《大清会典》）。清代后期，清王朝政权腐败，民不聊生。古代礼仪盛极而衰。而伴随着西学东渐，一些西方礼仪传入中国，北洋新军时期的陆军便采用西方军队的举手礼等，以代替不合时宜的打千礼等。

（七）现代礼仪时期（1912—1949 年）

1911 年年末，清王朝土崩瓦解，当时远在美国的孙中山先生（1866—1925 年）火速赶回祖国，于 1912 年 1 月 1 日在南京就任中华民国临时大总统。孙中山先生和战友们破旧立新，用民权代替君权，用自由、平等取代宗法等级制；普及教育，废除祭孔读经；改易陋俗，剪辫子、禁缠足等，从而正式拉开现代礼仪的帷幕。民国期间，由西方传入中国的握手礼开始流行于上层社会，后逐渐普及民间，进而谱写了现代礼仪的新篇章。

（八）当代礼仪时期（1949 年至今）

1949 年 10 月 1 日，中华人民共和国成立，中国的礼仪建设从此进入一个崭新的历史时期。中华人民共和国成立以来，礼仪的发展大致可以分为以下三个阶段：

1. 礼仪革新阶段（1949—1966 年）

1949—1966 年，是中国当代礼仪发展史上的革新阶段。此间，摒弃了昔日束缚人们的"神权天命""愚忠愚孝"以及严重束缚妇女的"三从四德"等封建礼教，确立了同志式的合作互助关系和男女平等的新型社会关系，而尊老爱幼、讲究信义、以诚待人、先人后己、礼尚往来等中国传统礼仪中的精华，则得到继承和发扬。

2. 礼仪弱化阶段（1966—1976 年）

1966—1976 年，十年文化大革命使许多优良传统礼仪被当作"封资修"扫进垃圾堆。礼仪运用与传承受到一定影响。

3. 礼仪复兴阶段（1977 年至今）

1978 年党的十一届三中全会以来，改革开放的春风吹遍祖国大地，中国礼仪发展进入全面复兴时期。从推行文明礼貌用语到积极树立行业新风，从开展"18 岁成人仪式教育活动"到制定市民文明公约，各行各业的礼仪规范纷纷出台，岗位培训、礼仪教育日趋红火，讲文明、重礼貌蔚然成风。

学习拓展

古人仪态上的要求 [1]

对一个人的印象如何，最初都是从其容貌和服饰方面来谈的。在十分郑重的公共场合，一个人必须做到体态端正、服饰整洁、表情庄敬、言辞得体，这样才算得上有良好的修养。良好的仪容仪态不仅是内在修养的表露，也是对他人尊敬的表现。无论是古代还是现代，人们对于仪容与体态都十分重视。不过相比于现在，古人在礼仪方面就显得更为讲究了。

这是宋代学者朱熹对古人服饰方面的要求所作的总结。所谓"三紧"，就是帽带要紧、腰带要紧、鞋带要紧。三者都扎紧了，人的精神状态才会显得振作，才能表现出对人、对事的看重。现代服饰虽然不同于古代，但穿衣得体、整洁、庄重、大方的要求，

---

[1] 中国礼仪网。

却无二致。

所谓"七不"，是指《礼记》里边说的"不敢哕噫、嚏咳、欠伸、跛倚、睇视；不敢唾；寒不敢袭；痒不敢搔；不有敬事，不敢袒裼；不涉不撅；亵衣衾不见"七条规定。这些规定既适用于与父母、尊长共享的场所，也适用于工作场所。在严肃、正规的场合，打饱嗝、打哈欠、伸懒腰、吐唾沫、擤鼻涕、歪坐、斜视、跷二郎腿，或者只穿睡衣、内衣，甚至赤膊，都显得随便、懒散，缺乏敬意。

在很多人的印象里，礼仪常常是与我们的身份、形象、品位相挂钩的，理所当然地觉得地位越高的人，礼仪姿态都比较得体。中国自古以来就是礼仪之邦，人们应该做到体态端正、服饰整洁、尊敬他人，待人接物较为合理。礼仪，与其说与身份地位有关，不如说是个人的修养。

五、礼仪的分类

随着中国社会实践场域的不断拓展，现代礼仪大致分为政务礼仪、商务礼仪、服务礼仪、社交礼仪、涉外礼仪五大类。

（一）政务礼仪

政务礼仪，又称为"公务礼仪"，是国家公务机关及相关事业单位在内部沟通交流、对外服务以及与社会接触时的礼仪标准及原则。它是提高服务质量及好评度的重要方法。政务礼仪的本质是通过系统的交流原则与技巧，维护机关单位的形象，提高服务的质量与好评度，协调政府与公众的关系，使政务工作更加顺利地进行。

（二）商务礼仪

商务礼仪也就是商务活动中的行为准则，泛指商业社交行为间的一种约定俗成的礼仪，也指商务人员在自己的工作岗位上所应当严格遵守的行为规范。它是一般礼仪在商务活动中的运用和体现。商务活动的场合可分为办公礼仪、宴会礼仪、迎宾礼仪等。商务礼仪的本质作用主要体现在三个方面：提高个人的素质；更好地建立良好的人际沟通；维护个人和企业的形象，从而提升核心竞争力。

（三）服务礼仪

服务礼仪是服务人员在工作中，通过言谈、举止、行为等对客户表示尊重和友好的行为规范。服务礼仪是体现服务的过程和手段，可以使无形的服务有形化、规范化、系统化。它涉及的内容相当广泛，包括服务过程中的方方面面。服务礼仪的职能包括提升服务人员自身素质；塑造服务企业整体形象；沟通信息；更好地对服务对象表示尊重；进一步提高服务水平和服务质量。

（四）社交礼仪

社交礼仪是人们在人际交往、社会交往和国际交往活动中，用于表示尊重、亲善和友好的一种行为准则。社交礼仪是一种道德行为规范，它最根本的目的是维护社会正常生活的秩序，最直接的目的就是表示对他人的尊重，在当今社会的人际交往中起着越发重要的作用。通过社交，人们可以沟通心灵，互通信息，共享资源。

（五）涉外礼仪

涉外礼仪是涉外交际礼仪的简称，指在长期的国际往来中，逐步形成的外事礼仪规范，也就是人们参与国际交往所需要遵守的惯例，是一种约定俗成的做法。现代涉外礼仪基本准则包括主权平等、相互尊重、反对种族歧视等。涉外礼仪有助于提升个人的自身修养，有利于国际交流与合作，可以淡化因民族文化差异带来的冲突。

第二节　礼仪文化经典

一、古代礼仪奠基者

中国礼仪文化浩如烟海，博大精深，是不计其数的礼学先驱经历了长期的理论与实践的磨砺，最终汇聚而成。中华礼仪是一个庞大的范畴，著名人物不胜枚举，但奠基性的人物唯周公、孔子与荀子。周公始制礼作乐，成为中华礼乐文明的奠基人，被尊为"元圣"。孔子在礼崩乐坏之际，为周礼注入了成己成物的意涵，使传统礼乐焕发了新生。荀子处于东周末年，通过为礼乐正名，力挽狂澜，使传统礼乐在维系社会秩序与传递道德价值中发挥了重要价值。

（一）周公

周公（生卒年不详），姓姬，名旦，周文王姬昌的第四子，周武王姬发的弟弟，辅佐武王与成王两朝。他在中国文化史上最重要的身份，就是礼乐文明的奠基人。周公制礼作乐，一方面是接受殷商灭亡的教训，另一方面也是周代建政初期的实际情况所致。

《礼记·表记》记载，殷商的文化是"殷人尊神，率民以事神，先鬼而后礼"。根据甲骨文的分析，我们也了解到殷人的生活完全以鬼神为本，频繁地求神问卜，只讲天命不讲法律。纣王自认为"我生不有命在天乎"（《史记·殷本纪》），完全无视社会秩序。《尚书·微子》记载微子批评时局时说，殷商的大小臣民无不抢夺偷盗，官员皆违法乱纪，凡有罪的也不加逮捕。父师箕子回答说，现在的臣民竟然偷盗祭祀用的供品，即使吃了贡品也不遭刑罚，官员则横征暴敛，导致民怨沸腾。最后，他们将殷商的这些社会问题归咎为"其弊太宽"，意为社会治理"宽松"，没有律法管束，进而导致自上而下的"无序"。进入周代后，成王继位伊始，周公摄政，诸侯并不服气。《尚书·康诰》称："周公居摄三年，制礼作乐。"何以要等待三年？因为在这三年里，诸侯很不安分，其中最大的事件是三监之乱，于是周公杀管叔、放蔡叔、废霍叔。三叔也是周公的兄弟，周公对兄弟本是感情深厚，这从他作《诗经·常棣》一篇中可以体会到。因此在平叛的过程中，周公发现，与其用武力镇压，损害了手足之情，不如制定规矩，维护天下和平，故而礼作乐。

周公制礼作乐的根本目的，就是要建构一套规范的社会秩序，尤其是将政治上的上下级关系固定下来，使国家能在处理一些重大事件中具有可参照的规矩，从而避免像殷人那样问卜虚妄的鬼神，最终导致政治溃败。

另外，周公把制礼作乐与德行联系起来，也就是说，遵守礼乐秩序就是有德的表现，有德就能得到上天的眷顾，这就叫"以德配天"。"以德配天"，意味着人在鬼神面前开始掌握起主动权了，只要遵守礼乐，人就可以主宰自己的命运。人的自我主宰，当然仍有历史局限，但这足以凸显制礼作乐的思想史意义，由此也确立了周公在中华礼乐文明中的奠基人的地位。

（二）孔子

孔子（公元前551年—前479年），名丘，字仲尼，鲁国陬邑（今山东曲阜东南）人，殷商后裔。幼年贫贱，曾做过管理仓库的小官吏，五十岁时任鲁国司寇，使鲁国大治。后周游列国，宣传他的政治主张，终不见用。晚年回到鲁国整理古代典籍，开私人讲学之风。

孔子对周礼是相当笃信的，他宣称："如有用我者，吾其为东周乎！（《论语·阳货》）"所谓"东周"，就是再造一个西周，以示区别，故称作"东周"。孔子讲："礼云礼云，玉帛云乎哉！乐云乐云，钟鼓云乎哉！"孔子认为，重建礼乐，是再造西周的根本途径。

当然，恢复完整的周礼是不可能的，但孔子在生活中无时不注意细节，尽量使自己的言行符合礼仪规范。比如《论语（乡党）》，记载了孔子一系列朝见君王的礼仪：他在经过君王的座位时，面色矜庄，脚步快速，言语细下，不得多言（"色勃如也，足躩如也，其言似不足者"）；提起衣摆向堂上走时，恭敬谨慎，屏住呼吸（"摄齐升堂，鞠躬如也，屏气似不息者"）；走下台阶时，每下一级便面色放松一些，怡然自得（"出，降一等，逞颜色，怡怡如也"）；走完台阶，快步前行，好像鸟儿舒展翅膀（"没阶，趋进，翼如也"）；等回到自己的位置上，又表现出恭敬而不安的样子（"复其位，踧踖如也"）。又比如在太庙里，要表现得特别谦虚，因此孔子"入太庙，每事问"，当时人们便误以为孔子真的什么都不懂，但其实是他们不懂孔子的行为才是符合礼的。孔子的得意门生颜回去世后，由于贫困，其父颜路请孔子把他的座驾卖了替颜回办一外椁，但孔子拒绝了。原因是"吾不徒行以为椁。以吾从大夫之后，不可徒行也"（《论语·先进》）。大夫必须坐车驾上朝，因为这是礼，即使当年他的儿子孔鲤去世时也没有置椁，因为那不符合礼。

此外，在生活中，孔子也特别注意日常生活礼仪，比如逢斋戒沐社浴，浴衣必须是布做的（"齐，必有明衣，布"）；斋戒的时候必须改变平时的饮食，并搬离妻妾住处（"齐必变食，居必迁坐"）；平时的饮食也尽量精细（"食不厌精，脍不厌细"）；祭肉留存超过三天就不吃了（"祭肉不张出三日。出三日，不食之矣"）；吃饭时不交谈，睡觉时不说话（"食不语，寝不言"）；座席摆放不合礼制，不坐（"席不正，不坐"）；行乡饮酒礼后，必让老年人先出门（"乡人饮酒，杖者出，斯出矣"）；睡觉时不能直挺挺的，闲坐的姿势要和接见宾客的姿势区分开来（"寝不尸，居不客"）；坐在车中，不回头看，不快速说话，也不指指画画（"车中，不内顾，不疾言，不亲指"）……《乡党》里记载了孔子的一系列日常生活礼仪。可以说，孔子是真正做到慎独的。

孔子在礼仪上的重要贡献在于主张"克己复礼"。对于孔子而言，礼是儒家精神的载体，如果所有人都能言行符合礼的规定，那么必然"天下归仁"。这就是把"仁"植入了礼中，让作为物质形式的礼具有了成己成物的道德价值，这也是孔子何以能做到知行合一的根本原因。宋人云："天不生仲尼，万古长如夜。"这是对孔子之贡献的最高赞誉了。

（三）荀子

荀子（公元前313年—前238年）是继周孔之后，在礼仪方面最为重要的奠基人。周公的贡献在于制礼作乐，奠定了礼乐形式的社会秩序；孔子的贡献在于为周礼植入了灵魂，赋予礼乐以成己成物的道德价值；而荀子的贡献在于为周礼重新正名，促使礼乐的秩序形式与道德价值共同推动社会的前进。

周礼发展到荀子的时代已分崩离析。时人一味崇古，对礼的内涵却模糊不清，导致礼乐流于形式，徒有其名。荀子的基本哲学主张是"善言古者必有节于今"（《荀子·性恶》），即用现实的经验来检验古时的道理。所以他在对礼的认识上，力求追根溯源，挖掘本质。《荀子》一书中的《正论》《礼论》《乐论》，就是重要的礼仪研究篇章，对于推动儒家礼仪的发展有至关重要的作用。

为礼仪正名，就是要弄清礼仪的本质，按照礼本来的意涵去实践礼。荀子认为，我们之所以需要礼仪，是因为礼仪有三个根源："礼有三本：天地者，生之本也；祖先者，类之本也；君师者，治之本也。无天地恶生？无先祖恶出？无君师恶治？三者偏亡焉，无安人。故礼上事天，下事地，尊先祖而隆君师，是礼之三本也"（荀子《礼论》）。天地、祖先与君师是人得以成人的根本原因，祭祀这三者，是人出于报恩的本能，这也是何以祭礼为诸礼中最重要者的原因。这就是对礼的本质之溯源，强调了祭祀之礼必须虔敬，否则何以为人为礼仪正名，就要弄清礼仪的概念，恢复概念正确的意涵。比如《荀子·礼论》为社、稷、郊三种祭礼进行了正名："社，祭社也。稷，条稷也。郊者，并百王于上天而祭祀之也。"这句话的意思是，"社"是指祭祀土神，"稷"是指祭祀谷神，"郊"是指祭祀上天并以百王陪祀。柳宗元在《祀朝日说》一文中专门强调了"朝日"就是祭祀朝日的意思，批判了当时礼部官员在正式文件中写作"祀朝日"的错误。荀、柳都是在为概念推究本意，务求精确。

为礼仪正名，就是要通过认识古礼来发现古礼所承载的现实意义。比如古时天子出行时，"出户而巫现有事"（《荀子·正论》）。女曰巫，男曰现。有事，指被除不祥。这就是说，君王出宫门前，必须先请巫师作法事，目的在驱邪避祸。"出门而宗祝有事。"意思是，君王的车驾要出国门前，必须请大宗伯来祭祀路神，从而祈福避祸。"乘大路、趋越席以养安。"大路指祭天用的车，席指蒲草编织的柔软的席子，因为清洁所以用来祀神。意思是，君王出国门前，必先坐在祭天用的车上，越过蒲草编的席子，从而安定心绪，放心启程。以上一连串是天子出行前的古礼，荀子时已不见用。但荀子通过对古礼的认识，强化了他所主张的现实价值，即"天子者，势至重而形至佚，心至愉而志无所诎，而形不为劳，尊无上矣"。这是说作为天子，应该是势位最重而身形最为安逸，其内心最为愉悦而意志仍非常坚强的，其身形不必受到劳累，而地位尊贵无上。

荀子的思想在先秦时代是具有总结性的。在礼仪问题上，他通过对礼重新正名，廓清历史的迷障，接续并发展了周孔之礼之于社会秩序与道德内涵的双重价值，是礼学史上承上启下式的重要人物。

二、古代礼学名篇著作

中国历史上有不少礼仪著作，其影响力持久，甚至绵延至今。

（一）礼经

最早的中华礼仪都记录在礼经之中，就是我们常说的《诗》《书》《礼》《乐》《易》《春秋》中的"礼"。这个礼包括了三本书，就是《周礼》《仪礼》《礼记》，合称"三礼"，是中国古代最早、最重要的礼仪著作。

1.《周礼》

《周礼》，又称《周官》或《周官经》，是古老的官制系统文献。该书记载的官职超过 360 个，担任每个官职的有一人至数十人不等，整个王朝有官员数万人。《周礼》迟至西汉前期才被发现，公元前 155 年，有李氏献该书于河间献王。该书记载了周朝官制及战国时代各国制度，有很高的史料价值。原书应有六篇，然而李氏所献只有五篇，分别为《天官冢宰》《地官司徒》《春官宗伯》《夏官司马》《秋官司寇》，独缺第六篇。献王为补全该书，悬赏千金，然而无果，最终以内容类似的《考工记》补作第六篇《冬官》，呈现给汉武帝。此后，该书一直被藏于深宫秘府，不为人知，直到西汉末年刘歆校理秘书时收入《七略》，才得以广为人知。现存最为著名的注释本是由汉儒郑玄作注、唐代贾公彦作疏，并收入了《十三经注疏》。

《周礼》乃周公致太平之书。周公认为，只要礼乐制作完备，便能天下大治。但实际上，《周礼》只是保留了部分周公制礼的内容，且主要成于战国后期。其主体内容，则是建国置官的设想，并非真实的记载。《周礼》各官开篇皆道："惟王建国，辨正方位，体国经野，设官分职，以为民极。"意思是，天子建立都城，必须确定方位，划分疆域，设置官阶，使民以之为准绳。这里暗含了一种以王为中心的政治体制，即民以官为中心，各官皆分属六官，以天子为中心，自上而下建构起一个理想的、稳定的专制政权体系。事实上，除职官系统外，该书还涉及了天文地理、草木鱼虫、典章名物、生活起居、农商医卜，凡是与邦国建制有关系的，几乎无所不包，可谓博大精深。

2.《仪礼》

《仪礼》，先秦称之为《礼》，汉称之为《礼》或《士礼》，大约在东晋元帝时出现《仪礼》的说法。该书记载了先秦贵族日常生活的具体礼仪，是一部中国春秋战国时期的礼制汇编，据说是经过孔子删定而成的。古有"礼仪三百，威仪三千"的说法，然而由于战乱与秦火，至汉初时只留下了 17 篇，且主要是士阶层的礼，故有《士礼》的说法。《仪礼》具有很强的实用性，在三礼中最早取得经的地位。西汉武帝立五经博士，《仪礼》便是其中之一。该书最早的注释本是东汉郑玄的《仪礼注》，代贾公彦为之作疏，最终收入《十三经注疏》。

《仪礼》影响深远，包括了祭、丧、冠、婚、射、乡、朝、聘八个方面的基本礼仪，既涉及了士之间、大夫之间、诸侯之间对等的交往礼仪，也有士与大夫、大夫与诸侯等不同等级间的交往礼仪，并深刻影响到日本与朝鲜的礼俗文化。

3.《礼记》

《礼记》是儒家礼学论文集，是三礼中地位最高、流传最广的一部，属于礼仪的学理类著作，因此它早期属于《仪礼》的参考书，故称作"记"。成书的时间跨度相当大，各篇的完成时间不同，上自战国，下至汉初。相传河间献王搜集相关著作 131 篇，此外，西汉晚期，刘向又采集到类似的书，共计 214 篇。西汉儒者戴德将之编辑成 85 篇，称为《大戴礼记》。其侄戴圣删繁就简，编成 46 篇，称作《小戴礼记》。此后，东汉儒者马融又补加了 3 篇，共计 49 篇，成为今天我们看到的《礼记》。又由于得到了东汉大儒郑玄出色的注释而愈加出名，《礼记》的地位从《仪礼》的参考书一跃而成为教科书。有唐一代，政府将之与《周礼》《仪礼》并列为经。而《大戴礼记》在与《礼记》的竞争中黯然失色，亡佚大半，至今只保留下来 39 篇。

（二）其他礼仪著作

除曾经作为礼经的《周礼》《仪礼》《礼记》外，中国的礼仪著作还包括颜之推的《颜氏家训》，司马光的《书仪》与《家范》、朱熹的《仪礼经传通解》与《家礼》等。

1.《颜氏家训》

《颜氏家训》的作者是颜之推，字介，琅琊临沂人，颜回的后人。据钱大昕考证，颜氏生于梁中大通三年（531），卒于隋开皇中。史称其"聪颖机悟，博识有才辩"（《北齐书·文苑传》），曾官至北齐给事黄门侍郎、待诏文林馆、平原太守、隋东宫学士。一生历经南梁、北齐、北周、隋朝四朝，自叹"三为亡国之人"。虽然人生坎坷，颠沛流离，但其家教思想最终成为中国历史上重要的教育资源。

《颜氏家训》共二十篇，其中，前十六篇如《教子》《兄弟》《后娶》《治家》《风操》《慕贤》《勉学》等是颜之推所总结的各类教育问题。《书证》《音辞》《杂艺》诸篇，又是涉及考据、训诂、音韵、书法、医药、绘画、射箭等知识性的篇章，足见颜氏家学深厚、涉猎广泛。最后《终制》一篇乃颜氏的遗嘱，告诫子女丧葬从简，效仿古人墓葬不封不树的旧制，并嘱咐子女不必守墓等。总体而言，《颜氏家训》在中国教育史上具有突出的地位，今人看来也不失为一部重要的家庭礼仪经典。

2.《书仪》与《家范》

宋以后，随着文化平民化趋势的不断发展，传统礼仪也逐渐进入普通人的日常生活。司马光作《书仪》，便是为普通老百姓日常生活中遇到的礼仪进行了有效的规范，被《四库提要》誉为"礼家之典型"。《书仪》分为表奏、公文、私书、家书、冠仪、婚仪、丧仪七个部分。与《颜氏家训》比，《书仪》礼仪规范更为具体；与传统礼经相比，《书仪》则做到了删繁就简，有极强的操作性与平民性。因此朱熹认为，较之二程与张载主张的模仿古礼，司马光的《书仪》"本《仪礼》而参以今之所可行者，要之，温公较稳"，就是说，《书仪》把经典性与时代性处理得恰到好处。

《家范》也是司马光关于家庭礼仪的重要著作，《家范》与《书仪》最大的不同在于：首先，《家范》的写作"皆杂采史传"，主要用历史故事对各种身份的行为规范进行内涵性诠释，而《书仪》则是对礼仪的具体描述；其次，《家范》是从身份的维度出发，确定每一种身份角色的行为规范，不同于《书仪》的礼仪维度，每类人群都可以在《家范》中对自身身份相关礼仪进行快速索引。

质言之，《书仪》与《家范》的写作方法不同，但各有特色。最重要的是，传统礼仪由此进入了普通百姓的生活中，并以规范的形式确立了下来。

3.《仪礼经传通解》与《家礼》

朱熹是理学家，也是礼学家。理是礼的形而上原则，礼是理的形而下实践。因此作为集大成者的朱熹，其晚年的全部工作，主要是把他的哲学思想落实为行之有效的实践行动，也就是儒家礼仪的整理研究。朱熹从六十一岁开始编撰《仪礼经传通解》，共三十七卷，又续二十九卷，希望打造一套百代不废的礼仪典制。朱熹的这套《仪礼经传通解》以《仪礼》为基础，又杂采《礼记》及诸多经史著述而成，因此卷帙浩繁，直至他去世后才得以刊行。

戏剧性的是，朱熹去世后，一部题为《家礼》的著作横空出世。但其作者究竟是谁，却成悬案。与所有礼仪书籍相比，《家礼》一简再简，共分五卷。包括首篇《通礼》，其次为《冠礼》《婚礼》《丧礼》《祭礼》。尽管此书作者并不能完全确定，但由于《四库全书》收入时仍以朱熹书名，又因为此书有极强的实用性，故而自宋代开始便影响甚广。

第三节　礼仪特征

礼仪是约定俗成的一种自尊、敬人的惯用形式。任何人要想在交际场合表现得合乎礼仪、彬彬有礼，都必须对礼仪无条件地加以遵守。另起炉灶，自搞一套，或是只遵守个人适应的部分，而不遵守不适应自己的部分，都难以为交往对象所接受、理解。根据中国传统文化与现代社会场景中对礼仪的遵循与使用，礼仪具备以下一些特征：

一、规范性与自律性

规范就是标准化的要求。没有规矩不成方圆。不管是在何种情境中使用何种礼仪，都应当遵守相应的礼仪标准做法、标准化要求。这一点和法律规范不同，违法乱纪必然会受到制裁，而礼仪是舆论约束，是自我约束，不是强制约束。

礼仪的这一特征要求人们，尤其在当今高度文明时代，应树立起内心的道德信念和行为修养准则，不断提高自我约束、自我克制的能力，自觉遵循礼仪，提升礼仪素养，才能在交往中一帆风顺，受人尊重。

二、差异性与限定性

礼仪作为一种约定俗成的行为规范，其运用要受到时间、地点和环境的约束，同一礼仪会因时间、地点或对象的变化而有所不同。首先表现为民族差异，不同民族的礼仪多姿多彩，各具特色。比如，同是见面礼，不同的民族有着不同的表现形式。其次，表现为个性差异，每个人因其地位、性格、资质等因素的不同，在使用同样的礼仪时会表现出不同的形式和特点。比如，同是出席招待会，男士和女士会有不同的礼仪要求。

要注意的是，离开了特定的范围，此礼仪未必适用于彼礼仪情境，这就是礼仪的限定性特点。理解了这一特点，就不会把礼仪当成放之四海而皆准的东西，也就不会在非交际场合拿礼仪去以不变应万变。

三、传承性与时代性

在"礼仪之邦"几千年的文明演进中，中华民族修礼、崇礼、习礼的传统美德在人们相互交往中传播、继承、相沿成习，积淀下来，深深地融入现代礼仪之中，约束和规范着现代人的行为。

而随着时代的演进，社会价值观、文化观念和社交方式都可能发生变化。这对于礼仪的传承提出了新的挑战和需求。传统的礼仪规范可能需要重新审视、调整和适应现代社会的要求。尤其是不同文化之间的交流日益频繁，使得跨文化间的礼仪和文化差异变得更为重要。理解和尊重他人的文化背景，并学习适应不同文化背景下的礼仪规范，成为当代社会中的必备能力。

在全球经济一体化的发展势头下，礼仪传承与时代演进需要在保持基本价值观的前提下，促进传统与现代的结合，尊重多样性和包容性，以适应不断变化的社会需求。这需要广泛的教育、宣传和跨文化交流，培养人们对礼仪的认知和理解，使其成为个人素质和社会共识的一部分。

第四节　礼仪功能

世界各国和各民族都十分重视礼仪，把它视为一个国家和民族文明程度的重要标志，正如古人所说："礼义廉耻，国之四维"，礼仪是立国的精神要素之本。在中国特色社会主义精神文明建设中，讲究礼仪对建设精神文明大厦起着基础作用，只有基础打得扎实，大厦才能稳固。

具体而言，礼仪的功能包括以下四个方面：

一、弘扬文化传统

中华民族以其聪颖的才智和勤奋的力量，创造了人类历史上最灿烂的文化。几千年来，各族人民都创造了独具特色的礼节、仪式、风尚、习俗、节令、规章和典制等，并为广大人民所沿袭、弘扬，体现着我国民族的传统美德与优良品质，彰显了我国的文化积淀与历史风貌。

二、提高个人修养

法国启蒙思想家、法学家孟德斯鸠曾说："我们有礼貌是因为自尊。礼貌使有礼貌的人喜悦，也使那些受人礼貌招待的人喜悦。"有些人认为：礼仪不过是一些小节、细节，无碍大雅。然而，不胜枚举的事实证明，就是这些小节往往分辨出了人的文明教养程度。礼仪不仅反映了一个人的素养与应变能力，而且还反映着一个人的气质风度、阅历见识、道德情操、精神风貌。在这个意义上，完全可以说礼仪即教养，而有道德才能高尚，有教养才能文明。通过一个人对礼仪运用的程度，可以察知其教养的高低、文明的程度和道德的水准。

三、协调人际关系

马克思说过"社会是人们交往作用的产物"。没有社交活动，人类的生活是不可想象的。而处在社交活动中的每个人的仪表、仪态及对礼仪知识的了解也极其重要。运用礼仪，除了可以使个人在交际活动中充满自信，胸有成竹，处变不惊之外，其最大的好处就在于，它能够帮助人们规范彼此的交际活动，更好地向交往对象表达自己的尊重、敬佩、友好与善意，增进大家彼此之间的了解与信任。长此以往，必将促进社会交往的进一步发展，进而造就和谐、完善的人际关系，促进事业成功。

四、优化组织形象

在现代社会中，人们常常把礼仪看作一个民族、一个企业的精神面貌和凝聚力的体现。学礼仪，遵守礼仪，可以净化社会风气，提升个人、企业、社会的精神品位，展示良好形象。比如：你想和某一单位联系业务，当你拨打对方办公室电话竟无人接听或铃响五六声之后才有人接听时，你会对该单位产生工作效率不高、制度不健全、员工素质差等印象。反之，当你一拨通电话，听到对方和蔼可亲的问候，得体的称谓，礼貌的语言，简捷干练的回答，立即会有一种亲切之感。

结语

中华大地历来号称"礼仪之邦"，"中国有礼仪之大，故称夏；有服章之美，谓之华。"但最近一个多世纪以来，在西方文明的冲击之下，甚至有学者提出中华文明"以外缘为中心"的观点。此种局面，与中华文明的历史渊源，与我国目前经济大国、文化大国的地位极不相称。儒家认为，个人的"居处有礼，进退有度"，与国家、民族的"百官得其宜，万事得其序"同样重要，相辅相成。为此，我们应当从个人礼仪着手，通过对站坐蹲卧、冠婚丧祭、年节习俗等多方面礼仪规范的溯源、实践和重塑，再造中华民族为礼仪大国的文化形象。

课后研讨

研讨1：

某娱乐综艺节目出现了这样一个场景：徒弟为师父倒茶，倒完茶后刚好无意将茶壶嘴正对着师傅。于是，网络上迅速发酵，出现了两种截然相反的争议声音，一种是严厉批评徒弟不懂规矩，另一种则激愤指责这是一种"封建礼教"。除此之外，当前，包括对女性的仪容服饰进行规范就被网友定义为"女德班"的现象也存在很多争议，你怎样看待这些现象的出现？

提示：在中国传统茶礼仪中，给客人倒茶时，茶壶嘴不能对着尊长或客人，主要是为了避免壶嘴里的热气冲着客人。这样的规范就像给他人传递物品时，带尖儿、带刃的一端不可朝向别人；平时喝酒与别人碰杯时，为了向对方表达敬意，有时候需要把杯口稍低于对方的酒杯等是一个道理。对于中国传统礼仪，我们一定要先了解其背后的文化内涵和人文价值。不能眼前看到几个字，或听到几句话，就一股脑儿全部否定掉。当然，对于那些确实不适合当代社会生活的，尤其是那些陈旧保守、糟粕性的内容，比如男尊女卑、三从四德等这些不符合今天时代发展的礼俗，绝不可推广，更要杜绝。但不能因噎废食，彻底抛弃。我们一定要理解中国传统礼仪的起源、内涵、演变，学会用新时代的眼光，去芜存菁，科学实践，传承与发扬具有新时代特点，又不失中华传统本色的礼仪文化。

研讨 2：

刘梦溪先生说：当今文化传统的承续与重建，有三条途径比较行之有效。第一是文本经典的阅读，第二是文化典范的熏陶，第三是礼仪文化的熏习。礼仪文化的提倡，可以唤起人性的庄严，可以帮助人们恢复对传统的记忆。

礼乐文明是中华民族极其重要的文化基因，它足以"经国家，定社稷，序民人"，几千年来为中国文化的凝聚和延续发挥过根本性的作用。今天，如果对之进行深入研究，并根据当今社会的现状而加以有效诠释，必定会对解决当下的社会和身心问题、文化认同危机，建构当今人与人、人与社会、人与自然的和谐关系，大有裨益。你是如何理解上述表达的？

第二章 中国仪表礼仪文化

学习目标

1. 了解中国古代仪表礼仪的概念、内涵、起源、演变。
2. 掌握现代仪表礼仪的概念、内涵、表现形式及相关要求。
3. 掌握仪容的基本要求,掌握化妆及发型设计的基本技巧。
4. 掌握服饰搭配的原则。

经典名篇

古人的穿衣打扮(节选)[①]

文 | 沈从文

清代的服装打扮,不同于明代。明朝的男子一律蓄发绾髻,衣着讲究宽大,大体衣宽四尺,袖宽二尺,穿大统袜、浅面鞋;而清代的男子,则剃发垂辫(剃去周围的头发,把顶发编成辫子垂在背后),箭衣马蹄袖,深鞋紧袜。清代官员服用石青玄青缎子、宁绸、纱,作外褂,前后开衩,胸、背各缀"补子"(比明代的"补子"小一些)一方(只有亲王、郡王才能用圆形),上绣各种禽兽花纹,文官绣鸟,武官绣兽,随品级各有不同:一品文官绣仙鹤,武官绣麒麟;二品文官绣锦鸡,武官绣狮子;三品文官绣孔雀,武官绣豹子;四品文官绣云雀,武官绣老虎;五品文官绣白鹇,武官绣熊……一般人戴的帽子有素冠、毡帽、便帽等几种。便帽即小帽,六瓣合缝,上缀一帽疙瘩,俗名西瓜皮帽。官员的礼帽分"暖帽"(冬天戴)、"凉帽"(夏天戴)两种,上面都有"顶子",随着品级不同,所戴的"顶子"颜色和质料也不同:一品官为红宝石顶,二品官为红珊瑚顶,三品官为亮蓝宝石顶,四品官为暗蓝宝石顶,五品官为亮白水晶顶……帽后都拖着一把孔雀翎,普通的无花纹,高级官僚的孔雀翎上才有"眼",分一眼、二眼、三眼,眼多表示尊贵。只有亲王或对统治阶级特别有功勋的大臣才被赏戴三眼花翎。

[①] 沈从文.古衣之美[M].北京:北京联合出版公司,2023.

平民妇女服装，康熙、雍正时，时兴小袖、小云肩，还近明式；乾隆以后，袖口日宽，有的竟肥大到一尺多。衣服渐变宽变短。到晚清，城市妇女才不穿裙，但上衣的领子转高到一寸以上。男子服式，袖管、腰身日益窄小，所谓京样衫子，把一身裹得极紧，加上高领子、琵琶襟子、宽边大花坎肩，头戴瓜皮小帽，手拿一根京八寸小烟管，算是当时的时髦打扮。一般地主、商人和城市里有钱的市民，很多就是这样的装束。照规定，清代农民是许可穿绸纱绢缎的，可是事实上穿绫罗绸缎的仍然是那些地主官僚们、大商人们，至于受尽剥削、受尽压迫、终年辛勤难得一饱的短衣汉子们，勉强填饱肚皮，不至赤身露体已经很不容易，哪里还能穿得上丝织品！

（摘自沈从文《古衣之美》）

第一节　古代衣冠礼仪

我国自古被称为"衣冠上国，礼仪之邦"。冠服制度自先秦就被纳入"礼"的范畴，其形制作为礼仪的表现形式，是华夏文明的具象载体，体现着中国人的审美情趣和创造能量，而"华夏"一词也是源于"冕服华章曰华，大国曰夏"（《尚书正义》注）。

一、衣冠要义

（一）等级秩序的体现

在古代社会，不同等级、身份的人穿着不同样式、颜色和质地的服饰，以此来彰显和维护当时的等级秩序。

（二）礼制文化的要求

中国古代社会崇尚"礼治"，而服饰是礼仪的重要组成部分。不同场合、仪式需要穿着相应的服装，以示庄重和尊敬。

（三）道德规范的外化

古人认为衣冠服饰体现了一个人的品行、修养。"人靠衣装"的观念根深蒂固，端庄得体的着装被视为内在美德的外在表现。

（四）美学追求的体现

中国传统服饰讲究色彩搭配、纹样寓意、制作工艺等，是当时审美情趣和时尚风尚的反映。精美的服饰能给人以赏心悦目之感。

（五）功能性的考虑

古代服饰的设计兼顾了实用性，不同地域、季节、职业的服装各有特点，以适应不同的生活和工作需求。

（六）文化认同的表达

汉服、唐装等传统服饰承载了中华文化的精髓，是民族身份认同的重要标志。古人通过服饰传承和弘扬优秀的中华传统文化。

二、衣冠贵整

在中国传统文化中，衣冠服饰不仅是一个人外在形象的体现，更是一个人内在修养、品德以及社会地位的象征。古人之所以如此重视衣冠服饰的严整与洁净，主要有以下几个原因：

首先，衣冠服饰代表了一个人的身份和地位。在古代等级森严的社会中，不同阶层的人穿着不同样式和质地的服饰，以此来区分身份和地位。官员、士大夫等上层人士穿着讲究，而平民百姓则穿着简朴。衣冠整洁得体，是一个人自重自爱、尊重他人的表现，也是对自己所处身份和地位的一种认可。

其次，衣冠服饰体现了一个人的修养和品德。孔子曰："衣不庄，则不敬；身不修，则不庄。"意思是说，一个人如果衣着不端庄、身体不修洁，就会显得不庄重，进而影响到内心的修养和品德。古人认为，外在的仪表与内在的品德是互相影响的，只有外表端庄、衣冠整洁，才能培养出高尚的品德和良好的修养。

然后，衣冠服饰还体现了一个人对他人、对社会的尊重。古代社会讲究"礼仪之邦"，人们交往时都非常注重礼节。而衣冠服饰作为礼仪的重要组成部分，代表了一个人对他人的尊重和对社会规范的遵守。一个人出门拜访他人或参加重要场合时，都会特意着装整齐、衣冠楚楚，以示对他人和场合的尊重。

最后，衣冠服饰的洁净还关乎一个人的健康和卫生。中医认为，人的皮肤和毛孔与衣服长期接触，如果衣服不洁净，就会影响身体健康，引发疾病。因此，古人非常讲究勤换洗衣服，保持衣冠的洁净，以维护自己的身心健康。

总之，古人重视衣冠服饰的严整与洁净，既有身份地位、个人修养的因素，也有社会礼仪、个人卫生的考虑。这种传统观念影响深远，时至今日，我们仍然认为一个人的着装体现了他的素养和修养，衣冠整洁得体仍是社交和职场中的基本要求。古人的这种讲究，对于我们今天如何着装、如何为人处世，仍具有重要的启示意义。图2-1为明代衣架。

图 2-1　明代的衣架

学习拓展

古代的衣架

衣架是我国较早出现的一种家具，甚至比桌椅床榻还早出现。从周朝实行礼制开始，贵族阶层对衣冠便十分重视。传统衣物收纳所用的衣柜、衣箱都是采用折叠的方式储放衣物，这样容易使衣物有褶皱，影响美观。我国很早就出现了用来悬挂衣服的架子，悬挂不像折叠的衣服那样容易起皱，且容易拿取，可以随时保持外观上的整洁美观，这足以见得古人对于衣物整洁的重视程度。

三、衣冠贵礼

中国古代服饰的变迁是其符号功能和实用功能抗衡对话的过程。在日常生活中，儒士以衣冠服饰修身养性，以成君子；而在政治生活中，统治阶层以衣冠服饰明确秩序、区分等级。

古代服饰是如何与"礼仪典制"相系的呢？这主要体现在服装款式、服色、配饰等几个方面。自"黄帝尧舜垂衣裳而天下治"开始，人们便结束了原始的围披状态而进入衣裳时代，与此同时，也注定了服饰的发展、变化与礼仪典制有着千丝万缕的联系。

（一）款式之礼

古代服饰的款式主要分为衣、裳、裤、帽、履等几大类。上衣下裳，最初是法天尊地卑的观念而创制，是社会走入文明的一个标志。但这只是服饰礼制的初期，还不完善。到了西周，由于奴隶主与奴隶之间的根本对立，奴隶主阶级不仅垄断了服饰资料，而且为了稳定奴隶主阶级内部的秩序，规定了等级制度和相应的章服制度。从西周起，几乎每个朝代都设置"司服"一职，"掌王之吉凶衣服，辨其名物与其用事"，根据礼仪活动的内容向皇帝、后妃提供相应的服饰。当时，如果有"触易君命，革舆服制度"者，便会受到割掉鼻子的严厉惩罚。可见当时的服饰礼仪制度非常严格。

服装款式是身份地位的直接体现。不同的朝代有不同的服制，但总体上都遵循"尊卑有别、贵贱有等"的原则。以汉代为例，天子御六章纹，诸侯御五章，卿、大夫御四章，士御三章，庶人御两章。唐代的服饰制度更为严格，从冠服、衣服到裤袜、鞋袜，都有明确的等级规定。宋代又将服饰分为"衮服"和"常服"，衮服是天子祭祀、朝会时所穿，常服则按品级高低分为九等。可见，古代服饰通过款式的差异直观地体现出穿着者的身份地位，成为社会等级森严的外在表现。

古代服饰的纹样和装饰也有着丰富的寓意。龙纹是帝王的象征，凤纹代表皇后，麒麟、白鹿等吉祥动物纹样多用于官服和贵族服饰，表达美好祝愿。花卉纹样如牡丹、莲花等则体现了高雅脱俗的审美情趣。这些纹样的运用赋予了服饰美好的寓意，表达了古人的价值追求。

学习拓展

中国古代服饰为何总是宽袍大袖？

其实对于古代人民来说，这种宽袍大袖的设计基本上只有在上层阶级才可以看到。古代作为农耕文明，平民也基本上以农耕为主，而宽袍大袖的衣服不仅臃肿，还会影响到农户们的日常工作，所以对于平民阶层来说，衣服的设计还是以轻薄、便捷为主。但这种宽袍大袖的设计在商人以及文人领域也颇受欢迎，主要原因也是因为他们不用参与到繁重的劳役中去，对于衣服的选择也不再以便捷为主，而是要显得美观和大方。

在古代，布匹和丝绸是比较珍贵的东西，宽袍大袖的设计也可以凸显出自己的财力，彰显自己的等级。而对于文人来说宽大的衣服象征着对束缚的挣脱，象征着自由，这也是他们精神世界所追求的。

而作为官服，宽袍大袖的设计也代表了朝中文武百官对于"礼"的自我约束。官服宽袍大袖的设计代表了衣着的庄重，所以大臣们在上朝参政的过程中也要以严肃、敬畏的态度要求自己。同时宽大的袖子在向君主帝王行礼时也显得更加庄重，而且大部分朝代的臣子在向帝王行礼时都会用宽大的袖子遮住自己的脸庞，这也代表了臣子对于帝王的敬畏之心，属于下级见到上级的一种礼仪，所以说宽袍大袖的设计也符合文武百官日常生活中对于礼节的要求。

另外，这样的设计还来自对天地的敬畏。宽袍大袖的服装设计正好符合当时的人们对于"天圆地方"的认知。我们可以将古人的头部理解为"天"，而官服的领口是圆的，宽大的袖口是方的也就代表了"地方"，袖口在站起时会垂到地下，则有着"垂衣裳而天下治"的寓意。所以说宽袍大袖的设计也符合当时人们对于天地的信仰。

宽袍大袖的服装设计在满足人们审美的同时，也满足了实用性。古代的服饰并没有"兜"的设计。人们的上衣一般都比较长，类似于现在女生的裙子，而裤子则隐藏于上衣之下，如果在裤子上设计出兜的话，人们在拿东西时也是极为不方便，而且不雅观。于是人们开始对衣服采用宽袍大袖的设计，将袖口变大，在当中缝上与袖口方向相反的口袋，这样一来就可以将自己随身所带的物品放进袖口中的口袋，袖口越大装的东西也就越多，而且受力也更加均匀，人们也不会觉得太沉。再者，宽松的板型在天气炎热时也能够很好地散热，宽大的袖子可以通风，寒冷时又能够挡风御寒。

官服宽袍大袖的设计符合当时的时代特色，也满足当时人们特殊的审美需求。传统服饰虽然是旧时代的产物，但如今也开始受到越来越多年轻人的关注。传统服饰作为中华传统文化的重要载体，正通过手艺人的创造性转化和创新性发展，成为当代青年彰显文化自信最鲜明的表达方式之一，也成为向世人传达中华优秀传统文化的重要符号。

（二）服色之礼

服色在古代亦有尊卑贵贱之分，并寓华夏文化精神于其中。正如《礼记·玉藻》所言："衣不苟于色，必取其典要者。"从周代开始，服装色彩就成为"明贵贱、别尊卑"的人为标志，成为帝王加强统治的工具。尊贵之色有玄、黄、赤、白、青等，其中黄色为至尊。据《后汉书·舆服志》记载，西汉初，黄色的衣服只有皇帝才能穿，到东汉，则只有皇帝在祭祀时才能穿。唐代进一步完善了服色制度，规定了不同品级官员的服色，如三品以上官员服紫，五品以上服绯，七品以上服绯，九品官员服绿。宋、明、清各代亦有类似规定。可见，服色作为身份的象征符号，受到历代统治者的重视，通过严格限定不同等级的着色，以彰显尊卑贵贱之别。

服饰色彩也是中国古代"服饰治世"的一大特色。中国历史上每一次改朝换代几乎都有"易服色"的举措，以此来表示与前朝划清界限，从而加强自己的统治。因此，从夏商的尚黑尚白到唐代黄色成为帝王专宠，这些无不说明服色在统治中的重要地位。

（三）配饰之礼

配饰则是服饰体系中的点睛之笔。古代服饰的配饰包括两类，一类是绣饰，另一类是着服时佩戴的饰物。它们除了有装饰作用之外，还有相同的政治作用：表明身份，区分等级，维护社会等级秩序。

古人认为"一人之身，百官皆备"，故而佩戴种类繁多的饰物，以示威仪。《周礼·天官》中记载了 12 种佩玉的规制，以及相应的礼仪。例如，天子朝觐诸侯，赐予圭瓒以示尊荣；诸侯觐见天子，则持圭瓒以示恭敬。佩玉的材质、制式、纹饰不同，代表的身份地位也不同。此外，冠饰、簪饰、带钩、香囊等饰物，也都有严格的规制，以示等级差异。宋代《宋史·舆服志》记载："凡百官皆有法度，贵贱各殊。"由此可见，古代社会将身份地位的差异通过配饰这一细节体现得淋漓尽致。

绣饰中最有代表性的是十二章纹，它是严格的等级符号，从东汉开始便被历代帝王所采用，到隋唐成为定制，一直沿袭至清代。十二章纹包括日、月、星辰、山、龙、华虫、宗彝、藻、火、粉米、黼、黻这一系列图纹。图 2-2 为清代《皇朝礼器图》中的皇帝龙袍。

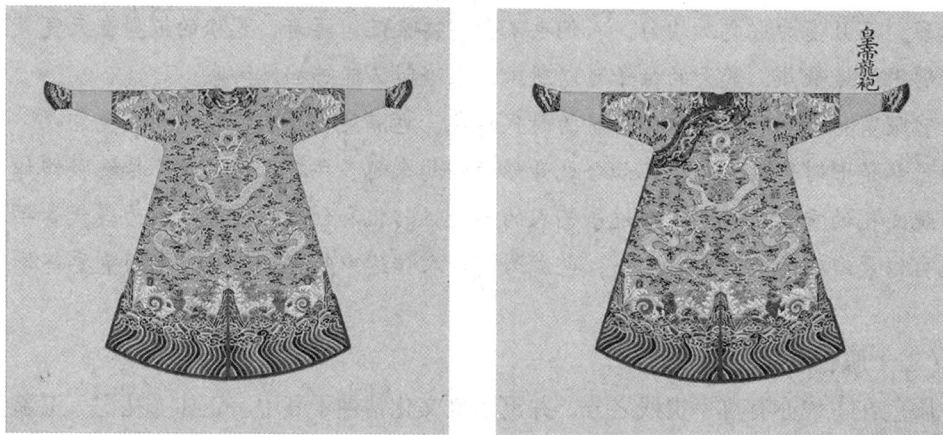

图 2-2　清《皇朝礼器图》中的皇帝龙袍

中国古代的服饰礼仪讲究反映了中国传统文化的精髓，展现了古人对美和礼仪的追求。古人通过款式、色彩、配饰等方面的规定，形成了一套完备的等级标识系统，成为礼仪典制不可或缺的组成部分。统治者利用服饰等级森严的特点，强化社会的等级观念，维系君臣上下尊卑有序的关系，实现以礼治国的目标。服饰作为最直观的社会符号，承载了中国古代社会的价值观念，并对后世产生了深远影响。如今，我们研究古代服饰与礼仪典制的关系，不仅能加深对传统文化的理解，更能认识到服饰在社会生活中的特殊地位和作用。

第二节　古代仪容礼仪

在中国古代，无论是社会交往还是家庭生活中，都十分注意仪容的文明合"礼"。仪容外表是人的德行修养的外在显示，以至古人认为凭一个人的容颜外表就能判断其才能品质。

一、男子仪容

古人注重仪容仪表，并非奢衣巧扮，而只要做到容貌端庄肃整便可。从周朝的礼制到清朝的剃发令，男子的仪容要求不仅反映了时代的审美观念，还深深植根于当时的社会结构和文化传统之中。

（一）周朝的礼制与发冠

周朝时期，礼制的建立对男子的仪容有着严格的规定。成年男子必须行冠礼，这是成年礼的一部分，标志着一个少年正式成为成年男子，可以参与社会和政治活动。冠礼中最重要的仪式之一是戴冠，冠的形式根据社会地位和场合的不同而有所区别。例如，士大夫阶层通常戴的是直缝简冠，而王公贵族则可能戴更加华丽的弁冠。此外，男子的发型通常是束发，用布带将头发束在头顶。

（二）汉朝的整髻与面部妆容

进入汉朝，随着儒家思想的广泛传播，重视礼仪的文化进一步强化了对男子仪容的要求。汉代男子普遍采用整髻的发型，即将头发盘绕在头顶，形成一个整洁的圆髻。这种发型不仅体现了男性的端庄和稳重，也是对儒家强调的"体面"和"整洁"的直接体现。

除了发型之外，面部妆容也是汉代男子仪容的一部分。虽然不如女性那样浓妆艳抹，但适度地涂抹香粉和施用脂粉是常见的。这种淡妆旨在显示男子的文雅和清新，而非华丽。

（三）唐朝的发髻多样性与儒士风范

唐朝是中国历史上文化最为繁荣的时期之一，男子的发型和面部仪容也展现出前所未有的多样性。这一时期，男子的发型从简单的髻发逐渐演变为多种复杂的款式，如"蝉髻""仙髻"等，这些发型往往需要使用更多的发饰和簪子来固定和装饰。

在面部妆容方面，唐朝男子倾向保持自然，强调肤色的光洁和健康。同时，随着佛教的流行，一些士人也开始模仿佛像的面部表情，追求一种超脱和内敛的美。

（四）宋元时期的简约与实用

宋元时期，儒家思想的进一步深化使得男子的仪容趋向简约和实用。宋代的男子多采用简单的束发，使用的发饰较少，反映出这一时期文人士大夫追求朴素、自然的生活态度。面部妆容也极为简单，几乎不施粉黛，更多地体现了一种"天然去雕饰"的美学观念。

（五）清朝的剃发易服令

清朝的剃发令是对男子仪容要求中的一次重大变革。清朝初期，为了强化统治和文化同化，颁布了剃发易服的政策，要求汉族男子剃去头发的前部，留下长辫子。这一改变在当时引起了极大的争议和抵抗，但最终成为清朝男子的标志性仪容。

总的来说，中国古代男子的仪容要求是一个与时代文化紧密相连的话题。不断变化的仪容规范，不仅反映了各个时期的审美标准和文化价值，也反映了社会结构和政治环境的变迁。

二、女子仪容

（一）古代女子发型

早在 4000 多年前，女子就有了梳理头发的风尚。中国古代女子的发型经历了由简到繁、由朴素到华丽的发展过程。不同时期的发型之变，既有审美情趣的变迁，也反映出社会风气的更替。而这些发型样式，也成为后人了解中国古代妇女生活和地位的重要窗口。

先秦时期，女子发型以简洁实用为主。《诗经》中有"蠑首蛾眉"的描述，指女子头发挽成两个发髻，形似蠑虫的头部，眉毛细长如蛾眉。这种发髻便于劳作，体现了先秦时期女性的劳动属性。战国时期，女子多披散着长发，或用简单的饰品加以点缀，如用玉簪、木梳等。

到了汉代，女子发型渐趋多样化。除了髻鬟这一基本形制之外，还出现了高髻、双环、飞仙等款式。木梳、玉簪、金钗等饰品的运用也愈加广泛，女子发型的装饰性有所提高。《洛神赋》中对曹植妻子甄宓发型的描述，便体现出东汉女子发型的典雅华丽。

魏晋南北朝时期，女子的发型呈现出更加繁复的特点。除了流行双髻、双环等样式之外，还盛行金步摇、银步摇等富丽堂皇的发饰。头饰上嵌有珍珠、宝石等，显示出上层女性的尊贵身份。这一时期女子的发型和服饰，对后世产生了深远影响。

隋唐时期是中国古代女子发型的鼎盛时期。女子多以高髻为主，并有众多变化，如倭堕髻、双环髻、贯头髻等。除了华丽的金银首饰之外，还流行用鲜花、彩带等天然饰品点缀发型，充满了浪漫风情。"环肥燕瘦"成为审美典范，发型也追求柔美飘逸的效果。图 2-3 为陕西出土的晚唐时期倭堕髻侍女俑。

图2-3 陕西出土的晚唐时期倭堕髻侍女俑

宋代女子的发型略显简约，以"丫髻"最为普遍，即将头发分成两股盘于头顶。簪花钗黛虽有所沿袭，但较之唐代要素雅得多。明清时期，满族风俗对汉族女子的发型产生了较大影响。满族妇女盘发为旗头，汉族妇女也有仿效。老年妇女多梳"橄榄头"，少女则多梳单股或双股髻。

明代女子的发型又恢复了较为复杂的样式，其中最具特色的是"堕马髻"。这种发型将头发分成几股，然后盘成多个环状，形似马鞍，故名"堕马髻"。这种发型常配以各种珠宝首饰，显得富贵华丽。

清代女子多留长发，发型较为简单。满族妇女流行"双丫髻"，即将头发分成两股，在头顶扎成两个小髻。而汉族妇女则以"抓髻"为主，即将头发随意地在脑后挽成一个髻。

这些发髻不仅是发型的艺术表现，也是社会文化、审美观念和技术水平的体现。在现代汉服复兴运动中，这些传统发髻被重新赋予意义，不仅是历史的再现，也是现代文化自信的表达。现代汉服爱好者和设计师通过学习和复原这些古典发髻，让古代美学在当代得以传承和发扬。

（二）古代女子妆面

面妆即古代妇女面部的装饰，女子面妆在我国的历史源远流长，最早可以追溯到新石器时代的"文面"。中国古代女子的妆容随着朝代更迭而不断演变，每个时期都有其独特的审美观和文化特点。从先秦时期的淡妆，到魏晋南北朝时期的艳抹，再到唐宋时期的温婉淡雅，直至明清时期的端庄典雅，每一个朝代都对女子妆容有着不同的审美要求。这些变化不仅反映了不同时期的审美情趣，更折射出社会文化的嬗变。

1. 先秦时期的淡雅

先秦时期，女子崇尚自然之美，妆容相对朴素。《诗经》中有"巧笑倩兮，美目盼兮"的描述，可见当时女子注重眼神和笑容的表达。《诗经》中有"淡扫蛾眉"的句子，反映出当时女性眉形自然、淡雅的审美趣味。西周贵族妇女还喜欢在额头正中涂抹一块红色，这种妆容被称为"鸡鸣妆"，寓意吉祥喜庆。进入春秋战国时期，随着铁器的广泛使用和手工业的发展，女性妆容逐渐开始出现变化。这一时期，女性开始使用更多种类的化妆品，如粉底和眉墨，妆容逐渐精致起来。

2. 魏晋时期的娇弱

魏晋南北朝时期，受道家思想的影响，女子追求一种病态美，流行苍白的肤色和细弱的身材。她们常用铅粉涂面，画出细长的柳叶眉，这种妆容被称为"惨绿少年妆"。东晋王羲之的女儿王徽之就是这一时期的著名美女，她"皮肤胜雪，眉若远山"的形象成为后世模仿的对象。

3. 隋唐时期的温婉

隋唐时期，女性地位提高，妆容变得更加丰富多彩。唐代崇尚丰腴美，初唐仍流行"柳叶眉"，但到了盛唐，女性开始喜欢修饰较粗的"蛾眉"，配以红润的桃花妆，展现出健康、富贵的形象。唐代也流行的"胭脂三抹"和"花靥"（在面颊上点以红色花朵图案），以及大胆使用金粉的妆容。白居易在《长恨歌》中描绘杨贵妃"春寒赐浴华清池，温泉水滑洗凝脂"的诗句，让人感受到盛唐女子的优雅气质。图2-4展示了唐代《簪花仕女图》局部。

图 2-4　唐《簪花仕女图》局部

4. 宋元时期的简约

宋代女性文化地位进一步提升，崇尚自然淡雅的美。宋代最流行的妆容是"梅花妆"，在额头中央点上一个红色的圆点，象征高洁、傲雪的梅花。宋代女子还喜欢在脸颊两侧涂抹胭脂，呈现出"酒晕"般的红润。宋代女诗人李清照的词作《如梦令》"昨夜雨疏风骤，浓睡不消残酒。试问卷帘人，却道海棠依旧"，描绘了宋代女性醒来卸妆的情景，体现出她们对闲适生活的向往。元代女性的妆容较为朴素，注重眉形的修饰，流行"柳叶眉"。

5. 明清时期的端庄

明清两代，随着社会经济的发展和商业的繁荣，女性妆容再次变得细致而精美。明代的女性妆容"三白"（涂白额头、颊和下巴）、"两黛"（黑色眉毛）成为时尚。明代中后期，女子喜欢在额头上贴花钿、金箔等饰品，画眉技法趋于繁复，"细眉"和"柳叶眉"并存。清代则流行粉黛齐用，强调眉形和唇色的修饰，如"柳叶眉"和"樱桃小口"，给人以端庄、贤淑的印象。

纵观中国古代女子妆容的变化，可以发现，每个时期的审美取向都与当时的社会文化密切相关。先秦时期淡妆素面，反映了质朴无华的社会风尚；魏晋南北朝时期的艳丽妆容，体现了玄学思想对审美情趣的影响；唐宋时期的温婉典雅，折射出文人雅士的审美情怀；明清时期的端庄考究，则凸显了重视内在修养的价值取向。这些变化不仅展现了中国传统文化的多元性和包容性，更昭示着女性审美观念的不断更新与发展。

第三节　现代仪表礼仪

一、衣着服饰

虽然俗话说："穿衣打扮，各有所爱。"但是作为职场中的人，衣着一定要和职业身份相符合，身上所穿的衣服，不仅代表了自己的品位，还代表着单位的形象，代表着对别人的尊重。著名影星索菲亚·罗兰就深有感触地说过："你的服装往往表明你是哪一类人物，它们代表着你的个性。一个和你会面的人往往不自觉地根据你的衣着来判断你的为人。"莎士比亚也说过："服装往往可以表现人格。"因此，从这个意义上来说，服装就不仅具有蔽体、遮羞、挡风、防雨、抗暑、御寒的作用，它还显示出一个人的个性、身份、角色、涵养、阅历及其心理等多种信息，具有反映社会分工，体现地位和身份差异的社会功用。

当然不同的工作性质，不同的单位，有着不同风格的穿着打扮，因此要顺应主流，融合在其文化背景中，最好根据工作性质和特点选择着装。在着装上，旅游从业人员要有文化修养和高雅的审美能力，即所谓"腹有诗书气自华"，运动健美的体质，更要掌握着装的常识、着装原则和服饰礼仪的知识，这是达到内外和谐统一不可或缺的条件。

如果着装得体，符合礼仪规范，有助于树立良好的形象和赢得客人的尊重。总之，穿衣是"形象工程"的大事。西方的服装设计大师认为："服装不能造出完人，但是第一印象的80%来自着装。"因此，对着装礼仪千万不要掉以轻心！本部分先着重强调旅游从业人员出席正式场合的服饰要求，在第三个模块"旅游岗位公关礼仪"部分分岗位强调具体的职业服饰要求。

（一）着装原则

俗话说：三分画，七分裱；三分长相，七分打扮。服饰之美，不仅反映出人的审美趣味，给人以美的感受，而且对人体有着"扬美""抑丑"的双重补偿功能。如果对服饰加以科学巧妙地运用，就会使其与人体构成和谐的美，起到一种相得益彰、锦上添花的作用。

1. 整洁原则

整洁干净是服饰着装的最根本原则。穿着整洁给人以积极向上的感觉，容易得到人们的欢迎和肯定。整洁的原则并非意味穿得高档时髦，只要保持服饰干净合体，全身整齐有致便可。

2. 个性原则

个性原则是指社交场合树立个人形象的要求，以一个独立的人被社会接纳与承认。个性化的穿着，第一不要盲目赶时髦，最时髦的往往也是最没有生命力的。一位真正懂得流行、具有判断力的人，其服饰大多样式传统，但是在妆饰的各种配件上，却极尽采纳了流行的元素，时髦对他来说，只是轻而易举地搭配各种配件罢了。第二就是穿出自己的风格。服饰选择要符合个人的年龄、性格、职业、文化素养等，通过个性着装可以尽显自己的气质。

3. 和谐原则

所谓和谐原则指协调得体，包含四层含义：一是指着装应与自身体型相协调，如浅色服装有扩张作用，瘦人穿用可产生丰满的效果；而深色服装给人以收缩感，适宜胖人穿用。二是指着装应与年龄相协调。少女穿超短裙显得朝气蓬勃、热情奔放，中年妇女穿上则显得不太庄重。三是指着装应与职业相协调。如公务员穿着打扮宜大方朴素；教师不宜穿着奇装异服，打扮得花枝招展。四是指服饰色彩搭配和谐自然。全身着装颜色搭配最好不超过三种颜色，而且以一种颜色为主色调，颜色太多则显得乱而无序。灰、黑、白三种颜色在着装配色中占有重要位置，可以和绝大部分颜色相配。

4. TPO 原则

TPO 是英文单词 Time、Place、Object 首字母的缩写。所谓着装的"TPO 原则"，是强调穿着要与环境相协调，具体而言就是必须与时间、地点、目的相适应。

时间（Time），指着装打扮必须根据时间来确定。时间是个广义的概念，包含三个含义：一是指每天的早、晚、日间的时间变化；二是指一年春夏秋冬四季的不同；三是指时代的差异。

地点（Place），指地点、场所、位置、职位，即服饰打扮应与所处的场合相协调。正式的场合，着装宜庄重大方，不宜过于浮华。参加晚会或喜庆场合，服饰可明亮艳丽；节假日等休闲时间着装应随意轻便，西装革履则显得拘谨而不适宜。

目的（Object），代表目的、目标、对象，即着装应与交往对象、目的相适应，有目标地来选择服饰，通过穿着打扮来给对方留下深刻的印象。特别是与外宾、少数民族相处时，更要特别注意尊重他们的习俗禁忌。

（二）男士西装礼仪

男士西装于清朝晚期传入中国，由于其最早起源于欧洲，所以被称为"西装"。最早的西装是一种带有烦琐装饰的长上衣。后来随着时代的发展，男士西装渐趋固定化、标准化，并在世界范围内流行，被公认为男士必备的正统服装。一套合体的西装可以使穿着者显得潇洒、精神，是男士教养、品位、地位的最真实写照。人们常说："西装七分在做，三分在穿。"西装的韵味不是单靠西装本身穿出来的，而是用西装与其他衣饰一道搭配出来的。所以必须全面了解西装的构成、风格以及穿着规范。

1. 西装的款式

男士西装作为正式场合的着装选择，不仅体现了穿着者的品位和身份，也是现代男士衣橱中不可或缺的经典元素。随着时尚界的不断演变，男士西装的款式也在不断更新和多样化，从传统的单排扣到现代的设计感，样式多样，满足了不同场合和不同风格的需求。

（1）传统款式。传统男士西装通常指的是经典的单排扣和双排扣西装。这些西装款式历史悠久，体现着正式与典雅的风格（见图2-5、图2-6）。

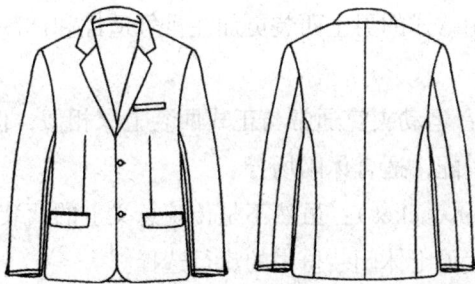

图2-5 单排扣西装①

---

① 服务设计网。

图 2-6　双排扣西装 [1]

单排扣西装（Single-breasted Suit）：这是最常见的西装款式，特点是前面有一排扣子（通常是两到三个），适合多种体型的男士。单排扣西装简洁大方，是商务和日常正式场合的理想选择。

双排扣西装（Double-breasted Suit）：相比单排扣，双排扣西装更显正式和传统，前面有两排扣子，通常是四到六个。这种款式的西装适合体型较为魁梧的男士，能够增强身体的比例感，展现出更加庄重的气质。

（2）现代创新款式。随着设计师们的不断创新，男士西装也出现了许多现代化的变体，这些款式往往更加注重剪裁和细节设计，以适应现代男性的审美和功能需求。

无结构西装（Unstructured Suit）：这种西装去除了传统西装中的垫肩和衬里，使得整体更加轻便和舒适，非常适合休闲或半正式的场合。

单件西装（One-piece Suit）：这种设计通常将上衣和裤子用相同或相似的面料制成，整体连贯，展现出现代和时尚的感觉。单件西装适合创意职业或需要在众多场合中脱颖而出的男士。

（3）休闲款式。休闲款式的男士西装更加注重舒适性和休闲感，适合非正式的社交场合或日常穿搭。

运动夹克（Blazer）：运动夹克通常与正式西装上衣相似，但面料和颜色更为多样，可以与牛仔裤或休闲裤搭配，适合休闲场合。

鸟笼夹克（Harrington Jacket）：虽然不是传统意义上的西装，但鸟笼夹克以其轻便和时尚的特点，成为现代男士休闲装扮中的流行选择。

2. 西装的尺寸

选择合适尺寸的西装非常重要，因为合身的西装不仅可以展现出专业形象，还能让人感觉更加舒适。如果预算允许，可考虑到专业服装店或裁缝店进行量体裁衣。专业人士可以根据你的体型提供最合适的建议和调整，确保西装完美贴合。即使是购买成衣，也常常需要一些简单的修改如调整裤长、缩小腰围等，以达到最佳的穿着效果。

----

① 小红书网。

（1）上衣。

肩宽：西装的肩部线条应该与本人的肩膀自然边缘对齐，不应有皱褶或拖拉的感觉。如果肩部太宽，会显得身形不匀称；如果肩部太窄，会限制人的活动空间。

袖长：站立时，袖子应到达手腕的根部，略露出衬衫袖口大约1厘米。

上衣长度：西装的下摆应覆盖住臀部，对于大多数人来说，上衣的下摆应在臀部中点左右。

胸围：扣上扣子后，西装应紧贴胸部但不应感觉过紧。可以伸入手掌测试是否有适当的空间。

（2）裤子。

腰围：裤子腰围应舒适，不需用皮带勒紧，也不应过松以致滑落。

裤长：裤脚应轻微搭在鞋面上，形成一个小折痕（Break）。过长或拖地的裤脚看起来不专业。

臀围和大腿：裤子应在臀部和大腿处提供足够的活动空间，坐下时不应感觉紧绷。

（3）试穿检查。

试穿西装时，应该进行一些基本动作，如举手、坐下、弯腰等，确保在各种动作下西装都能提供足够的舒适度和活动自由。

3. 西装的配饰

（1）领带。

搭配西装时选择合适的领带是非常重要的，领带可以起到点睛之笔的作用，让整体造型更加完整和精致。男士参加正式场合活动或穿着全套西装应打领带。女士一般不系领带。以下是一些关于男士搭配西装领带的建议：

领带的宽度应该与西装的驳头（又叫翻领）宽度相匹配。一般来说，领带的宽度应该与驳头的宽度相当，这样能够保持整体的平衡和协调。

领带的长度应该使得打完领带后，领带的尖端正好到达腰带的位置。过长或过短的领带都会显得不合适。

领带的颜色应该与衬衫和西装的颜色相互搭配，形成和谐的整体效果。一般来说，领带的颜色可以选择与衬衫或西装中的某种颜色相呼应。如果西装和衬衫都是纯色的，可以选择带有图案（如条纹、格子、印花等）的领带来增加视觉层次。但是要注意图案的大小和颜色搭配，避免过于花哨或冲突。

领带配饰的基本作用是固定领带，其次才是装饰。打领带时，在一般情况下，没有必要使用配饰。有时为了减少领带在行动时任意飘动带来的不便，可酌情使用领带配饰。常见的领带配饰有领带夹、领带针和领带棒。它们分别用于不同的位置，但不能同时登场，一次只能选用其中一种。选择领带配饰，应多考虑金属质地制品，并要求素色为佳，形状与图案要雅致简洁。

①领带夹。主要用于将领带固定于衬衫上。一般夹在衬衫的第四、五粒纽扣之间。

②领带针。主要用于将领带别在衬衫上，并发挥一定的装饰作用。其一端为图案，应处于领带之外，另一端为细链，应免于外露。使用它时，应将其别在衬衫从上往下数第三粒纽扣处的领带正中央。但要注意的是，别把领带针误当领针使用。

③领带棒。主要用于穿着扣领衬衫时，穿过领带，并将其固定于衬衫领口处。

领带结的打法也会影响整体效果，一般来说，常见的领带结有平结和温莎结等。应该选择适合自己领带和衬衫领型的领带结，打出整洁、端庄的效果。系领带应注意三点技巧：其一，要打得端正、挺括，外观上呈倒三角形；其二，在收紧领结时，有意在其下压出一个窝或一条沟来，使其看起来美观、自然；其三，领带结的具体大小大体上应与同时所穿的衬衫领子的大小成正比。

（2）掌握常见领带结的结系方法。

①平结：是最常用的领带打法，也可以说是最经典的领带打法。风格简约，非常方便，领结呈斜三角形，适合窄领衬衫。

具体打法是：右手握住宽的一端（下面称大端），左手握住窄的一端（下面称小端）。大端在前，小端在后，交叉叠放；将大端绕到小端之后；继续将大端在正面从右手边翻到左手边，成环；把大端翻到领带结之下，并从领口位置翻出；再将大端插入先前形成的环中，系紧（见图2-7）。

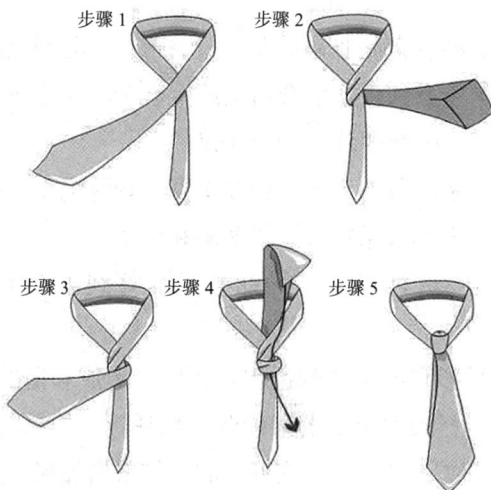

图2-7 平结打法的步骤[1]

②双环结。双环结适用于细领带，双环结能营造时尚感，适合年轻的上班族。该领结的特色是第一圈会稍露出于第二圈之外，切勿刻意将其掩盖。

具体打法是：右手握住宽的一端（下面称大端），左手握住窄的一端（下面称小

---

[1] 小红书网。

端）；大端在前，小端在后，交叉叠放。然后将大端绕到小端之后；继续将大端在正面从右手边翻到左手边；第三步，重复第一步；再次从左边将大端翻到内侧；重复第二步。再次将大端从右侧翻出（见图2-8）。

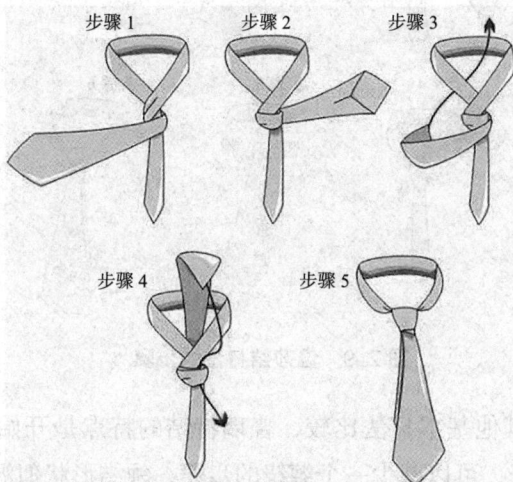

步骤1　步骤2　步骤3

步骤4　步骤5

图2-8　双环结打法的步骤①

③半温莎结。半温莎结让男性看起来有风度且更有自信。半温莎结是一种比较浪漫的领带打法，近似正三角形的领型比四手结打出的斜三角形更庄重，结型比四手结稍微宽一些，适用于任何场合，在众多衬衫领形中，与标准领是最完美的搭配。如果是休闲的时候，用粗厚的材质系半温莎领，能凸显出一股随意与不羁。

具体打法是：宽的一端（下面称大端）在左，窄的一端（下面称小端）在右。大端在前，小端在后，呈交叉状；将大端向内翻折；大端从右边翻折出来之后，向上翻折；大端旋绕小端一圈；拉紧；将大端向左翻折，成环；由内侧向领口三角形区域翻折；打结，系紧。

④温莎结。温莎结一般用于商务、政治等特定场合，属于典型的英式风格，其步骤在几种最常用的领带打法中也算是最复杂的了。

具体打法是：宽的一端（下面称大端）在左，窄的一端（下面称小端）在右。大端在前，小端在后，呈交叉状；大端由内侧向上翻折，从领口三角区域抽出；继续将大端翻向左边，即大端绕小端旋转一圈；大端由内侧向右边翻折；右边同左边一样，绕小端旋转一圈；整理好骨架，拉紧；从正面向左翻折，成环；最后将大端从中区域内侧翻折出来；系紧领带结，完成（见图2-9）。

---

① 小红书网。

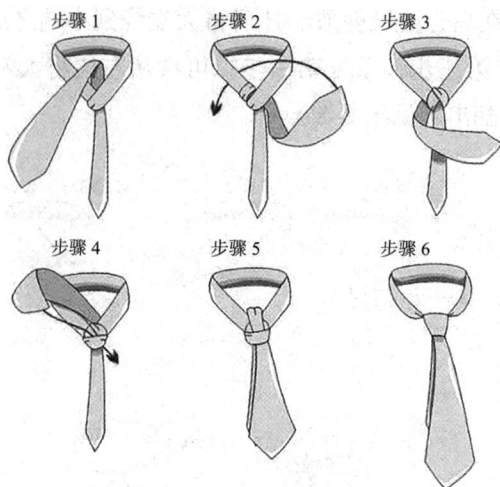

图 2-9　温莎结打法的步骤[①]

⑤普瑞特结。与其他基本打法比较，普瑞特结的特点是开始打结时领带的背面朝外，这样做有一个好处，可以减少一个缠绕的步骤，领结形状似温莎结的端正，却又比温莎结体积要小，十分美观。

具体打法是：宽的一端（后称大端）在左，窄的一端（后称小端）在右，大端在后，小端在前，交叉叠放。注意领带反面朝外；然后由外至内，将大端向两者交叉的区域翻折；再将大端从左边拉出，也就是大端绕小端一圈，回到原位；接着将大端向右平行翻折；从内侧翻折到领口的三角形区域。领带结表面成环；打结，系紧。

4. 西装的穿着规范

（1）讲究规格。西装有两件套、三件套之分，正式场合应穿同质同色的深色毛料套装。两件套西服在正式场合不能脱下外衣。按习俗，西装里面不能加毛背心或毛衣。按国际惯例，正式场合穿西装正装，衬衫外面一般不穿羊毛衫，从视觉效果上，只看到一件衬衫、一条领带、一套深色西装（两件套或三件套）。在我国，至多也只能加一件"V"字领羊毛衣（一般不建议加），西服里面加太多衣服会显得十分臃肿，以致破坏西装的线条美。

（2）选择衬衫。衬衫为单色，领子要挺括，不能有污垢、油渍。衬衫下摆要放在裤腰里，系好领扣和袖扣。衬衫衣袖要稍长于西装衣袖 0.5~1 厘米，领子要高出西装领子 1~1.5 厘米，以显示衣着的层次。

能与西装相配的衬衫很多，最常见的是白色和其他单一色彩。正规场合穿西装应配正装衬衫。在正式的商务、政务应酬中，白色衬衫一般是男士的选择。此外，蓝色、灰色、黑色等衬衫有时也可以作为正式场合的选择。红、粉、紫、绿、黄等杂色衬衫穿起

---

① 小红书网。

来有失庄重之感，是不可取的。

正装衬衫主要以纯棉、纯毛制品为主，也可以选择以棉、毛为主要成分的混纺衬衣，不宜选择由水洗布、化纤布、真丝、纯麻制作的衬衫。

正装衬衫的领形多为方领、短领和长领。衬衫衣领选择时，应与个人的脸型、脖子及将打的领带结的大小相配合，不能反差太大。

正装衬衫必须为长袖衬衣，以无任何图案为佳。系领带时，必须将衬衫的全部扣子系好，不系领带时可把衬衫上面第一粒扣子解开。

（3）系好领带。选择领带时，应使领带的宽度与自己身体的宽度成正比，不要反差过大。打领带时，根据前述内容注意选择好领带的结法、长度、位置、佩饰。不管打何种领带结，领带结都应打得端正、挺括，外观上呈倒三角形，领带结的大小应与所穿衬衫领子的大小成正比。

西装驳领间的"V"字区最为显眼，领带应处在这个部位中心，领带的领结要饱满，与衬衫的领口吻合要紧凑，领带的长度通常长130~150厘米。领带打好之后，外侧应略长于内侧。其标准的长度应是领带的下端正好触及腰上皮带扣的上端。领带夹一般夹在衬衫第三粒与第四粒扣子间。西装系好纽扣后，不能使领带夹外露。出于这一考虑，不提倡在正式场合选用难以调节其长度的"一拉得"领带或"一套得"领带。

（4）扣好纽扣。在正式场合穿着西装时，穿单排扣的西装，如是两粒扣子，只扣上面的一粒，不能两粒纽扣全部扣上，这是不符合穿着规范的；三粒扣的西装，则扣中间的一粒，也可扣上面的一、二粒。在一些非正式场合，可以不扣纽扣。穿双排扣的西装站着时一般应将纽扣都扣上，当坐下时，最低的一粒纽扣以松开为宜，以避免弄皱衣服的料子，但再站起来时应把它重新扣好。

穿西装时衬衫袖口的扣子一定要扣上。西装的领上通常有一只扣眼，这叫插花眼，是参加婚礼、葬礼或出席盛大宴会、典礼时插鲜花用的。

阅读案例

为什么西装外套最后一扣往往不扣？

在西装出现的初期，西装的穿着如同休闲服饰一样是没有正式的规则和习惯的。虽然很荒诞，但是西装和马甲组扣的习惯是因为一个男人——爱德华七世所改变的。爱德华七世是日不落帝国——英国的国王，在他做国王期间，西装这种正式服装便开始流行起来。但这位英国国王实在太胖了，为了使自己穿着的西装看上去更合身，他总是把自己西装的最后一粒纽扣解开。出于对他的尊重，最终，英格兰和英国殖民地的所有人也停止了扣上最后一粒纽扣。很多人认为这只是传说，但是英国的服装历史学家证实确有其事。但也有人说事实是爱德华七世确实开创了这种趋势，但解开马甲的最后一扣以及西装的最后一扣，却是因为取代了传统骑马的夹克（horse-riding jackets）的穿法，这种西装也由此得名为"lounge suit"，在当时是一种时尚的穿法。

（5）用好衣袋。西装上衣的几个前襟外侧口袋，是做装饰用的。除左上方的口袋可以根据需要放置折叠考究的西装手帕外，其他口袋不应放任何东西，以免弄得鼓鼓囊囊，影响西装的线条美。钱夹、名片夹、手纸、钥匙等物品应放入西装前襟两边内侧的口袋里。把两手随意插在衣袋或裤袋里，是有失风度的。参加宴会或赴约时，可在西装左上方的口袋里插一条白色或红色手帕作为巾饰，常见的有"一字形""三角形""双三角形"等。

（6）穿对鞋袜。鞋袜的选择也要注意与整体着装搭配，其颜色至少应当与皮带、表带保持一致。穿西装一定要穿皮鞋，而且裤子要盖住皮鞋鞋面。男士应穿黑色或棕色的皮鞋，系鞋带的皮鞋是最保守的选择（系鞋带的皮鞋在晚宴场合中显得有点笨拙），但广为接受，无带的皮鞋也较大方得体。男士穿皮鞋不管其新旧，保持鞋面的清洁是第一位的。在正式场合，男士宜穿黑色或深咖啡色皮鞋，至于白色与灰色的皮鞋，只适合游乐的时候穿。

男士的袜子应和衣服相协调，还要注意袜子的长度、颜色和质地。长度要高及小腿上部，太短的袜子坐下来稍不留意就会露出皮肉，是有失体统的。袜子的颜色要以单一色调为佳，如蓝色、黑色、灰色或深棕色，带图案的袜子不太合适。无论如何不要在涉外活动中穿一双白色运动袜。

（三）女士正装礼仪

女士正装指女性旅游从业人员在办公室，或出席一些正式、隆重工作场合穿的服装。

1. 正装着装规范

正装着装的基本原则是，符合身份，干净大方，体现出女士的职业特点、性格特征和女性魅力。

（1）体现工作效率。在正式场合中，不要把自己打扮得花枝招展或野性十足，也不穿太过性感的服装，不要让自己的衣着喧宾夺主，影响工作。

（2）时尚但不随意。为避免影响职业形象，女性在选择正装时需要有所取舍。正装样式要符合时尚审美品位，但宜简单大方，色彩应淡雅、清新，体现着装者的端正与稳重。同一件外套服装，可利用衬衣的样式与颜色的变化与之相衬托，表现出独特的风格。

（3）质料挺括平整。衣服的质料应平整、柔软、挺括，富有弹性，不易起皱。纯麻纯棉的衣服易皱，混纺的料子虽质感较好，却有不散热的缺点，两者都不适合上班时穿着。此外，太薄或太轻的衣料，会有不踏实、不庄重之感。因此，应常常将女衣裙熨烫平整，裤子烫出裤线，穿起来显得有精神。即使是"免烫"的衣服，也要将车缝线烫过，才会更为笔挺。

（4）选配好袜子。穿着正装时最好选配透明近似肤色的袜子，并在办公室或皮包内存放备份（女性的备用品必须包括丝袜），以免在脏污破损时随时更换，避免尴尬。

2. 正装裙装礼仪

在一般的交际场合，女性可以穿各式各样的裙装，如长裙适用于一切场合；而较为庄重的场合应当着西服套裙。

女士西服套裙是由一件西装上衣和一条半截裙所构成的两件套女装，其大致可以分为两种：一种是用西装上衣与随便一条裙子自由搭配与组合，另一种则是指西装上衣与和它配套的裙子是成套设计制作的。正式的西装套裙指的是后一种。这样的套裙还必须由高档面料精工制作，上衣与裙子要使用同一质地、同一色彩的素色面料。它的造型讲究、挺括、贴身，上衣的肩部垫得非常平整，其外观简洁大方，装饰较少，给人稳重端庄、高雅大方之感。但套裙穿着时应注意以下几点：

大小合体。西装套裙的上衣最短处可以齐腰，裙子最长可至小腿中部，松紧适度。

衣扣到位。在正式场合，西装套裙的上衣扣子应按规矩系好，再忙再热也不要敞怀不扣，更不宜随便当着别人的面把它脱下来。

内衣不露。穿丝、麻、棉等薄型面料或浅色面料的西装套裙，一定要内穿衬裙。衬裙的长度不应长于外面的裙子，颜色也应与之相近。衬衫不应过于透明，否则内衣毕露有伤风雅。

搭配合理。西装上衣不可与牛仔裤、健美裤、裙裤进行搭配，黑色皮裙（涉外场合中，黑皮裙是性工作者的代名词）更不能当正装来穿。

鞋袜相配。穿西装套裙应当着黑色的高跟或半高跟皮鞋，配肉色丝袜，不可穿布鞋、凉鞋、旅游鞋或拖鞋，袜口不能露在裙子外面。

3. 正装服饰配件

女士正装服饰的饰物主要有领带、围巾、丝巾、首饰、提包、手套、鞋袜等。饰物配件在着装中起着画龙点睛、协调整体的作用。

（1）鞋子。一身漂亮的衣服有双得体的鞋相配，方能显示一种整体美。在庄重正式的场合，女士不宜穿露脚趾的凉鞋或拖鞋；在办公室不宜穿皮靴；一套精致的时装绝不能配一双布鞋或球鞋。在社交场合，最常穿的就是皮鞋。选择套装时，最好也应该选择与套装相配的皮鞋，这样上下呼应，有一种整体的美感。一名职业女性可以为自己多备几双适合四季穿着的黑色皮鞋，因为黑色几乎可以与所有颜色的服饰相搭配。

（2）袜子。在正式场合，女士若穿正装必须配长筒丝袜，长筒丝袜口与裙子下摆之间不能有间隔，其长度一定要高于裙子下部边缘，袜口不能露在裙摆或裤脚外边。不要穿着挑丝、有洞或用线补过的袜子外出，不符合服饰礼仪规范。袜子的颜色应与自己的肤色相配，在社交场合，女士穿裙子时袜子以肉色相配为佳，肉色袜子能给女士皮肤罩上一层光晕而显示出一种线条美。白色、黑色或花色图案的袜子穿着时要格外注意场合。

（3）手袋。手袋是女士出席正式场合必不可少的配件，款式有手挽式、肩背式两大类，一般以皮包居多。小型手袋适合女性出席正式场合使用，其面料很多，带、扣、镶嵌物也较复杂，款式有拿在手中的与手提的。选择小型手提包的原则是小巧、新颖、别致、协调，装饰性强。此外，还应注意质地的好坏，一身高档的服装配一个廉价的手袋，会显得不伦不类。女用手提包应套在手上，不要拎在手里摆来摆去。经常参加社交活动的女士，可以多准备几个不同款式、颜色、质地的包袋，可根据穿着的服饰进行搭配，以达到完美的整体效果。

（4）手套。在西方，手套被称作"手的时装"。选用手套一般要注意以下几点：第一、要同整体装束一致。穿深色大衣，适合戴黑色手套；穿灰色或浅褐色大衣，可以戴褐色手套；穿西装或运动服装，要选择与之色彩一致的手套或黑色手套；穿夏令时装时选戴薄纱手套或网眼手套等。第二，要同个人气质相协调。选择时必须注意每一个人年龄、性格与气质的差异。年长而稳重的人，适合戴深色的手套；年轻而活泼的人，适合戴浅色或彩色的手套。第三，要适应时间与场合的变化。在西方，正式社交场合中的女士大多戴着手套。白天戴短手套，晚上戴长手套；夏季戴夏装手套，冬季戴冬装手套。应注意不要把戒指、手镯、手表等戴在手套外边。第四，手套一定要保持整洁。不论是男士还是女士，需要饮茶、进食或吸烟的话，均应提前脱下手套。

（5）丝巾。奥黛莉·赫本说："当我戴上丝巾的时候，我从没有那样明确地感受到我是一个女人，美丽的女人。"当今，女士的丝巾已经不仅是时装搭配的一个小配件，还作为时尚的一个很重要的角色来体现个人的魅力和时尚质感。善用丝巾，可以在长时间的商务旅行中搭配不同的套装，设计搭配方案，收到不同的效果。对于脖子太细长或太粗短的女性，丝巾也能起到很好的修饰作用。此外，丝巾的用途已被推广到更宽泛的领域，系在腰间就是腰包，提在手里可以当手袋，挂在墙上，就是风格独特的装饰画。学习一些职业正装的丝巾结系法，能够让整体着装更显灵动出彩。

①玫瑰结。

首先要介绍的系法是玫瑰结，简单几步就可以让丝巾巧变玫瑰花型，散发迷人气质，具体方法为：将真丝围巾对折起来，对折的两个角进行打结，将打结的两个角稍微打开。接下来，将另外两边的对角拉进来，左右交叉而过，从打结的对角内穿过去。然后自己整理一下形状，就是一个漂亮的玫瑰结形状了。这种系法比较适合上班族。看起来十分优雅大方，是一种较正式的系法（见图2-10）。

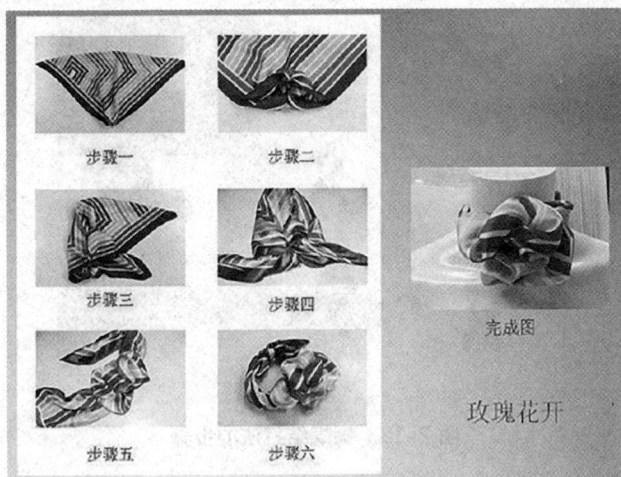

图 2-10 玫瑰结打法的步骤

②扇子结。

这种系法就是将真丝围巾像折纸扇一样一上一下地折起来，然后将丝巾从脖子后面绕到前面。使用一个可以固定丝巾的夹子将丝巾交叉固定在前面。这种系法看起来就像是展开的扇子，比较具有复古的感觉，平时这样系也是比较不错的，很彰显高贵气质（见图 2-11）。

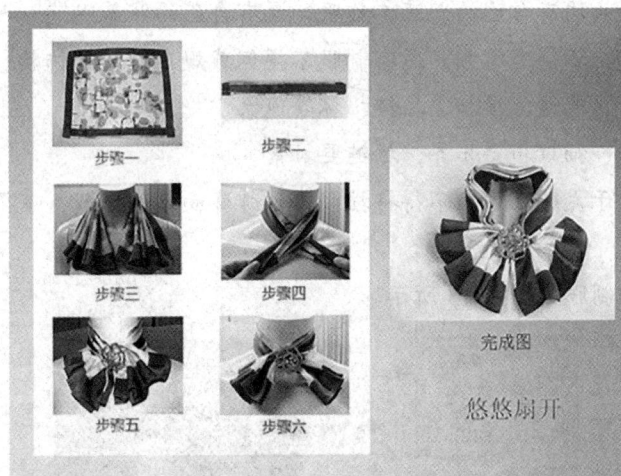

图 2-11 扇子结打法的步骤

③蝴蝶结。

将真丝围巾对折，朝同一个方向一共对折三次，丝巾就会变成一条比较纤细的丝巾。将丝巾直接系在脖子上，打一个结就可以了。这种系法是比较精致可爱的（见图 2-12）。

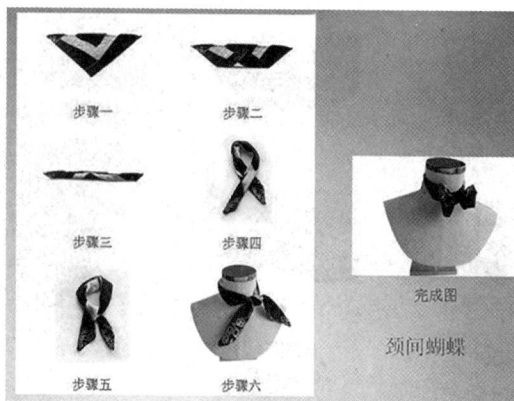

图 2-12　蝴蝶结打法的步骤

此外，丝巾还有项链结、宝石结、公主结等系法，但不管选择哪种系法，首先应该选择一条质地精良的丝巾，才能更好地诠释女性自然、温和、内敛的东方气质。

学习拓展

男女工装的着装要求

工装是为工作需要而特制的服装。工装实用、方便、整洁、和谐，并有一定的形象象征意义，许多行业均有自己的正装工作服，也有自己的穿着规范。

1. 要熨烫整齐，不得有污损。所有制服不得佩戴规定以外的饰物、胸针等。不得有皱褶、破洞、污渍、毛边、掉扣、拉链损坏等现象。

2. 衣扣、裤扣、袖口扣要扣齐，拉链要拉紧。

3. 佩戴工作牌于左胸上方，不得将挂式工作牌背面朝外佩戴，不得用外套等衣物遮盖工作牌等。

航空公司工作制服如图 2-13 所示。

图 2-13　航空公司工作制服[①]

---

① 搜狐网。

（四）饰品

饰品，一般是指与服装相搭配并能起到装饰作用的物件，如首饰、发卡、胸花、帽子、包、鞋袜等。饰品一般分为装饰饰品和生活饰品。装饰饰品纯属装饰品，其主要目的是修饰自我，因此可提高审美格调、艺术品位；生活饰品虽然是生活必需品，但是有着实用作用。佩戴饰品一定要做到：符合身份，以少为佳，区分品种，佩戴有方。

1. 搭配原则

（1）简约原则。"少即是多"是饰品搭配的基本原则。避免过多或过大的饰品，以免造成视觉上的杂乱无章。选择几件简洁、有特色的饰品通常比堆砌大量饰品更能突出个人风格。

（2）相互协调。饰品的颜色、风格和材质应与服装相协调。例如，精致的金属饰品适合搭配正装或晚装，而自然风格的木质或石质饰品更适合休闲装。饰品之间也应该相互协调，如手表、手链和戒指的材质和色彩应该相辅相成。

（3）重点突出。选择一件或几件作为焦点的饰品，如显眼的项链或耳环，然后让其他饰品相对低调。这样可以避免所有饰品都吸引注意力，从而让某一件饰品成为整体造型的亮点。

（4）场合适宜。根据不同的场合选择合适的饰品。例如，工作场合可能需要更低调、专业的饰品，而在晚宴或派对上可以选择更华丽、引人注目的饰品。

（5）个性表达。饰品是展现个人风格和品位的好方式。选择能够反映你个性的饰品，可以是复古风格、现代感或具有民族特色的设计。

（6）季节考虑。饰品的选择也可以根据季节变化进行。例如，夏季可以选择更轻盈、有色彩的饰品，而冬季则可以选择较重的金属饰品或带有宝石的暖色调饰品。

2. 饰品与服装的搭配

饰品与服装的搭配是时尚造型中不可或缺的一部分。正确的搭配可以提升整体形象的和谐与美感。

（1）颜色协调。饰品的颜色应与服装颜色协调，可以选择相似色系来增强整体的统一感，或用对比色来制造视觉焦点，增加层次感。黑白或中性色的服装比较容易搭配各种颜色的饰品。

（2）风格一致。选择与服装风格相符的饰品。例如，简约现代的服装搭配简洁的金属饰品，而波希米亚风格的服装则更适合搭配精细的手工饰品或自然材质的饰品。正式场合应选择更精致、高雅的饰品，而休闲场合则可以选择更随性或有趣的设计。

（3）重点突出。选择一件主要饰品作为焦点，如一条显眼的项链或一对大型耳环搭配简洁的其他饰品，以免造成过度装饰的感觉。如果服装本身具有丰富的图案或细节，饰品也应选择简单低调的款式。

（4）比例适宜。饰品的大小应与穿着者的体型和服装的比例相匹配。例如，身形较小的人适合佩戴细小的饰品，而身形较大的人可以尝试较大型的饰品。高领衣服适合搭配长项链，而 V 领或开领的衣服可以选择较短的项链或颈饰。

（5）材质搭配。饰品的材质也应与服装材质相协调。例如，厚重的毛衣可以搭配粗犷的木质或金属饰品，轻薄的丝质或雪纺衣物则更适合搭配细腻的金属或水晶饰品。

（6）场合适宜。根据不同的场合选择不同的饰品。工作场合应选择简单专业的饰品，而在晚宴或聚会等正式场合，则可以选择更为精致和华丽的饰品。

3.饰品佩戴技巧

（1）戒指。戒指是男女皆宜的一种主要饰品，还是具有特定含义的传递物，不同戴法具有不同含义，一定要严格区分，避免失礼。一般来讲，无论男女，戒指戴在食指上，表示尚未恋爱，求偶中；戴在中指上，表示已有意中人，正在恋爱；戴在无名指上，表示已正式订婚或已结婚；戴在小指上，则表示目前为独身状态。婚戒通常戴在左手上，修女的戒指则总是戴在右手无名指上，意味着把爱献给了上帝。一般情况下，一只手只戴一枚戒指，戴两枚或两枚以上的戒指是不适宜的。按照风俗，结婚戒指忌用合金制造，必须用纯金或白银制成，象征爱情的纯洁。选择戒指应和自己的手形相配。此外，参加涉外活动时，佩戴的戒指以古典式样为佳。对男性来讲，戒指可以说是在其工作岗位上唯一被允许佩戴的饰品。但只能佩戴一枚，且式样要求单一简洁。

（2）项链。佩戴项链需要考虑身材、脸色、衣服颜色等因素。一般来说，体型较胖、脖子较短的人适宜选佩较长的项链，而不宜选用短而宽的项链，否则会更让人觉得膀大腰圆；相反，身材苗条修长、脖子细长的人则最好选佩戴粗一些的短项链，不宜再戴细长的项链，否则会显得更加单薄纤弱。就色泽而言，为了不"埋没"项链的存在，项链的颜色应与服饰、肤色有较大的对比度。

女性在工作中，一般允许佩戴项链，应选择质地较轻、体积不大、较精美细致的金项链或银项链，给人一种轻快明亮并上档次的感觉。其佩戴的方法可以将其藏于衣内，也可以戴在衣外。男性工作人员在其工作岗位上通常不宜佩戴项链，即使是因为信仰而佩戴信物也必须藏于衣内，绝不允许显露在外。

（3）耳环。耳环有两种类型，一种是插卷型，供有耳洞的人使用；另一种是螺丝形，供没有耳孔的人使用。选择耳环应当主要考虑自己的脸型、头型、发式、服装等方面。例如，长形脸应佩戴面积较大的扣式耳环，以便使脸部显得圆润丰满。而面部较宽的方形脸，则宜选佩面积较小的耳环。而尖脸的少女可戴能增加宽阔感的耳环，如三角形、大纽形、大圈形等夸张款式。服饰色彩比较艳丽，耳环色彩也应该艳丽，同时，要考虑两者间色彩的适当对比。一般来说，金银耳环可配任何衣服，而彩色耳环则应根据配色原则与服装颜色相协调。

女性旅游从业人员在工作岗位上只能佩戴不超过耳垂的耳环。过长过大的不宜佩戴，尤宜佩戴耳钉为佳，显得庄重优雅。近来，也有一些新潮的男性佩戴耳环，做法是在左耳上戴一只耳环。对此，不允许男性从业人员模仿。

（4）胸花、胸针。胸花、胸针一般是指人们佩戴在上衣左侧胸前或衣领之上的一种饰品，男女皆可佩戴。旅游从业人员在工作中，佩戴胸花、胸针不可以随个人爱好行事。很多单位都是以佩戴身份牌或本单位的证章取代胸前装饰物。对于胸前饰物佩戴的款式、位置、方法、时间均有明确的规定和统一的要求，给人一种正式、规范的感觉。

（5）发饰。发饰泛指头发上所使用的兼具束发、别发功能的各种饰品，常见的有头花、发带、发箍等。女性旅游从业人员在工作期间，选择发饰时，要强调其实用性、一致性，而不偏重其装饰性。通常，色彩鲜艳、图案花哨的发带、发卡都不宜在上班时选用。

（6）手表。无论男女，手表是最常见的生活饰品，具有极强的实用性。但在工作岗位上，不戴时装表、广告表、珠宝表、劣质表以及不准时的表。手表一般都戴在手腕上，将其挂在胸前、腰间或者放在袋中都显得不伦不类。

二、仪容及发型

仪容是指一个人的容貌。这里的容貌不仅指一个人天生的长相，也指一个人按照社会公认的审美标准进行修饰之后的容貌。它是个人仪表的重要组成部分之一，包括发式、面容及人体所有未被服饰遮掩的肌肤，如手部、颈部等。

（一）仪容的基本要求

1. 自然真实

在社交场合，要打造自然、真实而生动的仪容。美好仪容借技巧，恰当妆品增色彩，浓淡相宜有方度，点面到位添风韵。

2. 协调一致

一是妆面协调。妆面就像一本书的封面，包装设计讲特色，色彩浓淡有美感，构图层次有张弛，疏密对比要讲究。二是全身协调。妆面应与发型、服饰协调，整体效果适合自己的气质和内涵，就像一本书的封面，要求设计的立意、构图和色彩与书籍的主题及内容相统一。三是角色协调，契合自己在社交中扮演的不同角色。同样像一本书的封面，包装设计讲定位，科研书籍宜庄重，小说书籍要含蓄，娱乐杂志宜时尚，等等。四是场合协调。仪容应与所在的场合气氛一致，衣妆大方去上班，浓妆华衣赴盛宴。

3. 美观大方

漂亮、美丽、端庄的外观仪容是形成优美良好的社交形象的基本要素之一。美观是从效果来说的。其次要清楚怎样化妆、美发和矫正，才能扬长避短，使容貌更迷人。

4. 发型简洁

发型是仪表美重要的组成部分，是自然美与修饰美的结合。头发具有衬托面容框架的作用，选择合适的发型可以改变一个人整个造型和感觉。发型应与脸型、年龄、时间、地点、场合等相衬，整洁大方为宜。一般在职场或商务场合，发型一般以简洁为主，前发不遮眉毛，发型简洁大方，发型发色不宜过于夸张前卫。

（二）**发型设计**

1. 女士发型的选择

发型与脸型。发型曲线应与女性脸部线条相中和，用头发的蓬松感来掩饰与弥补脸型的缺陷。如圆脸，发型应选择视觉上显长不显宽的，让顶部头发蓬松，两侧收紧，忌头发中分；若是长脸，原则上用圆线条来弥补，顶发平贴头皮，留额前刘海，并且尽量让头发向两边分散，以增强横向扩张的感觉；若是正三角脸型，顶部头发蓬松，女性的发梢微遮两颊，以缩小下巴宽度，使脸型匀称。

发型与体型。发型要与女性个人的身材体型相适应。比如女性，高瘦型不宜留短发，这样会显得头部在整个身高中所占比例过小；身材矮小的人，如果留长发则会使上半身看起来更长，而下半身显得更短，因此留短发可使身材比例更合适。

发型与年龄。女士发型还应与其年龄相适应，从而通过发型更加显出自己所在年龄段应有的美。比如人到中年，发型的设计多以正规、端庄为主，女性也一般不再留刘海及披肩长发，束发和挽发髻较常见，这可显示出成熟女性端庄优雅的气质。

发型与场合。工作场合选择的发型要自然明快、简洁大方。户外工作时，发型尽量干练。出入商务场合宜选择优雅大方、较为稳重的发型，给人沉着谨慎、办事可靠的印象。隆重的社交场合，发型要高贵雅致，女性不梳披肩发，应扎起来或盘成发髻，显得端庄、高贵。

2. 男士发型的选择

按照人们的审美习惯，男性的发型多以短发为主，随着人们对个性外形的追求越来越强烈，男士的发型也由传统的短发向多样化发展。男士在发型选择上应掌握以下三点原则：第一，要体现男士刚毅有力的阳刚特点；第二，要突出自己的个性特点，在选择发型时要尽量注意和自己的脸型、体型、服装等相协调；第三，要体现职业特点，选择发型应该大方、得体，出入商务场合的男士宜选择较为大方稳重的发型，给人以沉着谨慎、踏实可靠的职业印象。

三、化妆礼仪

"女为悦己者容"，适当修饰妆容，是善待自己的表现，也是对他人的尊重。清晨洗面薄施粉，淡描青黛点绛唇，可以使自己的容貌变得更加靓丽，让人自信，给人良好的印象感知，所以在人际交往中进行适当的化妆是非常必要的。

（一）**化妆原则**

装扮得体的服饰，加上大方的化妆美容，会给人良好的印象，从而成为社交成功的良好开端。

1. 整洁

整洁是一种礼貌，它显示出旅游工作者的自重自爱，包含了对客人的尊重。进入工作、社交场合前，不仅女士要适度妆饰，男士也应剃须修面、修剪鼻毛等，蓬头垢面、须发不整是失礼的。

女士化妆一定要恰如其分、自然得体。化妆最好是在自然光下进行，面部化妆不能一味求白，要与自己的原有肤色恰当结合，才会显得自然、协调。面部化妆要少而精，应强调和突出眉眼部。古人对眼部的化妆十分重视，有"盈盈秋水，淡淡春山""水是眼波横，山是眉峰聚"等比喻。

2. 规范

在进入正式工作场合，尤其是涉外性质的正式场合之前，女士应适度化妆，让自己容光焕发，富有活力，不化妆则被视为失礼。旅游从业人员一般化淡妆，落落大方更显人的修养和审美情趣的高尚。特别是在哀伤悲痛的场合，只适合化淡妆，不宜擦口红。当然，外貌修饰只是仪表美的一个方面，旅游从业人员为了塑造良好的自身形象，还应该从运动、饮食、心理健康和修养等方面着手，从本质上改善自身体质和机能活动状况，秀外慧中，达到仪表美的更高境界。

3. 避人

无论是在办公室、营业厅，或是社交沙龙、宴会席间，在众目睽睽之下化妆或整理妆容是非常失礼的。因此，需要补妆或化妆应到房间或洗手间去，切勿当众表演，尤其注意一般不在男士面前化妆。但就餐后，坐在席桌前补上口红是允许的，方法是坐在原位，不动声色、巧妙高雅地进行。

4. 其他要求

（1）非议他人妆容。由于民族、肤色和个人文化素养的差异，化妆技巧也各有不同。不要对自己的化妆技能过度自信，而对别人的化妆技术评头论足，尤其是对外宾的化妆不可指指点点，也不要同外宾切磋化妆技巧。

（2）借用他人的化妆品。他人有新的化妆品，使你跃跃欲试；或是自己忘了带化妆盒却要化妆，这种情况下，除非他人心甘情愿为你提供方便，否则切记不要随便借用他人的化妆品，这既不卫生，也不礼貌。

（3）临睡之前应该卸妆。化妆品对皮肤有一定程度的损害，化妆之后在临睡前要用卸妆油或卸妆乳液洗掉脸上的脂粉，不要让化妆品在面部"过夜"。卸妆后用晚霜或营养霜保护面部皮肤，使脸上皮肤处于休息状态，吸收效果会更好。

（二）化妆修饰

适度得体的化妆修饰不但可以让人的容貌更加精神、青春，而且也体现了一个人对美的追求和对他人的尊重。

1. 化妆程序

（1）洁面及护理。化妆前用洁面乳等清洁类化妆品清洗面部，再依次使用爽肤水、乳液、面霜等护肤品。此步骤既可润泽皮肤，又起隔离作用，可以防止彩妆类产品直接进入面部毛孔。

（2）扑粉底。洁面之后，将粉底霜放在手背上，用海绵蘸霜打匀，在脸上由内而外薄薄地涂上一层，为使脖子能与面部的颜色协调一致，脖子也要涂。然后，再从上往下轻轻扑上一层干粉，这样皮肤可以显得透明自然。这一环节对于化妆十分重要，肤质及肤色较好的年轻人可直接用美白的面霜代替粉底，以尽量减少粉底对皮肤可能造成的伤害，保持青春的自然靓丽。切记扑粉底一定要均匀，而且尽量使颜色达到一致，从而使整个面部显得均衡、透明、自然。

（3）勾眼线。勾眼线是为了使眼睛的轮廓更分明，使眼睛更有神采。勾眼线时，用眼线笔紧贴睫毛，由外眼角向内眼角的方向描画，上眼线比下眼线重些，上眼线从外眼角向内眼角画 7/10 长，下眼线画 3/10 长。

（4）画眼影。画眼影的目的是表现眼部结构的整体化妆风格，强调眼睛的立体感。选择的眼影颜色要适应自己的肤色、整体妆面及出席场合。作为旅游从业人员，眼影的颜色应以浅棕、深紫、深咖等大地色系为宜。涂抹时，贴近睫毛部分的色彩要重些，眼角部分也要重些，然后用眼影刷轻轻地扫去，与鼻侧影自然相接。

（5）描眉毛。标准眉形是在眉毛的 2/3 处有转折，即眉峰在眉毛的 2/3 处。描画时，应根据眉毛的生长规律，将其描画得接近于标准眉形。将眉笔（亦可使用眉粉）削成扁平状，沿着眉毛的生长方向描画，这样描出的眉形有真实感。描画眉形要根据自己的脸型，如果脸盘宽大，眉毛就不易画得过细，五官纤细的人，不要将眉毛描画得太浓密。天生眉形较好的人，只需要用眉笔平端轻扫几下，挂上些眉色即可。

（6）抹腮红。抹腮红的目的，一是表现皮肤的健康红润，二是利用腮红的位置和方向来矫正脸型。通过腮红使面部两颊泛出微微的红晕，产生健康、艳丽、楚楚动人的效果。腮红的中心应在颧骨处向四周扫匀，涂的范围高不过眉，低不过嘴，内不过眼长的 1/2，且越来越淡，直到与底色自然相接。腮红的颜色要与肤色相适应，白皮肤的人，可选用淡一些、明快一些的颜色；皮肤较黑的人，腮红的颜色可深一些、暗一些。

（7）涂口红。涂口红可以加深嘴的轮廓，使其生动润泽，富有魅力。涂口红时应先用唇线笔勾出理想的唇形，然后用口红在轮廓内涂抹。注意唇边与唇色的颜色要略有区别，唇边可涂深一些，唇内则可浅一些。口红颜色的选择首先要与自己的肤色相配，其次还要和自己的年龄、职业及场合、季节等相协调。

2. 妆容类型

女生的妆容类型多种多样，根据不同的场合、风格和个人喜好，可以选择适合自己的妆容类型，展现最佳的个人形象。以下是一些常见的妆容类型：

（1）自然妆（日常妆）。这种妆容追求自然、清新的效果，通常使用接近肤色的底妆、简单的眼妆和淡雅的唇色。目的是让肤色看起来更加均匀和健康，适合日常生活和工作场合。

（2）职业妆。职业妆相对自然妆更加精致和正式，强调专业和干练的形象。眼妆和唇妆色彩适中，不过分突出，主要是提升整体的精神面貌，适合办公室和商务场合。

（3）晚宴妆。晚宴妆通常更为华丽和引人注目，可能会使用闪光或金属质感的眼影、更鲜艳或深色的唇膏，以及更明显的腮红。这种妆容适合晚宴、派对等正式场合。

（4）烟熏妆。烟熏妆以深色系眼影和晕染技巧为主，营造出眼部深邃和神秘的效果。适合晚上出席活动或特别场合，可以显得非常性感和引人注目。

（5）裸妆。裸妆看起来像没化妆一样，但实际上需要精细的底妆技巧和适当的遮瑕，以展现无瑕的肤质。眼妆、腮红和唇妆都十分自然，适合任何场合。

（6）中式妆容。中式妆容一般以淡雅自然为主，追求典雅端庄的美感。红色是中国传统文化中的吉祥色，因此红色唇妆常常被应用于中式妆容中。中式妆容常融合传统文化元素，如花瓣纹理、金银装饰等，展现出中国传统美学的韵味。

（7）日式妆容。日式妆容通常更为简约和自然，强调肌肤的透明感和自然的眉形。眼妆不会太过夸张，偏好自然长的睫毛和粉嫩的唇色。

（8）韩式妆容。韩式妆容强调清透的皮肤、水润的唇妆和较为自然的眼妆。特点包括水光底妆、粉嫩的腮红和渐变唇。这种妆容给人一种年轻和可爱的感觉。

四、保养健康

头发居人体之首，是别人第一眼关注的地方，所以，一定要随时保持头发的整洁和美观，真正给别人留下美好的"第一印象"。

（一）头发的清洁与养护

头发对于人体有保护的功能，它可以保护人的头脑，能挡风、保暖，减轻头部受到撞击的伤害，防止阳光中的紫外线对头脑的强烈辐射。头发的清洁与养护对于保持头发的健康和美观至关重要，以下是一些基本的头发清洁与养护方法：

1. 选择合适的洗发产品

根据自己的发质（如油性、干性、混合性或有特殊需求如防脱、去屑等）选择合适的洗发水和护发素。使用不适合自己发质的产品可能会加重头发问题。

2. 正确的洗发频率

洗发的频率应根据个人的发质和生活环境调整。一般来说，油性发质可以每天洗一次，而干性或正常发质每2~3天洗一次即可。

3. 洗发技巧

洗发前应先用梳子或手指轻轻梳理头发，去除杂质。使用温水湿润头发，避免使用过热的水，因为高温水会损伤头发和头皮。取适量洗发水在手心，加水揉出泡沫后再涂抹到头发上，用指腹轻轻按摩头皮，避免用指甲抓挠。清洗时从头顶往下顺着头发的生长方向轻轻揉洗，减少对头发的摩擦和损伤。

4. 使用护发素

洗发后使用护发素可以帮助滋润头发，使头发更加柔顺易梳理。应用护发素时避免涂抹到头皮上，主要涂抹在发梢和发中，根据产品说明保留适当时间后彻底冲洗干净。

5. 干发方法

洗完头发后，用毛巾轻轻按压吸水，避免用力搓擦，以减少对头发的损伤。尽可能自然风干或使用冷风吹干。如果使用吹风机，应保持一定距离，并尽量使用低温设置。

6. 定期修剪

定期修剪头发可以去除分叉和受损的发梢，帮助头发保持健康的生长。

7. 深层护理

定期做深层护理，如使用发膜或进行油膏护理，可以帮助修复受损头发，增加头发的光泽和弹性。

8. 健康的生活习惯

均衡的饮食、充足的睡眠和适当的运动都有助于头发的健康。确保摄入足够的蛋白质、维生素和矿物质，特别是维生素 A、维生素 C、E、B 群和锌、铁等对头发尤其重要。

（二）肌肤的基本护理

好的肌肤能使化妆效果事半功倍，而清洁好肌肤则是护理肌肤的基础。人的脸部肌肤不断分泌油脂，如果不及时清洁，油脂便易沾上灰尘，会使得脸部看上去不洁且没有光彩，油脂若使皮肤毛孔堵塞，还会长粉刺和黑头，影响面部妆容效果。要想皮肤好，洁肤—润肤—护肤，一步也不能少。

1. 洗脸

通常每个人每天至少坚持早晚各洗脸一次，防止细菌生长，从而保证皮肤的健康。正确的洗脸方法，一是洗脸水的温度不宜偏高，一般应低于 35℃；二是洗脸应从下往上由里向外的方向洗，这样有助于皮肤的血液循环；三是使用温和的洁面乳，少用或不用香皂；四是洗脸动作要轻柔，坚持"漫脸"，每天让脸浸入冷水中一次，约 2 分钟，早晚均可。

2. 护肤

洗脸之后，人脸部肌肤的水分会随着水的挥发而一起流失，因此，洗脸后应马上给肌肤补充水分及必要的营养。首先，将爽肤水或柔肤水直接拍于面部，直至被皮肤吸收。偏油的肤质选择爽肤水，偏干的肤质选择柔肤水。使用爽肤水或柔肤水主要有两个作用：一是帮助之后使用的护肤品中营养成分的吸收；二是软化角质，深层清洁肌肤。其次，使用乳液给肌肤补水，起到滋润皮肤的作用。最后，使用面霜锁住脸部的水分，对肌肤进行深层的护理。

（三）口腔的清洁

口腔的清洁是旅游从业人员仪容礼仪中非常重要的一个环节。牙齿洁白、口腔没有异味，这是口腔卫生的两大基本要求。作为经常需要与顾客近距离沟通接触的从业者，更应该注意个人的口腔卫生。这需要旅游从业人员首先养成正确的刷牙习惯。正确的刷牙习惯是："三个三"定律——每天刷三次牙、饭后三分钟开始刷、每次刷牙的时间不短于三分钟。在条件允许的情况下，还可以每半年在专业口腔机构进行洗牙等口腔护理。

此外，旅游从业人员在上岗之前尽量不要吃姜、葱、蒜、烟、酒，包括火锅等一些具有较强气味的食物，如果条件不允许餐后马上刷牙，可先漱口，再嚼一片口香糖或少许茶叶，那么以上问题也能解决得较好。

（四）手部的护理

在旅游社交和商务活动中，手是所有肢体中使用频率较高的部位，由于手部与外界直接接触，最容易沾染细菌。因此，旅游从业人员除了勤洗手之外，还要经常对手部进行保洁。勤剪指甲，防止指甲缝里藏污纳垢，注意手部皮肤的保养，防止手部脱皮，长倒刺。此外，女性旅游从业人员最好不涂指甲油，实在需要美化指甲，应以肉色、粉色等淡色指甲油为宜。需要注意的是，一双整洁、温暖的手也是一个人美好仪容的重要组成部分，不可大意。

（五）其他细节

细节决定成败。让人觉得赏心悦目的仪容，有以下几个细节之处必须关注。

1. 鼻子清洁

旅游从业人员经常需要检查一下自己的鼻毛是否过长，以免有碍观瞻。如鼻毛过长应用小剪刀剪短，但不要去拔。保持鼻腔的清洁，不要用手去抠鼻孔，尤其是在客人面前，这样既不文雅，又不卫生。值得提醒的是，许多男士每天都会剃胡须，却往往忽略了更煞风景的鼻毛。如果鼻毛长出了鼻腔，一定要记得及时修剪。

2. 男士剃须

除了具有宗教信仰或风俗习惯的男士之外，大多数男士不留胡须。受人欢迎的男士往往都具有整洁、清爽的外表，留胡须多少会让人感觉不清爽，有时还会显得邋遢，在西方，男士留着胡须进出社交场合是不尊重对方的表现。因此，男性旅游从业人员为了社交及工作场合的需要，最好每天剃须，保持整洁干练的风采。

3. 眼唇护理

无论男性或女性旅游从业人员在上岗之前，修饰自己仪容的时候，一定不能忘记清洁自己的眼部，特别是有时为了赶时间、匆忙抹一把脸就出发，这时往往会遗漏了藏在眼角的分泌物。这虽然是小细节，却非常有碍观瞻，必须及时清除掉。而且，如果眼镜已成为一个人生活中不可缺少的一部分，那么保持镜片的光洁和镜架的完好，也是这个人整理仪容时必须关注的环节。

当人与人近距离交谈时，一个人的嘴唇其实是很容易引起对方关注的。因此，不论男女，坚持对自己的嘴唇进行科学的护理十分必要。特别是秋冬，嘴唇很容易开裂爆皮。干燥的季节一定要注意嘴唇的护理，用餐之后，把嘴擦干净，再抹上润唇膏，从而使嘴唇健康润泽。

课后研讨

研讨 1

近年来，越来越多的年轻人穿起汉服，衣袂翩翩、自信满满地行走在高楼大厦和绿水青山间。每逢传统假日，各类汉服文化活动，以节庆民俗、文艺演出、街头快闪等形式，丰富了传统节日的文化内涵。汉服的全称是汉民族传统服饰体系。现代汉服是现代人继承古代汉服基本特征而建构的民族传统服饰体系，主流典型特征可以概括为"平中交右、宽裾合缨"八个字，它不仅是对外观的描述，更蕴含了与中华文化息息相关的内涵，充分体现了中华服饰崇尚含蓄内敛、端庄稳重的气质与美感。你怎样看待"汉服热"现象的出现？请思考现代汉服与中华优秀传统文化的关系，思考传统文化的创造性转化和创新性发展路径，探讨当代青年还可以有哪些彰显文化自信的表达方式。

研讨 2

元代杂剧《诤范叔》里有一句话："先敬罗衣后敬人，先敬皮囊再敬魂。""以貌取人"似乎是人类的本性。美国布兰代斯大学心理学教授吉布维丝指出，以貌取人是人类从进化过程中得来的本能，来源于人们爱美的社会心理。人们习惯于把形象气质佳的人与才华出众、品位高雅、真诚善良，甚至健康、乐观、积极向上等优秀品质联系起来，反之亦然。谈谈你如何理解个人外在形象的重要性？

结语

中国仪表礼仪文化融合了古代和现代的仪表文化的精髓，强调了个人外在形象与内在修养统一的重要性。中国古代注重衣冠整齐、举止文雅，男子礼重端庄、女子礼讲究柔和娴静，体现着尊重传统和秩序的价值观。现代仪表礼仪强调整洁得体、言行举止得体，重视个人形象管理、社交技巧和表达方式，体现出尊重他人和自我要求的现代文明素养。无论在古代的等级秩序中，还是现代的个性表达里，仪表礼仪文化始终强调内外兼修，始终致力于培养良好品德、促进和谐人际关系，体现出中华民族特有的礼仪精神和道德追求。

第三章　中国仪态礼仪文化

📖 **学习目标**

1. 了解中国古代仪态礼仪的概念、内涵、起源、演变。
2. 掌握现代仪态礼仪的概念、内涵、表现形式及相关要求。
3. 掌握站姿、坐姿、走姿、蹲姿的规范要求，懂得在实践中正确得体地运用表情语、体态语。

➡️ **佳句赏析**

步从容，立端正，揖深圆，拜恭敬。勿践阈，勿跛倚，勿箕踞，勿摇髀。——《弟子规》

足容重，手容恭，目容端，口容止，声容静，头容直，气容肃，立容德，色容庄。——《礼记·玉藻》

第一节　古代坐立礼

孔子曰："君子不重则不威，学则不固。"（《论语·学而》）古人认为君子应仪态庄重，只有庄重才会有威仪，有威仪然后才有敬。而《礼记》中谈到君子九容，则是对君子仪态提出的具体要求。

一、古代坐立之容

中国传统礼仪对坐、立、行走、躺卧等日常举止，都十分讲究，处处要合乎"礼"。"站如松，坐如钟，行如风，卧如弓"，便是古人所倡导的行止仪态。《韩诗外传》中所说的"立则磬折，拱则抱鼓，行步中规，折旋中矩"也是强调坐卧行走都要有端正之态。

（一）坐容

古今坐俗，大概为二，即自古至隋为跪坐时期，唐宋以后为椅坐时期[①]。坐具的发展是一个相当漫长的过程，从夏朝开始一直到西汉结束，人们的坐法都是席地而坐，由于那个时候还没有椅子，所以大家只能找一些席子、破布之类的东西垫在膝盖下，与地板隔离。西周时期崇尚礼法，事事都讲究尊卑顺序，因此座席也被赋予了礼的色彩，不同身份等级的人在不同场合也应该选择不同的座席。《周礼·春官·司几筵》记载："掌五几、五席之名物，辨其用，与其位。"《礼记·礼器》中说："天子之席五重，而诸侯用三重，大夫两重"，这都说明了座席的阶级功能。

在席地而坐的年代，人们最常用的坐姿便是安坐（见图3-1）。《礼记正义》疏："坐，亦跪也。"安坐即两膝跪在席上，两脚背朝下，臀部贴于脚踵上，类似今日的跪，但跪是臀部不贴两脚。《礼记·曲礼上》也记载："君子坐如尸，坐如蹲。""尸"其实是古代祭祀时代替神灵端坐在祭祀台上的人，尸居神位，也就是说人坐的时候应该像"尸"一样，要端正严肃。

图3-1 秦代抚膝坐俑[②]

另一种坐姿是踞，也称为"长跪"。长跪时，两膝着席，上体耸直。具体姿势是，在席地而坐的基础上，臀部抬起离开脚后跟，上身挺直。这是一种将要站起来的准备姿势，有时表示对别人尊敬，有时表示将有所动作。

实际上，在日常生活中人们不可能都是"正襟危坐"，除高雅正式的坐姿外，民间还流行不少生活化的坐姿，如蹲踞、箕踞。这类坐姿相对舒适、自由，是古人较为随意

---

① 黄现璠.古书解读初探［M］.桂林：广西师范大学出版社，2004.
② 百度网。

的休息性姿势。清人段玉裁在《说文解字注》中称，"箕踞，则臀着席，而伸其脚于前。"就是两腿伸直拉开，呈八字状，人形似簸箕。根据河南安阳殷墟出土文物造型的分析，蹲踞、箕踞这两种比较生活化的坐法，其实是殷商时期东方夷人（今江苏、山东一带原居民）的坐法，与中原"文明"的安坐相比，尤易"走光"，显得原始、粗俗。所以在古代以这样的姿势示人，极其不雅，甚至对他人有侮辱的意思。在《东周列国志》的记载中，荆轲受伤以后，知道自己刺杀秦始皇已经无望的情况下，便"倚柱而笑，向秦王箕踞骂曰：'幸哉汝也'。"荆轲在骂秦王嬴政的同时，摆出箕踞的姿势，就是为了增强自己羞辱秦王嬴政的强烈程度。不仅荆轲如此，汉高祖刘邦在没有登基以前，第一次接见郦食其时，便因为瞧不起儒生，接见时踞榻而坐，以示怠慢，结果被郦食其怒怼："足下必欲诛无道秦，不宜踞见长者。"至于《高逸图》中描绘的那些魏晋豪放之士，只是那个时代行为不羁的极少数而已，绝大多数人大场面上还是要跪坐的（见图 3-2）。

图 3-2 晚唐画家孙位的《高逸图》中箕坐不羁的魏晋名士[1]

除了不能箕踞而坐之外，古人坐时还不可"交胫摇足"，双腿交叠或晃腿摇足都被认为是缺乏教养的不雅坐相。在庄重严肃的场合下，尤其在朝廷官府中，古人很注意正襟危坐，端然不动。日常生活中，人虽可以身体稍前或稍后，但也不应有违庄严沉静之相。

席地而坐的坐姿习俗一直延续到隋朝。南北朝时期，国家征战不断，政权不断交替，出现了民族大融合的局面，胡床、椅子、凳子等家具开始传入中原百姓的家中。但即便是胡床传入后的早期，当时人们主要的使用场景依然是在胡床上跪坐、盘腿坐，而不是垂足而坐。而到了唐末五代时期，随着具高型坐具开始出现，一种名为垂足而坐的坐姿开始成为主流坐姿。垂足而坐与当今的坐姿极为相似，坐起来非常舒服。五代时期，传统的"榻上坐"和新潮的"椅上坐"开始在社交场合并行。南唐画家顾闳中的人物长卷《韩熙载夜宴图》上，便出现了这两种坐法（见图 3-3）。五代以后，人们的坐法已基本上统一为"垂足坐"。在坐姿上，中国古人从此实现了"现代化"。但是传统的坐法并没有因为"垂足坐"的流行、普及而彻底消失，相反，还被作为一种养生手段

---

① 搜狐网。

流传下来。

图 3-3　五代十国时期南唐画家顾闳中的《韩熙载夜宴图》[①]

（二）立容

古人一直追求中正典雅、气韵生动的美感。古代文人墨客常用"站如松""玉树临风""亭亭玉立"等词汇来描绘美好的站姿，可见古人对站立姿态的审美追求。《仪礼·士昏礼》描述了男女站立时手的姿势不同："男东面垂手，女西面手握。"就是说男子两手下垂，女子双手相握于腹前。女性的站立礼仪更加讲究，要求姿态优雅、举止文雅，体现出古代女性"柔弱""贤淑"的美德。《容经》对立容的描述是："固颐正视，平肩正背，臂如抱鼓。足间二寸，端面摄缨。端股整足，体不摇肘，曰经立；因以微磬曰共立；因以磬折曰肃立；因以垂佩曰卑立。"这里一共提到了四种站立的姿势，即经立、共（恭）立、肃立、卑立。

"经立"一词出自《论语·乡党》："乡人饮酒，杖者出，斯出矣。乡人傩，朝服而立于阶，斯出矣。"意为乡里人举行饮酒和傩仪式时，孔子身着朝服，手持拐杖，站在台阶上。这里的"立"字，表示孔子以一种庄重、恭敬的姿态站立，以示对乡里人活动的尊重。"经"在古代有"常"的意思，经立是一种比较常规的站姿，体现的是平常心态和自然状态。在经立的姿势中，人们站得端正，面向前方，双脚并拢或稍微分开，双手自然下垂或轻放于身体两侧。这种姿势通常用于日常生活中的普通对话或非正式的场合。

"共立"和"恭立"是同一个词的不同写法，常见于古代诗文中，如《诗经·小雅·天保》："维此王季，帝度其心。贞不绲，共立于庭。"描写周文王在上帝的眷顾下，能够做到忠贞不渝，恭敬地站在庭中。"恭"字表示恭敬、谦逊，"共（恭）立"强调一

---

① 人民网。

种谦恭有礼的站立姿态，常用于表示对神明、君王等尊贵之人的敬意。在这种姿势中，个体通常会将双手交叠或叠放在身前，身体微微前倾，以示对对方的尊敬和谦逊。

"肃立"是一种更为严肃和庄重的站姿，常见于描写严肃、庄重场合的古文中。如《左传·僖公二十四年》："肃立于庭，国人望之，如望神焉。"描写当时的执政者严肃地站在庭中，百姓看到他就像看到神明一样。"肃"在古代有严肃、庄重之意，"肃立"强调一种威严、庄肃的站立姿态，常用于描述临深履薄、不敢懈怠的心理状态。在肃立的姿势中，人们站得更加直挺，双手可能放在身后或侧身，面部表情严肃，全身展现出一种紧张和警觉的状态。

"卑立"是一种表现极端谦卑或屈服的站姿。在这种姿势中，人们可能会低头，身体略微弯曲，手臂下垂或交叠在身前，整个姿势显示出一种低位和顺从的态度。卑立常用于表示极端的敬意或在面对极高权威的人时的站姿。

这些站立的姿势不仅是身体语言的表达，也是古代礼仪、社会等级和文化传统的体现。通过恰当的站姿，表达了对他人和场合的尊重，展现了自己的教养和修为。虽然现代社会的礼仪要求已经发生了变化，但保持良好的站姿仍然是展现个人素质和尊重他人的重要方式。

二、古代坐姿之礼

（一）入座之礼

古代对于如何登席入座，有一套严格的规矩。

1. 登席要抠衣

在古代，当人们上座或参与重要场合时，需要整理衣服，确保衣着整洁有序，体现出对场合的尊重和对自身形象的严格要求。古人的服装下裳较长，在登席时首先需两手抠衣。就是稍微把自己的下衣前摆，提起来一点，让衣服的下端边沿大概离地一尺，这样一来，既避免了脚踩到衣服，造成尴尬，也不容易被绊倒。然后，在登席坐稳后，要把下衣放好摆整齐，通过这样的细节处理，可以显示出个人的修养和对他人的尊重。在古代文献和典籍中，经常可以看到类似的描述。

古人登席的抠衣礼仪，即使在现代也是非常合适的。比如，穿裙装的女士们在落座之际，可以用双手或单手，稍微敛一下后侧的衣裙，弄得平展一点，再落座。这样一来，就避免了久坐之后裙子压出许多褶皱的尴尬。这一动作不仅是对自身仪表的整理，也是对场合和在场人的尊重。

2. 登席不由前

《礼记·玉藻》中对登席入座的礼仪讲述得非常清楚："登席不由前，为躐席。"这句话的意思是，在入座时如果不是从座位的后方绕到前方入座，而是直接从前方或侧面入座，这种做法被称为"躐席"，是一种不恰当或不礼貌的行为。正确的方法是，应该走到席的下角处，也就是席的后面，抠衣再登席。

其实，生活在今天的我们，虽然不再席地而坐，垂足高坐也需要注意礼仪细节。一般在入座时，我们应当尽量绕到座位的后方，然后从后往前入座。坐下时要注意动作轻柔，不要发出过大的声响，避免干扰到其他人。

（二）坐定之礼

"坐必安，执尔颜。"意思是，正坐时，身体要稳，不可摇来晃去。表情要庄重肃穆，不可东张西望。

"坐不中席"强调在正式场合中，除主人或主要贵宾外，其他人不应坐在中间的主位上。古代的席是用蒲草编织而成的薄垫，多是长方形，铺于地上，可坐可卧。一张席可坐四人，共坐时分坐四端。因此，普通人不能坐在席中间，坐在中间是一种傲慢无礼的行为。同时也不能横着膀子坐，挤凌别人。尊者可以独坐一席，居中而坐。

在古代中国，座位的安排是按照严格的等级制度来进行的。中间的主位通常留给地位最高、最受尊敬的人，如主人、长者或贵宾。其他人坐在主位上，会被视为僭越或不恰当的行为。"坐不中席"体现了一种谦逊和自知之明的美德。通过选择不坐在中席上表达了对自己地位的正确认识，以及对他人，特别是主位人物的尊重（见图3-4）。

图3-4 唐阎立本《孝经图卷》中坐不中席的弟子，独坐一席的孔子[1]

"偏席不坐"是指席在堂室中必须放正。席的四边必须与四面墙平行，位置适当。因此，《论语》记载孔子是"席不正，不坐。"就席的时候，从席的后边或旁边走到席的一角坐下，不能从席上踩踏而过。

"虚坐尽后"是指除吃饭外，座席要尽量靠后，以表示谦敬。吃饭要尽量靠前，这

---

① 搜狐网。

是因为古时候用小几放盘吃饭，只有靠前才便于吃饭，不失礼。在席上拿东西交给站着的人，要保持坐姿不能变成跪式。如果是拿东西给坐着的人，则不能站起来，那样会使接者仰视而自感低下。

"避席之礼"是指古人席地而坐时，为了向对方表示尊敬、谦恭，有时会主动离开座席，身体俯伏在地面，这个行礼动作被称为"避席"。如当看到有贵客或尊长到来时，坐着的人需行避席之礼，以示礼貌。但"见同者不起"，见到和自己地位相当的人进来，不需要站起来。还有一种情况需避席，那就是当有其他人进来，需要和身边的主人或尊者谈事情时，作为陪侍者则需避席，当然要稍微避得远一点等候。再如，学生向老师请教问题，也应该行避席之礼。《礼记·曲礼上》有云："请业则起，请益则起。""业"指的是古人书写所用的木板。大意是，学生向先生请教问题时，需离席站立。当先生解说完之后，如果仍然不明白，请先生再解说一遍时，也要站起来。孔子的学生曾子，每次向夫子提问或回答问题时，他都会离席，恭敬地站在一旁回答。曾子避席尊敬师长的故事，一时被大家传为佳话，也为后世树立了典范。

虽然我们不再席地而坐，但这些传统的席地而坐的礼仪规范，又以一种新的转化方式融入我们的日常社交当中，比如有贵客、领导或长辈进来时，原本在室内坐着的人，尤其是年轻人，通常会起身相迎，主动打招呼，以示敬意。去别人家做客时也应如此，当有后到的客人进来时，作为先到者也会起立，及时问候，以示友好。

（三）离座之礼

古人离席跪起的动作顺序与拜礼动作不同，在文献中少有记载。专家学者各有说法，兹取其中一种阐明如下。

南宋陈元靓《事林广记前集》记载："凡相跪，其式用两手相叠按于右膝，左足先跪，次以右足从之，后叉手架于颈下。"入席跪坐时，需"先左后右"，即两手相叠按于右膝，左脚约退半步，先跪左膝，后跪右膝，两腿并齐跪坐席上。离席起立时，则是"先右后左"，先起右脚，再起左脚，然后恭敬起立退席。

"左脚先跪，右脚先起"的跪起顺序，据说与古人的日常生活习惯有关。我国古代的士，都有佩剑的习惯，而且都佩带在身体的左侧。秦汉以前，大多是青铜剑。这种剑，剑身短，可以随身佩带，坐下来也不必解下。可到了秦汉时期，剑身慢慢加长，士人入席后，为了方便入座，需要把剑解下来，放在自己身体的左侧。所以，入席跪坐之时，左脚先跪。起身时，需右脚先起，原因就是让身体的左侧始终留有空间，以便发生紧急情况的时候，可以迅速地拔剑自卫。其实，在今天日本的剑道里，仍然保留着"左脚先跪，右脚先起"的跪起习惯[①]。

---

① 海英.礼仪中国［M］.北京：北京师范大学出版社，2021.

三、古代坐立之序

座次尊卑的历史可以追溯到先秦时期。据《礼记·曲礼上》记载："天子坐，乡北面。诸侯坐，乡南面。大夫坐，东乡。士坐，西乡。"不同身份地位的人坐在不同方位，体现了尊卑等级。汉代《仪礼·乡饮酒义》也有类似记载，反映了当时已形成完整的座次礼仪。宋代朱熹在《家礼》中对家庭座次做了详细规定，影响深远。由此可见，坐立尊卑之序源远流长。

（一）**方位之序**

在中国古代，房屋的结构对座次有着重要影响。我国古代宫室的主要建筑物一般为坐北朝南，通常是堂室结构，前堂后室（见图3-5）。其内部空间前部分是堂，通常是行吉凶大礼的地方，不住人；堂的后面是室，住人；室的东西两侧是房，分东房和西房。如《礼记·问丧》中有"入门而弗见也，上堂又弗见也，入室又弗见也"的句子，可见其堂在前，室在后的位置。

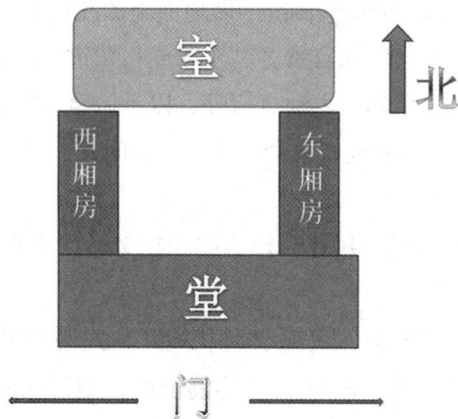

图3-5　古代前堂后室东西厢房的房屋布局 [1]

在堂上举行的礼节活动是南向为尊。皇帝聚会群臣，他的座位一定是坐北向南的。因此，古人常把称王称帝叫作"南面"，称臣叫作"北面"。古代的"南面"就是坐北朝南，即面朝南坐，其位为尊为上；"北面"就是坐南朝北，即面朝北坐，这相对"南面"就有些低下。这种情况主要表现在两个方面：一是古代师生在课堂上教学，老师面朝南坐，学生则面朝北聆听老师的教诲，如《汉书·于定国传》所述："北面，备弟子礼。"也就是说，面朝北对老师行学生敬师之礼。二是古代的君主面朝南坐，臣子朝见君主时则面朝北，所以，对君主称臣则为"北面"，如《史记·田单列传》所述："王蠋，布衣也，义不北面于燕。"这里的"北面于燕"就是对燕国称臣的意思，王蠋虽然

---

① 搜狐网。

是个平民，但他有强烈的爱国之心，誓死不向燕国投降。

室东西长而南北窄，室内最尊的座次是坐西面东，其次是坐北向南，再次是坐南面北，最卑是坐东面西。古书上有"东家""西宾"的说法，即就室内而言。古人将宾客和老师都安排在坐西朝东的座位上（见图3-6），以表示尊敬。所以，对宾客和老师也尊称为"西席"或"西宾"。《称谓录》（卷八）有载："汉明帝尊桓荣以师礼。上幸太常府，令荣坐东面，设几。故师曰西席。"唐朝柳宗元《重赠刘连州》诗中有"莫道柳家无子弟，往年何事乞西宾"的句子，这里的"西宾"就是对家塾老师的敬称。客人的座位在西，主人陪客的座位则在东，所以把主人称为"东家"。在普通人家里，常常只有一间屋子，同样坐北朝南，在西侧墙边设有铺位，根据古人"向东为尊"的原则，上位就是在西墙下方坐下，面朝东；其次是在北墙下方坐下，面朝南；然后是南墙下方坐下，面朝北；而东边无墙可依，因此常被当作为客人递水端茶的通道位，这便是最低的座次。

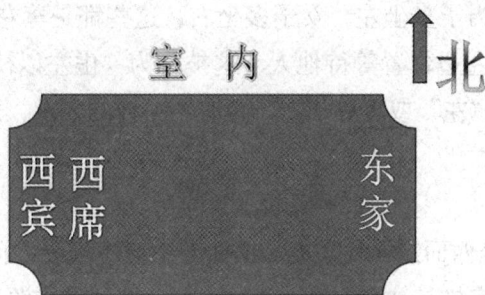

图3-6 古代东家西宾的座位安排[①]

正厅的梁架结构也对座次有所影响。在中国古代，房屋的梁架一般分为三种：歇山式、硬山式和悬山式（见图3-7、图3-8）。其中，歇山式梁架最为正式和庄重，通常用于宫殿、庙宇等重要建筑。在歇山式梁架的正厅内，梁架的中心点正好位于上座的正上方，这样的设计突出了上座的尊贵地位。而在硬山式和悬山式梁架的正厅内，虽然没有明显的中心点，但是座次的安排仍然遵循着以上座为中心的原则。正厅的装饰也与座次密切相关。在中国古代，正厅内的装饰通常非常讲究，体现了主人的身份和品位。比如，上座背后的墙面上通常会悬挂字画、挂毯等装饰品，而其他座位的背后则相对简单。此外，一些重要的器物，如香炉、花瓶等，也通常摆放在上座附近，以示尊重。

---

① 搜狐网。

图 3-7 悬山式屋顶 [1]

图 3-8 硬山式屋顶 [2]

除了正厅之外，其他房间的布局也会影响座次的安排。比如，门是气流和人流的入口，因此坐在门口附近通常不是尊贵的位置。在座次安排中，远离门口的位置通常是更受尊重的。

古人还有尊重"左"的习俗。这种尊左的风俗是"向东为尊"的延伸。皇帝面向南时，其东方就是左边。在三国时期，东吴占据江东地区，因此也被称为"江左"。文官多偏左，武将多偏右，男子多坐左，女子多坐右，这些都是尊左的体现。古代车骑中，左边被视为尊位，留出左边位置等待他人，这被称为"虚左以待"，显示了尊重之意。但不同时期，古人对尊"左"或者尊"右"也有不一样的要求，这说明尊左还是尊右也不是一成不变的。

（二）夫妻之序

"夫坐东面西，妻坐西面东"，这是《仪礼》中对于夫妻之间座次顺序的记载。在古代中国，普遍的座次安排是"夫在左，妻在右"。这种安排源于尊左的风俗，也体现了男尊女卑的社会结构。

（三）宴席之序

在中国古代，不同阶层的饮食活动都普遍遵循着礼的规范。同时，这些规范都体现着尊卑等级的差别。《礼记·内则》中记载："子能食食，教以右手"，从中可以看出，中国人已经把食礼当成了家庭启蒙礼教的重要组成部分。在中国宴席上的座次之礼，即"安席"，就是中国古代食礼的中心环节。

在宴席座次的安排上，中国自先秦就有以东为尊的传统，我们在《仪礼·少牢馈食礼》和《特牲馈食礼》中都能看到这样的一种现象。郑玄在《禘祫志》中记载：天子祭祖活动是在太祖庙的太室中举行的，神主的位次是太祖，东向，最尊；第二代神主位于太祖东北，即左前方，南向；第三代神主位于太祖东南，即右前方，北向；主人在东边面向西跪拜。

明末清初的著名大儒顾炎武说："古人之坐，以东向为尊。"这是指室内设宴的座席

---

[1] 知乎网。

[2] 知乎网。

安排。清代的凌廷堪在《礼经释例》中讲道："室中以东向为尊，堂上以南向为尊"。在堂中以南向为最尊，次为西向，再次为东向。堂是中国古代宫室的重要组成部分，其主要用于举行典礼、接见宾客和饮食宴会等，但不用于寝卧。堂位于宫室主要建筑物的前部或者中央，坐北朝南。堂前有两根楹柱，一般没有门，东西两壁墙称为序，在堂内靠近序的地方分别被命名为东序和西序。堂的后面有墙，把堂与室、房隔开，室、房有门和堂相通。堂的东西两侧是东堂、东夹和西堂、西夹。《仪礼·乡饮酒礼》中记载，在堂上宴饮席位的设置次序是：主宾席在门窗之间，南向而坐；主人在东序前，西向而坐；介则在西序前，东向而坐。

在一些普通的房子或者军帐里，都是以东向为尊的。家庭中最尊贵的首席位置一般都由家中的长者来坐，但有时也有例外，在《史记·武安侯列传》中记载：田蚡"尝召客饮，坐其史盖侯南向，自坐东向"。田蚡在家中坐首席，原因是他官居丞相，虽然在家哥哥比他年长，但哥哥的官位却没有弟弟高，因此他也只能东向坐，这样才符合他的丞相身份，符合礼制要求。

隋唐以后，由于家具的发展，起居方式也由坐床向垂足高坐方向转变，矩形、方形等多种形制的餐桌都出现并且流行起来，座次礼仪也有了一些新的变化。其中的饮食方桌，以八仙桌为代表，贵客专门使用一张桌子，可2人、3人、4人、6人或8人一桌共餐。除了专桌以外，其余桌子有两人以上者，一般都按1比1主陪客制安排。宴席中一席人数并非定数，自明代流行八仙桌后，一席一般坐8人。但不论人数多少，均按尊卑顺序设席位，席上最重要的是首席，必须待首席者入席后，其余的人方可入席落座。随着聚宴人数的增多和席面规模的扩大，圆桌也就出现在合餐场合中了。袁枚在《圆几》中说："让处不知谁首席，坐时只觉可添宾。"从这首诗中不难看出，圆桌替代方桌，也给人们带来了些许不适应的感觉。

由此可见，封建社会的等级观念和宗法观念深刻影响了古代宴饮座次的安排。

学习拓展

鸿门宴体现出的古代座次文化[①]

《史记》中太史公司马迁刻意描写了鸿门宴上的座次——项羽和项伯坐在西边，亚父范增坐在北边，刘邦坐在南边，张良坐在东边。这看似轻描淡写，然而在惜字如金的《史记》中却绝非寻常之笔，实则内藏玄机。

自古以来我国就是礼仪之邦，像宴会这种重大场合的座次当然是极其讲究的，不仅能显示出人们社会地位的高低，而且能展现出主人的待客之道。不同场合、不同处所的

① 搜狐网。

宴会，又有着不同的礼仪规范。

就室内的宴会座次来说，就有着堂上和室内之分。古代贵族的宫室建筑大多是坐北朝南，前堂后屋。所谓的堂，类似于今天的大厅，位于整体建筑的前部，通常都是举行婚丧等重大礼仪活动的地方，不能住人；堂后面是室，室并不是卧室，而是类似于今天会客厅和起居室的混合体，通常都是进行一般性社交活动的场所，室的两侧才是卧室，称为"房"。

在堂上举行的重大礼仪活动以南向为尊，比如每逢重大节庆皇帝大宴群臣的时候，他的座位一定是坐北朝南的，这就是贾谊在《过秦论》中说"南面称帝"的原因，当然这里的"面"是动词"面向"的意思。

然而，在"室"内举行的一般性社交活动则与堂上不同，主客双方一般都是东南西北四面围坐，最尊贵的座位是坐西朝东，其次才是坐北朝南的座位。为了表示尊重，主人往往将重要的贵宾安排在坐西朝东的座位上，自己则坐东朝西相陪，因此也就常有"东家"和"西宾"之说，这也是"东家"的本意，我们今天常说的"做东"和"东道主"也有类似的意思。

现在，我们再看"鸿门宴"上的座位次序。因为项羽是驻军鸿门，所以在"中军大帐"中举行的宴会应该是按照在室内的座次礼仪：项羽和项伯坐西朝东，是最尊贵的座位；亚父范增坐北朝南，是仅次于项氏叔侄的第二尊贵的座位；项羽让刘邦坐南朝北，地位低于范增，可见项羽根本不把他当作贵宾对待，最多算是比较有身份的下属；而张良坐东向西的位置，是在场诸人中地位最低的座位，都不能叫"坐"，《史记》中特别用了一个"侍"字强调了一下。此外，樊哙闯帐的时候太史公也刻意描写了一下他入帐后所处的方位——"披帷西向立"，樊哙闯帐后并没有站到坐在南边的刘邦身后，而是与张良一起在东边，可见樊哙就算是"头发上指，目眦尽裂"也不敢坏了规矩。

司马迁之所以不惜笔墨一一写出每个人的座次，就是想通过项羽对座次的安排，突出表现项羽藐视刘邦，以尊者自居的骄傲心理，由此细节，可见项羽骄矜专横、唯我独尊的性格，也可见刘邦忍辱屈从、顾全大局的雄心。所以说，司马迁对鸿门宴上座次的描述绝非寻常之笔。

第二节　古代行走礼仪

一、行走的姿态

在没有代步工具或代步工具不普及的时代，人们出行只能靠走。东汉许慎的《说文解字》中，仅"走"部便收录了85个字，和"行走"相关的字则多达200个以上，可见古人对走的观察和分析多么细致。上自朝堂天子，下至普通百姓，在行进礼容上，始终"行之有礼，走之有仪"。

古礼规定，不同的场合，面对不同的对象，行走的姿势也会不同。"天子穆穆，诸侯皇皇，大夫济济，士跄跄，庶人僬僬。（《礼记·曲礼下》）"比如天子走路，要威严肃穆，而诸侯虽不及天子的威仪，但行容气质一定要有精神。大夫行走时，需徐行有节。而士人则要舒展得体，谨慎有节律。至于最底层的庶人，因为平日里没有什么礼仪场合要参加，也就没有这么多礼规要求，行走姿态自然就可以了。古代常行"趋礼"，即地位低的人在地位高的人面前走过时，一定要低头弯腰，以小步快走的方式对尊者表示礼敬。

商周时期开始，单单一个走路，差不多就有五种以上的走相、八种不同场合的步法，走起路来，姿态规矩得体，且行走有序。接下来介绍几种古人走路的步态。

"步"，古代也叫作"行"。《说文》："步，行也。"《尚书·召诰》说："王朝步自周，则至于丰。"这说的是周成王早晨从当时西周的都城镐京步行出发，到了丰邑。旧说丰邑有周文王庙，距镐京二十五里，成王到那里去是要将营建洛邑的事祭告文王在天之灵。

"趋"，在古代汉语中是快行的意思，它的速度比"行"或"步"快，而比"走"慢，所以《释名·释姿容》说："徐行曰步，疾行曰趋，疾趋曰走。"汉代乐府诗《陌上桑》里说："盈盈公府步，冉冉府中趋。"自家府里溜达用"步"，出官府大门则换成"趋"。但在不同的语境下，同一"趋"字又会有两种不同的意味，一种是表示对人的尊敬与礼貌；另一种则含有鄙夷、不屑的意味。

比较微妙的地方是，古人又根据趋行的步频，把趋细分为"疾趋"和"徐趋"两种。"疾趋"就是走得飞快，脚后跟都离地了；另一种"徐趋"则是脚后跟贴着地，就像拖着脚后跟跑，看上去快但不失稳重，表达敬意的同时又不失谨慎。所以晚辈见到尊长或贵宾时，都会用徐趋。

"行"则相当于现代汉语中的"走"，是指普通速度的走路。它的速度比"走"和"趋"都慢，但也是人们走路时常保持的速度。

"走"，在古代汉语中是奔跑的意思，不同于现代汉语中是指通常速度的走路。《孟子·梁惠王上》说到两军交战，一方失败，"弃甲曳兵而走"。这里的"走"就是跑的意思，指逃跑。释义：扔掉铠甲拖着兵器逃跑。"奔"又可以叫作"走"，二字同义，故《尔雅·释言》和《说文天部》都说："奔，走也。"《国语·晋语》说"见王必下奔"，"奔"也就是"走"。

贾谊在《容经》里，对古人走姿做了具体的规范："行以微磬之容，臂不摇掉，肩不下上，身似不则，从容而任。"意思是：行走时，身体要端正，上身微磬。手臂尽量不甩动（古人一般多为拱手或垂拱），即便垂手而行，摆动的幅度也不可过大。双肩平展，不能忽高忽低，晃来晃去。整体看起来，步态稳当自然，从容而行。《千字文》里指出，"矩步引领，俯仰廊庙，束带矜庄，徘徊瞻眺。"这是说，走路要合规矩，抬头挺胸，挺拔身姿，或俯或仰，要如同在朝庙中一样庄重。穿着齐整，行走目视前方。《礼记·玉藻》说："行容惕惕，庙中齐齐，朝廷济济翔翔。……君子之容舒迟，见所尊者齐遬。"大意为，走路要身体挺直，步伐快。在庙中祭祀时步态要显恭正，在朝廷上要庄重安舒，快步而行，君子步态应看上去舒雅从容，见了尊者要显得恭敬谨慎。

有关举止的礼度方面，古人还强调凡动作应安详沉静、缓慢从容。《弟子规》说："缓揭帘，勿有声。宽转弯，勿触棱。""凡遇事须安详和缓以处之。若一慌忙，便恐有错。"举止慌慌张张，毛毛躁躁，便有失礼仪风度。

二、行走的节奏

古人不仅对走路姿势有所讲究，对行走速度也做了规定。在不同的场合下，所要求的行走速度有所不同。例如，在宫廷或朝会等极为正式的场合，行走速度通常是缓慢而稳重的。此时的行走要显得庄严肃穆，步伐不宜过快，以体现对场合的尊重和对上级或皇室的敬畏。《左传》中记载，古人行走应"不疾不徐"，是希望人们在行为举止中能够把握分寸，不要过于急躁或懈怠，而是要保持适中的节奏和速度。

此外，行走速度的不同还体现出当时的等级制度和社会地位的差别。在宫廷、朝堂或官场中，下级官员在上级官员前行走时，通常需要保持一定的距离，并适当放慢速度，以示尊敬和从属关系。在朝见皇帝或高级官员时，行走速度通常较慢，步态庄重，以显示对权威的尊重和敬畏。在《礼记·王制》中提到，君王巡视时，随从人员应保持一定的距离，速度要与君王保持一致，这种行为规范强调了秩序感和等级感。

（一）父之齿随行

"齿"是年龄的意思。如果与自己父亲差不多年纪的人同行，作为晚辈应该跟随其后。同时，还要注意自己走路的步幅、速度都不要过快，要照顾到长辈走路的速度，尽量与对方的节奏相配合。与此同时，上车、下车、进门、出门，都要先礼请尊长走，自己则走在后面。

（二）兄之齿雁行

与自己兄长一样年纪的人同行，应该走在其身旁稍后的位置，就像大雁飞行列成的"人"字形那样。

（三）朋友不相逾

和自己的朋友并列行走时，不可抢着走在前面。如遇到狭窄的地方，应该相互谦让，不可抢行。更不可相互之间勾肩搭背、打闹嬉戏。

（四）遭先生于道，趋而进，正立拱手

在路上遇到自己的老师，应该主动快步前往，走到老师的身边，立正站好，拱手示

意。如果自己正驾着车或者骑着马怎么办？若无特殊情况，不可以就这么飞驰而过，这是一种无礼傲慢的行为。一般情况下都须放慢车速，或者主动下马，这是对尊长的礼敬。这种情况如果放在今天，在大马路上开着车，自然不会停下车来打招呼，毕竟安全第一。但是，如果在路上、走廊里或者电梯里，见到了我们认识的尊长，要主动打招呼。如果距离较远，虽然不需要像古人那样"趋而进，正立拱手"，但可以向对方点点头，打个招呼，这是最基本的礼节。当然，"遇于道，见，则面，不请所之"。路上偶尔相遇，尊长看见了自己，就要上前行礼，没看见则回避，不要烦扰人家，更不能贸然问人家去哪里。

（五）轻任并，重任分，班白不提挈

多人同行，且都带着行李，如果行李比较轻，独自担着就行。如果行李比较重，不能让一个人担着，年轻力壮者多分担，尤其是同行中有老年人，更不应该让他拿着行李走路。走路时，对年岁较大、行动不便的长辈，更要给予关心和照顾，时时加以搀扶，提防他们摔倒。

（六）离立不参

《礼记·曲礼上》说："离坐离立，毋往参焉。离立者，不出中间。"这里的"离"有并列的意思。也就是说，如果见到两个人并排坐在一起，就不要插身到他们的中间。如果见到两个人并排站在一起，就不要从他们的中间穿行，这样会干扰到他人，属失礼行为。

（七）三人不并行

在较为狭窄的地方行走，三个人最好不要并排行走，因为这样会占据大部分的空间，挡住别人的去路，妨碍其他人通行。最好的方式就是，按照尊卑长幼的顺序，两人一排、一人在后的方式行走。

第三节　现代仪态礼仪

仪态是指人在交往活动中的举止所表现出来的姿态、动作、表情和神态，是一个人的风度和教养的重要表现，也是男性美或女性美在时间上的动态展示，它体现出一个人的礼貌修养。一个人相貌再好，衣着打扮再漂亮，如果举止粗野，动作傲慢，则会遭人厌恶，反之，相貌一般的人若气质高雅，举止端庄则给人以亲切之感，给人留下美好的回忆。因此，良好得体的仪态在人际交往中同样存在魅力效应，对旅游从业人员职业形象的塑造起着重要作用。

一、体姿礼仪

体姿是指一个人的身体姿态，主要包括站、行、坐、手势及面部表情等举止活动。体姿礼仪就是人们在各种社会的各种具体交往中，为了互相尊重，在身体姿态方面约定俗成的共同认可的规范。用优美的体姿表达礼仪，比用语言更让受礼者感到真实、美好和生动。

（一）站姿

1. 标准站姿

站姿是人们日常交往中的一种最基本的举止，是生活中以静为造型的动作。站立不仅要挺拔，还要优美典雅，站姿是优美举止的基础。男士要求"站如松"，刚毅洒脱；女士则应该秀雅优美，亭亭玉立。正确健美的站姿会给人以挺拔笔直、舒缓大方、精力充沛、积极向上的印象（见图3-9）。

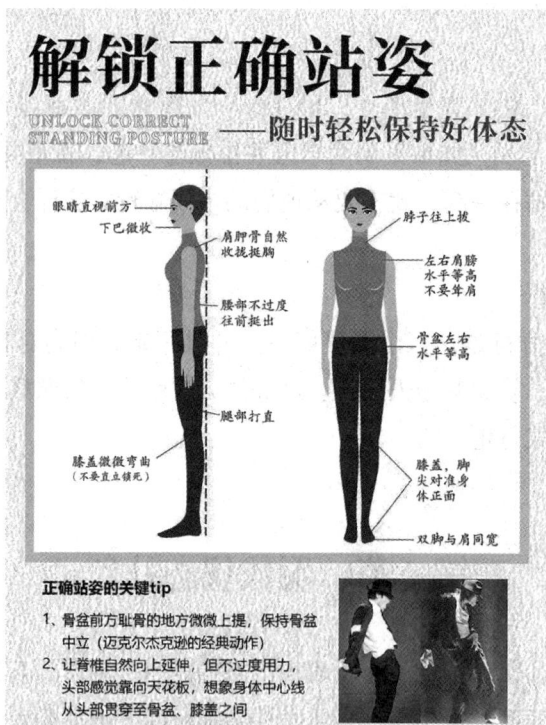

图3-9 标准站姿 [①]

标准站姿的要领包括以下方面：

将面部朝向正前方，下颌稍微内收，目光平视，颈部挺直，面部肌肉放松。

两肩向后展开，不得耸肩，保持放松。

---

① 美篇网。

两臂自然下垂，双手中指分别放于裤缝或裙缝处，手指自然弯曲。

收腹。做深呼吸，使腹部肌肉紧张起来。再轻轻将气体呼出，但是腹部肌肉不要松懈。

立腰。通过参加体检度量身高时的感觉，将身体重心穿过脊柱、骨盆、双腿之间。

提臀。由于遗传的原因，中国人大多腰长，臀部有些下垂。但是可以通过自我训练来延缓臀部由于地球引力、衰老等因素而下垂的趋势。这就要常常提醒自己"将臀部收紧"。

双腿直立。女士可将双腿膝盖及脚后跟并拢，呈并列式脚姿；或脚尖打开呈"V"字形（打开的角度以能容下自己的一个拳头为宜）；或脚部站成丁字形（一只脚的脚跟紧挨另一只脚的脚踝处，打开的角度以 30°为佳）；男士则可以将两脚分开，双脚的距离略小于肩宽。

按照以上要领站立好之后，从侧面看，头部、肩部、上体与下肢均在一条垂线上。从正面看，应该是头正、肩平、收腹、身体直立。这样站立会给顾客带来挺拔、稳重、美好的感觉。

2.前腹式站姿

在商务活动中，不论是男性还是女性，在站立时都可以将双手相叠后垂放于腹前。具体做法是：女性员工要将双手四指并拢，右手在外，左手在内，右手包住左手，左右手的大拇指分别藏于对方四指之内。而男性员工要将右手半握拳，左手五指并拢并搭放于右手手背处（见图 3-10、图 3-11）。

图 3-10　女士前腹式站姿

图 3-11　男士前腹式站姿

　　这种前腹式站姿，能很好地体现谦恭认真的员工形象。可以将这种站姿用于旅游从业人员在身着正装时，停留于室内、大堂等较为正式宽阔的环境中。

　　3. 后背式站姿

　　主要是应用于男性员工，具体做法是：将双手叠放于体后，同样是左手在外，右手在内，左手握住右手的手腕处。这种站姿使得男性看起来大气威严，但要注意当与顾客面对面交流时用前腹式站姿看起来更具有亲和力（见图 3-12）。

图 3-12　后背式站姿

　　此外要注意的是，无论是用哪种站姿，在与顾客进行交流的时候，都可以将上身略微前倾，这样做能给对方带来积极、亲切的情绪体验。

　　4. 站姿禁忌

　　错误的站姿，不但影响体态美观和身体健康，还会给顾客留下比较消极的印象。比如，将身体的侧面或背面朝向顾客，会让对方感到不被重视和遭到冷落，使其自尊心受到伤害。又比如，站立时，如果腿部在不停地抖动，不但会使客户心烦意乱，还会给其留下缺乏教养的印象。因此，要杜绝以下不良站立习惯：

（1）双腿分开过大。男性员工要严格遵守双腿分开的宽度标准，不要使其超过自己的肩宽；女性员工则要严格遵守随时保持两腿夹紧的基本要求。否则男性会给人张扬狂妄的感觉，而女性则给人不雅粗俗的感觉。

（2）小动作太多。在与顾客交流时，如果手势动作太多，会给人带来眼花缭乱的感觉。而日常交往中，上身不停地扭来扭去，头部经常左顾右盼等小动作也是个人不成熟、心智不稳定的表现，因此要尽量杜绝。

（3）手位不恰当。试想如果看到他人用手挖耳朵、抠鼻子时，你是不是会感觉很不舒服呢？当我们将双臂抱在胸前时，往往会给人此事与己无关的感觉。将手放在衣服口袋中，又会给人留下比较懈怠的印象。除此之外，将手放在脑后，或是用手托着下巴，这些手部动作都会影响站姿的整体效果。

（4）脚位不恰当。站立时，容易产生的不恰当脚位有：一只脚站在地面、另一只脚放在椅子横梁上，或是脚尖点在地面上等，这些脚位都是很不雅观的。在站立时，可以用变换不同脚位的方法来转移身体的重心，这样能很好地缓解疲劳。

（5）弯腰含胸。弯腰含胸是身体健康状况不佳的一种表现，要及时纠正。不然，随着年龄的增长，这种现象会逐渐加重且很难纠正，从而影响外在形象。

（6）随便倚靠他物。站立将身体倚靠在墙上，交谈时将身体倚靠在桌子、椅子上等，都会给人以懒惰涣散的印象，都是不可取的站姿。

5. 站姿训练

靠墙站立法：也就是选择一面洁净的墙壁，将脚后跟、小腿肚、臀部、肩部、后脑靠在墙壁上进行"五点"贴墙法站姿训练。通过这种训练，能规范自己的形体，纠正不良的站姿习惯。或者采用双人训练法，做法是两人背靠背，互相将五点（脚后跟、小腿肚、臀部、肩部及后脑）紧贴在一起。通过以上训练，能逐渐使个人形体的姿态更舒展、挺拔、俊秀，使站姿看起来更挺、直、高。

俯卧支撑法：这种方法还对练习腹肌力量很有帮助。具体来说就是，先让身体面朝下俯卧，然后用手肘和脚前掌支撑起身体，使身体除小臂、手肘和脚前掌与地面接触外，其他部位都离开地面并与地面平行，注意肩要放松，不要含胸，要和地面平行，腰背也一样，要有支撑住身体的力度，保持身体平直的紧张度。这样保持一会儿，坚持不了的时候就恢复俯卧的姿势，然后不断地做三到五次。这样有助于加强我们的腰、背、腹的力量，让身体有支撑感，可以使在站、坐、行的时候能收腹、立腰、直背，获得支撑身体的力量和感觉。

（二）坐姿

坐姿是指人就座以后身体所保持的一种姿态，是仪态礼仪训练的重要内容。作为一种举止，它同样有美与不美、优雅与粗俗之分。良好的坐姿传递着自信练达、友好诚挚，同时也展示着高雅庄重、尊敬他人的良好风范。

1. 入座要求

（1）座椅入座。

入座又叫就座、落座，入座要做到轻和稳，女性落座时要将裙子用手背向前拢一拢，而男性落座时要轻轻地提一提裤子。在人多的场合集体入座时，为了避免相互妨碍，还要从椅子的左侧入座和离座。其基本要求为：

①在他人之后就座。礼仪以尊重为本，出于礼貌可与对方同时入座，而与他人一起入座时，为了体现对对方的尊重，一定要先让对方入座，切忌自己抢先入座。

②在适当之处就座。在宽阔正式的场合就座时，一定要坐在椅、凳、沙发等常规位置上，随意坐在桌子、窗台或者地板上都会给人以失礼之感。

③在合"礼"之处就座。在与他人同时就座时，应当注意座位的尊卑，主动将上座让位于主宾或客人。

④从座位左侧就座。在公众场合，如果条件允许，在就座时应最好从座椅的左侧接近它，这样做既是一种礼貌，也易于就座。

⑤轻手轻脚就座。就座时，要放慢速度，放轻动作，尽量不要弄得座椅乱响，噪声扰人。

⑥向周围人致意。在就座时，若附近坐着熟人，应主动和对方打招呼。若不认识身边的人，亦应向其点头示意。在公共场合若想坐在别人身旁，则须先征得对方同意。

⑦以背部接近座椅。在他人面前就座时，最好背对着自己的座椅入座，这样不会背对着对方。做法是侧身走近座椅，背对其站立，右腿后退一点，以小腿确认一下座椅的位置，然后顺势坐下。

（2）车辆入座。

当参加一个社交活动需要上车时，千万不要拘谨不安，只要掌握了下面的技巧，就一定能够"上车优雅"了。女士上车应采用"背入式"，即将身子背向车厢入座，坐定后随即将双腿同时缩入车厢。如穿长裙，在关上门前应先将裙子整理好。具体来讲，就是先用右手轻扶住车门，身体微微侧转与车门平行。右脚轻抬先进入车内，右手轻扶车门稳定身体。臀部往内坐下，左手同时扶住车门边框支撑身体，并缓慢将左脚缩入车内，此时要注意膝盖确实并拢。借由双手撑住身体，移动身体至最舒服的位置坐妥，优雅地坐进车内。与女士的优雅稍有区别，稳重而潇洒是男士上下车时所追求的最高境界。只要突出一个"稳"字，稳如泰山，方显本色，具体动作只要合乎标准就好，不必刻意强求。

2. 女士坐姿

（1）基本要求。

女士入座尤要娴雅、文静、柔美。如果椅子的位置不合适，则需挪动椅子的位置，应当先把椅子移至欲就座处，然后入座。

神态从容自如（嘴唇微闭，下颌微收，面容平和自然）。

双肩平正放松，两臂自然弯曲放在腿上，亦可放在椅子或是沙发扶手上，以自然得体为宜，掌心向下。

坐在椅子上，要立腰、挺胸，上体自然挺直。

双膝自然并拢，双腿正放或侧放，双脚并拢或交叠或成小"V"字形。

坐在椅子上，应至少坐满椅子的2/3，宽座沙发则至少坐满1/2。落座后至少10分钟的时间不要靠椅背。时间久了，可轻靠椅背。

谈话时应根据交谈者的方位，将上体双膝侧转向交谈者，上身仍保持挺直，不要出现自卑、恭维、讨好的姿态。讲究礼仪要尊重别人但不能失去自尊。

（2）姿态类型。

①标准式（见图3-13）。

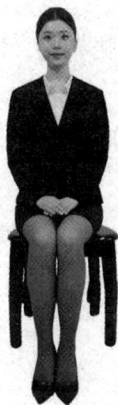

图3-13　女士标准式坐姿

标准坐姿可以称为第一坐姿，此坐姿适合于刚刚与客人接洽，也就是我们的入座式。

要领：抬头收额，挺胸收肩，两臂自然弯曲，两手交叉叠放在偏左腿或是偏右腿的位置，并靠近小腹。两膝并拢，小腿垂直于地面，两脚尖朝正前方。着裙装的女士在入座时要用双手将裙摆内拢，以防坐出皱纹或因裙子打折而使腿部裸露过多。

②前伸式。

此坐姿适合于与交谈方面对面坐着。

要领：在标准坐姿的基础上，两小腿向前伸出一脚的距离，脚尖不要翘起。前身可略向前倾，表示对对方的尊重。

③前交叉式。

要领：在前伸式坐姿的基础上，右脚后缩，左脚交叉，两踝关节重叠，两脚尖着地。

④屈直式（见图 3-14）。

图 3-14　女士屈直式坐姿

要领：左脚前伸，右小腿屈回，大腿靠紧，两脚前脚掌着地，并在一条直线上。

⑤后点式。

要领：两小腿后屈，脚尖着地，双膝并拢。

⑥侧点式。

要领：两小腿向左斜出，两膝并拢，右脚跟靠拢左脚内侧，右脚掌着地，左脚尖着地，头和身躯向左斜。注意大腿和小腿要成直角，小腿要充分伸直，尽量显示小腿的长度。

⑦侧挂式。

要领：在侧点式基础上，左小腿后屈，脚绷直，脚掌内侧着地，右脚提起，用脚面贴住左踝，膝和小腿并拢，上身右转。

⑧重叠式（见图 3-15）。

图 3-15　女士重叠式坐姿

重叠式坐姿我们通俗会说成二郎腿，长期此坐姿容易造成腰椎与胸椎压力分布不均，引起原因不明的腰痛，甚至是静脉曲张等疾病。所以此坐姿建议少用。

要领：在标准式坐姿的基础上，腿向前，一条腿提起，腿窝落在另一腿的膝关节上边。要注意上边的腿向里收，贴住另一腿，脚尖向下收起。

3.男士坐姿

（1）基本要求。

男士就座时，双脚可平踏于地，双膝也可略微分开，双手可分置左右膝盖之上，男士坐下时西装应解开纽扣。一般在正式场合，要求男性两腿之间有一拳的距离。

（2）姿态类型。

①正襟危坐式（见图3-16）。

是男士最基本的坐姿，适用于最正规的场合。要求上身与大腿，大腿与小腿，小腿与地面，都应当成直角。双膝、双脚完全并拢。

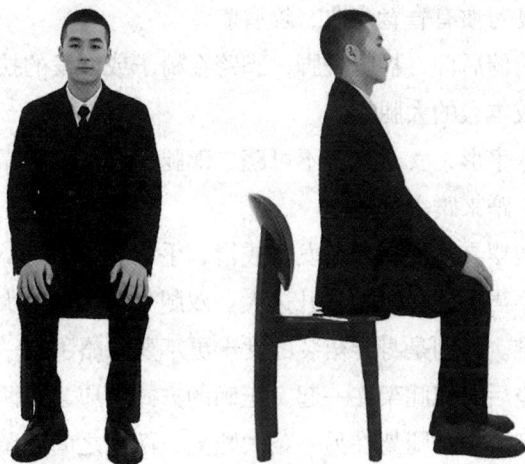

图3-16　男士正襟危坐式坐姿

②垂腿开膝式。

多为男性所使用，也较为正规。要求上身与大腿，大腿与小腿，皆成直角，小腿垂直地面。双膝分开，但不得超过肩宽。

③双腿叠放式（见图3-17）。

右腿叠在左膝上部，右小腿内收贴向左腿，脚尖下点，双手叠放在上面的腿上。

图 3-17 男士双腿叠放式坐姿

4. 坐姿禁忌

（1）就座时的不良习惯有脊背弯曲、耸肩驼背。

瘫坐在椅子上或前俯后仰，摇腿跷脚，脚跨在椅子或沙发的扶手上，架在茶几上。

上身趴在桌椅上或本人的大腿上。

双脚大分叉或呈八字形，女士就座不可跷二郎腿，要把双膝靠紧。

脱鞋或两鞋在地上蹭来蹭去。

坐下时手中不停地摆弄东西，如头发、戒指、手指等。

（2）坐姿中腿的不当表现。双腿叉开过大。双腿如果叉开过大，不论大腿叉开还是小腿叉开，都非常不雅。特别是身穿裙装的女士更不要忽略了这一点。

架腿方式欠妥，坐后将双腿架在一起。正确的方式，应当是两条大腿相架，并且一定使两腿并拢。如果把一条小腿架在另一条大腿上，两者之间还留出大大的空隙，就显得有些放肆了。

双腿直伸出去。那样既不雅，也妨碍别人。身前如果有桌子，双腿尽量不要伸到外面来。

将腿放在桌椅上。有人为图舒服，喜欢把腿架在高处，甚至抬到身前的桌子或椅子上，这样的行为是非常粗野的，把腿盘在座椅上也不妥。

腿部抖动摇晃。坐在别人面前，反反复复地抖动或摇晃自己的腿部，不仅会让人心烦意乱，而且也给人以极不安稳的印象。

（3）坐姿中脚的不当表现。脚尖指向他人。不管具体采用哪一种坐姿，都不允许本人的脚尖指向别人，因为这一做法是非常失礼的。

脚尖高高翘起。坐下后，如以脚部触地，通常不允许以脚跟接触地面，将脚尖翘起。如若双脚都这样，则更是一种严重的违规行为。

脚蹬踏他物。坐下来脚要放在地上，如果用脚在别处乱蹬乱踩，那是非常失礼的。

以脚自脱鞋袜。脱鞋脱袜，属于"卧房动作"，在外人面前就座时用脚自脱鞋袜，显然有损形象。

案例阅读

被"抖掉"的合同

有一位美国华侨，到国内洽谈合资业务，洽谈了好几次，最后一次洽谈之前，他曾对朋友说："这是我最后一次洽谈了，我要跟他们的最高领导谈，谈得好，就可以拍板。"过了两个星期，他又回到了美国，朋友问："谈成了吗？"他说："没谈成，"朋友问其原因，他回答："对方很有诚意，进行得也很好，但问题就在跟我谈判的这个领导，他坐在我的对面，当他跟我谈判时，不时地抖着他的双腿，我觉得还没有跟他合作，我的财就被他抖掉了。"

（4）坐姿中手的不当表现：手触摸脚部。在就座以后用手抚摸小腿或脚部是极不卫生又不雅观的。

双手抱在腿上。双手抱腿，本是一种惬意、放松的休息姿势，但在工作之中是不可取的。

将手夹在腿间。有人坐下来之后，习惯将双手夹在两腿之间，这一动作会令其显得胆怯或害羞。

手部支于桌上。用双肘支在前面的桌上或上身伏在桌上，对周围的人显然不够礼貌。

5. 离座要求

离座指的是采用坐姿的人起身离开座椅。离座时应该遵循的礼仪规范如下：

（1）座椅离座。

①先有表示。

离座时，身旁如有人在座，应以语言或动作向其先示意，随后方可起身。一蹦而起地突然离座会令周围人受到惊扰。

②注意次序。

在与他人同时离座时，应注意起身的先后次序。地位低于对方时，应稍后离座。地位高于对方时，则可首先离座。双方身份相似时，才允许同时起身离座。

③起身缓慢。

在起身离座时，最好动作轻缓，无声无息，尤其要注意避免"拖泥带水"，弄响座椅，或将椅垫、椅套弄得掉在地上。

④站好再走。

离开座椅后，先要采用基本的站姿。站定之后，方可离去。若是起身便跑，或是离座与走开同时进行，则会显得过于匆忙而有失稳重。

⑤从左离开。

在尽可能的情况下，坐下后起身，宜从左侧离去。与"左入"一样，"左出"也是一种礼节。

（2）车辆离座。

社交活动结束需要乘车离去时，优雅的离去也能为每一位到会者留下深刻的印象。

从车辆里起身时，尤其是女性应该特别注意：打开车门，利用靠车内侧的手臂，先扶着前座的椅背以支撑身体。将靠车门边的脚慢慢踏至车子边缘，此时一定要双膝合拢。随后将车门边的脚轻移至地面。利用车门边框轻微支撑起整个身体，并且注意裙子没有褶皱或扭曲。如果穿的是短裙，要将两脚同时踏出车外，再将身体移出。如果此时正穿着低脚上装，那不妨加披一条披巾或是尝试着用手拨弄一下头发来避免走光，也可利用钱包或手袋轻按胸前，并保持身体稍直。然后将身体转向车门，运用车门边缘作为身体的支撑，缓慢地将车内的手移向车门，并利用这股助力将身体提起，借两手的力量支持身体优雅地离开车仓。如果穿着的裙子有开衩，应将身体稍微前倾，让裙摆自然垂下以避免不雅。最后，轻轻转动身体并优雅站直，同时将靠外侧的脚轻轻地往前摆好姿势。

下车礼仪不只是女士的"特权"，男士也应该注意起身时细节上的礼仪，基本姿态和座椅入座相同。男士还应该注意在上下车时，总要让妇女先行；在下车时，还要为妇女先打开车门，进出车门时，主动帮助她们开门、关门等。

📄 案例阅读

"女士优先"应如何体现

在一个秋高气爽的日子，迎宾员小贺第一次独立地走上了迎宾员的岗位。此时，一辆白色高级轿车向酒店驶来，并停靠在饭店豪华大转门的雨棚下。小贺迅速调整状态扫视车内情况。只见后排端坐着两位男士，气度不凡；前排副驾驶座上，则是一位身材高挑的外国女宾，气质出众。按照酒店既定的服务规范，后排座位通常被视为上座，一般有身份的宾客都会选择在此就座，而优先为重要客人提供服务更是酒店服务程序中雷打不动的常规。于是小贺一步上前，以职业性动作先为后排客人打开车门，做好护顶并关好车门后，又迅速走向前门，准备以同样的礼仪迎接那位女宾下车时，女宾明显呈现不悦之色，眉头紧蹙，小贺顿时有些茫然无措……

思考：这位女宾为什么不悦？

（三）行姿

行姿是站姿的延续，是人体所呈现出的一种动态姿态，是展现人的动态美的重要形式，是"有目共睹"的肢体语言。

1.基本要求

标准的行姿要求是上身基本不动，两肩相平不摇，两臂摇动自然，两腿直而不僵，步位落地一线，步幅适中均匀，步速稳而有别（见图3-18）。

（1）步位。步位指行走时两脚落到地面上的位置。行走，两脚跟应交替前进在一线上，两脚尖稍外展；女子行走，两脚则要在一条直线，脚尖正对前方，称"一字步"。

（2）步速。步速即行走的速度。男士每分钟108~110步；女士每分钟118~120步。遇到有急事，可加快步速，但尽量不以奔跑的状态前行。

（3）步幅。步幅是指跨步时两脚尖的距离，标准的步幅为本人的一脚之长。步幅大小与服饰和鞋子有一定关系。如男士穿西装时，其步幅可略大，以体现出挺拔、优雅的风度。女子穿套裙、旗袍和高跟鞋时，步幅宜小些，以免套裙或旗袍开衩过大而露出大腿，显得不雅；穿长裙时，行走应平稳，步幅可大些，因长裙下摆较大，更显袖长、飘逸和潇洒；年轻女子穿短裙时，步幅不宜过大，但步速可稍快，以保持轻盈、活泼、灵巧和敏捷的风度。

图3-18　良好行姿

2.行姿训练

（1）行走辅助训练。

摆臂。人直立，保持基本站姿。在距离小腹两拳处确定一个点，两手呈半握拳状，斜前方均向此点摆动，由大臂带动小臂。

展膝。保持基本站姿，左脚跟起踵，脚尖不离地面，左脚跟落下时，右脚跟同时起踵，两脚交替进行，脚跟提起的腿屈膝，另一条腿膝部内侧用力绷直。做此动作时，两膝靠拢，内侧摩擦运动。

平衡。行走时，在头上放个小垫子或书本，用左右手轮流扶住，在能够掌握平衡之后，再放下手进行练习，注意保持物品不掉下来。通过训练，使背脊、脖子竖直，上半身不随便摇晃。

（2）迈步分解动作练习。

保持基本站姿，双手叉腰，左腿擦地前点地，与右脚相距一个脚长，右腿直腿蹬地，髋关节迅速前移重心，成右后点地，然后换方向练习。保持基本站姿，两臂体侧自然下垂。左腿前点地时，右臂移至小腹前的指定点位置，左臂向后斜摆，右腿蹬地，重心前移成右后点地时，手臂位置不变，然后换方向练习。

（3）行走连续动作训练。

左腿屈膝，向上抬起，提腿向正前方迈出，脚跟先落地，经脚心、前脚掌至全脚落地，同时右脚后跟向上慢慢跷起，身体重心移向左腿。换右腿屈膝，经过与左腿膝盖内侧摩擦向上抬起，勾脚迈出，脚跟先着地，落在左脚前方，两脚间相隔一脚的距离。迈左腿时，右臂在前；迈右腿时，左臂在前。将以上动作连贯运用，反复练习。

3. 行姿禁忌

正确的行姿应该是轻盈、平稳、自然。男士的步态应反映出男人的刚健、有力、英武，给人以"动"的壮美感。女士步态要有女性的温柔、轻盈和典雅，给人以"静"的优美感。不论男士或是女士，在行走时应极力避免的错误行姿是：

行走时步位不当，两脚呈"内八字"或"外八字"。

行走时低头或仰视。

行走时大摇大摆摇肩晃膀，弯腰驼背。

步幅太大或太小，落脚太重。

女士步态男性化或男士步态女性化。

走步时不入神或做出怪姿，如左顾右盼、撑腰背手、扭腰摇臂、上下颠簸、双手插入口袋、边走边吃、勾肩搭背、步履蹒跚、抢行或横冲直撞等。

（四）蹲姿

蹲姿主要是在日常生活中，人们对掉在地上的东西采取弯腰或蹲下将其捡起时的姿态。但是随意弯腰蹲下捡起的姿势是不合适的。

1. 基本要求

（1）下蹲拾物时，应自然、得体、大方，不遮遮掩掩。

（2）下蹲时，两腿合力支撑身体，避免滑倒。

（3）下蹲时，应使头、胸、膝关节在一个角度上，使蹲姿优美。

（4）女士无论采用哪种蹲姿，都要将腿靠紧，臀部向下。

2. 姿态类型

（1）高低式蹲姿。下蹲时右脚在前，左脚稍后，两腿靠紧向下蹲。右脚全脚着地，小腿基本垂直于地面，左脚脚跟提起，脚掌着地。左膝低于右膝，左膝内侧靠于右小腿内侧，形成右膝高左膝低的姿态，臀部向下，基本上以左腿支撑身体（见图3-19、图3-20）。

图 3-19　男士高低式蹲姿　　　图 3-20　女士高低式蹲姿

（2）交叉式蹲姿。在实际生活中常常会用到蹲姿，如集体合影前排需要蹲下时，女士可采用交叉式蹲姿，下蹲时右脚在前，左脚在后，右小腿垂直于地面，全脚着地。左膝由后面伸向右侧，左脚跟抬起，脚掌着地。两腿靠紧，合力支撑身体。臀部向下，上身稍向前倾（见图3-21）。

图 3-21　女士交叉式蹲姿

3. 蹲姿禁忌

弯腰捡拾物品时，两腿叉开，臀部向后撅起，是不雅观的姿态。两腿展开平衡下蹲，其姿态也不优雅。下蹲时注意内衣"不可以露，不可以透"。

📄 案例阅读

"总统"的仪态

曾任美国总统的老布什，能够坐上总统的宝座，成为美国"第一公民"，与他的仪态表现分不开。在1988年的总统选举中，布什的对手杜卡基斯，猛烈抨击布什是里根的影子，没有独立的政见。而布什在选民心中的形象也的确不佳，在民意测验中一度落后于杜卡基斯10多个百分点。未料两个月以后，布什以光彩照人的形象扭转了劣势，反而领先10多个百分点，创造了奇迹。原来布什有个毛病，他的演讲不太好，嗓音又尖又细，手势及手臂动作总显出死板的感觉，身体动作不美。后来布什接受了专家的指导，纠正了尖细的嗓音、生硬的手势和不够灵活的摆动手臂的动作，结果就有了新颖独特的魅力。在以后的竞选中，布什竭力表现出强烈的自我意识，改变了原来人们对他的评价。配以卡其布蓝色条子厚衬衫，以显示"平民化"，终于获得了最后的胜利。

二、手势礼仪

仪态中动作最多、变化也最多的是人的手势，它是非常引人注目的。在旅游公关场合中也许只是一个指示或者打招呼的手势，就影响了他人对你的印象。

（一）基本原则

1.简洁明确

手势的运用，要简洁明确，使人不但能看清、看懂，还能根据你的手势领会你的心理，不能含糊不清。

2.动幅适度

手势的运动轨迹要适度，还要柔和协调，一般来说，手势的活动范围大体有三个区域：上区（肩部以上），表达出理想、希冀；中区（肩部至腰部），多表示较平静的叙事和说明；下区（腰部以下），通常表示否定、消极。手势的动幅过大或过多，会使人觉得浮躁张扬，过小又显得拘谨生硬，令人敬而远之。

3.自然得体

手势要自然得体并与语言表达相一致，要符合对象、场合的需要，不能刻意模仿别人的手势，以免妨碍自己思想感情的表达。

4.和谐同一

手势要与整个面部表情和谐一致，下意识的动作要果断避免。当然，人体是一个有机整体，各个部位是相互配合、相互协调的，同时也是变化多端的。手势应该在实践中综合把握，灵活运用。

5. 留意区域性差异

不同国家、不同地区、不同民族，由于文化习俗的不同，手势的含义也有很多差别，甚至同一手势表达的含义也不相同。所以，只有了解手势表达的含义，才能合乎礼节。

（二）常用手势

1. 邀请与指引

邀请与指引是旅游公关场合运用非常频繁的手势。

如果有客人到访，用手势来表达欢迎、邀请并且指引方位，干练而规范的动作能够呈现给客人一种训练有素、值得信赖的良好印象。

要想动作舒展而漂亮，首先要掌握好动作要领：五指伸直并拢，手与前臂成一条直线，肘关节自然弯曲，掌心向上倾斜，让手背与地面呈 45°，面部保持亲切的微笑，特别是在发出邀请时。开始动作时，手势应从腹部之前抬起，以肘为轴轻缓地向一旁摆出，到腰部并与身体正面呈 45° 时停止，另一手下垂或放在腹前。身体要略微前倾，目光注视对方或邀请指引的方向。这样才可以自然地体现对其他人的尊重和礼貌。当您完成动作，自己或对方行进时身体复位，切记不要立即收回微笑，要保持亲切的微笑。这个动作可以使用在表示"请进""请"时，通常称为"横摆式"（见图 3-22）。

图 3-22 横摆式手势

当来宾较多时，表示"请"可以动作大一些，采用"双臂横摆式"。这时由于宾客比较多，引领者可以先向上伸出右手，示意宾客注意后，再将两臂从身体两侧向前上方抬起，两肘微曲，向两侧摆出。指向前进方向一侧的臂应抬高一些，伸直一些，另一手稍低一些，曲一些，也可以双臂向一个方面摆出。

请客人落座时，手势应摆向座位的地方。动作的要领与"横摆式"相同，不同的点是：伸手要先从身体的一侧抬起，到高于腰部后，再向下摆去，使大小臂成一斜线，最后落在座位的方向。上楼引领的手势在这个基础上将手指的方向指向楼梯口即可（见图3-23）。

图 3-23　双臂横摆式手势

需要给宾客指方向时，采用"直臂式"，手指并拢，掌伸直，屈肘从身前抬起，向抬到的方向摆去，摆到肩的高度时停止，肘关节稍有弯度，这样会比较美观一点（见图3-24）。

图 3-24　直臂式手势

当左手有物品的时候，需要为宾客指引向左走的时候，可以不必特意将物品换到右手上用左手指引，可以将右手小臂提到与大臂呈 90°，将右手的手心朝上，去做一个引领的手势即可。

2. 鼓掌

鼓掌一般是表示欢迎、祝贺、赞许、致谢等含义的礼貌举止。鼓掌也是有很多学问的，并不是双掌一拍这么简单。鼓掌的标准动作应该是用右手掌轻拍左手掌的掌心。

鼓掌程度要视当时的情况区别运用。可以分为三种程度的鼓掌：第一种是应酬式的，动作不大，声音也比较轻，时间不长，主要是一种礼貌性表示；第二种是比较激动的，发自内心的，一般动作比较大，声音也很洪亮，掌声热烈；第三种是比较狂热的，表现出难以抑制的激动心情。

不过在鼓掌时，需要注意一些事项：（1）鼓掌要注意时机。鼓掌的时机把握也是非常重要的，销售人员一定要在该鼓掌的时候鼓掌，不该鼓掌的时候一定不要鼓掌。（2）不要用语言配合。在鼓掌的时候尽量不要用语言配合，那样是非常没有修养的表现。（3）勿戴手套。在鼓掌的时候不要戴手套。

（三）注意细节

1. 用手捂嘴

一个人说了谎话或者说了错话之后，往往会下意识地去捂自己的嘴——这个话是不应该说的，一个人在说话中或说话后有用手触嘴周围的肢体语言出现，就说明刚刚说过的话有可能不太真实。

2. 摸鼻子

说话时摸鼻子的动作里可能隐藏了秘密。或许是说了谎话，下意识地去捂嘴却转变成了触摸鼻子。

3. 摸耳朵

用手摸耳朵的姿势是表示疑惑的肢体语言，意思是"我不相信你的话"或者"我还需要考虑"。

4. 玩衣角

当一个人紧张时，会下意识地玩弄衣角或佩戴的项链、胸针，或反反复复地把衣服的某个纽扣解开再扣上。

5. 双手的下压动作

与人交谈时，表情僵硬，目光散乱不集中，在言语当中双手呈对称式，手掌不停地下压，这种手势语言可能表明你在极力掩饰什么。

三、表情礼仪

表情是内心情感在面部或身体姿态上的表现，也是人性的镜子，表情的变化意味着思想情感的变化。表情可以表现出快乐、悲伤、愤怒、恐惧、忧郁、焦虑、期望等多种情绪，它虽无声，但却可以让人心领神会，它的作用与仪容、仪表一样，有时甚至比语言还重要，因此有人将表情称为人类的第一语言。有心理学家和行为专家研究发现的

"信息传递公式"即信息传递（100%）＝表情（55%）＋语气（38%）＋语言（7%）也清楚地显示了表情的重要性。因此，我们在人际交往中必须重视自己的表情，与人交往时一定要注意语言、行为和表情的一致性。

一个人的表情，除身体姿态的某些表现外，如摇头、点头、耸肩、摊手、握拳等，更重要的是表现在面部的眼睛、眉毛、鼻子、嘴巴及脸上的肌肉等可变线条的变化上，因此，脸是人的第一表情，而微笑则是最为积极、有效的表情。

（一）微笑

案例阅读

王小姐的微笑

在内地的一家饭店，一位住店的台湾客人外出时，有一位朋友来找他，要求进他房间去等候，由于客人事先没有留下话，所以总台服务员没有答应其要求。台湾客人回来后十分不悦，跑到总台与服务员争执起来。公关部年轻的王小姐闻讯赶来，刚要开口解释，怒气正盛的客人就指着她鼻子尖，言辞激烈地指责起来。当时王小姐心里很清楚，在这种情况下，勉强做任何解释都是毫无意义的，反而会使客人的情绪更加冲动。于是她默默无言地看着他，让他尽情地发泄，脸上则始终保持一种友好的微笑。直到客人平静下来，王小姐才心平气和地告诉他饭店的有关规定，并表示歉意。客人接受了王小姐的劝说。没想到后来这位台湾客人离店前还专门找到王小姐辞行，激动地说："你的微笑征服了我，希望我有幸再来饭店时能再次见到你的微笑。"

王小姐今年22岁，在饭店工作了两年，先后当过迎宾员、餐厅服务员和前台服务员，后来才当上饭店的公关小姐。她从小就爱笑，遇到开心的事就禁不住大笑，有时自己也不知道为什么会笑起来。记得刚来时在饭店与一位客人交谈，谈到高兴时竟放声大笑起来，事后她受到领导的批评教育，这使她明白了，在面对客人的服务中，笑必须根据不同的场点、场合掌握分寸，没有节制的乱笑无疑会产生不良后果。笑，一旦成为从事某种职业所必备的素养后，就意味着不但要付出具有实在意义的劳动，还需付出真实的情感。王小姐深深感到，微笑服务说来容易做到难。你想，谁能保证每天心情都愉快？又有谁能保证每天上班8小时始终状态那么好？但说不出为什么而笑的女孩子，每当她走上工作岗位，总是让新的一天从微笑开始，在微笑服务中倾注一份真诚的情感，让微笑感染、沟通每一位客人的心灵。

微笑既是人际交往，更是旅游服务中塑造个人形象的重要原则。美国希尔顿旅馆业创始人希尔顿就经常问下属："你今天对顾客微笑了吗？"他确信，微笑将有助于希尔顿旅馆业取得世界性的发展。日本的大新谷饭店要求服务人员一进店就要像演员进入角色一样，绽放出甜美的笑容，他们认为微笑是"通向五大洲的护照"；法国巴黎的所有窗口行业都张贴着微笑诗，使巴黎成为微笑者的城市；泰国的酒店业提出要把优良的服务体现在欢乐的微笑中，不少酒店到处张贴着"微笑服务"的图片和口号；在我国的不少星级酒店也经常开展评选"礼貌大使"和"微笑明星"的活动。

总之，微笑是一种令人感觉愉快的、既悦己又悦人的、能发挥正面作用的表意方式。它是人际交往的一种轻松剂和润滑剂，可以使人自然放松，如沐春风。微笑也是一种国际礼仪，是一种令人感觉愉快的面部表情，它能充分体现一个人的热情、修养和魅力。微笑可以缩短人与人之间的心理距离，为深入沟通与交往创造温馨、和谐的氛围。但其实微笑是有分类的，按照微笑的程度可以分为三类：一度微笑，二度微笑，三度微笑。

一度微笑：一度微笑时嘴角肌上提，有浅浅的笑意。

二度微笑：二度微笑时嘴角肌、颧骨肌同时运动。交谈中，用二度微笑会传达友好并让人觉得受到尊重。

三度微笑：三度微笑时嘴角肌、颧骨肌、眼周括纹肌同时运动。这是微笑的最高境界，一般会露出6~8颗牙齿，但最终露不露牙可根据自己嘴型与牙齿状况决定。交流成功、送客时可以采用三度微笑（见图3-25）。

图 3-25　三度微笑

明白了微笑的分类，就可以有针对性地训练了。首先自己检查一下，自己会几度微笑，如果会三种程度微笑，不需要多少专门的训练，但如果你只会一度微笑或者一度微笑都不自然甚至根本都不会，那么你就需要花些时间来训练一下了。

1. 微笑的技巧

微笑的技巧包括以下几个方面：

表里如一。真正的微笑发自内心，渗透着自己的情感。毫无包装或矫饰的微笑才有感染力，才能被视作"参与社交的通行证"。

眼睛要含笑。发自内心的微笑可以调动人的五官：眼睛略眯起，有笑意，眉毛上扬并稍弯，鼻翼张开，脸部肌肉收拢，嘴角上翘，唇不露齿，做到眼到、眉到、鼻到、肌到、嘴到，才会亲切可人，打动人心。

微笑要含而不露。微笑在于含笑于脸部，"含"给人以回味、包含感。如果露齿过多或张嘴笑起来，则在一定场合有失庄重和含蓄。

2. 强化微笑意识

微笑是人世间最美丽的面庞，也是最佳表现自我的面孔。生活中，人们经常看到各样板着脸的面孔。对许多人来说，微笑是一种难得的美好享受。

微笑训练的基本要求是能熟练地掌握和运用微笑的技巧，充分体现微笑的美感，提升个人亲和力。但要想完美地体现微笑的原则要求，只注重微笑的技巧运用是不够的，更重要的是一个人要有一颗平常心，以从容的微笑去面对生活，自觉纠正微笑意识表现的偏差：

对上级、同事和熟人微笑容易，对陌生人微笑难。

偶尔微笑容易，经常微笑难。

对"顺眼"者微笑容易，对"不顺眼"者微笑难。

顺心时微笑容易，不顺心时微笑难。

一般微笑容易，微笑得体难。以上各种偏差，主要是微笑意识淡薄所致。若要部分提升个人的人格魅力，就应该自觉克服以上偏差。

3. 微笑表情练习

一个人说话时表情是很重要的。心理学家认为，人们语言传递信息的效果由以下几个部分构成：7% 的语调 +38% 的声音 +55% 的表情，可见人们交谈时的表情是不可忽视的，它对完整地表达思想感情起着很大的作用（见图 3-26）。

图 3-26　微笑练习 [1]

① 中青网。

（1）第一阶段——放松肌肉。放松嘴唇周围的肌肉是微笑练习的第一阶段，又名"哆来咪练习"的嘴唇肌肉放松运动，是从低音哆开始，到高音哆，大声地清楚地说三次每个音。不需要连着练，而是一个音节一个音节地发音，为了正确的发音应注意嘴型。

（2）第二阶段——给嘴唇肌肉增加弹性。形成笑容时最重要的部位是嘴角。如果锻炼嘴唇周围的肌肉，能使嘴角的移动变得更干练好看，也可以有效预防皱纹。

如果嘴边变得干练有生机，整体表情就给人有弹性的感觉，所以不知不觉中显得更年轻。伸直背部，坐在镜子前，反复练习最大地收缩或伸张。

张大嘴：大嘴使嘴周围的肌肉最大限度地伸张。张大嘴能感觉到腭骨受刺激的程度，并保持这种状态10秒。

使嘴角紧张：闭上张开的嘴，拉紧两侧的嘴角，使嘴唇在水平上紧张起来，并保持10秒。

聚拢嘴唇：使嘴角在紧张的状态下，慢慢地聚拢嘴唇。出现圆圆的卷起来的嘴唇聚拢在一起的感觉时，保持10秒。

保持微笑30秒。反复进行这一动作3次左右。

用门牙轻轻地咬住木筷子。把嘴角对准木筷子，两边都要翘起，并观察连接嘴唇两端的线是否与木筷子在同一水平线上。保持这个状态10秒。在第一状态下，轻轻地拔出木筷子之后，练习维持那一状态。

（3）第三阶段——形成微笑。

这是在放松的状态下，根据大小练习笑容的过程，练习的关键是使嘴角上升的程度一致。如果嘴角歪斜，表情就不会太好看。在练习各种笑容的过程中，会发现最适合自己的微笑。

一度微笑：把嘴角两端一齐往上提，给上嘴唇拉上去的紧张感。稍微露出2颗门牙，保持10秒之后，恢复原来的状态并放松。

二度微笑：慢慢使肌肉紧张起来，把嘴角两端一齐往上提，给上嘴唇拉上去的紧张感。露出上门牙6颗左右，眼睛微眯。

三度微笑：一边拉紧肌肉，使之强烈地紧张起来，一边把嘴角两端一齐往上提，露出10个左右的上门牙，也稍微露出下门牙，保持10秒后，恢复原来的状态并放松。

（4）第四阶段——保持微笑。

一旦寻找到满意的微笑，就要进行至少维持那个表情30秒的训练。尤其是照相时不能敞开笑的人，如果重点进行这一阶段的练习，就可以获得很大的效果。

（5）第五阶段——修正微笑。

虽然认真进行了训练，但如果笑容还不是那么完美，就要寻找其他部分是否有问题，比如嘴角上升时是否会歪，笑时是否露出牙龈。但如果能自信敞开地笑，就可以把缺点转化为优点，不会成为大问题。

挑选满意的微笑。以各种形态尽情地试着笑，在其中挑选最满意的笑容，然后确认能看见多少牙龈。大概能看见 2 毫米以内的牙龈，就很好看。

反复练习满意的微笑。照着镜子，试着笑出前面所选的微笑。在稍微露出牙龈的程度上，反复练习美丽的微笑。

拉上嘴唇。如果希望在大微笑时，不露出很多牙龈，就要给上嘴唇稍微加力，拉下上嘴唇。保持这一状态 10 秒。

（6）第六阶段——修饰有魅力的微笑。

调整好姿态，伸直背部，舒展胸部，仔细观察，用心感受，不断修饰自己的微笑，让每一个弧度都恰到好处，让每一个细节都散发魅力。

📋 案例阅读

微笑也要有分寸

某日华灯初上，一家饭店里客人满座，服务员穿梭于餐桌和厨房之间，一派忙碌的气氛。这时一位服务员跑去向餐厅经理汇报，说客人投诉有盘海鲜中的蛤蜊不新鲜，吃起来有异味。

这位餐厅经理自信颇有处理问题的本领和经验，于是不慌不忙地向投诉的客人那个餐桌走去。一看，那不是老顾客张经理吗！他不禁心中有了底，于是迎上前去一阵寒暄："张经理，今天是什么风把您给吹来了，听服务员说您老对蛤蜊不大对胃口……"这时张经理打断他说："并非对不对胃口，而是我请来的香港客人尝了蛤蜊后马上讲这道菜千万不能吃，有异味，变了质的海鲜，吃了非出毛病不可！我可是东道主，自然要向你们提意见。"餐厅经理接着面带微笑，向张经理解释，蛤蜊不是鲜货，虽然味道有些不纯正，但吃了不会要紧的，希望他和其余客人谅解。

不料此时，在座的那位香港客人突然站起来，用手指指着餐厅经理大骂起来，意思是，你还笑得出来，我们拉肚子怎么办？你应该负责任，不光是为我们配药、支付治疗费而已。这突如其来的兴师问罪，使餐厅经理一下子怔住了！他脸上的微笑一下子变成了哭笑不得。到了这步田地，他揣摩着如何下台阶，他在想，总不能让客人误会刚才我面带微笑的用意吧，又何况微笑服务是饭店员工首先应该做到的。于是他仍旧微笑着准备再做一些解释，不料，这次的微笑更加惹起了那位香港客人的恼火，甚至于流露出想动手的架势，幸亏张经理及时拉拉餐厅经理的衣角，示意他赶快离开现场，否则简直难以收场了。

分析上述案例，客人一再恼火的原因是什么？如果你是餐厅经理，你该如何做？

（二）眼神

眼睛被人们称为"心灵的窗户"。人的眼睛是最富有表情的，从一个人的眼神中，往往能看到他的整个内心世界。眉目传情就是说人的眼睛可以无言地传递各种信息和情感。那么旅游从业人员该如何使用好眼神呢？

案例阅读

客人为什么取消了订房？

某商务酒店总台，服务员小刘忙着为后天的几个大型会议排房。忽然听到头顶上传来声音："服务员，请问还有空房吗？"原来是一名中年男子打算入住。小刘抬起头，面无表情地瞟了客人一眼，拿起住宿登记表让客人自己填写，自己又继续排房。这时客人说，"服务员，我该填哪些内容？"小刘不耐烦地瞪了一眼客人，将手一伸，说了句："身份证！"接过客人的身份证，小刘抬起笔在住宿登记表上点了点，告诉客人哪一栏填什么及在哪签名……办完入住手续后，客人又问："请问电梯在哪？"小刘抬起握着笔的右手用笔尖指了指前方，没说什么话便又埋头做自己的事情。第二天，酒店销售部接到取消会议用房的电话，原因是经主办方（即那位中年男子）考察，该酒店的服务员素质较差，主办方将会议用房安排到另一家酒店。

1. 构成因素

眼神是通过眼睛"看"这种行为表现的，其组成因素主要有时间、方向、集中的精力和包含的情感四个方面，若想在人际交往中正确把握和运用眼神礼仪，就必须了解这方面的知识。

（1）时间。

指的是眼睛看的时间长短，看的时间长称之为"凝视"或"盯"，看的时间短则称"一瞥"或"一瞟"。看的时间长表明较重视，看的时间短有时表明不太重视。一般情况下，爱与看的次数及时间长短成正比，如对喜欢的人看的次数多且时间较长，反之看的次数少且时间短。但也有例外，即为了掩饰自己的兴趣也有故意看的时间很短或不看的情况。

按照注视礼仪的要求，与人谈话或谈判时，视线接触对方面部的时间应占全部谈话时间的30%~60%，这也叫"社交注视"，尤其对关系不熟或关系一般的人不能长时间凝视，否则就是一种失礼行为，这也是全世界范围内通行的礼仪。若眼睛注视对方的时间超过整个交谈时间的60%，即为超时型注视，而眼睛注视对方的时间低于整个交谈时间的30%则为低时型注视，这两种注视情况都属于失礼的表现。

因此，在相互不太亲密的交往对象之间，不能长时间直盯对方，也不能长时间不看对方，遇见陌生人，应倾向避开眼光，上下打量人则是一种轻蔑和挑衅的表示。

（2）方位。

指的是行为者看交际对象的眼睛位置，一般有直视、斜视、平视、仰视和俯视之分，它们分别含有不同的微妙的情感。在交往中，目光最易注视的有三个部位：一是社交三角区，即在对方双眼水平线与嘴部之间的三角部位；二是近亲密三角区，即在对方双眼与胸部之间的三角部位；三是远亲密三角区，即在对方双眼与腹部之间的三角部位。注视社交三角区有利于在人际交往中体现礼貌、传送友好信息。近亲密三角区则是在人际交往中目光注视的"许可空间"，这个空间的许可范围应局限于上至对方的额头，下至对方上衣的第二颗纽扣以上，左右以两肩为准的方框内。而不应将目光聚焦在对方脸上的某个部位或身体的其他部位，特别是初次相识，或与自己关系一般的人及异性。

（3）专注度。

在谈话时，目光要注视对方。别人讲话时，不能东张西望、心不在焉、玩东西或不停地看表，否则会给人留下缺乏教养、不懂得尊重别人的印象。"全神贯注"地看表示注意力集中；"漠视"或"目光游移""东张西望"则表示注意力不集中。

（4）情感。

眼睛表达情感主要是通过眼睛周围的肌肉运动，眼皮开合的程度、瞳孔的大小变化、眼球转动的方向来表达的。如瞪大眼睛表示惊愕、愤怒；圆睁一般表示不满或疑惑；眯缝着眼表示快乐、欣赏；眨眼表示调皮或不解。一般情况下，瞳孔保持大小适中，当看到新奇之物而表现有强烈的兴趣时，瞳孔会放大。斜眼看人表示蔑视、轻视和不快，柔和的视线向上看对方，表示尊重或撒娇；柔和的视线向下看对方，表示慈爱、成熟和稳重。含情脉脉的眼神交流了爱的信号；怒目而视的眼神则反映了愤怒的心理。此外，眼睛传递的情感还包括了双方关系的情感，如有多人在场时，其中一人对另一人挤眼，表示出双方关系的密切或某种默契。

（5）幅度、快慢。

与人谈话或交往时，眼睛转动的幅度与快慢都必须遵循一个"度"，眼睛转动稍快表示聪明有活力，若太快则表明不诚实、不成熟，给人以轻浮、不庄重的印象。但是，眼睛也不能转得太慢，太慢则显得迟钝和木讷。眼睛转动的范围也要适度，范围过大给人以白眼多的感觉，过小也会显得木讷。

2. 正确注视

在旅游公关交往中，尤其是与人交谈时，目光应注视对方。注视的位置不同，传达的信号就有一定区别，造成的气氛也相异。不同的场合和对象，目光所及之处应有差别。

（1）公务注视（见图3-27）。

在洽谈、磋商、谈判、谈生意等场合用。注视的位置应在对方双眼或双眼与额头之间的区域。若一直注视这个区域，一种严肃的气氛便油然而生，使对方感觉到有重要的事要谈。若目光一直在对方眼部以上，就能一直保持主动。

图 3-27　公务注视区

（2）社交注视（见图 3-28）。

各种社交场合使用的注视方式。注视的位置在对方唇心至双眼之间的三角区域。

图 3-28　社交注视区

（3）亲密注视（见图 3-29）。

这是亲人、恋人、家庭成员之间使用的注视方式。注视的位置在对方双眼到胸之间，由此会产生亲密的气氛。

图 3-29 亲密注视区

（4）侧扫视。

表示兴趣或敌意。表示兴趣时轻轻一瞥，加上微微扬起的眉毛和笑容，常用来传递求爱的信息。但若是一瞥加上皱眉和压低的嘴角，则表示疑虑、敌意或批评的态度。

3. 尊重不同国家和民族的礼仪习俗

眼神使用受各国各地区文化影响极大。如许多黑人通常避免直视对方的眼睛；白人则认为避免看眼睛是对他人不感兴趣的表现；大多数朝鲜人在请求对方时总是看着对方的眼睛来知悉对方的真实想法，而日本人却认为看对方眼睛是不礼貌的，只能看对方的颈部；又如美国人谈话时看对方眼睛的时间不超过 1 秒；而瑞典人则要长久地看着对方的眼睛才不算失礼。因此，在旅游公关交往中，必须了解各国、各民族的眼神礼仪的不同习俗和要求，以避免因多看几眼、少看几眼或看到时间过长过短而引起的误解。

4. 注视礼训练

（1）视摆法。为了训练灵活专注的眼神，如果家中有摆钟，可以在距钟 3~5 米处坐定或站定，头与颈部不动，只把目光集中在摆心一点处，随其摆动而追视不舍。

（2）扫描法。在室内两侧墙壁相同水平高度上（以自己眼睛的高度为宜）各取一点，做一个记号。在两点连线后面 2~3 米处站定，使颈部轻度左右摆动，目光要始终分别落在墙上那两个点上，这是训练转颈目视眼神的简易方法。

（3）对视法。找一位与自己身高一样的人进行互视，尽量不眨眼，直至掉下眼泪。

以上目光训练法可有选择地进行。若训练时感到眼睛疲劳，可将目光转移或闭目休息片刻。坚持练习便会使目光敏锐、炯炯有神。

（4）对镜训练法。常言道："手之所至，腿随之；感情所至，心随之；心之所至，感情随之；感情所至，味随之。"在训练中要结合感情进行目光训练。

目光训练可以对着镜子进行。目视镜子时，尽量放松表情。眼睛周围有一圈肌肉，称为眼轮肌，这条肌肉对目光的变化有很大的作用，因此训练时，要放松眼部周围的肌肉，保持自然状态，正视镜中自己的眼睛。常用以下几种训练方法：①由鼻中深深地吸一口气，平视，眼睛略睁大。②眉毛上扬，伸展眼圈周围的肌肉，确定目光是否有神。③目光集中于某一物体的某一部分，再缩小到某一点，反复练习，目光会比练习前变得更集中，眼睛也会比练习前变得更明亮。

（三）眉毛与嘴部

1. 眉毛

与眼睛一样，眉毛同样能传递信息，虽然其准确性和丰富性不及眼睛，但也能表露人的真情实感。

双眉平展：表示身心愉悦而平和。

眉梢微挑：表示询问和怀疑。

眉头紧皱：表示不满、为难、厌烦、思索、考虑。

眉梢耷拉：代表无奈、遗憾、毫无兴趣或百无聊赖。

双眉向上斜立：表示气恼、愤怒和仇恨。

为了体现良好的形象和修养，日常交往中，双眉要经常保持在自然平直的状态，不要随便皱眉、挑眉梢或改变眉毛的位置等。

2. 嘴

嘴部传情达意的能力仅次于眼睛。不同的嘴部动作通常表示不同的含义：

微露牙齿的双唇，表示对对方的友善。

紧闭的双唇，表示严肃认真地思考和对某人某物感兴趣。

稍稍噘起的双唇，表示轻微的不高兴。

努努嘴，表示怂恿或撺掇、嘲讽。

撇嘴，表示轻蔑或讨厌。

咂嘴，表示赞叹或惋惜。

在社交活动中，谈话时嘴唇应自然开合，尽量少努嘴和撇嘴。站立、静坐或握手时，嘴可以微闭，不要露出牙齿，要保持微笑状。

四、交往距离

美国人类学家爱德·霍尔（E·hall）说过，空间也会说话。他研究发现，每个人都有自己独有的空间需求。结论来自他曾观察到的一种有趣的情景：一个南美人与一个北美人在大厅的一端交谈，由于前者按照自己觉得最适宜的距离而不断向前靠，而后者也自然地保持着自己的个体空间而不断退后，当谈话结束时，两人已不知不觉地移到了约12米长的大厅的另一端。这说明人们在交往时，相距的空间尽管是在无意中确定的，但也反映了一个同他人已有的关系或希望形成的关系。因此，霍尔认为，互动时人与人之间距离的不同，标志着互动者的关系、所处的情景、相互了解的程度等。据此，霍尔划分了以下四种区域或距离，它们分别是：

（一）距离分类

1. 亲密距离

6~18 英寸（15~44 厘米）

15 厘米以内，是最亲密的区间，彼此能感受到对方的体温、气息。15~44 厘米之间，身体上的接触可能表现为挽臂执手或促膝谈心。44 厘米以内，在异性，只限于恋人、夫妻等之间，在同性别的人之间，往往只限于贴心朋友。

2. 个人距离

1.5~4 英尺（46~122 厘米）

这是人际间隔上稍有分寸感的距离，有较少直接的身体接触。

3. 社交距离

4~12 英尺（1.2~3.7 米）

这体现出一种公事上或礼节上的较正式关系。

4. 公众距离

12~25 英尺（3.7~7.6 米）

总的来说，在空间距离中，西方文化注重个人隐私，东方人"私"的概念薄弱。

空间的观念是立体的，不仅包括领域的大小距离，还包含领域的高度。"拉开距离"具有保持身份的威严的功能，而保持空间领域的高度又是支配权力的一种方式。法庭、教堂、礼堂、会议厅的布置都十分注重利用空间距离来发挥这一功能，以表现优越感与从属关系。在我国，长辈和领导面朝南坐，在西方则坐在椭圆桌子头的位置等，都说明了不同文化背景的人对空间的运用和安排有着各自的固定模式，从而构成无数文化差异，让空间的使用具有了更为丰富的文化功能。

总而言之，必须明确的是，在旅游公关场合中，人际交往的空间距离不是固定不变的，它具有一定的伸缩性，这依赖于具体情境、交谈双方的关系、社会地位、文化背景、性格特征、心境等。

学习拓展

可接受最近的人际交往距离

据南美侨报网报道，据《跨文化心理学杂志》公布的"人际交往距离全球调查"显示，无论是面对熟人还是陌生人，秘鲁人可接受的人际交往距离都相对较近。

据报道，89 名研究员对 42 个国家中 53 个城市的 8943 名居民，进行了可接受的人际交往距离调查。

数据显示，与陌生人进行交谈时，秘鲁人平均可接受的人际交往距离为 80 厘米。若对方是关系亲密的人，秘鲁人可接受的距离为 44 厘米，而匈牙利人通常保持 84 厘米的距离，阿拉伯人保持的距离为 97 厘米。

（二）如何把握安全距离

正所谓距离产生美，人与人之间需要适当的距离。无论是与家人、朋友、同学、同事等相处，都应该明确距离问题。把握好人际交往的距离，就等于掌握了社交中的一个关键点。距离的远近，将直接影响交往的好坏。那么，人际交往中的安全距离怎么把握呢？

在日常的交际活动中，许多交际个体都应该有这种经验，关系越亲密的双方，越有可能发生摩擦和误会，多年的相处反倒不如初次交往时容易。很多好朋友或者家庭成员间常常相互抱怨，正是这种情况的表现。按理来说，人们应该是交往得越深，相处起来也越容易，人际关系随之也应变得越好，但是在现实情况中，事实往往并非如此。其中道理其实很简单，就是交际中的人们忽略了一个"度"的问题，他们没有正确定位彼此之间的关系。所以，尽管交际个体有时候是抱着良好的愿望去与交际对象相处的，希望自己的人际关系亲密度高一些，但是这种亲密度的定位往往很不合理，这使得交际个体有些吃力不讨好的感觉。

因此，在交往过程中，交际个体必须正确定位彼此的关系，记住"亲密并非无间，美好需要距离"的交往原则。在人际交往的过程中，交际双方的距离成了彼此情感的添加剂。可以肯定的是，有时距离的存在确实可以给交际主体以美的享受，所以，人们应当培养自己拉开一定距离看别人的习惯。当然，在这个距离的设定上，最好能够正确定位距离的尺度，不要把自己的透明度放到最大，从而失去原本应该具有的神秘感，无形中为以后的交往埋下了祸根，而这也就是错误定位交际距离的恶果之一。

学习拓展

刺猬效应

刺猬效应（Hedgehog Effect）是指刺猬在天冷时彼此靠拢取暖，一开始由于距离太近，各自的刺将对方刺得鲜血淋漓，后来它们调整了姿势，相互之间拉开了适当的距离，不但能够互相取暖，而且很好地保护了对方。这个比喻来自叔本华的哲学著作，它强调的是人际交往中的"心理距离效应"。刺猬效应的理论可应用于多个领域。尤其在教育学中，教育者与受教育者的日常相处只有保持适当的距离，才能取得良好的教育效果。而如果在旅游场合中，旅游从业人员要做好工作就应该与游客保持"亲密有间"的关系，即一种不远不近的恰当合作关系。

复习与思考

1. 简要总结古代坐立行走礼仪分别有什么要求？
2. 探讨现代交际场景中的仪态礼仪的关键点。

课后研讨

研讨：

中国古代在"室"内举办宴会，座位以西为尊，北次之，南再次之，东最次。按"上北下南，左西右东"的方位，下列宴会座位安排符合礼法的是（　　　）。

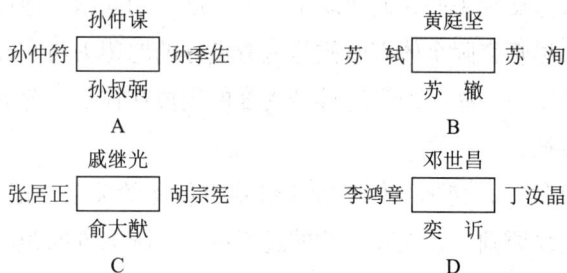

```
            孙仲谋                        黄庭坚
 孙仲符 [        ] 孙季佐       苏 轼 [        ] 苏 洵
            孙叔弼                        苏 辙
              A                            B

            戚继光                        邓世昌
 张居正 [        ] 胡宗宪       李鸿章 [        ] 丁汝昌
            俞大猷                        奕 䜣
              C                            D
```

提示：

在室内，座次尊卑的顺序依次为：东向（坐在西而面朝东）、南向（坐在北而面朝南）、北向（坐在南而面朝北）、西向（坐在东而面朝西）。项羽在鸿门宴中就是如此安排的："项王、项伯东向坐，亚父（亚父者，范增也）南向坐，沛公北向坐，张良西向侍。"

古代对同辈分的男子常以伯（孟）、仲、叔、季来排行，伯是老大，仲是第二，叔是第三，季是最小的。A选项是孙坚的四个儿子，孙策是长子，字伯符；孙权是次子，字仲谋；孙翊是三子，字叔弼；孙匡是四子，字季佐。题干按上北下南，左西右东的方位，座位以西为尊，应由长子孙策即孙伯符落座，北次之，应由孙权即孙仲谋落座，南再次之，应由孙翊即孙叔弼落座，东最次，应由孙匡即孙季佐落座。A选项：座位安排符合礼法。B选项：苏洵是苏轼、苏辙的父亲，苏轼是苏辙的哥哥，而黄庭坚是苏轼的学生，又比苏辙年幼，因此四人的排序应为：苏洵、苏轼、苏辙、黄庭坚，所以B错。C选项：张居正是内阁首辅官居一品，胡宗宪是兵部左侍郎，高于戚继光和俞大猷，则胡宗宪不应在东，所以C错。D选项：奕䜣是恭亲王，李鸿章是直隶总督，丁汝昌是北洋水师提督，邓世昌是致远舰管带，因此四人的排序应为：奕䜣、李鸿章、丁汝昌、邓世昌，所以D错。

结语

中国仪态礼仪文化融合了古代的坐立行走礼仪以及现代社会的站、坐、走、蹲、表情管理等方面的礼仪文化知识。在古代，礼仪注重端庄和威仪，坐要正襟危坐、立要笔直挺拔，行走时步态稳重、从容不迫，体现出贵族和士大夫阶层的修养与风度。进入现代社会，仪态礼仪依然强调姿态端正、行为得体。站立时，要求挺胸收腹、双脚自然分开，展现自信和稳重；坐下时，需坐满椅面、双膝并拢，避免交叉腿或摇晃，彰显优雅和礼貌；行走时，步伐应轻盈适中、速度适宜，避免奔跑或拖沓，体现从容和稳健；蹲下时，保持平衡、动作轻柔，尽量不失优雅。另外，表情管理方面，微笑是基本的礼仪，避免大声喧哗或面无表情，展现友好与真诚；在社交距离上，讲究尊重个人空间，保持适当距离，以体现礼貌和尊重。这些仪态礼仪文化不仅是行为规范，更是个人内在修养和涵养的外在表现，贯穿在日常生活的方方面面，彰显了中国传统美德与现代文明的融合。

第四章　中国沟通礼仪文化

📖 学习目标

1. 了解古代称谓礼仪的定义和分类。
2. 掌握尊称和谦称的用法及区别。
3. 了解古代言语礼仪的常用场景。
4. 掌握现代称谓礼仪的基本原则和常用称谓。
5. 了解常用现代言语礼仪的特征和策略。

→ 佳句赏析

非礼勿视，非礼勿听，非礼勿言，非礼勿动。——《论语·颜渊》

可与言而不与之言，失人；不可与言而与之言，失言。知者不失人亦不失言。——《论语·卫灵公篇》

中国号称文明古国，世人誉之为礼仪之邦、君子之国，即使在唇枪舌剑的论战中，我们的先人也同样讲究语言美。每一个人在生活中的每一天都会与他人沟通交流。沟通是工作、生活的润滑油，是消除隔膜，达成共同远景、朝着共同目标前进的桥梁和纽带，更是学习、共享的过程，在沟通交流中人们可以学习彼此的优点和技巧，提高个人修养，不断完善自我。

第一节　古代称谓礼仪

人际交往，礼貌当先；与人交谈，称谓当先。因此，在人际沟通中如何称呼对方，直接关系到双方之间的了解程度、亲疏、尊重与否及个人修养等。一个得体的称呼，会令彼此如沐春风，为以后的交往打下良好的基础，否则，会令对方心里不悦，影响到彼此的关系。正确地掌握和运用称谓，是人际交往中不可缺少的礼仪因素。

我国对于称谓语的研究由来已久。清代梁章钜的《称谓录》（三十二卷）是我国已知的最早研究称谓的专著，卷中将称谓分为自称、谦称、尊称、美称、杂称、泛称、贱称等。《称谓录·序》云："古人称谓，各有等差，不相假借，其名号盖定于周公礼制之时。今之为书者，《尔雅·释亲》《礼记·曲礼》其最著者也。"其后还有《小尔雅》《逸雅》《广雅》等，各有增益。《尔雅·释亲》是我国最早研究亲属关系的专著，它详细记录了我国早期社会的亲属称谓、亲属关系和称谓，也反映了当时的婚姻形态。《礼记·仪礼》道："言语之美，穆穆皇皇。"穆穆者，敬之和；皇皇者，正而美。就是说，对人说话要尊敬、和气，谈吐文雅。除此之外，一些后出的典籍，如扬雄的《方言》、刘熙的《释名》、张楫的《广雅》等，均对称谓语有所研究。中国博大精深的称谓体系的形成与中国社会文人历来对它的重视有着很大的关系。

在我国的古代文学史上，"称谓"这个词语曾多次出现。《后汉书郎顗传》中就有"改易名号，随事称谓"的说法，唐代刘知几的《史通称谓》中有："古往今来，名目各异，区分壤隔称谓不同。"而明代胡应麟的《诗薮外编六朝》中也曾出现"凡词场称谓，要在适齿牙而已，非必在前则优，居后为劣也"的字样。从这些古典文献可以看出古人对于称谓的重视。

在现代汉语中，称谓有广义和狭义之分。谓，也叫称呼，属于道德范畴。广义的称谓主要包括所有人和事物的名称。称谓指人们通过血缘、婚姻、社会关系，以及由于身份、职业等而建立起来的名称。古代称谓词具有长幼尊卑、等级分明的内涵，反映了价值形态、宗法制度、礼仪习俗、身份地位等社会结构和历史文化的特征。古代汉语称谓词与人们的生活紧密相连，随着不同时代的文化、历史、政治的发展而演变。称谓礼仪是在对亲属、朋友、同志或其他有关人员称呼时所使用的一种规范性礼貌用语，准确的称谓能恰当地体现出当事人之间的隶属关系。

古代称谓的使用十分讲究，不同身份、不同场合、不同情景下，称谓的使用都不尽相同。称谓的分类有很多种，根据不同的分类标准，我们通常将其分为如下几类：

根据称谓所带的感情色彩，可以分为：谦称，敬称，贱称。谦称表示谦逊的态度，多用于自称，如鄙人、寒舍、拙襟等；敬称表示尊敬客气的态度，如令尊、贵府等；贱称表示轻慢叱骂的态度，如竖子、小子等。

根据称谓反映的内容，可以分为：亲属称谓和社交称谓。亲属称谓是以本人为焦点对血亲和姻亲的命名指称。社交称谓是对人们社会生活的交互关系的命名指称。

根据称谓所指代的对象，可以分为：自称，对称，他称。自称是表示第一人称的词语，对称是表示第二人称的词语，他称是表示第三人称的词语。

一、口头称谓

口头称谓是相对书面称谓而言，较为随意的称呼。古人对称谓十分讲究，不同的场合所用的称谓也不尽相同。口头称谓通常用于日常非正式的交流，不仅随意通常还带有一种亲切的意味。如对父母的称呼：口头称谓常为"父亲，母亲"，书面称谓更加正式，多用家父、家母、家严、家慈等；对妻子的称呼：口头称谓常为"娘子、夫人"，或称其闺名、小字，书面称谓多用吾妻、吾爱，与他人提及或谦称贱内、内子等。

学习拓展

古代人如何打招呼 ① ②

古代人的言行举止都要受到"礼制"的约束，不符合礼法的规定，轻则会受到社会舆论的谴责，重则甚至会被古代官府问责或刑罚。

1. 春秋战国

春秋战国时期各项礼仪制度已经得到了很好的完善，所以人们在见面之时都要相互打招呼。"声未到，礼先行"，如臣子觐见君王时应该先下跪磕头，然后才能口称"大王"，得到君王的允许之后才能起身侧立。而根据"礼仪"规定君王见到臣子，一般都不需要主动打招呼。

同级别官员之间碰面可以相互称呼官职，但是小官见到大官时就需要双手抱拳，然后举过头顶并且深鞠一躬。

上级看到下属之后可以直呼其官名但也需要拱手回礼。

普通老百姓见面打招呼的方式其实与现代社会差不多。比较熟悉的邻居、朋友等，可以行拱手礼但不需要鞠躬，然后寒暄几句就会各自离开。一般女子不出门，即使偶尔出门，碰见熟悉的男人也不需要打招呼。

2. 秦汉时期

秦朝人在路上偶遇时，晚辈或者年龄小的人要向长辈行"大礼"。而所谓的"大礼"就是跪拜，但也仅限于初次见面之时。熟悉之后虽然也需要行礼，但一般都是先拱手作揖，然后头要低于对方肩膀并可以口称尊号。

相对于秦朝来说，汉朝人见面时，礼仪要更加烦琐一些。无论是熟人还是亲朋，只要比自己年龄或辈分高的人就应该作揖。

汉朝作揖时的讲究非常多，首先双手要并拢然后放置于额头部位，接下来要从额头下移至胸口，然后才是鞠躬。

---

① 彭林.中国古代礼仪文明（一）：礼与中国传统文化［J］.文史知识，2001（11）：66—73.
② 谢瑞芳.中国古代礼仪探源［J］.湖南社会科学，1997（4）：4.

3. 隋唐时期

隋朝和唐朝都是我国历史上的大一统王朝，由于政治、经济和文化都比较发达，所以相对来说对礼仪的要求也会更高。生活在隋唐时期的人见面之后，下属或者晚辈要向上级以及长辈行礼。而且行礼的过程中还要"唱诺"，实际在很多影视剧中都有过类似的桥段。

但是隋唐时期的"见面礼"相对来说要简单很多。虽然也是作揖，但一定要将左手放在右拳上，这样的主要目的就是表示尊重，当然，在作揖的过程中也会弯腰，但是弯腰的程度并不是很大。如果是第一次见面也会行跪拜礼。

"打招呼"的语言方面其实与现在社会差不多，不仅很随意而且特别亲切。比如，称呼年龄比自己大但年龄相差较小的人，就可以直接称呼其为兄台、兄弟等。但是遇见比较官阶大的人就一定要称呼官名，然后还要作揖、下跪、磕头。

4. 宋朝时期

之所以将宋朝人"打招呼"的方式单独列为一项，主要是因为宋朝人打招呼的方式比较简单。因为就算君臣之礼也很少有下跪一说，充其量就是作揖然后45°弯腰而已。如果是与同一级别的官员或者与自己年龄相仿的同辈人打招呼，只需要拱手作揖即可。

语言方面并没有太多的条条框框，只要根据对方的官职或者辈分进行称呼即可。当然，在称呼自己的时候一般都比较谦虚，比如，鄙人、小可、不才等。但是宋代的"官人"二字却意义非凡，而且使用的频率与场合都比较多。

5. 明清时期

实际上如果从明朝人打招呼的礼节上去看，基本上与汉朝人差不多，也都是将双手并拢然后放置于额头高度，然后行礼的时候需要将手下移表示谦卑，然后来一个45°鞠躬即可。这主要与明太祖朱元璋的治国思想有关系。

清朝时期的各种繁文缛节特别多，无论在君臣、官员还是老百姓之间，只要是见面打招呼就会行跪拜礼。臣子给皇帝下跪、下属给上级下跪、晚辈给长辈下跪，基本上就是无休止的跪拜。而且还要口称"奴才"，这种打招呼的方式后来被彻底废弃。

二、交友称谓

孔子曰："有朋自远方来，不亦乐乎？"曾子曰："与朋友交而不信乎？"子夏曰："与朋友交，言而有信。"可见自古以来便十分重视交友。汉学者郑玄说："同门（师）曰朋，同志曰友"，就是说一起读书的叫朋，有共同理想抱负的叫友。对于不同的朋友，古人的称呼也大不相同。

交友称谓是对交朋友的称呼。古代交友称谓十分讲究，不同类型的朋友有不同的称谓，因此对朋友的称谓划分也非常细致。交友称谓反映了交友的方式、交友的性质、朋友的来源以及朋友间的亲密程度等。

学习拓展

常用的交友称谓①

1. 忘年之交：打破年龄、辈分的差异而结为好朋友。

2. 忘形之交：不拘形迹的缺欠或丑陋，结成不分你我的朋友。

3. 君子之交：指道义之交，即在道义上互相支持的朋友。

4. 莫逆之交：指彼此心意相通，无所违逆的朋友。

5. 刎颈之交：指友谊深挚，可以同生死、共患难的朋友。

6. 贫贱之交：贫困潦倒时结交的朋友。

7. 至交：友谊最深，不猜不疑的朋友。

8. 世交：亦称世谊、世好，指两家世代交情。

9. 故交：历称故旧、旧交、故人，泛指有交情的老朋友。

10. 一面之交：仅仅相识，但不甚了解。

11. 市道交：经商时，因其重利忘义，后称小人之交。

12. 布衣之交：出自《史记·廉颇蔺相如列传》中有"臣以为布衣之交尚不相欺，况大国乎"之语，指平民百姓之间的交往。

13. 车笠之交：出自晋代周处所著《风土记》中载："越俗性率朴，初与人交，有礼，封土坛，祭以犬鸡，祝曰：'卿虽乘车我戴笠，后日相逢下车揖；我步行，君乘马，他日相逢君当下。'言交不以贵贱而渝也。"指不以贵贱而异的朋友。

14. 患难之交：出自明代东鲁古狂生所著《醉醒石》中载："浦肫夫患难之交，今日年兄为我们看他，异日我们也代年兄看他。"指一起共过忧患、艰难的朋友。

15. 再世之交：与父子两代都结为朋友。出自《宋史·邵伯温传》："伯温入闻父教，出则事司马光等，而光等亦屈名为辈行，与伯温为再世之交。"

16. 竹马之交：幼年相交的朋友，也称总角之交。

17. 肺腑之交：出自唐代白居易所作的《代书诗一百韵寄微之》中有"肺腑都无隔，形骸两不羁"之句。指无话不谈、推心置腹的朋友。

18. 胶漆之交：亲密无间的朋友。

19. 生死之交：生死与共的朋友。

20. 邂逅之交：无意中相遇而结交的朋友。

21. 点头之交：交往中仅点点头打个招呼，感情不深厚的朋友。

---

① 谢建平.古代常用的交友称谓［J］.文史天地，2020（9）：92-93.

22. 泛泛之交：平淡而浮泛交往的朋友。

23. 半面之交：见过面但不熟悉的人。

24. 八拜之交：出自宋代邵伯温《闻见前录》中李稷拜访文彦博事。邵伯温《闻见前录》："公至北京，李稷谒见，坐客次，久之，公着道服出，语之曰：'而父吾客也，只八拜。'稷不获已，如数拜之。"旧称异姓结拜的兄弟姐妹为八拜之交。

25. 杵臼之交：出自《后汉书·吴祐传》载："时公沙穆东游太学，无资粮，乃变服客佣，为祐赁舂。祐与语大惊，遂与共定交于杵臼之间。指不分贵贱而交的朋友。"

26. 金玉之交：宝贵而有价值的交往。

27. 君子之交：出自《庄子·山木》："君子之交淡如水，小人之交甘若醴。"指贤者之间的交情，平淡如水，不尚虚华。

28. 总角之交：幼年就相识的朋友。《诗经》中把儿童的发髻称作"角"，后来人们习惯称童年时代为"总角"。《晋书·何劭传》："劭字敬祖，少与武有总角之好。"

三、对人尊称

《现代汉语词典》（第六版）对礼貌的定义为："言语动作谦虚恭敬的表现。"由此可知，礼貌语言就是表示谦虚恭敬的语言，即谦己尊人。称谓是沟通人际关系的信号和桥梁，在众多称谓系统中，礼貌称谓是其重要组成部分，而尊称和谦称是礼貌称谓系统的全部内容。

尊称，即对人尊敬的称呼。王金芳先生说"所谓中国古代敬语，就是'五四'以前漫长的历史时期内汉民族所运用的那些带有谦己敬人色彩的基本固定的词语"。刘班超先生说敬语是"指语言交际中的那些带有谦己敬人意味的语素、词、短语以及带有敬谦色彩的体态语"。"尊称"为带有尊重态度色彩的称谓，指对人的尊称，其核心为"尊人"。

中国古代的尊称十分丰富，不同对象有不同的尊称，同一对象在不同场合的尊称也不尽相同。常用的尊称可以分为以下几类：

（一）以字为尊称

古人的名字通常由三部分构成，名、字和号，如诸葛亮，字孔明，号卧龙。《礼记·曲礼上》中关于名和字的礼仪记载"男子二十冠而字""女子十五笄而字"，表明男子 20 岁加冠之后，女子 15 岁及笄之后可以取"字"。人的"字"是在"名"之后才有的，即在有了"名"之后新增的标识符号。《礼记·檀弓上》称："幼名，冠字"，出生三个月取的名字为幼名，加冠（及笄）之后不可直呼其名，故冠而加字。称人以字，表示对人的尊重。

（二）以爵位或身份为尊称

以爵位或者身份尊称他人，大致可分为"君"类、"公"类、"卿"类及其他类别。

1. "君"类

先秦时期，"君"主要用以称呼君主、诸侯，其次才用以称呼卿大夫。《仪礼·子夏传》记载"天子诸侯及卿大夫有地者，皆曰君"。《尚书·顾命》中"昔君文王、武王宣重光"中，君就指文王、武王；而战国四君，孟尝君田文、平原君赵胜、信陵君魏无忌与春申君黄歇，君指卿大夫。

汉代以后，"君"成为普遍使用的尊称。下对上尊称以"君"，如张君、樊府君等；妻对夫尊称以"君"，如"君当作磐石"等；对喜爱或崇拜之人称以"君"，如"君子之交""思君令人老"等。

与"君"相关的尊称还引申出"君上""主君""君侯"等。

2. "公"类

公也是古代较为常见的尊称之一。公除了指对贵族或官员的称呼之外，还泛指对男子的尊称。与"公"相关的称呼还引申出对君上、长者、夫君的尊称，如"主公""太公""相公"等。

3. "卿"类

"卿"，本意为官爵之名。战国时期，"卿"从官爵之称发展为广义上的尊称。"卿"类称谓除表示尊称外，还多带有亲昵的色彩。"卿"可用于上级对下级的尊称，如"爱卿"，或夫妻之间的尊称，如《世说新语·惑溺》中"亲卿爱卿，是以卿卿"，或平辈之间的尊称。由"卿"引申出来的尊称如"先卿""卿卿"等亲密的情感更加浓重。

4. 其他

除以上三类常用尊称外，古人还常以官人、王、相国、使君、郎等身份做尊称。

（1）官人：如《水浒传》中林冲被称为"官人"，妻子对丈夫也尊称"官人"。

（2）王：对古代部落首领或君王的尊称，如夏、商、周三代的君主均称"王"，尧舜亦可称"王"。

（3）相国：源于春秋晋国，始称为相邦，是战国、秦及汉朝廷臣的最高职务。汉王刘邦登汉王位后，后代为避讳改称相邦为相国，后引申为对担任宰相之职官员的尊称。

（4）使君：汉代称呼太守刺史为使君，汉以后用作对州郡长官的尊称，亦用于尊称奉命出使之人，如《玉台新咏·日出东南隅行》："使君从南来，五马立踟蹰"（州郡长官）；《后汉书·寇恂传》："使君建节衔命，以临四方"（出使之人）。

（5）郎：战国时期设郎官，主要负责护卫君主，后用以尊称有才能、有地位的青年，如周瑜被称为"周郎"。

（三）以褒词或美德为尊称

古代常用以尊称的褒词或美德主要有"仁""贤""子""先生"等。

"仁"原意为对人友善、相互亲爱，孔子把"仁"作为最高的道德原则、道德标准和道德境界。与"仁"相关的尊称有"仁师""仁兄""仁公"等。

"贤"原意为贤明有才德的人，孔子云"所谓贤人者，好恶与民同情，取舍与民同统；行中矩绳，而不伤于本；言足法于天下，而不害于其身；躬为匹夫而愿富贵，为诸侯而无财。如此，则可谓贤人矣"。"贤"是古代常用的对文化人的尊称，也用以尊称平辈或晚辈及其亲属，如"贤相""贤弟""贤侄"等。

"子"是古代对男子的尊称，后用以尊称有杰出成就或者德高望重的人，如孔子、孟子、庄子等。与"子"相关的尊称还有"夫子""君子""公子"等。

"先生"一词在不同时期有着不同的含义。最初"先生"指父兄，《论语》中"有酒食，先生馔"即为父兄之意。战国时期，"先生"转化为对年长又有学问之人的尊称，并沿用至今。

（四）以辈分为尊称

以辈分为尊称通常可分为"父""爷""兄""老"及其他类别。

"父"最初是对男性的尊称，如"夸父"，后引申出"父亲""伯父""叔父"等对家中男性长辈的尊称。与"父"相关的尊称还有"父兄""父老""诸父"等，《方言》中有"凡尊老，南楚谓之父，或谓之父老"，"父老"就是对年长者的尊称。此外，古代帝王称对社稷或自己有很大帮助的臣子也尊为"父"，如项羽尊称范增为"亚父"，齐桓公称管仲为"仲父"。

"爷"原指对父亲的尊称，《木兰辞》中"不闻爷娘唤女声"就是说听不见父母呼唤女儿的声音。唐朝开始，"爷"逐渐被用为尊贵之称，如《资治通鉴》中记载的驸马直呼高力士为"爷"。后又引申出"老爷""公爷""少爷"等对身份尊贵之人的尊称。

"兄"原义为兄长，《木兰辞》中"阿爷无大儿，木兰无长兄"就是指父亲没有长子，木兰也没有哥哥，后引申为对男性的尊称。

"老"原义为老人，用以称呼年长之人，《礼记·大学》云，"上老老而民兴孝"，"老老"就是尊老的意思。与"老"相关的尊称还有"堂老""阁老"等。

此外，还有对年长者或有德有位者尊称为"大人""丈人"等，如儿子称父亲为"大人"，老百姓称为官之人为大人；杜甫《奉赠韦左成丈二十二韵》"丈人试静听，贱子请具陈"中的丈人就是对有声望之人的尊称。

（五）以地或以他所使令的人为尊称

1. 以地代人

此类尊称来自古人"以卑达尊"的风习。所谓"以卑达尊"，就是说在古代森严的等级制度下，地位低者与地位高者进行交谈，不能直呼其名号，而是以称呼其身边地位较低的侍从的人来指代，即称以卑达尊。"足下""阁下""陛下""殿下""节下""麾下"等是常见的以地代人的尊称。

"足下"出现最早,始用以代指君主,后引申为同辈间的尊称或对对方的尊称,意为"您"。

"阁"意为殿阁,是一种建筑,"阁下"指殿阁之下,用以尊称有显赫地位或高尚品德的人。

"陛"原指帝王宫殿的台阶,"陛下"原指站在台阶下侍奉君主之人。古代臣子向天子进言不能直接告知,而要通过在台上的侍从进行转告,后用以与帝王面对面交谈时的尊称。

"殿"原指宫殿,"殿下"即为宫殿之下,后用以尊称除帝王外的皇室成员,如皇后、太后、皇子、公主等。

"节"意为武将持有的"假节""持节""使持节",是军权的象征。"节下"是对武将的尊称,如《宋书》所载:"节下有一范增不能用,空议何施。"

"麾下"也是古代对将帅的一种尊称。"麾"原指将帅指挥用的军旗,"麾下"指在将帅的指挥之下,由部下以卑达尊,成为对将帅的尊称。

此外,"毂下"代指京师地区,是对帝王的尊称;"膝下"是对父母的尊称,如承欢膝下。

2. 以他所使令的人为尊称

"执事"原指管事的人,后引申为对对方的尊称,相当于"您",如《左传·僖公三十年》:"若亡郑而有益于君,敢以烦执事",意为如果郑国灭亡对您有益,又怎么敢来麻烦您呢?

"左右"意为在旁伺候的人,近侍。旧时称对方不直称其人,仅称他的左右以示尊敬。如《史记·廉颇蔺相如列传》所载:"左右欲刃相如,相如张目叱之,左右皆靡。"

(六)以特定的名词加上特定的后缀为尊称

特定的名词通常有"令""贤""尊""贵""先"等,特定的后缀通常指与对方有关系的人,如父兄、姊妹等。常见的尊称有"令堂""令尊""令郎""贤弟""尊师""尊驾"等。特别注意"先"一般用以尊称已经过世的年长之人,如"先帝""先慈""先父""先贤"等。

四、自己谦称

与敬称相对应,不同场合谦称也不相同,常用的谦称主要有以下几类:

(一)以名谦称

"名"意为人或事物的称谓,《说文》中对名的解释为:"名,自命也。从口夕,夕者,冥也,冥不相见,故以口自名",古人常将名用以对自己的谦称,如孔子常自称"丘"。

（二）以地位或身份谦称

常用以谦称的地位或身份有"臣、仆、奴、妾""小"类、"下"类、"家、舍、老"类等。

1. 以"臣、仆、奴、妾"谦称

"臣、仆、奴、妾"原指奴隶、奴仆等身处下位的人，引申为地位卑贱之人，后用以下位者谦称。

"臣"《说文》解释为"事君也"，意为为君王办事之人。古代官员对皇帝，下位官员对上位官员常自称"微臣""臣下"，后宫妃嫔对皇帝自称"臣妾"。

"仆"原指供人役使之人，后也用以自己谦称。《史记·滑稽列传》中"使张仪、苏秦与仆并生于今之世，曾不能得掌故，安敢望常侍侍郎乎"，这里的"仆"就是东方朔对自己的谦称。

"奴"西周时期原指罪人、奴隶。《说文》中解释"奴，奴婢。皆古之辠人也"，《王力古汉语字典》引申为对自己的谦称。如《世说新语·识鉴》"唯阿奴碌碌，当在阿母目下耳"，就是周伯仁对自己的谦称。

"妾"原义也是指奴婢、奴仆，后引申为古代女子对自己的谦称，如《孔雀东南飞》中"君当作磐石，妾当作蒲苇"。

2. "小"类谦称

常见的"小"类谦称有"小人""小可""小我"等。

"小人"一般用于小辈对长辈，下级对上级，百姓对官员的自称，有谦逊之意。小人有母，皆尝小人之食矣。《左传·隐公元年》"小人有母，皆尝小人之食矣"中的"小人"就是颍考叔对郑庄公的谦称。

"小可"原义为寻常的、平常的，引申为对自己的谦称，如《水浒传》"小可宋江怎敢背负朝廷"中的"小可"就是宋江对自己的谦称。

"小我"也是一种谦称，如清代姚鼐《祝芷塘同年惠书并以新刻诗集见寄复谢》诗中"岂徒小我吞如芥，更使前贤放一头"。

3. "下"类谦称

"下"原指位置在低处的，"下人"意为地位低下的人，与"下"有关的谦称有"在下""下官""下走"等。

古时座席，尊长者在上，地位低者位于下方，是以在下意为地位较低的人，自称在下表示谦称。《红楼梦》"待在下将此来历注明，方使阅者了然不惑"中的"在下"就是曹雪芹对自己的谦称。

"下官"意为地位较低的官员，是下级对上级的自谦之词。

颜师古注：下走者，自谦言趋走之役也。汉时人自谦为供对方驱使的仆役，自称"下走"，用作谦称。《宋书·何尚之传》："若止于四铢五铢，则文皆古篆，既非下走所识，加或漫灭，尤难分明"中的"下走"就是何尚之对自己的谦称。

4. "家、舍、老、后"类谦称

与"家"有关的谦称有"家父""家母""家兄""家严""家慈"等，通常用于对年长于自己或辈分高于自己之人的谦称。

与"舍"相关的谦称有"舍弟""舍妹""舍下"等，常用以比自己辈分低或者年纪小之人。

与"老"相关的谦称有"老身""老夫""老朽"等，通常用于年龄较大之人对自己的谦称。

与"后"相关的谦称有"后生""后辈""后学"等，通常用于谦称年龄或辈分较小，或者面对学识渊博者时的谦称。

5. 其他类谦称

除上述谦称外，较常见用于谦称的词还有"贫"，如"贫道""贫僧"；"学生""弟子""晚生"等，如《儒林外史》"晚生久仰老先生，只是无缘，不曾拜会"。

（三）以不德为谦称

常见以不德为谦称的词有"孤寡""卑贱鄙""愚拙""不"类、"敝"类等。

1. "孤寡"类

"孤"原指孤独之人，拥护追随者少的人，"寡"意为寡德之人，春秋时期是诸侯与诸侯夫人的自称，此后"孤""寡"常用作帝王对自己的谦称。如《三国志》"孤不度德量力，欲信大义于天下"中的"孤"是刘备对自己的谦称；《孟子·梁惠王上》"寡人之于国也，尽心焉而已"中的"寡"是梁惠王对自己的谦称。

2. "卑贱鄙"类谦称

"卑""贱""鄙"原义都是指地位低下的人，常用作谦称自己身份低微。与"卑"相关的谦称有"卑职""卑人""卑末"等，如《京本通俗小说·冯玉梅团圆》中的"小娘子若不弃卑末，结为眷属，三生有幸"；与"贱"有关的谦称有"贱人""贱妾""贱婢""贱内"等，常用于女性对自己的谦称，后也引申为对自己的谦称，不分性别，如"贱躯""贱子"等；与"鄙"相关的谦称有"鄙人""鄙夫""鄙臣"等，常用以自谦知识浅薄，行为粗陋。

3. "愚拙"类谦称

"愚""拙"都是指蠢笨、愚钝之意，用以谦称自己才疏学浅，是愚钝之人。如诸葛亮《前出师表》中的"愚以为宫中之事，事无大小，悉以咨之"，用"愚"称自己鲁钝。"愚""拙"通常与其他身份或名词共组用以谦称自己的亲属或与自己有关的事物，如"愚兄""愚妹""愚臣""拙荆""拙计""拙作""拙笔"等。《聊斋志异·局诈》中"区区拙技，负此良琴"就是谦称自己的琴技拙劣。

4. "不"类谦称

"不"是否定之意，通常在褒义词前加一个"不"字，表示自谦。与"不"相关的谦称有"不才""不肖""不文"等。如《战国策·齐策二》"今齐王甚憎张仪，仪之所在，必举兵而伐之。故仪愿乞不肖身而之梁"中，"不肖"即谦称自己才德不佳；邹容《革命军·自序》："不文之生，居于蜀十有六年"，意为谦称自己一文不名，毫无才气。

5. "敝"类谦称

"敝"原义为破旧、败坏，加上特定的名词，用以谦称自己或与自己相关的人和事，如"敝人""敝处""敝上"（用于仆从谦称自己主人）等。

五、常用敬辞

（一）敬辞的定义

《现代汉语词典》将"敬辞"释为"含恭敬口吻的用语"，将"谦辞"释为"表示谦虚的言辞"，《汉语语法修辞词典》将"敬辞"释为"表示尊敬和礼貌的语词"。有的学者认为敬谦辞的使用就是为表现礼貌。多数学者将两者结合，将敬谦辞归于"恭敬和礼貌"。本书认为：所谓敬辞，就是含恭敬的基本意义或附属意义的词语，说话人用来指称对方或与对方有关的人或事，以表达对受话人的尊敬或陈述该词的逻辑主语与逻辑宾语之间的尊敬关系[①]。

（二）敬辞的分类

根据不同的分类标准，我们可以把敬辞分为如下几类：

1. 根据敬辞使用的目的

可以分为专用敬辞和通用敬辞。通用敬辞是指在一般交往中所使用的敬辞，当然也不排除在专用场合使用，专用敬辞主要介绍书信中所用的敬辞，如"此致敬礼""谨上"等[②]。

2. 根据敬辞的作用

可以分为指称性敬辞和表述性敬辞。指称性敬辞含有尊敬之意，用来指称他人或与他人有关的人或物的词语，也就是尊称；表述性敬辞是指用来指称与他人有关的动作，含有尊敬意味的词语，如"承蒙垂爱""敬请海涵"等，大部分表述性敬辞都是表示尊敬的谓词性词语。

---

① 赵光.现代汉语敬辞、谦辞、客气词语研究［D］.山东大学，2007.
② 洪成玉.谦词敬词婉词词典［M］.北京：商务印书馆，2002：15.

📄 学习拓展 1

表述性敬辞的分类 ①

表述性敬辞可以分为含有明显表敬语素的敬辞和不含明显表敬语素的敬辞两类。

表述性敬辞详见以下表格：

	带有表敬语素的	无表敬语素
拜	拜别 拜辞 拜读 拜访 拜服 拜贺 拜会 拜见 拜扫 拜识 拜托 拜望 拜谢 拜谒	笔削 斧正 斧政 斧削 海涵 借重 进见 进言 宽衣 莅临 抬爱 遵命 鼎力 鼎助 璧还 璧谢 聆取 候教 识荆 班门弄斧 附骥（尾） 望尘莫及
禀	禀告 禀报 回禀 启禀	
呈	呈报 呈递 呈交 呈览 呈阅 呈请 呈送 呈献 呈正 呈政	
垂	垂爱 垂范 垂怜 垂念 垂青 垂问 垂询	
赐	赐教	
恩	恩赐 恩典 恩准	
奉	奉达 奉复 奉告 奉还 奉令 奉命 奉陪 奉劝 奉送 奉托	
俯	俯察 俯就 俯念 俯允	
高	高就 高抬贵手 高攀	
恭	恭贺 恭候 恭请 恭喜 恭迎 恭祝 洗耳恭听	
光	光顾 光临 光前裕后 赏光 候光 借光	
贵	贵干	
厚	厚待	
惠	惠存 惠顾 惠临 惠允 惠赠	
驾	驾到 驾临 劳驾	
敬	敬奉 敬告 敬贺 敬候 敬献 敬赠 敬祝	
恳	恳请 恳托	
叩	叩见 叩谢	
明	明鉴	
请	请问 请教 请便	
屈	屈驾 屈就 屈尊	
幸	荣幸 幸会 幸甚 三生有幸	
枉	枉顾 枉驾	
雅	雅正	
仰	仰承	
玉	玉成 引玉之砖 抛砖引玉	

---

① 刘宏丽. 现代汉语敬谦辞 [M]. 北京：北京语言大学出版社，2001.

📑 学习拓展 2

敬辞与尊称的异同

由尊称和敬辞的定义可知，二者是包含关系。尊称是敬辞的一部分。尊称，是尊敬对方的称谓。既然是一种称谓，那就是名词，而不是代词，尽管其意思相当于第二人称代词"您"。敬辞，就是含恭敬的基本意义或附属意义的词语，说话人用来指称对方或与对方有关的人或事，以表达对受话人的尊敬，或陈述该词的逻辑主语与逻辑宾语之间的尊敬关系，有的是动词，有的是名词。

虽然尊称和敬辞是两个不同的概念，但二者也有一定的交叉。"指称性敬辞是敬称，也就是尊称。陈述性（或称述谓性）敬辞是敬谓词语（表示尊敬的谓词性词语）"[①]，另一种说法："根据敬谦辞在言语中的作用——称呼还是表述——可分为两类：称谓性敬谦辞和表述性敬谦辞"[②]，也就是说，敬辞中的指称性敬辞就是尊称，所以可以说尊称是敬辞的一种，二者并不是完全对立的。

（三）常用敬辞

常用指称性敬辞有"令""尊""贵""贤"等，前文已经进行了讲解，本节重点讲解常用表述性敬辞，如"敬""拜""奉""赐""惠"等。

1. 自己主动实施的行为

这类敬辞主要指含有"恭""敬""拜""奉"等词语的敬辞，如"恭送"——送别对方；"敬谢"——感谢对方；"拜会"——拜访对方；"奉还"——归还对方的东西。

2. 对方实施的行为对自己产生影响

这类敬辞主要指含有"赐""惠""承蒙""垂""鼎立"等，如"赐教"——请对方指教；"惠存"——请对方保存；"承蒙关爱"——"对方表示关爱"；"垂怜"——对方表示怜悯；"鼎力相助"——对方提供帮助。

六、常用请辞

请辞是指请求他人帮忙的礼貌用语。请辞通常分为两类：一类用于拜托他人帮忙或对他人帮忙表示感谢，另一类用于求得他人谅解。在有求于别人，希望获得帮助时，通常用"劳""烦""费""辛苦""借""屈""雅""玉"等词语，如"劳驾""劳您""劳步""劳累""烦请""烦劳""费心""费神""借光""屈尊""雅正""玉成"等；而在打扰他人，希望求得他人谅解时，通常用"恕""难为""扰""罪""叨"开头，如"叨扰""告罪""恕罪"等，或用"失礼""失敬""失陪""包涵"等结尾。

---

① 马庆株.马庆株自选集［M］.天津：南开大学出版社，2004：309–334.
② 刘宏丽.现代汉语敬谦辞［M］.北京：北京语言大学出版社，2001.

七、年龄代称

古代的年龄称谓大多不用数字，而是用其他代称表示。古人对于不同的年龄，都有不同的代称。这些代称反映了不同时期的民间风俗或成长特征，是古人含蓄重礼的重要体现，也是中华礼仪文化的一块瑰宝。常用的年龄代称有[①]：

"汤饼"：刘禹锡《送张盥诗》"尔生始悬弧，我作座上宾。引箸举汤饼，祝词生麒麟"中的汤饼即反映了民间习俗，小孩出生三天要宴请亲友吃汤饼，为婴儿送祝福，因此将出生三天的孩子并称作汤饼。

襁褓：原指包裹的被子和背带。不满一周岁的孩子需要用被子包裹起来，悉心照料，因此称为襁褓。

初度：原指小孩周岁为初度，如《离骚》中的"皇览揆余初度兮，肇锡余以嘉名"，后用以称生日。

总角：幼年的儿童，头发上绾成小髻髻。《礼记·内则》载："拂髦，总角。"郑玄注："总角，收发结之。"后来就称儿童的幼年时代为"总角"。陶潜《荣木》诗序："总角闻道，白首无成。"这里的"白首"代称老年。

垂髫：也指儿童幼年。古时儿童未成年时，不戴帽子，头发下垂，所以"垂髫"代称儿童的幼年。陶潜《桃花源记》载："黄发垂髫，并怡然自乐。"这里的"黄发"也代称老年。

束发：古代男子成童时把头发束成髻，盘在头顶，后来就把"束发"代称成童的年龄。归有光《项脊轩志》载："余自束发，读书轩中。"

成童：古时称男子达十五岁为"成童"。《礼心·内侧》载："成童，舞象，学射御。"郑玄注："成童，十五以上。"

及笄：古时称女子年在十五为"及笄"，也称"笄年"。笄是簪子，及笄，就是到了可以插簪子的年龄了，《仪礼·土昏礼》载："女子许嫁，笄而醴之，称字。"

破瓜：旧时文人把"瓜"字拆开，成为两个"八"字，称十六岁为"破瓜"，在诗文中多用于女子。又因八乘八为六十四，也称64岁为"破瓜"。

弱冠：古代男子20岁行冠礼。所以以"弱冠"代称20岁，弱是年少，冠是戴成年人的帽子，还要举行大礼。左思《咏友》诗："弱冠弄柔翰，旧荤观群书。"

而立：《论语·为政》有"子曰：'吾十有五而志于学，三十而立，四十而不惑，五十而知天命，六十而耳顺，七十而从心所欲，不逾矩'"之语，后来就以"而立"代称30岁。

不惑：《聊斋志异·长清僧》："友人或至其乡，敬造之，见其人默然成笃，年仅而

① 赖继红.常用的古代年龄称谓［J］.中学语文，1992（2）：29-30.

立"，因此以"不惑"代称 40 岁。

知命：以"知命"为 50 岁的代称，潘岳《闲居赋》序："自弱冠涉乎知命之年，八徒官而一进阶。"

耳顺：以"耳顺"为 60 岁的代称，庾信《伯母李氏墓南铭》："夫人年逾耳顺，视听不衰。"

古稀：杜甫《曲江》诗："酒债寻常行处有，人生七十古来稀。"后来就将"古稀"作为 70 岁的代称。

耋：《诗·秦风·车邻》载："逝者其耋。"毛传："耋，老也。八十曰耋。"后以 80 岁为"耋"。

第二节　古代言语礼仪

一、启始

启始指开始。古人云"与君初相识，犹如故人归""人生若只如初见，何事秋风悲画扇"，这些诗句都体现了第一印象的重要性。与人初见，礼仪当先。一个好的开始，可以在人际交往中获得先机。在不同的时间、地点，面对不同年龄、身份和地位之人，见面问候的礼仪不尽相同，但不论如何问候，为了表示友好，营造良好的交流氛围，都应以敬辞开头。

初次见面：在知道对方基本信息的前提下，初次见面为了营造良好的交流氛围，拉近彼此的关系，古人常用"久仰""幸会"作为聊天的开始。而面对素昧平生的人，初次见面要问人姓名，一般用尊称如"贵姓"，自我介绍则用谦称，如"敝姓，小字"。

小辈见长辈，臣下见君上：《荀子·君子篇》载"长幼有序，则事业捷成而有所休"，尊老爱幼是中华民族的传统美德，小辈面见长辈一般先问安，以示尊重、敬爱，如"请祖母安""儿子给母亲请安"等。同样，臣下面见君上，为了表达尊敬，也要先问候君上，这种问候更加体现旧时等级森严的制度，敬重之意更甚，如"叩见/拜见陛下""主子吉祥"等。

很久未见：老朋友久未见面，为了表达思念之情，迅速唤起旧时的情谊，常用"久违""别来无恙"开始。

其他常用于启始的敬辞：除上述三类外，古人还常用请求帮忙、告饶告罪、表示恭喜、发出疑问等方式作为谈话的开始，如"请指教""请多包涵""打扰/叨扰""劳驾""请问"等。

二、思念

思念是个永恒的话题。古人表达思念的方式既有含蓄委婉，又有奔放浓烈。借物抒情是古人常用的表达方式，我们耳熟能详的诗词"红豆生南国，春来发几枝""但愿人长久，千里共婵娟""行人折柳寄相思，又见春风换故枝"就是用红豆、明月、柳枝来寄托相思；而"平生不会相思，才会相思，便害相思""日日思君不见君，共饮长江水""一日不见兮，思之如狂"又是直抒胸臆，表达浓烈的相思之情。

除上述提到的红豆、明月、柳枝外，常用于表达思念的意象还有"鸿雁""登高""雨"等，如李清照的"雁过也，正伤心，却是旧时相识"、王维的"遥知兄弟登高处，遍插茱萸少一人"，"梧桐树，三更雨，不道离情正苦，一叶叶，一声声，空阶滴到明"。

三、钦佩

钦佩意为尊敬，敬重。人的一生中值得我们钦佩的人、事、物有很多。大自然值得我们钦佩，德高望重的人值得我们钦佩，高尚的美德也值得我们钦佩。古人表达钦佩的对象大致可以分为以下三类：

值得钦佩的人：每个时代的人对英雄都心存敬意，古人也不例外。在古人笔下，为国尽忠、为民尽心的文臣武将都是值得钦佩和歌颂的对象。李清照"生当作人杰，死亦为鬼雄"是对楚霸王项羽的钦佩之情；杜甫"出师未捷身先死，长使英雄泪满襟"是对诸葛亮的钦佩；王昌龄"但使龙城飞将在，不教胡马度阴山"是对李广将军的钦佩。

值得钦佩的品格：儒家思想中做人的基本道德准则有"仁义礼智信"，仁义之举、礼让之事都是值得钦佩的对象，高尚的情操自古就被广为颂扬。人们歌颂陶渊明"不为五斗米折腰"的淡泊名利之心；歌颂杜甫"安得广厦千万间，大庇天下寒士俱欢颜"，歌颂陆游"死去元知万事空，但悲不见九州同"，歌颂范仲淹"先天下之忧而忧，后天下之乐而乐"的忧国忧民之心；赞美孔融让梨的孝悌之举；等等。

值得钦佩的事物：天地创造万物，自古以来大自然就是人们钦佩和敬畏的对象。荀子倡导的"天地合而万物生，阴阳接而变化起，性伪合而天下治"，老子倡导的"道法自然，无为而治"表达的就是对自然规律的敬畏之情。

除直抒胸臆表达钦佩外，古人表达钦佩还时常借助一些意象，如用"梅花"代表高洁坚韧的品格，"菊花"代表坚贞不屈的品格，"竹子"代表正直谦虚、坚忍不拔的品格，"兰花"代表淡泊高雅的品格等。

四、问候

问候语是我们日常交流中最普遍使用的交际用语。见面的问候语可以反映一个时代、一个地区的生活现状、社会风貌和文化习惯。我国文献记载的最早出现的问候语为"无它乎"，它指蛇，意为你没有遇见蛇吧？这句问候语反映了远古时代生存环境的恶劣，蛇对人的生活甚至是生命造成了很大威胁，人们都很惧怕它，因此见面经常会问"没有遇到蛇吧？"后来逐渐发展为一句问候语，甲骨卜辞中存在许多"无它"的用例。

周秦时期，新的问候语形式"无恙"开始兴起，《风俗通》云："恙，噬虫，能食人心。古者草居，多被此毒，故相问曰'无恙'"。后来的"恙"又泛化为灾难、忧患、不祥的意思。"无恙"意为"没有受伤吧？没有遇到灾难吧？"与"无恙乎"类似的还有"无伤乎"，皆表示对人的关心，也反映了当时受自然灾害和战争的影响，人们的生命时常受到威胁。

农耕文化时期，人们之间的相互问候还常用"无衰乎""食否""饭否"以示关心，这与时代的发展密切相关。"无衰乎"出自《战国策》《触龙说赵太后》："日食饮得无衰乎？"意为您的饮食没有减少吧？古代劳动人民生活艰辛，见面问候饮食起居合乎常理。

此外，古人见面问候常见的方式有两种：一是问好，问安以示祝福和关心；二是尊称对方，以示尊重和亲切。常用的词汇有"给您请安""请某某安""某某吉祥"等。

问候语通常有三个特征：（1）一问一答，有来有往，是沟通的开端；（2）问候语在一定程度上反映了一个地区的风俗和社会发展现状；（3）问候语还可以反映沟通双方的关系，帮助维护人际关系。

五、祝贺

贺词是用以表达祝贺的词语，也是日常沟通中常用的交际用语。贺词可以增进人与人之间的感情交流，帮助建立良好的人际关系，有益于沟通双方的身心健康。祝贺有两层含义：一是对已经发生的喜事表示祝福和欣喜，二是对未来表示希冀和祝愿。人生四大喜"久旱逢甘雨，他乡遇故知，洞房花烛夜，金榜题名时"，每一件都是值得庆贺的。除此之外，古人笔下还有很多值得祝贺的事，也因此引申出很多用以表达祝贺的话。

祝贺长寿健康：古代社会经济发展落后，长寿和健康是难能可贵的。因此，古代的达官贵人大都想要长生不老，遍寻名医、"神仙"以求"不死之身"，也因此长寿和健康是古人十分希冀之事。若得遇长寿健康，那必定是值得祝贺的，也因此涌现了很多祝贺长寿的诗词，如魏了翁的《虞美人》"浮云富贵非公愿，只愿公身健"，曹操《龟虽寿》中的"老骥伏枥，志在千里，烈士暮年，壮心不已"等。

祝贺得遇知己：《史记》云"千金易得，知己难求"，一生得遇一知己对古人而言是莫大的喜事，于是才有了俞伯牙"千里觅知音"，得遇钟子期的欣喜，而后钟子期去世，"伯牙绝弦"的凄美故事。古人歌颂知己，也庆贺难得一知己。王勃的"海内存知己，天涯若比邻"，杜甫"正是江南好风景，落花时节又逢君"，李白的"桃花潭水深千尺，不及汪伦送我情"等都是对得遇良知的祝贺之词。

祝贺功成名就：古人十分重视功名。有志之士只有考取功名才能报国有门，贫寒之子只有考取功名才能改变命运。功成名就对古人意味着人生价值的实现，因此功成名就之事总被人津津乐道。如孟郊"春风得意马蹄疾，一日看尽长安花"、阮阅"海阔凭鱼跃，天高任鸟飞"、杜甫"会当凌绝顶，一览众山小"、李白"大鹏一日同风起，扶摇直上九万里"等。

祝贺团圆美满：注重团圆，渴望幸福美满、吉祥如意的生活，是我国民俗文化中极富特色和人情魅力的习俗，也是我们民族凝聚力的重要组成部分。中国自古以来就有很多庆祝团圆的习俗，除夕夜吃"团圆饭"，中秋节吃"月饼"等，也因此流传了很多庆祝团圆的诗词，如范成大的"愿我如君君如月，夜夜流光相皎洁"，苏轼的"但愿人长久，千里共婵娟"，王安石的"千门万户曈曈日，总把新桃换旧符"等。

六、致谢

"谢"《说文》解释为"辞去也"，原义为道歉，后根据语用习惯常用于表达感谢。致谢之词就是表达感谢的词语。古代可用于致谢的场合有如下几种：一是受助后表达感谢；二是受到夸赞后表达感谢；三是出于礼貌，为展示自身修养表达感谢；四是受责引发的感谢。致谢之词要注意以下两点：一是实事求是，对象明确，事宜明确；二是感情真挚，情真意切。

常用的致谢之词可以分为以下几类：

明示谢意：对某个对象或某件事直接表达感谢，常用的词语有"感谢""谢谢""特此致谢""不胜感激""谢步（感谢亲友前来拜访）""谢贺"等。

道歉致谢：用于给别人添了麻烦后，通过道歉的形式表达感谢，常用的词句有"让您破费了""承蒙费心了""劳您大驾""叨扰了"等。

归功赞赏：用于受到别人帮助后，将功劳归于别人来表达感谢，或赞扬别人高义以示感谢。常用的词汇有"借光""幸得/多得""多亏""此恩此德，无以为报""犹如再生父母"等。

许下承诺：用于受到别人帮忙，但一时半会儿可能无法相报，因而许下承诺表示铭记恩德，常怀感恩之情。常用的词汇有"他日必当重谢""没齿难忘""衔环结草""铭感五内"等。

反向责备：通过责备对方耗费心力来表达感谢。这种责备不是真的埋怨、怪罪，常用于与自己关系亲密之人的致谢。如"何必劳心费神""何苦来哉"等。

七、致歉

致歉是在做了破坏人际和谐的冒犯行为后做出的意在重建和谐人际关系的补救行

为。适用于致歉的场合通常分为如下几种：一是给对方造成伤害感到亏欠；二是言语粗俗或不礼貌感到抱歉；三是答应的事没做到感到内疚；四是麻烦对方帮忙之前；五是即将告知对方不好的消息感到遗憾。

致歉的语用策略有如下几种：

明示歉意：明确表达抱歉和愧疚之情，常用的词汇有"抱歉""特此致歉""深表歉意""告罪"等。

通过叙事道歉：具体陈述需要道歉的事实，通常需要加上表示歉意的动词，如"劳您大家""多有叨扰""搅扰了"等。

通过担责致歉：明知自己的错误，通过告罪并表示愿意承担责任以示歉意。这类致歉常用于过失较为严重的场合。常用的词汇有"怪我失言""某之罪 / 过也""罪当万死"等。

征求原谅：对自己犯下的错误希望通过求得对方原谅来表达歉意。这类致歉常用于地位平等的双方，告罪的程度较浅。常用的词汇有"恕罪""见谅""包涵 / 海涵""请多担待""休怪"等。

许下承诺：通过保证以后不再对对方做出类似的冒犯行为来间接向对方表示道歉。通常采用道歉的动词加上承诺的具体事项，如"改日自当登门赔罪"。

提供补偿：当冒犯事件发生后，说话人表示愿意为己方的冒犯向对方进行补救或赔偿。常用的词汇有"赔不是""赔礼道歉""赔小心""赔错"等。

解释劝说：通过说明犯错的缘由或劝说对方息怒来表示道歉。解释类致歉常用"不该"加上具体事项以说明原因。劝说类致歉常用具体事项加上"息怒"以示劝说。

八、拜托

"拜"始见于西周金文。其古字形像举手叩拜的样子，本义是恭敬的礼节，引申为恭敬地。拜托为恭敬地请托，是请人帮忙办事的敬辞。拜托之词既可用于请求、委托他人帮忙，也可用于表示感谢他人帮忙。常用于拜托的词汇有"劳驾""托您的福""借光""承蒙"等。除此之外，拜托还有祈祷愿望实现的含义，如吴敬梓《儒林外史》第四十五回："而今拜托云翁，并不必讲发富发贵，只要地下乾暖，无风无蚁，我们愚兄弟就感激不尽了"。

九、致哀

致哀意为表达哀思、哀痛、哀悼之情，或指过分悲哀。多用于哀悼的场合，特指为生命流逝感到哀伤。致哀之词除了表达对逝者的哀思之外，还要表达对生者的宽慰。常用于致哀的词汇有"极尽哀思""呜呼哀哉""万古长青""节哀顺变"等。

📄 **学习拓展**

古代对死亡的称谓

古代对于死亡的称呼有很多种，根据不同的职业、身份、死亡的原因、死亡的年龄等均有不同的说法。

一、按职业划分

和尚之死称为"圆寂""云寂""登极乐"等，道士之死称为"羽化""登仙""归天""升天""飞升"等，喇嘛之死称为"涅槃"；文人之死称为"修文""修文地下""地下修文""玉楼赴召""玉楼修记"；伟人、要人之死称为"泰山颓""树木坏""山颓木坏""兰摧玉折"；贤才之死称为"埋玉"。

二、按身份划分

1. 古代帝王之死称为"崩""驾崩""崩殂""大薨""大行""登遐""升遐""宾天"等。

2. 古代王侯、夫人之死称为"薨"。

3. 古代大夫之死称为"卒"。

4. 古代士人之死称为"不禄"。

5. 唐以后六品以下官员及庶人之死称为"死"。

三、按死亡的原因划分

1. 为国为民而死，称之为"殇""殉""殉难""殉节""捐躯""就义"等。

2. 保持节义而死，称之为"玉碎""授命""致命""令终"等。（《论语·宪问》）

3. 死于意外，称之为"畏""厌""溺""陨""殪""殍""殊""歹""绞""厉""自经""自缢""投缳""灭顶""横死"等。

四、按死亡的年龄划分

1. 未成年而死，称之为"夭""折""夭折""昏""夭昏""殇"（包括长殇、中殇、下殇）"瘥""早世""不禄"等。

2. 长寿终老而死，称之为"终""考终""善终""寿终""卒""天年""登仙"等。

3. 一般成年人之死，称之为"逝世""辞世""谢世"等。

十、赠物

赠物意为赠送物品。赠物分为两种类型：一是长者或位高者赏赐以示嘉奖之意，二是赠送物品以表达感激、祝贺或者歉意等。古语云"长者赐，不可辞"，位高者赠物常用"赐"字，意为嘉赏，受赠之人需恭敬接受，并表示谢意或受之有愧之意，常用词汇有"叩谢圣恩""拜谢""受之有愧""愧不敢当"等。此外，赠送物品常用表达情感的短语加上"请笑纳""勿忘嫌弃""不成敬意""聊表寸心"组成，如"小小礼物不成敬意，请笑纳""不胜感激，略备薄礼，勿忘嫌弃""早间曾以小匣托渔人奉致，聊表寸心，从此不复相见矣（出自冯梦龙《警世通言·杜十娘怒沉百宝箱》）"等。

十一、请教

谦逊是中华民族的传统美德。儒家"中庸"的思想强调了谦逊的重要性，具备谦逊品质的人通常更容易得到他人的尊重和认可。请教之词正是中国人谦逊品格的体现。请教意为请求指教、指点，有虚心请求，聆听教诲之意。在古代，"请教"一词除用于身份学识低、辈分低者向高者求教外，还可用于礼贤下士，是谦辞的一类。为了表达谦逊的态度，请教一词常与谦称合用，如"某不才，请教一二""恕某愚钝，特此请教"等。常用于请教的词语还有"赐教""见教"等，如王安石的《答陈推官启》："高明赐教，褒谕过情"；司马相如的《上林赋》"鄙人固陋，不知忌讳；乃今日见教，谨受命矣"等。

十二、结束

结束意为完毕，不再继续，用于一段交流的结尾。结束之词通常分为三类：一是以总结结尾，表示本次谈话到此结束，总结本次交流的内容，以强调重点，常用词汇有"言毕""为止""终表""言尽于此"等；二是以致歉结尾，为本次谈话的未尽之处表示歉意或者遗憾，常用词汇有"未尽之处，还望见谅""得罪之处，请多海涵"等；三是以期望结尾，埋下伏笔，期望有时间继续交流，建立长期交流的关系，常用词汇有"后会有期""意犹未尽""以待来日"等。

第三节　现代称谓礼仪

中国号称文明古国，世人誉之为礼仪之邦、君子之国，即使在唇枪舌剑的论战中，我们的先人也同样讲究语言美。《礼记·仪礼》道："言语之美，穆穆皇皇。"穆穆者：敬之和；皇皇者，正而美。也就是说，对人说话要尊敬、和气，谈吐文雅。如何称呼对方，直接关系到双方之间的了解程度、亲疏、尊重与否及个人修养等。一个得体的称谓，会令彼此如沐春风，为以后的交往打下良好的基础，否则，会令对方心里不悦，影响到彼此的关系。

一、基本原则

称谓礼仪是人际交往礼仪中很重要的一个部分，合适的称谓不仅能展示个人素质，还能为我们构建良好的人际关系。在称呼他人时，应当遵循尊重原则和适度原则。

（一）尊重原则

尊重是人际交往的基本原则，也是称谓礼仪的基本原则。根据马斯洛需求层次理论，每个人都有被尊重的需要，也有被尊重的权利。受到尊重可以增强人的自信，使人心情愉悦，从而促进达成良好的沟通效果。尊重原则要求我们要尊重对方的身份地位、风俗习惯、文化背景等，称呼他人时多用尊称，尽量就高不就低，如在称呼"副教授""副处长"时，我们通常省略"副"字，称为"某教授""某处长"以示尊重。

📑 阅读案例

纪晓岚的幽默

纪晓岚有一天去游五台山，走进庙里，方丈把他上下一打量，见他衣履还整洁，仪态也一般，便招呼一声："坐。"又叫一声："茶。"意思是端一杯一般的茶来。寒暄几句，得知他是京城来的客人，赶忙站起来，面带笑容，把他领进内厅，忙着招呼说："请坐。"又吩咐道："泡茶。"意思是单独沏一杯茶来。经过细谈，当得知来者是有名的学者、诗文大家、礼部尚书纪晓岚时，立即恭恭敬敬地站起来，满脸赔笑，请进禅房，连声招呼："请上坐。"又大声吆喝："泡好茶。"他又很快地拿出纸和笔，一定要请纪晓岚留下墨宝，以光禅院。纪晓岚提笔，一挥而就，是一副对联：坐，请坐，请上坐；茶，泡茶，泡好茶。方丈看了非常尴尬。

（二）适度原则

适度原则是指在称呼他人时，既遵循尊重原则，又不过分阿谀奉承，称呼适当、得体。称呼时不尊重他人，会给人傲慢无礼的印象，而过度讨好奉承，又会使人觉得不真诚。因此，适度原则要求我们根据不同的对象、时间和地点选择恰到好处的称呼。如小时候长辈多称呼小辈的小名以示亲昵，而成年后多称呼全名以示尊重；在正式的公共场合多称呼对方的职位，如某教授，而私下则多按辈分称呼为"某叔叔／伯伯"等。

📑 阅读案例

小名"鲍利斯"[①]

1992 年 12 月，俄罗斯总统叶利钦首次对中国进行访问，这是他当选俄罗斯总统后对中国的首次访问，意义非凡。为确保接待工作万无一失，外交部礼宾司提前进行了周全且细致的筹备。次日，江泽民同志将在钓鱼台国宾馆设小型宴会款待叶利钦。宴会前

---

① 张兵.别样风雨［M］.北京：新华出版社，2007.

夕，江泽民同志向前外交部礼宾司司长、时任驻斯洛文尼亚大使的鲁培新询问叶利钦的小名，鲁司长告知其小名为"鲍利斯"。小型宴会伊始，江泽民同志便以一口流利的俄语，亲切地称呼叶利钦："你好，我的兄弟鲍利斯！"叶利钦听闻，难掩激动之情，紧紧握住江泽民同志的手说道："这是我第一次听到一位外国领导人如此亲切地称呼我，我深感荣幸，这充分彰显了我们两国关系的亲密无间！"

叶利钦这次访问取得了丰硕的成果。我们恰到好处的外交礼仪，给叶利钦留下了良好的第一印象。

二、男士称谓

称谓不仅能反映出人的身份地位、亲疏关系，还能在一定程度上反映人的性别特征。随着时代的发展，大多数称谓语都没有特定的性别指向，男女通用，但受到父系氏族社会文化的影响，没有明显性别指向的称谓以代指男性为主；代指女性时，前面会增加一个性别标记，如"女司机"。

年龄称谓：通常称小男孩为"毛头小子""小皇帝 / 少爷""小崽子""正太"等，称青年男性为"少年""青年"，称年长的男性为"壮年""不惑""花甲"等。

职业称谓：受到传统"男主外女主内"观念的影响，多数职业称谓在没有说明特指女性时，通常是指男性，如常用的男性职业称谓有"师傅""司机""大厨""老大""保安""将军""博士""教授""医生"等。

体态特征：传统观念认为男性承担家国天下的重任，男性给人的普遍印象是高大威猛的，因此常用"大块头""胖墩儿"称呼男性。此外，随着网络用语的出现，还有一些不太礼貌的称谓特指男性。

亲属称谓：常用的男性亲属称谓有"夫""丈""儿""父""爷""公""伯""叔""兄 / 哥弟""伯""舅""甥""侄"等。

其他：其他常用于尊称男性的称谓还有"先生""男士""英雄""豪杰 / 俊杰""才俊"等。

三、女士称谓

现代汉语女性称谓是在古代女性称谓语的基础上经过漫长的发展变化而来的，展现出了许多新面貌，这些变化反映了女性在社会属性、地位以及人们的价值观念等方面发生的变化，也反映了整个的社会生活、思想等文化流变。古代称女子大多用谦称，会在前面加上"拙""贱""婢"等表示地位低下的词，如"贱妾""拙荆"等。出嫁后的女性自称甚至不能用自己的姓氏，而是冠以夫姓，称"某氏"。随着社会的发展，男女地位逐渐平等，对女性的称呼不再含有贬义，更多地体现了对女性的尊重和爱护，如"宝贝""夫人"等。

年龄称谓：通常称小女孩儿为"丫头""姑娘""囡囡""小公主"等，称青年女性为"少女"，称年龄大的女性为"妇女""老婆婆""老太婆"等。

职业称谓：某些职业大多由女性为主，如"护士""保姆""空姐""月嫂"等，这些职位前不用标记女性特征词，反而是用作男性职业称呼时需要特别标注，如"男护士""男保姆"等。但是大多职业在用作女性称呼时，为了区分性别，会特意标注性别代词，如"女博士""女司机""女厨师"等。

体态特征：传统观念里，女性多是美丽、苗条、柔弱的形象，因此类似于"娇娃""病娇儿""弱女子""细腰"等称谓都用于特指女性。

亲属称谓：常用的女性亲属称谓有"母/妈/娘""婆""女""妇""姑""姐/妹""嫂""姨""伯/舅母""甥女""侄女"等。

其他：其他常用于尊称女性的称谓还有"女士""小姐""阿姨""仙女""美女""神仙姐姐"等。

第四节　现代言语礼仪

古语云"听其言，观其行"，通过言语可以了解一个人的知识、阅历、才智、教养和应变能力。恰当的言语可以帮助我们在沟通中建立良好的人际关系。不同的场合，面对不同的对象，我们需要通过不同的言语进行沟通和交流。本节重点介绍会面言语、馈赠言语、职场言语和涉外言语。

一、会面言语

第一印象在人际交往中十分重要，良好的第一印象可以为成功的交谈打好基础，会面时的交谈往往是我们建立第一印象的最好契机。会面言语大致有如下两种情况：

第一，会面称呼。会面称呼一定要遵循尊重原则和适度原则，尊重原则要求我们称呼对方时用尊称，位高之人称职位，年长之人称辈分，陌生男性称先生，陌生女性称女士。会面称呼既要显得尊重，又不可夸大或轻浮。例如，"美女"一词本是褒义，夸赞女性长得漂亮，但若会面之人是年长的妇人，即便对方长得确实漂亮，但称其为"美女"也显得有些轻浮，我们可以根据对方的职业称其为"某教授/医生"等，或者在不知其职业的情况下，我们可以根据年龄差称其为"奶奶/阿姨"等。

第二，会面问候。会面问候，主要适用于人们在公共场所里相见之初时，彼此向对方询问安好，致以歉意，或者表达关切之意。问候时要注意适时、适度。例如，早上见面我们可以问声"早上好"；与老友许久未见可以先诉说思念之情；与陌生长者见面可以道声"久仰",一般会面常问"您 / 你好",等等。与多人会面,问候时应遵循"由尊而卑""由长及幼""由疏至亲"的顺序。会面问候应当简洁适宜,不可长篇大论,过度寒暄,以至于忘了会面的正题。需特别注意的是,随着网络用语的普及,我们越来越喜欢平等的交流,人与人之间的问候也更显亲昵,常用"亲""亲爱的""宝贝"这一类的词汇以示亲近,迅速拉近关系,但是亲昵的称呼也应适度,否则会让人觉得刻意讨好,待人不够真诚。

此外,会面言语还应注意以下几点:首先,说话音量得当,语速快慢适中,确保言语清楚,逻辑清晰;其次,要注意礼貌,多用尊称和敬辞;最后,要注意关注对方的表情,及时回应对方。

二、馈赠言语

中国素称礼仪之邦,迎来送往,礼尚往来是中华民族的传统习俗。《礼记·曲礼上》云:"礼尚往来,往而不来,非礼也,来而不往,亦非礼也。"馈赠即指赠送,是人们在社交过程中通过赠送礼物来表达对交往对象的感激、敬重之意,亦可用以表达纪念、哀悼、慰问之情。馈赠的目的在于增强沟通,加强情感交流。馈赠时除了在挑选礼物上有所讲究之外,还应注意馈赠言语的运用。合适的馈赠言语可以展现一个人的情商和人际交往能力。馈赠言语应遵循真诚和适度的原则,既让人感受到赠礼之人深情厚谊,又不让受礼之人感到尴尬和压力。常用的馈赠言语有如下几种:

表达感谢:感谢您对我们的帮助,略备薄礼,不成敬意,希望您笑纳。

好物分享:这是我家乡的特产,也不是什么贵重之物,带给您一起分享。

请求帮忙:我在旅行时买了一些茶叶,也不知道是不是好茶,带过来您帮忙品鉴品鉴?

投其所需:听说您最近睡眠不好,我这里刚好得了一些安神茶,给您试试。

三、职场言语

职场沟通是大多数人都会面临的人际交往的重要组成部分。职场中主要的沟通对象有领导、同事和下属,对象不同,在职场中需掌握的言语技巧也大不相同。合适的职场言语可以减少职场矛盾,和谐人际关系,使工作取得事半功倍的效果,从而促进个人在职场中的发展,有利于个人的职业发展前途。

职场言语的运用应遵循以下原则:

真诚:真诚是与人交谈的前提和基础。言语真诚才能在职场中取得他人的信任,建立良好的人际关系。

友善:言语友善容易获得他人的好感,迅速拉近职场关系。

尊重:尊重领导、同事和下属才能更好地进行沟通,赢得他人的尊重。

理性：言语客观理性，不感情用事，保持清醒的头脑，才能更好地提高工作效率。

（一）与领导交流的职场言语

与领导交流是一种下对上的交流形式。在对上交流中要特别注意尊重对方，言语清晰简洁，目的明确，提高与领导交流的效率。与领导沟通要注意以下几点：

1. 尊重对方

领导与我们是上下级关系，下级与上级沟通尊重是第一原则。"尊卑有别，长幼有序"，领导作为上级，有被人尊重的需要。我们作为下级，在沟通过程中要特别重视礼仪，尊重领导的意见，维护领导的威信，多用尊称，多询问对方的意见，而不是命令对方做事，即便是提出不同的意见，也应该选择恰当的时机，委婉表达，不失了领导的面子。特别注意尊重不是阿谀奉承，在与领导沟通时应不卑不亢，既不能唯唯诺诺，一味奉承附和，也不能事事针对领导，公开唱反调。

2. 清晰简洁

领导通常事务繁忙，工作内容繁杂，时间和精力都十分有限。因此，我们在与领导沟通时一定要注意言语简洁，逻辑清晰，让领导在短时间内就能抓住重点，快速解决问题。

3. 适度适时

与领导沟通要注意既不能过度沟通，也不能不沟通，要注意沟通的频率。在态度上也要注意不过分畏怯，也不过分亲近，既让领导感受到尊重，又不让他感觉到陌生和距离。与领导沟通还要注意把握时机，比如要提反对意见时应当找一个轻松的环境，在领导情绪较好的时候进行沟通，最好是单独和领导沟通，这样既表达了自己的意见，又维护了领导的面子，更容易让人接受。

（二）与同事交流的职场言语

与同事沟通是一种平级之间的沟通。在职场中，我们大部分时间都要与同事交流。同事既是我们的合作伙伴，又是我们的竞争者，这种特殊的关系要求我们在与同事沟通时要特别讲究言语艺术。合适的职场言语可以帮助我们建立良好的同事关系，营造良好的办公环境，提高工作效率。

与同事沟通要注意以下几点：

1. 相互尊重

古人云"敬人者，人恒敬之"。同事之间没有隶属关系，交往沟通应是平等的。尊重都是相互的，先给予对方尊重，才能获得对方的尊重。在职场中，我们应尊重同事的人格，尊重同事的工作和劳动，尊重同事在团队中的地位和作用[1]。

---

① 张岩松.大学生沟通艺术［M］.北京：清华大学出版社，2020.

2. 互相体谅

每个人都有自己擅长的事，也有自己的短板。我们在与同事合作共事的过程中，要体谅对方的不足，并想办法帮助对方弥补不足，以促进工作任务更好地完成。当与同事的工作意见发生冲突时，要学会理解对方，换位思考，如果对方是正确的，我们要大方承认自己的问题；如果对方是错误的，我们应注意说话的方式和态度，以平静客观的语言说服对方，达成一致。

3. 待人真诚

同事是我们工作中最亲密的伙伴，虽然我们与同事之间存在竞争关系，但是这种竞争应是良性的，并不影响我们之间真诚相待。坦诚待人，才能赢得他人的信任，与他人建立良好的合作关系。职场沟通中切忌恶语中伤他人，散布不实谣言引起误会，或故意贬低他人。即便是与同事竞争，也应实事求是，真诚对待，公平竞争。

学习拓展

职场沟通中的"七不"

（1）不谈论私事。办公室不是互诉心事的场所，虽然这样的交谈富有人情味，能使彼此之间变得亲切、友善。据调查，只有不到1%的人能够严守别人的秘密。因此，当自己的生活出现危机，如失恋、婚变等，不宜在办公室里倾诉；当自己的工作出现危机，如工作不顺利，对老板、同事有意见，更不应该在办公室里向人袒露。我们不能把同事的"友善"和朋友的"友谊"混为一谈，以免影响正常的工作秩序和自身的形象。

（2）不好争喜辩。同事之间在某些问题上产生分歧很正常，尤其是在座谈、讨论等场合。当别人提出不同意见时，要尊重对方，认真倾听，不随意打断，不急于反驳，在清楚了解对方观点及其理由的前提下，语气平和地陈述自己的观点，并提供支持的理由。切不可抱着"胜过对方"或"证明自己是对的，对方是错的"的心态一味地争执下去，否则就会影响彼此之间的关系，伤害别人的自尊。

（3）不传播"耳语"。所谓"耳语"，即小道消息，是指非经正式途径传播的消息，往往传闻失实，并不可靠。在一个单位里，各方面的"耳语"都可能有，事关上司的"耳语"可能更多。这些"耳语"如同噪声一般，影响着人们的工作情绪。对此，应该做到"三不"：不打听，不评论，不传播。

（4）不过分表现。表现自己并不错。在现代社会，充分发挥自己的潜能，表现出自己的才能和优势，是适应挑战的必然选择。但是，表现自己要分场合、分方式，美国戏剧评论家威廉·温特尔说过："自我表现是人类天性中最主要的因素。"人类喜欢表现自己就像孔雀喜欢炫耀美丽的羽毛一样正常，但刻意的自我表现就会使热忱变得虚伪，自然变得做作，最终的效果还不如不表现。

（5）不当众炫耀。在人际交往中，任何人都希望得到别人的肯定评价，都在不自觉地维护着自己的形象和尊严。如果当众炫耀自己的才能、长相、财富、地位等，处处显出高人一等的优越感，那么无形之中就是对他人自尊与自信的挑战与轻视，会引起别人的排斥心理乃至敌对情绪。因此，在与同事相处的过程中，应该谨小慎微，认真做事，低调做人，即使自己的专业技术很过硬，深得老板赏识和器重，也不能过于张扬。

（6）不直来直去。我们常常认为心直口快是一种难得的品质，有话就说，直来直去，给人以光明磊落、酣畅淋漓之感。其实，不分场合、不看对象的直率，往往也会成为沟通的障碍，特别是当我们有求于对方或者发表不同见解的时候，更不能颐指气使，直截了当。

（7）不随便纠正或补充同事的话。日常交流过程中，可以对某个问题发表自己的见解，但不要随便纠正或补充同事的话，除非工作需要或对方主动请教。否则，会有自以为是、故作聪明之嫌，也会无意损伤对方的自尊心。

（三）与下属交流的职场言语

与下属沟通是一种上下级之间的沟通。作为管理者，要协调各方关系，要知人善任，要肯定下属的付出和努力。在与下属的沟通中，如果一味地"摆架子""打官腔"会丧失"民心"，难以管理下属，最终影响工作效率。好的领导会注重与下属的沟通，了解下属，善于发挥下属的优势和特长，帮助下属实现其价值，从而促进共同发展，实现双赢。与下属沟通应注意以下几点：

1. 平等尊重

人都有被尊重的需求，下属也不例外。领导与下属虽然是上下级的关系，但在实际沟通中要做到放下身份，以诚相待，态度温和、亲切，地点可以选择在一些轻松的场合，如休息室、咖啡厅等。作为领导不能"摆架子"，安排工作切忌颐指气使，官僚主义。要尊重下属的付出，尊重下属的工作，每个岗位都有其存在的意义，岗位没有高低贵贱之分，只有每一位员工都各司其职，工作才能有条不紊，高效率完成。当下属犯错时，不能一味地指责下属，只顾追责问责，而要了解背后的原因，体谅下属，帮助下属改正和挽救错误，这样才能赢得下属的尊重和服从。

2. 主动沟通

作为领导，要善于主动与下属沟通。下属大多对领导有敬畏之心，不敢主动和领导交流，也怕其他同事误会自己谄媚，所以大多数下属都不愿与领导主动沟通。因此，作为领导，为了更好地了解下属对工作和上级的意见和建议，了解下属的工作和生活情况，应当主动关心，主动交流。领导应了解下属的个性、教育背景等，并针对不同的下属，采用不同的沟通方式，做到知人善任。

3. 善于倾听

倾听是沟通中的重要环节，我们不仅要善于诉说，还要善于倾听，领导对下属更是如此。下属对领导本就有戒备和畏怯之心，很难主动和领导敞开心扉说真话，因此在和下属沟通时，要充分给予下属交流的空间，鼓励下属多表达自己的想法，不要随意打断或轻易反驳下属的话。在倾听时注意运用肢体动作，比如身体前倾、面带微笑、目光交流、适当点头等，让下属感受到你的真诚和关注，有利于获取更多信息，建立良好的上下级关系。

4. 善于引导

作为一个管理者要学会知人善任，善于引导下属发掘自己的优点，充分发挥自己的特长，增强团队合作意识，提高团队合作效率。在与下属沟通时，要引导下属发表对公司和工作的意见和建议，选择非公开场合，真诚地与其交谈，了解下属的想法；引导下属提出工作中遇到的困难和问题，目的是帮助其解决，而不是批评指责；引导下属发挥自身特长，找准职业定位，帮助下属实现其价值。

四、涉外言语

（一）跨文化沟通

随着世界经济的全球化发展，跨文化沟通越来越普遍。党的十八大明确提出要倡导"人类命运共同体"意识。习近平同志就任总书记后首次会见外国人士就表示，国际社会日益成为一个你中有我、我中有你的"命运共同体"，面对世界经济的复杂形势和全球性问题，任何国家都不可能独善其身。构建人类命运共同体离不开跨文化沟通，而涉外言语是跨文化沟通的重要组成部分。跨文化沟通是指不同文化背景的人相互交流和传递信息、情感以及融合的过程，在跨文化沟通过程中，信息的发送者是一种文化群体，而信息的接收者属于另一种文化群体，二者之间的信息传递需要通过一定的手段进行转化，才能更好地相互理解。

1. 跨文化沟通的特征

跨文化沟通具有以下特征：

（1）文化对接难度大。文化的对接是指沟通者和被沟通者在一个文化符号中获得一致的意义。只有实现文化对接，才有双方对一致意义的认同，从而达到理解和沟通。跨文化沟通不同于文化群体之间的沟通。受自然条件、社会经济条件等影响，不同文化群体间的行为规范和风俗习惯差异都很大，这些差异会影响到他们对同一件事情的看法和态度，从而导致跨文化沟通困难。

（2）文化距离不同使跨文化沟通的难度不同。文化距离是指文化间的共性与个性的差异程度。文化间的共性较多，则文化距离较小；文化间的个性突出，则文化距离较大。例如，日本的民族文化受到中国唐代文化的深远影响，因此中国和日本之间的文化交流难度较小。中国和英国之间的文化距离较大，因为中国是社会主义国家，而英国是资本主义国家，中西方文化差异大，因此中英两国之间的跨文化沟通难度较大。

（3）习惯与传统的冲突大于理解的冲突①。长期生活在同一文化体系下的人，受到固定的价值体系和行为模式的影响，久而久之就会形成习惯，这种习惯延续下去就会形成某种传统。俗话说"江山易改，本性难移"，这种传统对人的影响是根深蒂固的，难以改变。在跨文化的沟通中，人们即便理性地认识到自己和他人的文化差异，也清楚应该做出调整和适应以便更好地交流，但仍然会被传统和习惯所影响，一时难以改变，从而造成沟通中的文化矛盾和冲突。

（4）跨文化沟通的成本高于一般沟通的成本。跨文化沟通是在两种不同的文化间进行沟通，克服文化的障碍将会耗去更多的物资、使用更多的手段和方法、耗费更多的时间、进行更频繁的双向沟通，在沟通中要花费更多的精力去理解文化差异，处理文化矛盾和冲突，沟通的失败会导致投入变成泡影，因此跨文化沟通的成本比一般沟通的成本要高得多②。

（5）跨文化沟通会造成文化休克现象。所谓文化休克，是指在跨文化沟通中，由一种文化进入另一种文化，主体失去了自己熟悉的文化意义符号系统，面对陌生的各种文化意义符号系统，由于缺乏足够的适应性而产生了深度焦虑。他们在新的文化意义符号系统的包围下，感到处处不适应、不理解、不熟悉、不尽如人意。不仅心里茫然、精神空虚和疲劳，而且对当下文化情境产生反感；对自己的价值体系、生活方式的冷落遭遇和不起作用、不受重视感到失望；对自己的角色身份的混乱状态感到不知所措；对原本应对环境之能力的丧失感到无望。心理的焦虑导致身体不适，出现种种生病的症状，这就是文化休克的表现③。跨文化中的文化休克，提高了跨文化沟通的成本，加大了跨文化沟通的难度，是跨文化沟通与一般沟通显著不同的特点。

（6）跨文化沟通会造成双方文化的变异性。与同文化间的沟通不同，跨文化沟通需要改变自身文化的某些特征去适应对方的文化，从而达到正常交流的目的。这种适应包括理解、包容对方的文化，甚至改变一些习惯以获得对方的认同和理解，根本上对双方的文化都会产生影响，导致双方文化的变异性。例如，中国人认为竖大拇指是夸赞之意，但在澳大利亚，竖大拇指是不文明的动作，因此当中国人要表示对澳大利亚人的夸赞时，不得不换一个动作，以获得对方的理解和认同。

2. 跨文化沟通的障碍

跨文化沟通的障碍是多方面的，主要有以下几点：

---

① 黎永泰，黎伟.跨文化沟通特点探讨［J］.云南大学学报（社会科学版），2007（6）：46-51，93.
② 黎永泰，黎伟.企业跨文化纵向分层结合模式探讨［J］.中共四川省委党校学报，2004（3）：5.
③ ［美］拉里·A.萨默瓦，理查德·E.波特.跨文化传播［M］.闵惠泉，等，译.北京：中国人民大学出版社，2004.

（1）认知成见。成见是指不考虑个体成员特征，根据对某一个群体先前已有的观念、态度和看法，形成对这个群体中某一个成员的认识。在跨文化沟通中，经常会存在对某一群体的认知成见，并通过这一成见来判断某一类人，而不是具体问题具体分析，强调人的差异性。我们在跨文化沟通中，如果首先接触的人具有某一种不好的品质，在没有与其他人接触、对其他文化有更多了解的情况下，我们很容易将对一个人的印象泛化到这个人所属的文化群体中，导致对这一类文化群体的误解，形成认知成见。这种成见受到"首因效应"的影响，让人印象深刻，从而影响沟通效果。

（2）语言障碍。跨文化交流中，语言的多样性和复杂性是造成沟通障碍的重要原因。这种障碍主要表现在语义和语用两个方面。

①语义方面。不同文化中，同一词汇所表达的语义可能大不相同，不考虑文化背景，简单粗暴地翻译或引用容易产生误会。

阅读案例

"向外看"还是"小心"

作为英语初学者，小王刚学会了单词"watch"表示"看"。这天，小王听到楼上一位外国邻居在窗边大喊"watch out"，小王一听，心想：watch 表示看，out 表示外面，楼上的邻居是要我往外看什么呢？出于好奇，小王探出头去，正在这时一盆冷水兜头而下，小王冷得直哆嗦，对着老外破口大骂。经过邻居的耐心解释，小王才知道"watch out"意思是小心，是自己误解了单词才闹了这么个笑话。

②语用方面。不同的语言有不同的使用规则，忽视规则的差异性，容易在跨文化沟通中引发矛盾。

阅读案例

哪里，哪里

有一次，中国某企业家携夫人访问美国，美方人员在机场迎候时说："Your wife is very beautiful."（您的夫人非常漂亮）国内企业家说："哪里，哪里。"不料美方译员的中文水平不高，直译为："Where? Where?"逼得美方接待人员抓紧说："Everywhere."（到处都漂亮）结果使得双方都很不痛快。

（3）价值观差异。美国学者罗基切（M.Rokeach）认为，价值观是人们关于什么是最美好的行为的一套持久的信念，或是依重要性程度而排列的一种信念体系。受到生活环境、教育背景等的影响，不同文化群体间的行为规范和风俗习惯差异都很大，这些差异会影响到他们对同一件事情的看法和态度，形成不同的价值观，这种价值观的差异也是造成跨文化沟通障碍的重要原因。如中国人认为摸小孩子的头是对小孩表达喜爱的方式，但在一些信仰佛教的国家和地区，摸小孩子的头会让人觉得冒犯；中国人受儒家思想的影响更强调尊老爱幼，重视长者，而西方更重视青年；中国人表达感情更加内敛含蓄，而国外则崇尚热情奔放，直抒胸臆。

（4）民族优越感。当人们相信本国的各项条件最优时，就出现了民族优越感的倾向。在每一种文化中的大多数人，都会无意识地形成自己的民族优越感。民族优越感之所以对跨文化人际沟通造成障碍，主要是因为：第一，对自己文化的民族优越感信念，会形成一种狭隘性和防御性的社会认同感；第二，民族优越感会以一种定型观念来感知其他文化；第三，民族优越感会使沟通者将自己的文化与其他文化对比时，总认为自己的文化是正常的、自然的，而其他文化是不正常的，其结果总是吹捧自己的文化而贬低其他文化[1]。

3.跨文化沟通的策略

为了更好地克服跨文化沟通的障碍，提升跨文化沟通的效率，我们可以采用以下措施：

（1）加强学习，增进了解。知己知彼，才能百战不殆。要想更好地进行跨文化沟通，就要了解对方的文化，通过学习跨文化沟通对象的文化背景和语言习惯，正确认识其他文化。首先，要学习对方的文化，了解不同沟通对象的语义和语用习惯，了解对方文化的特殊性，避免造成误会；其次，要加强对自身文化的学习，正确认识自己的文化，破除"文化优越感"的束缚，不要以自己的文化标准来判断和要求他人；最后，要客观对待对方的文化，学会换位思考，站在对方的角度理解文化现象，促进文化融合。

（2）排除成见，求同存异。要承认文化差异的存在，不同文化群体由于语言、环境、习俗、生活方式、思维方式和行为模式等差异，形成的文化习惯和传统肯定千差万别，承认群体的差异，不能先入为主，以自我为中心，只站在自己的立场思考问题，只认同自己的文化，贬低或忽视对方的文化。要接纳沟通对方与我们的不同，并尊重他们的不同。

（3）开放包容，文化移情。文化移情要求人们必须在某种程度上摆脱自身的本土文化，摆脱原来自身的文化约束，从另一个不同的参照系（他文化）反观原来的文化，同时又能够对他文化采取一种较为超然的立场，而不是盲目地落到另一种文化俗套之中。任何文化差异都有其形成的独特背景和原因，这种差异没有好坏对错之分。我们生活在一个开放的世界，要学会接纳文化的差异性。在进行跨文化沟通时，要用积极的心态去

① 张岩松.大学生沟通艺术［M］.北京：清华大学出版社，2020.

理解对方的文化，摆脱"民族优越感"的影响，以包容的心态在不同文化之中寻找平衡点，形成良好的沟通。

（二）涉外言语

涉外言语是跨文化交流的重要组成部分。具有不同文化认知的人之间的交流比有相同文化认知的人之间的交流要难得多。在多文化交流中，拥有不同文化认知的人必须经过言语调整的不同阶段[①]。这种经过调整的言语就是涉外言语。简单来说，涉外言语就是一种为了方便其他语言群体理解而经过调整的简单言语。

为了加强跨文化沟通，涉外言语在语音、语法以及其他方面都有自己的特征，具体如下：

1. 语音特征

（1）音调：涉外言语的音调一般会较正常言语大一点，对某些关键信息更会提高音量以突出强调。

（2）语速：涉外言语语速普遍减慢，停顿的时间相应增长，以便给对方更多时间思考和消化。

2. 语法特征

（1）逻辑结构：逻辑清晰，结构简洁，语义明确。

（2）断句：采用短句或词组进行沟通，断句停顿较多。

（3）重读：常常采用重读的方式来强调关键信息和难解信息。

3. 其他特征

（1）逻辑缺失：为了加深对方的理解，有时可能会遵循对方的语用习惯，使用一些逻辑缺失的语句；

（2）重复：对重难点内容重复强调，观察对方的表情，或询问对方是否理解；

（3）解释：对一些生僻的内容或者不太容易理解、容易产生歧义的内容会重点解释，以免引起误会。

涉外言语沟通可以采用如下技巧：

（1）了解对方的言语习惯：加强学习，了解对方的语义和语用习惯，根据对方的语用习惯调整沟通方式，使用对方易于接受和理解的方式进行沟通。

（2）善于观察，耐心解释：认真观察对方的表情，及时掌握对方对信息的掌握和反馈。对不易理解的问题耐心解释，运用反复、停顿、重读等技巧帮助对方理解。

（3）逻辑清晰，抓住重点：尽量采用简单逻辑的话语，避免使用俗语、谚语、成语等，不咬文嚼字，语法逻辑清晰，避免使用倒装句、复杂语法的语句，避免使用"双关"等容易产生歧义的修辞手法。对重点内容强化沟通和解读。

---

① Elaine, Tarone. Communication Strategies, Foreigner Talk, and Repair in Interlanguage [J] .Language Learning, 1980.

课后研讨

王露是太平洋盈科电脑城的一个小职员，去年刚刚毕业。说起职场称呼，她满脸兴奋，"我应聘时就是因为一句称呼转危为安的。"

去年应聘时，由于她在考官面前太过紧张，有些发挥失常，就在她从考官眼中看出拒绝的意思而心灰意冷时，一位中年男士走进了办公室和考官耳语了几句。在他离开时，她听到人事主管小声说了句"经理慢走"。那位男士离开时从王露身边经过，给了她一个善意鼓励的眼神，王露说自己当时也不知道哪儿来的灵光一闪，忙起身，毕恭毕敬地对他说："经理您好，您慢走！"她看到了经理眼中些许的诧异，然后他笑着对自己点了点头。等她再坐下时，她从人事主管的眼中看到了笑意……

后来她顺利地得到了这份工作。人事主管后来告诉她，本来根据她那天的表现，是打算刷掉她的。但就是因为她对经理那句礼貌的称呼让人事部门觉得她对行政客服工作还是能够胜任的，所以对她的印象有所改观，给了她这份工作。

讨论：从职场称呼的原则和注意事项等方面分析王露为什么能够获得这份工作？

第五章　中国媒介礼仪文化

学习目标

1. 了解中国古代"书信"的由来、格式、传递方式。
2. 掌握数字化时代的主要媒介礼仪规范。
3. 理解数字化时代媒介渠道对社会交往的影响与应对。

佳句赏析

云中谁寄锦书来，雁字回时，月满西楼。——李清照（宋）《一剪梅》

鸿雁向西北，因书报天涯。——李白（唐）《千里思》

一纸家书报平安，红笺说尽相思意！书信，承载了无尽的情感寄托与牵挂，在交通不发达、通信不方便的中国古代社会，这份感情尤为珍贵。人们只能将情感诉诸笔墨、托诸邮驿。在字里行间，揖让进退之态不仅依然可见，而且更为温文尔雅、彬彬有礼，也由此形成了富有中国特色的媒介——书信的礼仪文化。而随着现代社会交通与通信逐渐迅捷，书信媒介的地位被电话、短信、微信等现代媒介产物削弱，但它们同样作为新时代背景下架通人们交流交往的载体桥梁，其内在逻辑系统与礼仪形式，值得我们持续学习与应用。

第一节　古代书信礼仪

古代没有电话，书信就成了人们相互联系的一种工具，即使相距千里，一封书信就能沟通彼此的情感。了解中国古代"书信"的历史、"寄信"方式等，对学习现代媒介礼仪具有非常重要的意义。

一、古代"书信"的由来

"信"虽然不是古代中国的独有文化形式，但生活于古代社会中的文化学者，却是"信"的原始发明者。"信"字最早出现于"金文"之中"从人，从口"。当篆文出现之后又将其改为"从言"。从字面意思上理解就是"人言为信"。作为一个拥有几千年历史积淀的古字，"信"字在古文中有音讯、消息之义。它既是古人所倡导的重要道德标准，也是佛家的道德范畴。当"信"字从古义中独立出来，并被当作一种书写于便签上的文字时，它就变成了古代的一种"应用文"的代称。

"信"在古代的称谓有很多，除了大家比较熟知的书与信之外，还可以被称为"札、简、笺、缄、尺牍、尺素、鲤鱼、鸿雁、朵云、华翰"等。"信"的代称如此之多，与朝代更迭、功能变化等息息相关。

📄 学习拓展

驿寄梅花，鱼传尺素

"驿寄梅花，鱼传尺素，砌成此恨无重数。"出自宋代词人秦观的作品《踏莎行·郴州旅舍》。

"驿寄梅花"见于《荆州记》记载，这里作者是将自己比作范晔，表示收到了来自远方的问候。

"鱼传尺素"，用古乐府《饮马长城窟》诗意，古时舟车劳顿，信件很容易损坏，古人便将信件放入匣子中，再将信匣刻成鱼形，美观而又方便携带。"鱼传尺素"成了传递书信的又一个代名词。这里也表示接到朋友的问候。

词人连用两个友人投寄书信的典故，极写思乡怀旧之情。此词大约作于绍圣四年（1097）春三月作者初抵郴州之时。词人因党争遭贬，远徙郴州（今属湖南），精神上倍感痛苦。远方友人的音信，寄来了温暖的关心和嘱咐，却平添了深深的别恨离愁。

二、古代书信格式

中国书信经过历代的传承和发展，大体形成了为社会广泛认同的格式。一封通常意义上的书信，至少包含以下几个部分：称谓语、提称语、思慕语、正文、祝愿语、署名。由于收信人的不同，写信时使用的提法非常讲究，弄错了就会贻笑大方，就是失礼。

（一）称谓语

称谓，是人们因情境、身份、职业等不同而获得的名称。从表层来看，书信中称谓语的使用是一种交际行为，或者说是一种交际技法，而从深层来看，它实际上是一种文化的选择。其作为"语言徽章"，标识着人与人之间的关系，标识着人们的身份地位，反映着民族文化的特性。称谓语使用的主要原则是平等、敬谦等差和情感，依据上述原则，称谓语主要有以下几种类型：

致父母书信。袁世凯《致母亲函》言："母亲大人膝下敬禀者。""大人"就是称谓。"膝下"一词源出《孝经·圣治》："故亲生之膝下，以养父母日严。"意思是说人幼时常依于父母膝旁，父母对幼孩很亲昵。过去子女致父母的信，多以这样的用语起首，几乎成为定式。曾国藩致父母的书信中说："男国藩跪禀父母亲大人万福金安。""跪禀""万福金安"，也是致父母书信的常用语。

致师长书信。毛泽东《致符定一》言："宇澄先生夫子道席。""先生夫子"是称谓。符定一，字宇澄，辛亥革命后曾任湖南全省高等中学校长，毛泽东同志在该校读过书。

致官长书信。俞樾的《与肃毅伯李少荃同年前辈》《与李少荃制府》《与李少荃樊帅》《与李少荃参知》《与李少荃相国》《与李少荃爵相》中，"李少荃"后面的"同年前辈"等都是称谓。李鸿章，字渐甫，号少荃，封肃毅伯，历官至直隶总督兼北洋大臣，武英殿大学士。制府、樊帅指总督，参知、相国指大学士，爵相是爵位和官职的合称。清代同一科的举人、进士都可以称"同年"，翰林院称先己入院者为"前辈"。李、俞二人都是道光二十四年甲辰科举人，李鸿章是道光二十七年丁未科进士，后改翰林院庶吉士，俞樾是道光三十年庚戌科进士，后入翰林院，故俞称李为"同年前辈"。

致同僚书信。曾国藩《复贺耦庚中丞》言："国藩顿首顿首：耦庚前辈大人阁下。"贺长龄此时为贵州巡抚，巡抚又称"中丞"。"耦庚"是贺长龄的字，"前辈大人"是称谓。袁世凯《复张人骏函》言："安圃二哥亲家尚书节下。"张人骏，号安圃，与袁世凯是盟兄弟，又是儿女亲家。曾任河南巡抚、两广总督等职。"亲家尚书"是称谓。《近代十大家尺牍》中梁启超、王闿运所作书信中使用的称谓有："合肥相国年伯大人"（李鸿章是合肥人，此为地望）、"南皮尚书"（张之洞，南皮人，用法与前句同）、诸乡台、编辑部诸君、先生中堂、仁兄祭酒、仁兄先生、仁兄函丈先生亲家、仁兄同年先生、仁弟、同学兄弟、世兄、夫子大人等。顺便说一点：女士亦可称为"先生"，如毛泽东致宋庆龄函、致何香凝函等。

致友人等书信。毛泽东《致宋哲元》言："明轩主席先生勋鉴。"宋哲元，字明轩，时任国民党冀察政务委员会委员长。毛泽东《致张学良》言："汉卿先生阁下。"张学良，字汉卿。袁世凯《致徐世昌》言："菊人大哥大人赐鉴。""知止斋主人左右。"徐世昌，字卜五，号菊人，室名晚晴簃，斋名知止斋。

（二）提称语

提称语也叫"敬辞"，紧附在称谓后面，可以几个词叠加使用，表示对收信人的尊敬，并提请收信人查阅此信。如《近代十大家尺牍》中梁启超、王闿运所使用的提称语有：阁下、钧鉴、君鉴、贤鉴、英鉴、节下、道席、台席、侍者、侍席、文席、专席、函丈、侍福等。以节下为例，古代授节予将帅以加重职权，故称将领为节下，清代的封疆大吏都有军权，也称为节下。包括领兵的提督，朝中的尚书、侍郎等，因其位高权重，也被称为节下。

书信中常用的提称语还有很多，这些提称语使用时要与收信人的称谓即身份相配合。提称语有些可以通用，但大部分都有特定的使用对象。书信中的提称语可粗略分类为以下内容：

用于父母、长辈：膝下敬禀者、万福金安、膝前、尊前、尊右等。

用于上级及年高德韶者：垂鉴、赐鉴、钧鉴、尊鉴、贤鉴、英鉴、勋鉴、道鉴、伟鉴、前鉴、侍右、侍者、侍福等。鉴，古代称镜子为"鉴"，有照察、审辨的意思。书信中用在称谓之后属于敬辞，就是请人看信。垂，即向下看；赐，上对下的给予；"鉴"字加垂、赐、钧、尊、贤、英、勋、钧等，表示诚心诚意地请对方看信。

用于平辈和通用的提称语除上面的"垂鉴"等外，还有大鉴、台鉴、雅鉴、惠鉴、阁下、左右、足下、台右等。汉蔡邕《独断》云："群臣士庶相与言，曰殿下、阁下、执事。"古代朋友之间谈话、通信时敬称对方为"阁下"。虽然是平辈，但对收信人十分尊重也可用"尊""赐"，袁世凯多封《致二姊函》的称谓和提称语就有："二姐大人赐览""二姐大人尊前敬禀者"。

用于师长：先生、夫子、函丈、坛席、台席、道席、讲席、教席、侍席、文席、专席等。席，席位。"函丈"源出于《礼记·曲礼》，向尊长请教时，要"席间函丈"，意思是说，彼此的席位之间要空出一丈左右的地方，以便尊长有所指画，故用作对老师的尊称。

用于同学：砚右、文几、台鉴、同学、同年、同窗等。

用于女性：慧鉴、妆鉴、芳鉴、淑览、懿鉴、慈鉴等。

用于晚辈：知悉、知之、见悉、阅悉、亲阅、亲览、收览、收阅、如握、如晤、如见、如面等。

书信中一般不出现你、我、他之类的代词，直接使用是对人的不尊重，也是缺乏文采的表现，凡是遇到类似的表述，应该酌情处理。如提及对方时，可用阁下、仁兄、先生等代替；提及自己时，可用在下、小弟、晚等代替；提及第三方时，一般可用"彼"或者"渠"表示，渠当第三人称用。

（三）思慕语

古代书信的功能之一是沟通彼此情感，因此，在提称语之后不直接进入正文，而是要用简练的文句述说对对方的思念或者仰慕之情，这类文句称为思慕语。

思慕语中使用最多的，是从时令、气候切入来倾吐思念之情。由于有了意境的描述，读后令人倍感亲切。比较常用的有如下几种：

1. 表达思念之情

惠信敬悉，甚以为慰。

别来良久，甚以为怀。近况如何，念念。

前上一函，谅达雅鉴，迄今未见复音，念与时积。

自违芳仪，荏苒数月。久疏问候，伏念宝眷平安，阖府康旺。

昨得笺言，反复读之，深情厚谊，感莫能言。

握别以来，深感寂寞，近况如何，甚念。

鸿雁传来，千里咫尺，海天在望，不尽依依。

2. 表达仰慕之情

德宏才羡，屡屡怀慕。

久慕英才，拜谒如渴。

顷读诲语，如闻金玉良言，茅塞顿开。

谨蒙诲教，疑或冰释，胜似春风甘霖灌顶。

3. 问候病情

闻君欠安，甚为悬念。

顷闻您卧榻数日，心甚系念。特函问候，祝早日康复。

欣闻贵体康复，至为慰藉。

重病新愈，望调养有序，节劳为盼。

4. 时令问候

春寒料峭，善自珍重。

阳春三月，燕语莺歌，想必神采奕奕。

秋色宜人，望养志和神。

近闻贵地大风暴雨，家居安否，念念。

朔风突起，寒潮逼至，想寓中均安。

5. 祝贺之意

欣闻……谨寄数语，聊表祝贺与希望之心。

喜闻……由衷快慰，遥祝前程似锦，万事如意。

6. 贺新

忽鸣燕贺，且祝新禧。附呈微物，聊佐喜仪，忽弃是幸。

欣闻你们喜结良缘，无限欣慰。

近闻足下燕尔新婚，特此祝贺。

7. 祝寿

×月×日为先生××大寿，遥祝寿比南山，福如东海。

恭祝先生延年寿千秋。

喜贺福寿双全，恭贺全家安好，寿星永照。

8. 贺生儿女

闻育祥麟，谨此恭贺。

闻尊夫妇喜添千金，热忱致贺。（贺生女）

弄璋之喜，可庆可贺。（贺生子）

弄瓦之庆，遥以致贺。（贺生女）

9. 致谢

感荷高情，非只语片言所能鸣谢。

承蒙见教，获益甚多，特上寸笺，以申谢忱。

承蒙惠赠之物，衷心感谢，不胜荣幸。

承蒙存问，且赠佳品，感恩不尽。

10. 致歉

惠信敬悉，甚感盛情，迟复为歉。

奉读惠信，久未作复，罪甚罪甚。

惠信已悉，近因琐务，未即奉答为歉。

所询之事，目前尚难奉复，敬请宽裕为怀。

前事有逆尊意，不胜惭愧，万望海涵。

前事有负雅意，十分抱歉，尚希恕之。

思慕语十分丰富，可以在阅读书信范文时留心摘录，以供自己习用。

学习拓展

鸿雁传书

《礼记·月令》曰：东风解冻，蛰虫始振……鸿雁来，是月也，以立春……盲风至，鸿雁来……是月也，日夜分……鸿雁来宾，爵入大水为蛤……是月也；《仪礼》曰：大夫执雁取其候时而行也。婚礼下达，纳采用雁；

在中国古代，鸿雁是书信的代称，有时也代称邮递员。那何以"鸿雁"代称书信和邮递员？溯其源，汉朝时，苏武出使匈奴，被单于流放北海去放羊。10年后，汉朝与匈奴和亲，但单于仍不让苏武回汉。与苏武一起出使匈奴的常惠，把苏武的情况密告汉使，并设计，让汉使对单于讲：汉朝皇帝打猎射得一雁，雁足上绑有书信，叙说苏武在某个沼泽地带牧羊。单于听后，只有让苏武回汉。后来，人们就用鸿雁比喻书信和传递书信的人。

传说汉高祖刘邦被楚霸王项羽所围时，就是以信鸽传书，引来援兵脱险的。张骞、班超出使西域，也用鸽子来与皇家传送信息。清乾隆年间，中国广东佛山地区每年5、6

月份举行放鸽会，每年都有几千只信鸽参加，赛距约 200 公里。当时在上海、北京等地，也有类似的赛鸽会。国外利用信鸽传递消息的最早文字记载，见于公元前 530 年，当时利用信鸽传送奥林匹克运动会的成绩。

（四）书信正文中的平和阙

古人但凡在书信正文中提及自己的父母祖先以及他们的行为时，在书写方式上一定要有所变化，以表示尊敬。书信的第一行要顶格，高出下面所有的文字一格，称为"双抬"。正文中凡是提及高祖、曾祖、祖、双亲等字样，或者慈颜、尊体、起居、桑梓、坟垄等与之相关的字样时，可以有两种处理方法：一种叫"平台"，就是另起一行，与上一行的开头齐平着再书写；另一种叫"挪抬"，就是空两格或一格书写。这种方式至迟在唐代就已经出现，敦煌文书中将"平台"称为"平"，"挪抬"称为"阙"。近代以后，传统书信中采用"平抬"方式的书信逐渐减少，"挪抬"则依然普遍使用，今日韩国、日本的文人写信时还常常用"抬"的方式表示敬意。

（五）祝愿语及署名

书信的正文结束后，一般不直接落款，而要先写祝愿语，好比两人见了面，行将分别之际要互道珍重。由于辈分、性别、职业的差别，祝愿语也有比较严格的区别，比较常用的有：

用于父母：恭请福安。叩请金安。敬叩禔安。

用于长辈：恭请崇安。敬请福祉。敬颂颐安。

用于师长：敬请教安。敬请教祺。敬颂诲安。

用于平辈：顺祝时绥。即问近安。敬祝春祺。

用于同学：即颂文祺。顺颂台安。恭候刻安。

用于女性：敬颂绣安。即祝壸安。恭请懿安。

祝愿语的主题是希望对方幸福、平安。上面列举的祝愿语中的"禔""祉""祺"等都是福的同义词；"绥"也是平安的意思。明白于此，就可以视需要选择、搭配使用，并且可以交替使用，避免一成不变。

需要指出的是，使用祝愿词切不可混淆对方的身份，如"绣安""壸（音 kun）安""懿安"是专用于女性的祝愿词，如果用到男性身上，就令人忍俊不禁了。此外，祝愿词中的某些字比较古奥，要弄清楚字义之后再使用，如"壸"字的本义是指宫中的道路，后引申为后妃居住的地方，后来借用为对女性的尊称。"壸"字的字形与茶壶的"壶"字很像，有人不察于此，将"壸安"写成"壶安"，就成笑柄了。

旧式书信在落款时也有讲究，除了长辈对晚辈、老师对学生可以直书己名之外，一般需要在自己的名字之前注明身份，如儿、女、学生、私淑等。这样还不够，还要根据彼此关系缀上"启禀词"，例如：

对长辈：叩禀、敬叩、拜上。

对平辈：谨启、鞠启、手书。

叩是叩首，就是平常说的磕头，这是日常礼仪书面化的表现。磕头的礼节早已废止，但在书信中也还见使用，主要是借以表达敬意。师长对晚辈，可用"某某字""某某示""某某白""某某谕"表示。

（六）信封用语

在纸张发明以前，古人用帛、竹简或木板作为信件载体，故在今天的书信用语中，还保留着某些早期信封（书简）的专门用语，如"书简""尺牍"等。

所谓"牍"，就是将树木锯成段后剖成的薄片。在牍上写信后，为了保密，用另一块木板覆盖在上面，称为"检"；在检上书写收件人的姓名、地址，称为"署"。用绳子将牍和检一并捆扎、再打上结，称为"缄"，缄是封的意思（我们今天还用这个字）。如果是用竹简写信，简数较多，就盛在囊中，用绳子扎口。为了保密，在绳结处用泥封住，上面加盖印章作为凭记。

信封的书写，也有很多讲究，要体现出自谦而敬人的原则。书写收信人的称谓，除了一定要用尊称之外，至少还有以下两种表示尊敬的用法：

其一，在收信人姓名、称谓之后用"俯启""赐启"等用语，表示请求对方开启信封。俯启，有显示对方高大，必须俯下身子来接信的意思。赐启，是请对方赏光、恩赐启封。

其二，使用"某某先生将命"之类的用语。古人每每用陛下、殿下之类的词语来表示不敢与对方平起平坐，而只能与对方站在丹陛、大殿之下的执事者对话，请他们传话。类似的意思表现在信封上，就有了"将命""将命考"等用语。将命，是指古代士大夫家中为主人传话的人。在信封上写收信人的将命者收，是表示不敢让对方直接收信，而只能将信交由传命者转呈，这是一种自谦的表达方式。"将命者"是传命者的副手，让将命者转呈，则是谦中尤谦的表达。

与上述表达方法相似的还有，"某某先生茶童收""某某先生书童收"等，意思都一样，写信者明知对方并没有将命者、茶童、书童之类的仆人，如此书写，一则是借此表示敬意，二则也可以为书信增添一些雅趣。

顺便说一句，明信片没有信封，所以不能再用"缄"和"启"等字样。

第二节　现代媒介礼仪

现代科技的发达催生了多元媒介渠道与交往方式，从19世纪的电话、电报，至21世纪初期风行的互联网、移动互联网和手机媒体，到当下的抖音、微信等诸多新媒体平台，人类的交往媒介跨越时空。这些媒介的快速更新不仅对传统书信媒介的运用形成了巨大冲击，也不断重新塑造着人类的社交活动——人和人、人和信息的互动都具备了前所未有的可能性。那么，当面对面交往向更多元媒介交往进行转移时，社交活动又发生哪些新的可能性，而互联网对人类社交的重塑又面临怎样的挑战呢？在弘扬传承中国古代书信媒介礼仪的同时，掌握现代社会交往的多元媒介礼仪就显得非常重要。

一、电话礼仪

引入案例

　　一位业绩非常优秀的销售，晚上穿着睡衣要休息了，突然想起来，有一个重要的客户的电话没打，你会怎么做呢？是不是躺在床上打完就睡了呗？

　　而这位销售是这样做的：爬起来，换上衬衫，打上领带，洗洗脸，照照镜子，坐在客厅的沙发上给客户打电话……他老婆以为他疯了！

　　他说，"客户能从我的声音里听出来"。想象一下，在床上睡意蒙眬地打电话，声音会不会多多少少带着一点懒散？你的注意力会非常集中吗？你的声音可能会非常热情吗？

　　从这位销售身上，你能得到关于电话礼仪使用方面的哪些启示呢？

　　现代社会交往中，电话媒介承载着非常重要的作用。人们每天通过电话来商谈、询问、通知和解决各种事情。有些人和你可能未曾谋面，或者很少见面，因此，你的善意、友好完全依靠你的声音和声调来表达。所以通电话时，必须控制好你的声调，以便使其能够温暖地、亲切地、舒适地、悦耳地传达出你的友好；电话礼仪不仅能反映一个人的修养、礼貌礼节，同时也能代表其所属组织的接待形象。

（一）拨打电话礼仪

主动给别人拨打电话时，务必把握好通话的时间、内容和分寸。

1. 时间适宜

把握好通话时机和通话长度，既能使通话更富有成效，显示通话人的干练，同时也显示了对通话对象的尊重。反之，如果莽撞地在受话人不便的时间通话，就会造成尴尬的局面，非常不利于双方关系的发展。如果把握不好通话时间，谈话过于冗长，也会引起对方的负面情绪。

一般来说，上班后的第一件事，一般是安排当天工作；下班前要回顾当天工作的完成情况，查漏补缺。所以，在这两个时间段尽量不要打扰别人。

往办公室打电话的最佳时间是 9：00~17：00。

拨打私人电话恰当的时间是 9：00～12：00，15：00～21：00，尽量避开早上太早、午休、用餐及晚上太晚的时间。

不要在上班时长时间打私人电话。

没人接听不要匆忙挂断。您是否有过这样的经历：正在洗手间，听到电话铃声，慌忙跑出来，手刚碰到话筒，铃声断了……拨打私人电话，应耐心等待片刻，待铃声响了六七声后再挂断。

慎用免提键。对于一些比较保密的、隐私的事情，或是在公共场所打电话时，使用免提键之前要慎重考虑，以防失礼。

正在打电话时碰上客人来访，原则上先招待来访的客人，应尽快和通话方打个招呼，得到对方许可后，再挂断电话。但是，如果电话内容非常重要而不能马上挂断电话，应告知来访客人稍后，再继续通话。

2. 内容精练

电话接通后，发话人对受话人的讲话要务实，在简单的问候之后，开宗明义，直奔主题，不要讲空话、废话，更不要偏离话题，节外生枝或者没话找话。在通话时，最忌讳发话人东拉西扯、思路不清，或者一厢情愿地认为受话人有时间陪自己聊天，共煲"电话粥"。可遵循"三分钟原则"，即打电话时，将每次通话的长度限定在三分钟之内，尽量不要超时。

3. 预先准备

拨打电话之前，对自己想要说的事情做到心中有数，尽量梳理出清晰的顺序。做好这样的准备后，在通话时就不会出现颠三倒四、现说现想、丢三落四的现象，同时也会给受话人留下高素质的好印象。

4. 表现有礼

拨打电话的人在通话的过程中，始终要注意待人以礼，举止和语言都要得体大度，尊重通话的对象，并照顾到通话环境中其他人的感受。

（二）接听电话礼仪

情形一：

拨通电话，在"嘟、嘟"两声响之后，立刻有一个甜美的声音传过来："您好，这里是××单位，请问您……"

情形二：

拨通某单位的电话，"嘟、嘟、嘟……"数声之后，才听到一个散漫的声音"喂……"

上述两种不同的情形，带给我们的感受是不是截然不同？

接听电话的人虽然处于被动的位置，但是，也不能在礼仪规范上有所松懈。拨打电话过来的人可能是你的上级，可能是合作方，也可能是对你很有帮助的友人，因此，受话人在接听电话时，要注意有礼和得体，不能随随便便。

当本人接听打给自己的电话时，应注意及时接听并谦和应对，无论对方地位尊卑，都要待人以礼。

1. 及时接听

什么时候接听电话算是及时？电话铃声响起，要立即停下自己手头的事，尽快接听。不要等铃声响过很久才姗姗来迟，或随便让他人代接电话。一个人是否能及时接听电话，也可从一个侧面反映出他待人接物的诚恳程度。

一般来说，在电话铃声响过三遍左右，拿起话筒比较合适。"铃声不过三"是一个原则，也是一种体谅拨打电话的人的态度。铃声响起很久不接电话，拨打电话的人也许会以为没有人接而挂断电话。如果接电话不及时，要道歉，向对方说"抱歉，让您久等了"。

2. 谦和应对

引入案例

电话里的女高音

某杂技团计划于下月赴美国演出，该团团长刘明就此事向市文化局作请示，于是他拨通了文化局局长办公室的电话。可是电话响了足足有半分多钟，不见有人接听。刘明正纳闷着，突然电话那端传来一个不耐烦的女高音："什么事啊？"刘明一愣，以为自己拨错了电话："请问是文化局吗？""废话，你不知道自己往哪儿打的电话啊？""哦，您好，我是市歌舞团的，请问王局长在吗？""你是谁啊？"对方没好气地盘问。刘明心里直犯嘀咕："我叫刘明，是杂技团的团长。""刘明？你跟我们局长什么关系？""关系？"刘明更是丈二和尚摸不着头脑；"我跟王局长没有私人关系，我只想请示一下我们团出国演出的事。""出国演出？王局长不在，你改天再来电话吧。"没等刘明再说什么，对方就"啪"地挂断了电话。刘明感觉像是被人戏弄了一番，拿着电话半天没回过神来。想想，问题出在哪儿？

在接电话时，首先要问候，然后自报家门，向对方说明自己是谁。向发话人问好，也有向发话人表示打来的电话有人接听的意思。自报家门是为了确认自己是不是发话人真正要通话的对象。

在私人住所接听电话时，为了安全起见，可以不必自报家门，或者只向对方确认一下电话号码以明确是否对方找对了人。即使对方错拨了电话，也不要勃然大怒，口出秽语，而要耐心解释。

在接听电话时，要聚精会神，认真领会对方的话，而不要心不在焉，甚至把话筒搁在一旁，任凭通话人"自言自语"而不顾。

3.分清主次

一般来说，接到电话后，其他事情都可以先放一边。不要再与旁人交谈或者看文件、吃东西、看电视、听广播等，即使是电话铃声响起的时候你忙着别的事，在接听电话时也不要向打来电话的人说电话来得不是时候。

此外，有时候确实有无法分身的情况，比如自己正在会晤重要的客人或者在会议中间，不宜与来电话的人深谈，可以向来电话的人简单说明原因，表示歉意，并主动约一个具体的双方都方便的时间，由自己主动打电话过去。一般来说，在这种情况下，不应让对方再打过来一次，而应由自己主动打过去，尤其是在对方打长途电话的情形中。约好了下次通话的时间，就要遵守约定，按时打过去，并向对方再次表示歉意。

如果在接听电话的时候，适逢另一个电话打了进来，切忌中断通话，而要向来电话的人说明原因，要他不要挂断电话，稍等片刻。去接另一个电话的时候，接通之后也要请对方稍候片刻或者请他过一会儿再打进来，或者自己过一会儿再打过去。等对方理解之后，再继续方才正接听的电话。口齿也要清晰地传达出你谈话的内容。

📑 学习拓展

电话礼仪口诀

三声之内微笑接，

您好之后报家门。

态度热情语气好，

礼貌用语成习惯。

电话旁备笔和纸，

确认留言再核对。

说完再见轻轻挂，

电话礼仪4个3。

注释："4个3"指铃响三声接，时间3分钟，离话筒3厘米，"您好、我是、再见"3个礼貌用语。

二、手机礼仪

随着新媒体技术的发展，手机已不只是打电话的通信工具，而是具有众多实用功能的智能终端工具。手机被应用的场合与情境越来越多，手机礼仪越来越受到关注。在一些国家，如澳大利亚电讯的各营业厅就采取了向顾客提供"手机礼节"宣传册的方式以宣传手机礼仪。那么，我们在社交及日常场合使用手机时应该注意哪些礼仪细节呢？

（一）注意使用场合

在机舱、高铁、轻轨等公共交通场合，尤其在影院、博物馆、画廊等高雅艺术场合，拨打电话或接听手机都不太合适。如果非得回话，采用静音的方式发送手机短信是比较适合的。即便是楼梯、电梯、路口、人行道等地方，也不可旁若无人地使用手机，应该尽可能压低声音，而绝不能大声说话。

（二）收放和姿态

在公共场合确实听不太清楚对方说话时，不由自主地弯腰、低头，这不是很雅观。另外，在一切公共场合，手机在没有使用时，都要放在合乎礼仪的常规位置。无论如何，都不要在并没有使用的时候放在手里或是挂在上衣口袋外，放手机的常规位置是随身携带的公文包里，也可以放在不起眼的地方，如手边、背后、手袋里，但不要放在桌子上，特别是不要对着对面正在聊天的客户。开会时手机可以交给同事、秘书、会务人员代管，切忌放置于桌面上。如果有人因紧急公事找你或你在等某个重要的信息时，可以带手机开会。但要注意的是：在接听前要小声说一句"不好意思"，然后低头接听电话；你的电话只可设置震动，不要设置成铃声；只可听，不可讲（必须讲，也只可说"是、是、不是"或"好、好"等简单的回答语。）；最好是在30秒内完成所有动作。然后笑一笑，淡然地继续开会。

（三）其他礼仪细节

1. 选择合适的手机铃声

成年人请用大气端庄的铃声，这样万一在不恰当的时候突然响起来，也不至于非常尴尬。

2. 上班时间不要频繁发信息

上班总是拿个手机不停地发信息，并且时刻注意手机是不是响了，会被领导和同事认为工作时精力不集中，心不在焉。

3. 发信息要文明

短信、微信等都意味着是你赞同或至少不否认的内容，它也反映了一个人的品位与水准，所以不要编辑或转发充满负能量的短信。

4. 别滥用拍照功能

不要滥用手机的拍照功能，在公共场合拍照更要小心，因为很多人不喜欢"出镜"，如果你一时兴起绕着他们拍来拍去，会引起他人反感甚至造成矛盾。

5. 打手机时间

拨打对方手机时，尤其是当知道对方是身居要职的忙人时，首先应想到的是这个时间他是否方便接听，并且要有对方不方便接听的准备。同时注意从听筒里听到的回音来鉴别对方所处的环境。如果很静，应想到对方可能是在会议上，有时大的会场能听到一种空阔的回声；当听到噪声时，对方很可能在室外，开车时的隆隆声也是可以听出来的。有了初步的判断，对能否顺利通话就有了准备。实际上，在没有事先约定和与对方不熟悉的前提下，我们很难知道对方什么时候方便接听电话，所以在有其他联络方式时，还是尽量不打对方手机为好。无论业务多忙，为了自己和其他乘客的安全，在飞机上都切忌使用手机。

三、电邮礼仪

引入案例

最后一道考题

一家知名公司的公关部招聘一位职员，许多人参加了角逐。公司的面试和笔试都十分烦琐，一轮轮淘汰下来，最后只剩下 5 个人。5 个人个个都优秀，都有较好的外表条件和学识，都毕业于名牌大学。公司通知 5 个人，聘用哪个人还得由经理层会议讨论后才能决定。于是 5 个人安心地回家，等待公司最后的决定。

几天后，其中一位的电子邮箱里收到一封信，信是公司人事部发来的，内容是：经过公司研究决定，你落选了，但是我们欣赏你的学识，气质，因为名额有限，实是割爱之举。公司以后若有招聘名额，必会优先通知你。你所提交的资料录入电脑存档后，不日将邮寄返还于你。另外，为感谢你对本公司的信任，随寄去本公司产品的优惠券一份。祝您开心。

她在收到电子邮件的一刻，知道自己落聘了，十分伤心。但又被外资公司的诚意所感动，两天后，她收到了寄给她的材料和一份优惠券。她十分感动，顺手花了 3 分钟时间用电子邮件给那家公司发了一封简短的感谢信。

但两个星期后，她收到那家公司的电话，说经过经理层会议讨论，她已被正式录用为该公司职员。

后来，她才明白，这是公司最后的一道考题。

公司给其他 4 个人也发了同样的电子邮件，也送了优惠券，但是回信感谢的只有她一个。

她能胜出，只不过因为多花了 3 分钟时间去感谢。

据统计，如今互联网每天传送的电子邮件已达数百亿封，职场中掌握电邮礼仪非常重要。"在社会交往中要尊重一个人，首先就要懂得替他节省时间"，电邮礼仪首先需要关注如何把有价值的信息提供给需要的人；其次，写 E-mail 亦能看出一个人为人处世的态度。因此，发信人写每封 E-mail 的时候，要想到收信人会怎样看这封 E-mail，你想表达什么给对方，或者站在对方立场考虑。同时勿对别人之回答过度期望，当然更不应对别人之回答不屑一顾。其他礼仪细节还包括以下内容：

（一）邮件主题

（1）主题一定不能空白，没有主题的邮件经常会被当成垃圾邮件；

（2）主题既能帮助收件人迅速了解邮件的核心内容，又节约了阅读时间；

（3）还可以方便收件人搜索；

（4）字数最好不要超过 15 字，太长的话很多邮件系统无法完全显示。

（二）正文

（1）正文要言简意赅地表明自己的需求或目的，能用一句话解决的就不要用两句话；

（2）内容多的话可以用 1、2、3 分点列出；

（3）切忌出现错别字。

（三）附件

（1）附件一定要命名，命名格式可以为"时间＋主题＋姓名"；

（2）当有多个附件时，需要列明"附件一：××××，附件二：××××"，千万不要出现"新建文本文档""新建 Word""新建表格"等附件名称；

（3）如果附件内容是修改反馈文档的话，需要加上"修改版"之类的字样，必要时加上修改时间和修改内容，以便收件人查找管理。

（四）称呼

（1）称呼一定要有礼貌，可以用"尊敬的××，您好！""Dear××，您好！"；

（2）在多个收件人的情况下可以用"Dear all"。

（五）格式

（1）字体尽量统一，这样的话整体看着比较美观，一般正文字体都是用宋体或者微软雅黑，字号用五号；

（2）字体颜色不要花里胡哨，除非特殊的可用不同颜色标记，但颜色尽量在 3 种以内；

（3）整体排版要对齐，首行缩进 2 字符。

（六）结尾

结尾最好要有祝福语，比如"祝一切顺利""祝身体健康，工作顺利""祝生活愉快"等等，这样会显得礼貌很多。

（七）收件人

（1）收件人是主送人；

（2）发给级别不同的人时，按照级别从高到低的顺序排列。

（八）抄送人

（1）抄送人是指将邮件同时发送给收信人以外的人；

（2）抄送的目的是让其知悉邮件内容，一般不需要回复邮件。

（九）签名

（1）签名主要是为了让别人知道你的基本信息，如果需要进一步沟通，可以根据签名留下的联系方式直接与你取得联系；

（2）签名需要写上公司名称、姓名和联系方式。

（十）务必检查

写完邮件一定要检查完毕之后再发送，需要检查的内容有：

（1）收件人、抄送人邮件地址是否有误；

（2）附件、标题、正文内容是否准确；

（3）语句是否通顺；

（4）是否出现错别字；

（5）格式是否美观。

四、网络礼仪

网络礼仪是互联网使用者在网上对其他人应有的礼仪，真实世界中，人与人之间的社交活动有不少约定俗成的礼仪，在互联网虚拟世界中，也同样有一套不成文的规定及礼仪，即网络礼仪，只要进入网络，就应该按网络的"方式"行事，与人友好相处，这是起码的道德要求。网络礼仪既是保证网上人们正常交往和相互理解的重要手段，也是判别网民是否文明礼貌的行为标准。

（一）基本规范

1. 记住别人的存在

互联网给予来自五湖四海的人们一个共同的地方聚集，这是高科技的优点但往往也使得我们面对着电脑荧屏忘了是在跟其他人打交道，我们的行为也因此容易变得更粗劣和无礼。因此，网络礼仪第一条就是"记住人的存在"。如果你当着面不会说的话在网上也不要说。

2. 网上网下行为一致

在现实生活中大多数人都是遵纪守法的，在网上也同样如此。网上的道德和法律与现实生活是相同的，不要以为在网上交易就可以降低道德标准。

3. 入乡随俗

同样是网站，不同的论坛有不同的规则。在一个论坛可以做的事情到另一个论坛可能不易做。比方说在聊天室发布传言和在一个新闻论坛散布传言是不同的。最好的建议是：先爬一会儿墙头再发言，这样你可以知道坛子的气氛和可以接受的行为。

4. 尊重别人的时间

在提问题以前，先自己花些时间去搜索和研究。很有可能同样的问题以前已经问过多次，现成的答案随手可及。不要以自我为中心，别人为你寻找答案需要消耗时间和资源。

5. 给自己网上留个好印象

因为网络的匿名性质，别人无法从你的外观来判断，因此你的一言一语成为别人对你印象的唯一判断。如果你对某个方面不是很熟悉，找几本书看看再开口，无的放矢只能落个灌水王帽子。同样，发帖以前仔细检查语法和用词，不要故意挑衅和使用脏话。

6. 分享你的知识

除了回答问题以外，还包括当你提了一个有意思的问题而得到很多回答，特别是通过电子邮件得到的，以后你应该写份总结与大家分享。

7. 平心静气地争论

争论与大战是正常的现象。要以理服人，切忌人身攻击。

8. 尊重他人的隐私

别人与你用电子邮件或私聊（ICQ/QQ）的记录应该是隐私的一部分。如果你认识的某个人用笔名上网，在论坛未经同意将他的真名公开不是一个好的行为。如果不小心看到别人打开电脑上的电子邮件或秘密，不应该到处散播。

9. 不要滥用权力

管理员比其他用户有更多权力，应该珍惜使用这些权力。游戏室内的高手应该对新手手下留情。

10. 宽容

网络上当看到别人写错字，用错词，问一个低级问题或者写篇没必要的长篇大论时，你不要在意。如果你真的想给他建议，最好用电子邮件私下提议。

（二）其他礼节

1. 信息查阅

一是目标明确。在社交场合中，尤其在职场中对于所需查找的内容和相关网址，应提前做好准备，有明确的目标，以便上网后直奔"主题"。特别是不能登录色情、反动网站。很多色情、反动网站还另有黑客程序，只要打开一次后，一些黄色、反动内容、语句、图片，会自动下载到你用的电脑里、桌面上，如果你对电脑不够精通的话，根本删不掉。

二是用语规范。在网上与人交流时，应当用语规范，不能以为别人看不到你就随便使用攻击性、侮辱性的话。另外，电脑有自身独特的语言符号系统，如表情符："：)"表示微笑，"：("表示皱眉等。又如缩略语：BTW 表示"顺便说一句"，FYI 表示"仅供参考"，OTOH 表示"另一方面"，IMHO 表示"据我愚见"等。对于上述语言符号，应当谨慎使用，不得滥用，以免因对方不理解而导致交流受阻。

三是自我保护。为维护自身形象、单位形象，不要以单位或部门的名义在网上任意发表个人对时事的见解，尤其不能泄露商业机密、国家机密。不要随便在网上留下单位电话、个人联系方式、个人消息，以免被骚扰。

2. 保密与"防黑"

除收发电子邮件和查阅资料外，互联网还能向人们提供其他各种服务，如网上聊天、制作个人主页、网上购物、电子公告板（BBS）以及火热的网络游戏等。在网上聊天、制作个人主页、网上购物、电子公告板、网络游戏等时要注意：在网上和人聊天时，进入聊天室应先打招呼；不必使用真名，可用表现自身特点的别名，一旦确定，不宜频频更换，以便交流；交谈时用到英文时不可全部用大写英文字母等。人们在社交场合交谈的一般规则都适用于网上聊天。总体而言，需要做的一是保守秘密。在使用网络时不能泄露机密。尽量避免谈及自己知道的和机密相关的话题，无论是国家机密还是商业机密；更不能故意泄露。二是制止犯罪。"黑客"往往凭借其高超的计算机知识和网络操作技能，进入一些重要单位的服务器，或是擅改程序，偷窥机密，造成网络混乱，并从中牟利。我们必须正确使用网络技术，既不能充当"黑客"，同时又必须防范"黑客"。对于利用网络进行犯罪的事实，我们知道后应该及时向公安机关举报。

五、微信礼仪

作为一款社交工具，职场对微信的使用，一方面拓展了微信的应用场景，方便了职场的沟通交流；另一方面也给更多人带来了困扰和烦恼，如微信头像怎么选？微信好友怎么加？微信聊天怎么做？微信朋友圈该怎么发？尤其是职场微信社交是不同于友情社交的。在职场这个限定范畴之下，有所收敛，做到律己、敬人，或许是遵循高质量微信礼仪的技巧。

（一）基本规范

微信朋友圈的性质，相当于一个人的"第二日记"，是极具私密性的，是诸多个人取向的载体。一个人的朋友圈，愿意让谁看、不愿意让谁看，其个人是有绝对权利的。对于其他人来说，想看一个人的朋友圈是可以理解的，但不因此产生负面情绪才是正常的。想看一个人的朋友圈，最好的方法就是增进彼此的友谊，如此，朋友圈的大门自然也就会打开。

工作和生活并不能完全切割，但社会的发展以及对个人权利的尊重，都要求努力厘清工作和生活的关系。微信虽是社交工具，却也不能无限让渡使用者的私人空间。特别是上司夜晚给员工发信息、工作时间之外发工作相关的消息、下班后或周末"夺命连环call"等，这是缺乏礼貌和边界感的体现。作为上司、领导，应该管理自己工作时间之外发信息的冲动，这也是一种领导素养。即便因为工作的特殊性，迫不得已，也应向下属表示歉意，且尽量减少这样的干扰。

相比于电话，微信带来了语音交流的诸多便利。但语音，尤其是长语音，却也给他人的接听带来了不便。嘈杂的环境，考验听力和耐心；有些场合，不方便接听语音；信息无法回溯、沟通效率太低，时间成本太高等，让许多人很厌烦长语音。社交的要义是尊重、互相体谅，使用语音，尤其是长语音实质上就是缺乏对他人的尊重和体谅的体现。当然，如果彼此都愿意语音交流，那又另当别论。

交流和沟通是双向的，及时回复是一种礼仪。所以，微信沟通，有一种"好好交流"，叫"请勿已读不回"。但对于发信息者来说，也要注意发送信息的时间，没有"时间观念"的信息，不仅体现发信息者的低情商，也是缺乏敬人的体现。有一种情况是，许多微信使用者为了避免看信息分神，常常将微信设置成"消息免打扰"状态，这也需要发信息者在需要及时回复时，通过电话等方式联系对方。

（二）其他礼节

具体来说，微信礼仪需要注意：

1. 尽量把所要表达的信息说清楚

很多人经常收到一句"在吗？"或"在？"就没有下文了。尽量把想要说的事情一次表达清楚。

2. 发出的信息要精简

不要长篇大论说不到重点，尽量把要说的信息简单明了化。说半天仅仅是个铺垫，最后才出现一点点内容，这是让人家猜呢，还是在浪费时间呢？

3. 尽量不要发语音

首先，很多时候要考虑对方是否方便接听语音，如果对方正在办公室、开会、上课或陪客户，一定不方便接听语音。其次，微信语音没有文字沟通方便快捷，让人一目了然。当然，对于家里不会打字的长辈，用语音互相沟通完全可以理解。

4. 尽量不要随便发出语音聊天请求和视频请求

如果你打字比较慢，或有急事要通过语音处理，在想和对方语音聊天或视频之前，先用文字信息发给对方，问对方是否方便？

5. 视频聊天时不要随便裸露上身或露腿

无论是与亲戚或是同学视频，不要轻易裸露上身或露腿，在异性面前切忌。

6. 不要不分时间、场合随便给他人发信息

不要在清晨或晚上9点之后给人发任何信息，无论闲聊还是工作。真有急事要处理当然另当别论。

7. 不要随便发广告或强求别人点赞

在微信群里发广告之前，请先在群里说明或发个红包说明，不要经常给人发信息求赞。

8. 不要随便转发朋友圈的内容

不要跟风发在朋友圈发一些没有依据的内容，不要随便煽动别人的情绪，远离

谣言。

9. 不要随便拉人进群

如果你有一个比较好的群想和别人分享，可以在朋友圈发信息，想进群的点赞就拉进群，或发二维码，让大家自愿入群。

10. 不要连续给人发很多信息

有要事请言简意赅地发信息，如果对方没有回复，可能是不方便。自己要先想想时间场合是否合适，不要死缠烂打，微信信息没有回复便马上发语音或视频请求。

11. 人家没有回答的问题不要总追问

别人言左右而不回答的问题，特别要注意，可能是不想回答，或是触及隐私，或是不方便回答，人家没有直接说这问题我不回答，是碍于情面，所以不要再三追问答案。

12. 不要向人索要红包或发减价拼单信息

经常会收到好友发来的今天是我生日，谁在乎我给我发个红包，或者是某个购物网站砍价的信息，或者是某店点赞打折，你觉得发一两次不碍事，对方也许收到的不止一两个人发来的。

13. 微信群不要只抢红包却不发红包

微信群里经常有红包，有的人每次只抢红包却从不发红包，其实，发个红包是为了活跃气氛，如果你不想发，那就不要随便抢红包，礼尚往来是基本的礼仪。

14. 添加好友时自报家门

添加好友时自报家门，比如我是×××，我来自×××公司。如果添加好友时忘记备注了，请添加申请后做一个简单的自我介绍。

15. 微信群里不聊隐私

微信群里聊天注意保护别人的隐私，不要在群里说。

16. 不要别人发朋友圈后立即私聊

有人看到别人发了朋友圈，立即找人私聊。你可以点赞，可以在朋友圈下面评论但不要别人发了朋友圈之后，每次都找人私聊。

17. 不要刷屏式发朋友圈

大多人反感的是宣传一些"三无"产品，或狂轰滥炸似的刷屏发产品。有的微商做得很好，除了产品可发一些文字的表述之外，还可配人文的信息或一个个小故事。

18. 点赞评论要注意

看别人发朋友圈，不要不看内容就点赞，要是别人遇到不好的事情，你点赞就不合适了。评论也是如此，多用正面的、积极的、肯定的话语。

19. 不要总是删人又加

不小心删错了可以理解，如果删了别人一次又一次，然后又一次次去添加，这样做会显得没有修养。

20. 别人输手机密码时不要看，可以避开视线

与朋友聚会时，对方付钱埋单时，不要看人家输密码。

课后研讨

移动互联网具有通达全球、整合所有沟通媒介以及随时随地可用性的特点，打破了虚拟和现实之间的界限，全面地介入到现实中。这也重塑了现代社会的社交活动，从交往主体到时空结构、从实践方式到文化心理等各个环节都发生着深刻的变化。甚至可以说，以移动互联网为代表的数字媒介正改变着社会关系的本质。

从互联网时代的交往主体来看，美国知名传播学教授马克·波斯特认为，自20世纪晚期新媒介技术使用以来，技术不断促成构建一种全新的人际交往关系，其中最重要的特征是技术为人们引入了新的身份或者说分散了主体。身份创新和主体性分散在"云交往"中体现尤甚，流动的空间和多线索并置的时间结构可以满足人们分散主体的同时实现。

同时，人们也可以使用虚拟身份或符号化主体建立社会关系，比如脸书、微博、推特等，为个人用户提供了一个平台，用于打造自身形象，并在亲友圈之外推广这个形象。尽管这种符号主体不具备完全的独立性，其真实性也备受争议，但突破了个体身份的唯一性，为交往中的普通个体创造了多元的主体角色。

此外，从线下交往到线上社会世界的自我呈现，避免了面对面接触时的即时表演，使人们变得更为从容，因此容纳了更多的控制策略。以微信为例，这种控制策略体现在发布每个朋友圈的时候都字斟句酌并反复修改、对点赞和快速回复有所期待、事先考虑朋友圈发出的后果，以及精挑细选要发布的照片等。

于是，身份成为一种社会产品，不论是虚拟主体还是线下到线上的主体呈现，都重构与拓展了在数字时代的交往主体。

那么，你如何看待数字化时代的媒介渠道与社会交往？我们应该做好哪些方面的应对？

第六章　中国个人礼仪文化

📖 学习目标

1. 理解古代个人间礼仪的基本原则与实践。
2. 掌握现代个人在自我约束、与人相处、与父母及尊者相处方面的具体礼仪要求。
3. 能够灵活运用个人礼仪规则增进人际关系，提升社交互动效果。

➡ 佳句赏析

思尔为雏日，高飞背母时。当时父母念，今日尔应知。——白居易（唐）《燕诗示刘叟》

死生契阔，与子成说。执子之手，与子偕老。——佚名《诗经·击鼓》

君臣已与时际会，树木尤为人爱惜。——杜甫（唐）《古柏行》

第一节　古代个人礼仪

在中国古代，个人礼仪不仅是日常生活的一部分，更是体现个人品德和社会地位的重要标志。古代的个人礼仪精练地表达在诸多人际关系中，特别是在孝亲、夫妻与君臣等基本纽带上。这些关系构成了社会的基本结构，每一个环节都被赋予了深厚的文化意义和严格的行为准则。

一、孝亲之礼

中华民族孝道文化的发展源远流长。公元前 11 世纪前，甲骨文中就已经出现了"孝"字，说明华夏先民就已经有了"孝"的观念。在周朝初期，统治阶级为了巩固其统治地位而提出了"孝"的主张，随后逐渐渗透至宗教伦理的范畴；到了春秋战国时期，在孝道文化发展方面，已经形成了比较完整的思想体系、伦理道德观念和基本的规范。

东汉许慎在《说文解字》对"孝"的解释为："善事父母者，从老省、从子，子承老也"。从"孝"字古文字形看，是由"老"字省去右下角的形体，和"子"字组合而成的一个会意字，与"善事父母"之义是吻合的。因而，孝就是子女对父母的一种善行和美德，是家庭中晚辈在处理与长辈的关系时应该具有的道德品质和必须遵守的行为规范（见图6-1）。

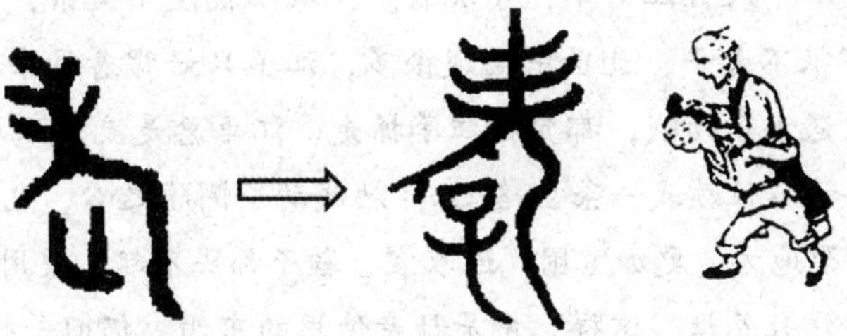

图6-1　"老""孝"的甲骨文演变

孝悌，是儒家最高原则的具体做法。孔子曰："君子务本，本立而道生。孝弟也者，其为仁之本与"（《论语·学而》），儒家认为决定君子之为君子的根本依据是能行孝悌。在中国古代社会，孝结构的稳定直接作用于社会结构的稳定。孟子曰："人亲其亲、长其长，而天下平"（《孟子·离娄上》）。《孝经·广扬名章》中就明确指出："君子之事亲孝，故忠可移于君；事兄悌，故顺可移于长；居家理，故治可移于官。"作为中华民族传统的道德观念，孝经孔孟儒学的宣扬发挥和历代帝王的提倡，逐步成为中华传统文化的核心。

几千年来，孝文化渗透到人们生活的方方面面，既有内涵丰富而深刻的文化理念，又有完善的制度礼仪。孔子曰："孝子之事亲也，居则致其敬，养则致其乐，病则致其忧，丧则致其哀，祭则致其严，五者备矣，然后能事亲。"从敬养的角度看，孝亲之礼包括奉养、敬亲、侍疾、立身、谏净、善终六个方面。

（一）奉养

所谓奉养，指供给父母生活所需。"生则养"，这是中国传统孝道的最低纲领。随着父母的年老，不能自食其力，做子女的应从经济与物质上养活他们，使他们吃穿不愁，以报答父母的养育之恩。"问所欲而敬进之，柔色以温之。饘、酏、酒、醴、芼、羹、菽、麦、蕡、稻、黍、粱、秫，唯所欲。枣、栗、饴、蜜以甘之，堇、荁、枌、榆、兔、薧，滫瀡以滑之，脂膏以膏之，父母舅姑必尝之而后退。"父母想吃什么，就要立刻提供什么，并且能恭敬温和地为之奉上；待父母或公婆品尝过以后，才能退下。此外，中国古代的儒家思想提倡在物质生活上首先要保障父母，强调老年父母在物质生活上的优先性。

学习拓展

《二十四孝》——江革

原文：汉，江革，字次翁。少失父，独与母居。遭世乱，负母逃难。数遇贼，欲劫去，革辄泣告有老母在，贼不忍杀。转客下邳，贫穷裸跣，行佣以供母。凡母便身之物，未尝稍缺。母终，哀泣庐墓，寝不除服。后举孝廉，迁谏议大夫。

译文：汉朝时有个人姓江名革，字次翁。他从小就没了父亲，与母亲同住，相依为命。那时候天下很不太平，乱世中盗贼很多，江革只好背着母亲离家逃难去。没承想，在路上，几次遇上了劫贼，都要把江革抓走，江革总是流着眼泪说："我有老母年迈，需要人供养，请各位放我一条生路吧。"劫贼动了恻隐之心，也不忍杀害他了。后来江革辗转到了下邳地方，更加穷困，连衣裳、鞋子都买不起，便用尽一切方法去做帮工出卖力气，挣了钱来养母，这样，凡是母亲使用的东西，仍旧一样也不缺少。后来，母亲还是去世了，江革一面思念母亲，一面唯恐母亲九泉下孤独，就悲伤地住到了母亲墓旁，日夜相伴，睡觉时连孝服也不脱。后来有人见到他的孝行深笃，就举荐了他"孝廉"（孝廉：选拔官吏的一种科目，由各郡推举那些孝顺清廉的人充任官职），最后还做到了谏议大夫的官（谏议大夫：掌议论的官）。

（二）敬亲

中国传统孝道的核心是对父母的尊敬。孔子曰："今之孝者，是谓能养。至于犬马，皆能有养，不敬，何以别乎？"对待父母不仅仅是物质供养，关键在于心中对父母要有"敬"，仅仅"能养"是不够的，那样与养动物没有不同。

子夏问孝，子曰："色难。有事，弟子服其劳，有酒食，先生馔，曾是以为孝乎（《论语·为政》）？"孔子认为，劳作上弟子为父母代劳，饮食上年长者先吃，这都算不上孝。最难做到的，是时刻让父母看到自己愉悦的表情，即和颜悦色，心情愉悦地对待和关心父母及其他长辈。也就是说，带给父母精神愉悦，那才是真正的孝。《礼记》说："孝子之有深爱者，必有和气；有和气者，必有愉色；有愉色者，必有婉容。"因此，孝不仅是在养上下功夫，更要做到对父母的"敬"，而敬来源于对父母真挚的"爱"，这种爱规范我们的行为，让我们从精神层面照顾到长辈的需求，从思想上尊重父母的意见和教导。

（三）侍疾

侍疾指父母生病时，要及时诊治，精心照料，给父母生活和精神上的关怀。老年人年老体弱，容易生病，因此，中国传统孝道把"侍疾"作为重要内容。《礼记·曲礼》讲"父母有疾，冠者不栉，行不翔，言不惰，琴瑟不御，食肉不至变味，饮酒不至变貌，笑不至矧，怒不至詈。疾止复故"。真正的孝是对父母无微不至的关心，当父母有疾病时，子女会忧心父母的身体，在个人穿戴、举止、谈吐等各个方面都无暇顾及，直到父母病好了方能放下忧虑，恢复常态。

礼缘情而作，合情也合理才是礼。《弟子规》中则讲"亲有疾，药先尝。昼夜侍，不离床。"当父母生病时，子女要全心全意照顾父母，需要注意的是这里的"药先尝"并非指让你先喝一口尝尝甘苦咸淡，而是感觉温度适合与否，不冷不热再给父母喝。

（四）立身

《孝经》云："安身行道，扬名于世，孝之终也。"这就是说，做子女的要"立身"并成就一番事业。儿女事业上有了成就，父母就会感到高兴，感到光荣，感到自豪。因此，终日无所事事，一生庸庸碌碌，这也是对父母的不孝。

（五）谏诤

《礼记·内则》说："父母有过，下气怡色，柔声以谏。谏若不入，起敬起孝，悦则复谏；父母怒，不悦，而挞之流血，不敢疾怨，起敬起孝。"当父母有过错时，子女要做的是低声规劝。如果规劝不起作用，仍然要孝敬，等到父母心情好的时候再次规劝。如果父母因而发怒，甚至鞭挞子女，那子女绝对不能怨恨，还是要做到和平时一样的孝敬。

《孝经·谏诤章》也指出："父有争子，则身不陷于不义。故当不义，则子不可以不争于父。"也就是说，孝并不是盲从，不是愚忠愚孝。孔子主张做父亲的若有能谏诤的儿子，就不会陷于不义的行为之中，做儿子的若看到父亲有不义的行为，就应该直言相劝。

（六）善终

孔子曰："生，事之以礼；死，葬之以礼，祭之以礼。"孝不仅体现在跟父母相处的礼数上；即便父母去世了，葬礼和祭奠也要做到位。曾子说："慎终，追远，民德归厚矣。"中国人强调养老送终，若只是养老，而不送终，并不是真正的孝。

《孝经·丧亲》曰："生事爱敬，死事哀戚，生民之本尽矣，死生之义备矣，孝子之事亲终矣。"父母亲在世时以爱和敬来侍奉他们，在他们去世后，则怀着悲哀之情料理丧事，如此尽到了人生在世应尽的本分和义务。葬礼代表了人一生所得到的家庭和社会的评价和承认，不一定风光大葬，但一定要有真情缅怀，依依相送。此外，每年春秋两季举行祭祀，以表示生者对亡故的亲人的思念。养生送死的大义都做到了，才算是完成了作为孝子侍奉亲人的义务。

二、夫妻之礼

夫妻是构成家族的最小细胞，也被视为家庭的核心。在中国古代，帝后之间的夫妻关系，有垂范天下之责；而普通百姓的夫妻关系，有安顿生活之意；夫妻关系是关乎社会稳定的重要方面。夫妻之礼即夫妻之间相处需要遵循的行为规范，是保障古代夫妻关系和谐稳定的基础。

（一）谨慎守德

受男尊女卑思想的影响，中国古代的夫妻之礼主要强调的是对女子行为的规范。东汉才女班昭晚年作《女诫》一书，系统规定了女子道德，对古代夫妻之礼影响深远。但受制于当时封建礼教思想，书中也充满对女性群体的自我贬低。

《女诫》首篇《卑弱》中说："古者，生女三日，卧之床下，弄之瓦砖，而斋告焉。卧之床下，明其卑弱，主下人也。弄之瓦砖，明其习劳，主执勤也。斋告先君，明当主继祭祀也。"其认为女子生下来就是卑弱的，是主执勤、主继祭祀的，因此女人要谦让恭敬，先人后己，有善莫名，有恶莫辞，忍辱含垢，常若畏惧；这也为古代女子在家庭生活中应当遵循的礼仪定下了主基调。

首先，女子礼仪应遵循敬慎、顺从等基本原则。女子天生卑弱，因此在夫妇关系上当是"夫妇之道，参配阴阳""阴阳殊性，男女异行""男以强为贵，女以弱为美"。为了维护"夫妇之好，终身不离"，就要顺从丈夫，使其不生气，否则会受到楚挞、谴责，损伤夫妻情义。不仅如此，还要对舅姑俯首帖耳，即"姑云不尔而是，固宜从令；姑云尔而非，犹宜顺命"。在对待丈夫的弟妹方面，由于"臧否誉毁，一由叔妹，叔妹之心，复不可失也"，更应谦顺待之。

其次，《女诫》还首次规定了女子应该从一而终："《礼》，夫有再娶之义，妇无二适之文，故曰夫者天也。天固不可逃，夫固不可离也。"其实两汉时期，女子改嫁并非丢脸的事，但班昭作《女诫》之后，女子不能改嫁渐成风气，后世大量贞节牌坊的树立，更是进一步固化了这种思想，限制了女性在婚姻上的自主权。

最后，《女诫》教导女性要重视德行和礼仪的修养，其"四德"观念放在整个历史上来看有比较积极的意义。《女诫》第四篇《妇行》曰："妇言、妇德、妇容、妇功，女人之大德，而不可乏之者也……清闲贞静，守节整齐，行己有耻，动静有法，是谓妇德。择辞而说，不道恶语，时然后言，不厌于人，是谓妇言。盥浣尘秽，服饰鲜洁，沐浴以时，身不垢辱，是谓妇容。专心纺绩，不好嬉笑，洁齐酒食，以奉宾客，是谓妇功"。它让女子懂得礼义廉耻，做一个进退有度的有礼之人，尤其是其中"慎言"的要求，无论是对社会、家庭还是个人来讲都是必修之课。

（二）共同维护

夫妻关系的和睦，其实要靠夫妻共同维护，而共同维护的方法就是各自有所约束。中国古代封建礼教思想虽然主要对女子行为的约束，但也并非没有对男子进行约束。《大戴礼记·本命》对丈夫休妻进行了限制，说："有所娶无所归，不去；与更三年丧，不去；前贫后富，不去。"这就是说，如果妻子已无家可归，或者妻子已为公婆服丧过三年，又或者曾与丈夫共度时艰的，丈夫是不可以休妻的。这三条是夫妻关系中对丈夫的限制，有的仅是道德约束，虽没有提出实质的惩罚，但也难能可贵了。

此外，西晋人张华曾作《女史箴》一文规定了一般的夫妻之礼，对夫妻关系的稳定具有重要的借鉴意义。《女史箴》说："出其言善，千里应之。苟违斯义，同衾以疑。"意思是，所说的话若是善言，那么即使千里之外的人也会表示认同；但若是恶言，那么即使同寝的夫妻也会相互猜疑。也就是说，夫妻之间要说善言，讲实话，避免引起猜忌。又说："驩不可以黩，宠不可以专。专实生慢，爱极则迁。致盈必损，理有固然。"这是规劝女子不能刻意争宠，从女子角度讲，若专宠必生傲慢；从男子角度讲，物极必反，专宠反而会加速厌倦。又说："美者自美，翩以取尤。冶容求好，君子所仇。"告诫女子要恬淡自然，不要刻意地追求美貌以取悦男子，暗示了女子要懂得自尊。简言之，夫妻关系中，男子对女子要有义，互相之间要懂得自我约束，且女子也要保有一定的独立人格，自尊自爱，这样夫妻关系才能和谐。

（三）夫唱妇随

在和谐的基础上，夫妻关系还应该美好。要达到美好，最好夫妻之间能够做到夫唱妇随，甚至是情投意合。

唐代散郎侯莫陈邈之妻郑氏仿照《孝经》根据社会阶级的不同作《女孝经》，规定了不同身份的妻子应该如何去配合自己的丈夫。其中，《女孝经·后妃章》规定后妃当"忧在进贤，不淫其色，朝夕思念，至于忧勤。而德教加于百姓，刑于四海"。后妃要为天子进贤，要朝夕思念天子，要辅佐君王。《女孝经·夫人章》提出的是为配合诸侯守富贵、保社稷的要求，诸侯夫人应做到"居尊能约，守位无私，审其勤劳，明其视听"。"静专动直，不失其仪，然后能和其子孙，保其宗庙。"诸侯夫人是主管家庭的，所以要和子孙、保宗庙，稳定诸侯的家族。《女孝经·邦君章》中，邦君是唐代太守、刺史一类的地方官，类似于卿大夫，没有封地，所守的只有宗庙。因此，卿大夫的妻子应该"非礼教之法服不敢服，非诗书之法言不敢道，非信义之德行不敢行"。"三者备矣，然后能守其祭祀，盖邦君之孝也。"《女孝经·庶人章》规定了庶人之妻，应该"为妇之道，分义之利。先人后己，以事舅姑。纺绩裳衣，社赋蒸献"。意即除了纺纱缝纫的工作之外，还要帮助安排祭祀，完成庶人应该完成的家庭内务。每一种社会等级，都有自己的职责和任务，作为妻子，帮助自己的丈夫去更好地履行职责、完成任务，就是夫唱妇随，由此家庭生活才能美好。

《诗经》云"执子之手，与子偕老"。夫妻在夫唱妇随的基础上，如果双方能做到情投意合，那就是更高的境界了。在中国古代梁鸿与孟氏女的故事、西汉时画眉的张敞夫妇、魏晋时卿卿我我的王戎夫妇、宋代时意趣相投的赵明诚与李清照夫妇等都是经典的情投意合的典范。

学习拓展

《后汉书·梁鸿传》

原文：梁鸿字伯鸾，扶风平陵人也。……势家慕其高节，多欲女之，鸿并绝不娶。同县孟氏有女，状肥丑而黑，力举石臼，择对不嫁，至年三十。父母问其故。女曰："欲得贤如梁伯鸾者。"鸿闻而娉之。女求作布衣、麻屦，织作筐、缉绩之具。及嫁，始以装饰入门；七日而鸿不答。妻乃跪床下请曰："窃闻夫子高义，简斥数妇，妾亦偃蹇数夫矣。今而见择，敢不请罪？"鸿曰："吾欲裘褐之人，可与俱隐深山者尔？今乃衣绮缟，傅粉墨，岂鸿所愿哉？"妻曰："以观夫子之志耳。妾自有隐居之服。"乃更为椎髻，着布衣，操作而前。鸿大喜曰："此真梁鸿妻也。能奉我矣！"字之曰德曜，名孟光。……遂至吴，依大家皋伯通，居庑下，为人赁舂；每归，妻为具食，不敢于鸿前仰视，举案齐眉。

译文：梁鸿，字伯鸾，陕西扶风人。……许多人都很敬重梁鸿的人品，争着想把自己的女儿嫁给他，梁鸿一个一个地都回绝了，一直没有娶妻。同县孟家有一个女儿。身体肥胖，容貌丑陋。面色黝黑，可是力气很大，能把石臼举起来。由于她过于挑剔，三十岁了还没选好配偶。父母问她："你到底要嫁给什么样的人呢？"孟女回答说："我要嫁给德行文才像梁伯鸾那样的人"。这话传到梁鸿的耳朵里，他立刻下聘礼，求娶孟女为妻。孟女自然十分高兴，让家里人准备陪嫁，都是布衣、麻鞋等家常衣着和耕种、纺织的种种工具。等到出嫁那天，才盛装打扮走进梁家。婚后七天，梁鸿不和孟氏讲话。孟氏感到奇怪，又感到委屈，就跪在床下说："妾听说夫子重气节操守，曾经回绝过许多女子的求婚。妾也是婚事屡遭挫折，几个男子提亲都没有答应。如今被夫子选中。却不知什么地方有所得罪？"梁鸿说："我所求的妻子是穿粗布衣服、能吃苦的人，这样的人才能和我一起隐居山林之中。现在你身上穿着精美的丝绸衣服，脸上浓施粉黛，这种样子正是我不愿看到的，所以感到失望。"孟氏说："妾只是试探一下夫子的好恶，观察一下夫子的志向。既然如此，妾当换装。其实，妾早就备下了隐居的服装。"于是，她把头发梳成椎髻，穿上粗布衣服，开始操持家务劳作。梁鸿一看，颇为高兴，称赞道："这才真正是梁鸿的妻子，这是能侍奉我与我偕老的人。"说罢，他给妻子取名叫孟光，字德曜。……不久，又避居吴地，投奔一个富庶之家，过着男耕女织的生活。每当梁鸿回家时，孟光总是托着放有饭菜的盘子，托得跟眉毛齐平，恭敬地送到梁鸿面前，以示对丈夫的尊敬。而梁鸿也很有礼貌地用双手去接。

三、君臣之礼

君臣关系的本质是上下级关系，儒家学派认为君臣在指挥与被指挥、管理与被管理的互动中并非绝对化的命令与服务，而是形成了"君使臣以礼，臣事君以忠"的独特观点，也即君主对臣子要以礼相待，而臣子则要对君主尽忠。孟子曰"君之视臣如手足，则臣视君如腹心；君之视臣如犬马，则臣视君如国人；君之视臣如土芥，则臣视君如寇雠"。即君主如果重视臣子，臣子也重视君主；君主轻视臣子，臣子也轻视君主；君主仇视臣子，则臣子也仇视君主。

君与臣身份不同，应各守本位，做到"君君臣臣"，尊卑有序，才能维护社会秩序的稳定。在君臣的相处之中，君要敬臣。君以礼使臣是对君主行为的要求，君需敬臣则是对君主态度的要求。即君主有权力命令、指挥、驱使大臣，但君主不能有居高临下的心态，不能忽视、轻视、蔑视、贱视大臣，而应保持谦虚的心态，重视、尊重大臣。孟子认为君主应先向德能之士学习，然后再让他们做大臣。《孟子注疏》说："言古之大圣大贤有所兴为之君，必就大贤臣而谋事，不敢召也。王者师臣，霸者友臣也。"有作为的圣贤君王，是主动寻访贤明的大臣商议谋划，而绝不敢把他们召来询问。成就王业者以贤臣为师，成就霸业者与贤臣为友。"尊贤""礼贤下士"都反映的是君主需要尊重大臣的礼仪要求。

孔子曰："所谓大臣者，以道事君，不可则止。"臣子有责任和义务以道德为准则，向君主提供正直的建议和辅佐，以促进国家的繁荣和人民的福祉。大臣服务君主是为了道，而不是为了君主本身。因而，大臣对君主的服从不是绝对的，而是以道为前提的，如果这个前提不能得到满足，那么，大臣可以选择"止"，即不再为君主服务。《荀子·臣道》说"以德覆君而化之，大忠也；以德调君而辅之，次忠也；以是谏非而怒之，下忠也；不恤君之荣辱，不恤国之臧否，偷合苟容，以之持禄养交而已耳，国贼也。"大臣应以天下国家为重，而不是以个人私利为目的，也不是以忠于国君一人为最终目的，大臣服务君主是基于道的，而不是基于君主的需要或大臣个人的需要。

礼作为一个君臣之间的准则，无论是对君主还是对大臣都有维护和约束的双重含义，君臣均合乎礼，君臣之间的关系就是和谐有序的。虽然现代社会已经发生了翻天覆地的变化，但君臣之礼所蕴含的尊重、谦逊和秩序等价值观仍然具有重要的现实意义。

📑 学习拓展

《张释之冯唐列传》节选

原文：冯唐者，其大父赵人。父徙代。汉兴徙安陵。唐以孝著，为中郎署长，事文帝。文帝辇过，问唐曰："父老何自为郎？家安在？"唐具以实对。文帝曰："吾居代时，吾尚食监高祛数为我言赵将李齐之贤，战于钜鹿下。今吾每饭，意未尝不在钜鹿也。父知之乎？"唐对曰："尚不如廉颇、李牧之为将也。"上曰："何以？"唐曰："臣大父在赵时，为官将，善李牧。臣父故为代相，善赵将李齐，知其为人也。"上既闻廉颇、李牧为人，良说，而搏髀曰："嗟乎！吾独不得廉颇、李牧时为吾将，吾岂忧匈奴哉！"唐曰："主臣！陛下虽得廉颇、李牧，弗能用也。"上怒，起入禁中。良久，召唐让曰："公奈何众辱我，独无间处乎？"唐谢曰："鄙人不知忌讳。"

当是之时，匈奴新大入朝，杀北地都尉印。上以胡寇为意，乃卒复问唐曰："公何以知吾不能用廉颇、李牧也？"唐对曰："臣闻上古王者之遣将也，跪而推毂，曰阃以内者，寡人制之；阃以外者，将军制之。军功爵赏皆决于外，归而奏之。此非虚言也。臣大父言，李牧为赵将居边，军市之租皆自用飨士，赏赐决于外，不从中扰也。委任而责成功，故李牧乃得尽其智能，遣选车千三百乘，彀骑万三千，百金之士十万，是以北逐单于，破东胡，灭澹林，西抑彊秦，南支韩、魏。当是之时，赵几霸。其后会赵王迁立，其母倡也。王迁立，乃用郭开谗，卒诛李牧，令颜聚代之。是以兵破士北，为秦所禽灭。今臣窃闻魏尚为云中守，其军市租尽以飨士卒，私养钱，五日一椎牛，飨宾客军吏舍人，是以匈奴远避，不近云中之塞。虏曾一入，尚率车骑击之，所杀其众。夫士卒尽家人子，起田中从军，安知尺籍伍符。终日力战，斩首捕虏，上功莫府，一言不相应，文吏以法绳之。其赏不行而吏奉法必用。臣愚，以为陛下法太明，赏太轻，罚太重。且云中守魏尚坐上功首虏差六级，陛下下之吏，削其爵，罚作之。由此言之，陛下虽得廉颇、李牧，弗能用也。臣诚愚，触忌讳，死罪死罪！"文帝说。是日令冯唐持节赦魏尚，复以为云中守，而拜唐为车骑都尉，主中尉及郡国车士。

译文：冯唐，他的祖父是战国时赵国人。他的父亲移居到了代地。汉朝建立后，又迁到安陵。冯唐以孝行著称于世，被举荐做了中郎署长，侍奉汉文帝。一次文帝乘车经过冯唐任职的官署，问冯唐说："老人家怎么还在做郎官？家在哪里？"冯唐都如实作答。汉文帝说："我在代郡时，我的尚食监高祛多次和我谈到赵将李齐的才能，讲述了他在钜鹿城下作战的情形。现在我每次吃饭时，心里总会想起钜鹿之战时的李齐。老人家知道这个人吗？"冯唐回答说："他尚且比不上廉颇、李牧的指挥才能。"汉文帝说："凭什么这样说呢？"冯唐说："我的祖父在赵国时，担任过统率士兵的职务，和李牧有很好的交情。我父亲从前做过代相，和赵将李齐也过从甚密，所以能知道他们的为人。"汉文帝听完冯唐的述说，很高兴，拍着大腿说："我偏偏得不到廉颇、李牧这样的人做将领，如果有这样的将领，我难道还忧虑匈奴吗？"冯唐说："臣诚惶诚恐，我想陛下即使得到廉颇、李牧，也不会任用他们。"汉文帝大怒，起身回宫。过了好长一会儿，才又召见冯唐责备他说："你为什么当众侮辱我？难道就不能私下告诉我吗？"冯唐谢罪说："我这个鄙陋之人不懂得忌讳回避。"

在这时，匈奴人新近大举侵犯朝，杀死北地都尉孙印。汉文帝正为此忧虑，就终于又一次询问冯唐："您怎么知道我不能任用廉颇、李牧呢？"冯唐回答说："我听说古时候君王派遣将军时，跪下来推着车毂说，国门以内的事我决断，国门以外的事，由将军裁定。所有军队中因功封爵奖赏的事，都由将军在外决定，归来再奏报朝廷。这不是虚夸之言呀。我的祖父说，李牧在赵国边境统率军队时，把征收的税金自行用来犒赏部下。赏赐由将军在外决定，朝廷不从中干预。君王交给他重任，而要求他成功，所以李牧才能够充分发挥才智。派遣精选的兵车一千三百辆，善于骑射的士兵一万三千人，能够建树功勋的士兵十万人，因此能够在北面驱逐单于，大破东胡，消灭澹林，在西面抑制强秦，在南面支援韩魏。在这时，赵国几乎成为霸主。后来恰逢赵王迁即位，他的母亲是卖唱的女子。他一即位，就听信郭开的谗言，最终杀了李牧，让颜聚取代他。因此军溃兵败，被秦人俘虏消灭。如今我听说魏尚做云中郡郡守，他把军事上的税金全部用来犒赏士兵，还拿出个人的钱财，五天杀一次牛，宴请宾客、军吏、亲近左右，因此匈奴人远远躲开，不敢靠近云中郡的边关要塞。匈奴曾经入侵一次，魏尚率领军队出击，杀死很多敌军。那些士兵都是一般人家的子弟，从村野来参军，哪里知道"尺籍""伍符"这些法令律例呢？他们只知道整天拼力作战，杀敌捕俘，到幕府报功，只要有一句话不合实际情况，法官就用法律制裁他们。应得的奖赏不能兑现，而法官却依法必究。我愚蠢地认为陛下的法令太严明，奖赏太轻，惩罚太重。况且云中郡郡守魏尚只犯了错报多杀敌六人的罪，陛下就把他交给法官，削夺他的爵位，判处一年的刑期。由此说来，陛下即使得到廉颇、李牧，也是不能重用的。我确实愚蠢，触犯了禁忌，该当死罪，该当死罪！"文帝很高兴，当天就让冯唐拿着汉节出使前去赦免魏尚，重新让他担任云中郡郡守，而任命冯唐作车骑都尉，掌管中尉和各郡国的车战之士。

第二节　现代个人礼仪

在现代社会中，个人礼仪已逐渐从古代的严格规范演变为更加注重个体与社会的和谐相处。这种变化不仅反映了社会文化的进步，也体现了现代价值观的多样性和包容性。现代个人礼仪覆盖了广泛的领域，从日常自我管理到与他人的互动交流，每一个细节都可能影响个人社会形象和人际关系的质量。

一、自我约束要求

礼仪，首要注重的是个人的自我约束。现代个人礼仪是古代礼仪的发展与变更，是在多元文化的碰撞与包容下，在现代社会生活的需要下发展出来的个人基本行为规范。"富贵而知好礼，则不骄不淫。贫贱而知好礼，则志不慑。"身处富贵，懂得追求道德礼仪的教化，那么人就不会骄奢淫逸；身处贫贱，懂得追求道德礼仪的教化，那么人的志向节气就不会被环境所威慑击垮。因此，无论任何人，无论身价高低，无论财富多寡，都应学习、了解礼仪方面的知识并付诸行动。

（一）严于律己，慎独慎微

在现代社交活动中，待人接物时最重要的就是自我要求、自我控制，这是礼仪的基础和出发点。《中庸》提到："莫见乎隐，莫显乎微，故君子慎其独也。"《礼记·大学》认为："此谓诚于中，形于外，故君子必慎其独也。"慎独，指人在闲居独处中也要谨慎不苟，即便在无人监督之时，也须自觉遵守各种礼仪规范，如《礼记·曲礼》中说"若夫，坐如尸，立如齐。"意思是，要想做一个大丈夫，就得坐端立正，不歪不斜。《论语·乡党》又规定："食不语，寝不言。""席不正，不坐。"即使饮食、睡觉，也要时刻注意端庄。当然，也不能太刻板，所谓"寝不尸，居不客"。

此外，要学会克制自己。一是要克制自己的好胜之心，当表达自己看法的时候，千万不要把自己的看法当作真理来压服他人，《曲礼》称为"直而勿有"。二是要克制自己的好奇之心，当感到有怀疑的事或人时，不能不假思索地去质问，要避免错误的怀疑可能造成对他人的伤害，《曲礼》称为"疑事毋质"。

还有，亲近他人要有限度。《曲礼》说："贤者，狎而敬之，畏而爱之。"意思是，在亲近贤人时，要注意绝不能超出敬畏这个标准。人与人之间要保持一定的距离，尤其当仰慕某些人时，要注意分寸，不能误入狎昵，否则反而不美好了。

（二）宽以待人，勤于自省

在社交活动中，每个人的思想、品格及认识问题的水平总是有差别，因此，宽以待人，容忍体谅他人，设身处地地为他人着想，不斤斤计较，也不过分苛刻要求，才能化解生活中的各种矛盾。"礼闻取于人，不闻取人，礼闻来学，不闻往教。"意思是，从来只听说礼是从别人那里学来的，没听说过用礼节评判约束别人。只听说礼用于学习，没听说过礼用来管教他人。此外，要能站在别人的立场上看问题，"爱而知其恶，憎而知其善"，也就是说，不能因为自己喜爱就忽视别人的厌恶，也不能因为自己的憎恶而忽略了别人的喜爱，这其实就是孔子推己及人之道。

平等是现代个人礼仪与古代礼仪最本质的区别，同时也是社交礼仪的核心。在日常生活中，个人要时常反省自身，做到以礼待人，有来有往，既不盛气凌人，也不卑躬屈膝。在与人交往与相处中，需坚持对任何人都一视同仁，不因交往对象的性别、年龄、种族、文化、职业、身份差别而分三六九等，区别对待。

（三）适度得体，礼仪从俗

社交中注意把握分寸，掌握技巧，合乎规范，适度得体。礼仪是一种程序规定，而程序自身就是一种"度"，无论是表示尊敬还是热情，没有"度"，施礼就可能进入误区。在人群中，既要彬彬有礼，也不低三下四；既要热情大方，也不轻浮敷衍，要自尊不自负，要坦诚不粗鲁，要信任不轻信，要活泼不轻浮，要谦虚不拘谨，要老成持重，不圆滑世故。

另外，礼节仪式的使用要看当时的具体情况而进行抉择。朱子说："五方皆有性，千里不同风。"在当代全球化不断深化的背景下，个人在交往中需要正确认识国情、地域、民族、文化背景的差异，尊重交往对象的习俗，做到入乡随俗，不自高自大，唯我独尊，自以为是。

二、与人相处之礼

与人相处是一门学问，在过程中最重要的在于让彼此舒服。在中国传统礼节中，除传统男女之礼不合时宜外，其他与人相处的礼节，在今天也仍然可作为我们的行动准则，其核心就是避免给他人造成麻烦。总的来讲，与人交往时做到相互尊重、坦诚相待、自尊自爱，是获得长久、健康的人际关系的基本礼仪规范。

（一）相互尊重

相互尊重，是人与人交往最基本的规则。《礼记》曰："君子贵人而贱己，先人而后己。"先尊重别人，别人才会对你尊重。一个懂得尊重他人的人才会赢得更多的尊重和喜爱，才能建立和维持长久的关系。反之，一个人无论多么成功，如果不懂得尊重他人，也始终不会得到他人的尊重。

尊重他人是指尊重别人的兴趣，尊重别人的三观，尊重彼此之间的差异；不嘲笑别人的缺点，不践踏别人的尊严，不无视别人的难处，懂得顾及别人的想法，真心待人。《乡党》描述孔子，"见齐衰者，虽狎，必变。见冕者与瞽者，虽亵，必以貌"。遇到服丧或有残疾的人，要收敛原来的嬉笑态度，而转变为庄重、理解，这就是尊重他人的表现。任何关系的基础，是建立在彼此尊重、独立完整的人格之上，因此在与人相处的过程中，切忌强行把自己的意愿强加给别人，而是应该为人多考虑一点，多包容，多理解，多体谅，不去歧视，不去嫌恶，心存善意和人结交。

（二）坦诚相待

坦诚是建立健康、积极和有意义的人际关系的关键所在，让对方感受到你和他交往的诚意与真心，有助于推动两人关系的良性发展。

在与人相处的过程中，首先需要诚实地表达自己的想法和感受，不要隐瞒，也不要说谎，只有真心才能换来真情，虚伪只能引来假意。但是在交往过程中需要注意监控自己的情绪与言行，恰当地使用一些沟通表达的技巧，避免因为表达自己的观点与想法而冒犯他人。坦诚相待应当以尊重别人为前提，与人交往中不轻易地批评或否定别人的想法，不强行推销自己的想法，而是尝试与对方进行建设性的对话与讨论；同时也不要一味地固执己见，要接受别人的反馈和建议，避免冲突的同时也更好地改进自己。其次，与人交往中还需要信守承诺。承诺一旦做出就一定要认真履行，不轻易违背，这样才能建立起可信赖的人际关系。

总之，坦诚相待是在互相尊重和信任的基础上，倾听、包容和理解对方，真实表达自己的观点与看法，同时不断完善自己。坦诚待人，真诚做事，才能收获真情。

（三）自尊自爱

自爱者方能为人所爱。在与人相处中，只有自尊自爱，不刻意去迎合他人，不掩饰自己，才能建立更好的人际关系。真正能够欣赏你的人，永远欣赏的是你真实的样子，不是你故作谦卑和故作讨喜的样子。

在人际交往中，首先要坚持自己的原则和价值观。无论面对什么情况，不要因为迎合别人而违背自己的信仰和价值观。当然，在坚持自己的原则和价值观的同时，也要尊重别人的想法和信仰。其次，学会说"不"。面对一些请求和要求，如果不能满足对方，就要学会说"不"，而不是试图取悦所有人。每个人都有不同的观点和喜好，我们不可能让所有人都满意。三是要有足够的自信，要相信自己的能力和价值，不要轻易被别人的批评或质疑打击自己的自信心。

在与人交往中，不要为了迎合别人而改变自己。刻意投人所好或许能博得对方一时的好感，但绝非长久之计。而高质量人际关系的核心是让双方都能在关系中保全真实的自我，且彼此都感觉舒服。学会展现真实的自我，能让我们在与人交往时表现得游刃有余，从而建立起更舒适长久的人际关系。

三、与父母相处之礼

家庭是社会生活的最小单元。在人的成长过程中，与父母的相处是个人生活不可避免的一部分。随着社会的进步，子女与父母的相处之道需要在批判地继承中国传统家庭礼仪的基础之上，符合现代生活的习惯。

（一）尊重父母

尊重父母是中华民族的传统美德。父母为家庭幸福和子女成长付出的心血，难以用语言来表达和衡量。因此，不管社会地位高低，经济收入多少，身体状况如何，他们都有自己的人格和尊严，都应受到儿女的尊重。对父母的尊重并不是说一些客套话或表面上的礼节，它应该反映在我们的日常行为和态度中。

首先，保持礼貌。与父母相处时，我们应该用适当的方式和语言进行交流，避免使用粗鲁或不适当的语言，并保持礼貌和尊重的态度。其次，倾听他们的想法和意见。在面对人生的重大决策时，子女应与父母商议，认真征求他们的意见，尊重他们的教诲。当父母给我们提供建议或意见时，应该以谦恭的态度认真倾听他们的话，不可漫不经心，也不可表现出不耐烦的样子，并仔细考虑他们的建议。即使最终不同意他们的看法，也要以尊重的方式表达我们的意见。再次，关心父母的需求和期望，并在可能的情况下提供帮助和支持。如主动帮助父母承担家务劳动，拒绝"衣来伸手，饭来张口"；勤俭节约，不追求高消费，尊重父母的劳动成果；当父母年迈时，照顾其生活起居等。最后，尊重父母的隐私，尊重他们的私人空间和时间，不要窥探或侵犯他们的隐私。

（二）理解父母

理解父母是子女与父母建立良性亲子关系的基础。子女对父母的理解主要是指子女对父母的言行应多进行"设身处地""将心比心"的换位思考。

理解父母的责任与担忧。父母总是希望子女健康成长、顺利成才。因此，父母都希望子女能接受他们的人生经验。父母们常常用自己的亲身经历、今昔对比、榜样的力量等来教育子女，为了让子女牢牢记住，他们会反复地、不厌其烦地讲述。此时，子女一定要理解父母的良苦用心，不要因为觉得他们"啰唆"而产生厌倦情绪，更不要掩耳逃避。

理解父母的情感和需求。有些父母有许多业余爱好或者特长，年轻时由于工作太忙或家务负担重，无法展现。等到子女长大了，闲暇时间多了，他们就很想发展自己的业余爱好，如跳舞、唱歌、绘画等。子女对父母理解和尊重，就要支持父母参加上述活动，同时帮助他们准备各种"备品"，创造条件让父母展示才华。有条件时，子女还要参与或欣赏父母的业余活动，与父母共享人生的快乐。对于失去老伴的父亲或母亲，子女要多关心他们的情感生活。如果他们有再找老伴的愿望，子女应根据情况了解事情真相，认真分析并帮助父亲或母亲解决问题，尽量支持他们的"黄昏恋"。如果对方条件不合适，子女要耐心听父亲或母亲的倾诉，关注他们的想法，动之以情，晓之以理，认真说服引导，让他们心服口服；千万不要横加指责，更不能讽刺挖苦，恶语相加。子女要多理解父亲或母亲的孤独处境和失落情绪，为父亲或母亲的幸福晚年生活创造条件。

理解父母的生活方式。由于成长背景、人生经历的差异，我们的父母可能有与我们不同的意见、价值观和习惯。子女要谅解父母的心理定式是在一定的历史条件下形成的，他们有权利按自己适应的方式生活。子女不应随意改变和干涉父母的生活，对父母的生活方式，不能简单地以"僵化、保守"给予贬低或否定。我们应该尝试更好地理解他们，并避免发生不必要的争执或冲突。

（三）感恩父母

感恩父母是每个子女都应该秉持的基本礼仪。每个人的生命都来自父母，成长过程中父母给予子女最无私的爱与包容。从呱呱坠地到牙牙学语，从年少无知到学业有成，从青春飞扬到成家立业，子女的每一步成长都是父母耐心呵护、教育的结果。

对父母给予的生养之恩、教育之恩、奉献之恩，子女要尽力在物质、精神、身体等方面给予关照和回报。在日常与父母的相处之中表达感激之情，以书面或口头的方式对父母表示感谢，让他们知道你珍视他们的付出和关爱；经常与父母保持联系，让他们知道你对父母的关心与牵挂；在自己能力范围内给予父母实质性的一些支持，如分担家务、陪伴父母、帮助他们解决生活中的困难等。父母对子女的付出是子女永远报答不完的，感恩父母需要我们在日常生活中用实际行动去表达，让父母感受到温暖和幸福，同时也增进彼此之间的情感与信任。

四、与尊者相处之礼

尊者指辈分或地位较高的人，通常包括师长、领导、长辈等。尊者大多具有较高的声望、丰富的人生经验或取得了一定的成就，通过与尊者的相处能够让我们从他们身上学到更多的人生智慧。在与尊者相处时，尊重与谦逊极其重要，具体而言，在相处之中需要做到以下方面：

（一）尊重对方的地位

尊者的地位比较高，我们在与其相处时，需要注意尊重对方的地位，避免冒犯或不尊重对方的行为。一是心怀敬重，承认对方地位。如在公开场合介绍时，提及对方的职务或成就，赞赏他们的贡献和成就；在会议中，让地位较高的人先发言等。二是在与尊者相处中不要过于亲热，尽管尊者可能很友好和亲切，但仍然需要避免过于亲热的行为，以免冒犯对方或失去尊重。三是尊重尊者的个人隐私，避免过度询问或探讨他们的私人生活，保持适当的距离。四是注重表达感激与敬意。尊者可能会提供帮助或赠送礼物，我们需要感谢对方的帮助和支持，表达对对方的敬意和感激之情。

（二）注意自己的言谈举止

与尊者相处时，要注意自己的言谈举止。不要过于随意、轻浮，也不要过于紧张、拘束。首先，与尊者相处要注意细节，如坐姿、表情、姿态等，展示出自己的优雅和自信。其次，给予充分的倾听和关注，当尊者发表观点或分享经验时，保持专注并认真听取他们的意见。最后，在与尊者交流时，必须注意对答的方法与态度。要注意使用恰当的称呼，如"您"而非"你"，并保持言辞的谦逊和恭敬；避免产生冲突或争论，保持和谐的气氛，以建设性的方式讨论问题，并寻求共识。此外，《曲礼》曾指出"长者不及，毋儳（chán）言"，意思是尊者正说甲事，自己不能擅自提出乙事搅乱其谈话。《曲礼》中还明确了"侍坐于先生，先生问焉，终则对"，意思是尊者向自己提问时，要等其把话都说完，才作回答，避免会错尊者的意思。

🧍 课后研讨

中国的儒家伦理和礼治传统是一种农业文明，离不开乡土社会的漫长孕育。随着社会的发展，古老的乡土文明会被新的生产方式和生活方式所取代。在现代社会，礼治、德治不再作为一种主要制度来约定人们的生活，传统礼仪和人伦应该注入私德领域和个人修养之中。礼仪的重建也应当在私德领域和个人修养层面进行，使其成为当下人们多元选择之一。你如何看待这种观点？

另外，传统礼仪伦理通过创造性转化、创新性发展实现重建与更新，是新时代精神文明建设和文化强国建设的重要内容。传统礼仪资源的活化利用，对于家国情怀的培育、社会文明的提升、民族凝聚力的增强、公民道德教育与新的伦理人格的养成有着积极的促进作用。那么，传统礼仪文化在当代社会该如何进行创造性转化和创新性发展？这种发展在精神文明建设和文化强国建设中扮演了什么角色？

第七章　中国社交礼仪文化

学习目标

1. 了解社交礼仪概念、特征、原则、内涵。
2. 掌握中国古代社交礼仪的内容及经典故事。
3. 掌握现代社交礼仪应用场景及实操规范。

佳句赏析

夫礼者，自卑而尊人。——《礼记·曲礼上》

己所不欲，勿施于人。——《论语·颜渊》

不责人所不及，不强人所不能，不苦人所不好。——《文中子·魏相》

君子之交淡若水，小人之交甘若醴。君子淡以亲，小人甘以绝，彼无故以合者，则无故以离。——《庄子·山木》篇

第一节　社交礼仪概述

无论是在传统社会，还是在现代社会，社交礼仪均发挥着连接社会关系、表达内心情感、促进人际交往、维护社会和谐等一系列重要社交作用，是社会成员开展社交活动必不可少的工具手段。相较于冠、婚、丧、祭等仪式活动礼仪，一是从礼仪形式上看，社交礼仪是互动之礼，相见过程即礼仪互动过程，相见仪节亦是围绕社交互动场合而制定的，相见模式同样贯穿着对于社会关系的增强；二是在礼仪对象上，相见礼俗是对外之礼，其礼仪框架依据社会关系远近加以规范，大致通过"远繁近简"的礼仪层次表达社交场合中的对外情感；三是在礼仪时空上，相见礼俗是日常之礼，其常常被应用到多种相见场合和多种礼俗时间中，与人们的日常生活高度结合，并成为社会成员重要的日常行为规范。

一、社交礼仪概念

社交礼仪是中国礼仪文化的重要组成部分，是指人们在人际交往、社会交往和国际交往活动中，用于表示尊重、亲善和友好的首选行为规范和惯用形式的总称。通过社交，人们可以沟通心灵，建立深厚的友谊，取得支持与帮助；可以互通信息，共享资源，对取得事业成功大有裨益。

二、传统社交礼仪特征

社交礼仪是社会交往中使用频率较高的日常礼节。随着历史的发展、时代的变迁，传统社交礼不断与变化中的社会文化环境和人文观念相互协调适应，在各个历史时期呈现出不同的礼俗形态，展现了礼俗文化与社会发展所具有的天然的内在联系。同时，其也始终保持着一贯的文化内涵和精神内核，在长久的历史变迁中延续着自身的发展脉络，体现了其作为一国之民俗文化而蕴含的深厚的民族精神和文化特质。古人复杂的社交礼仪具有独特的含义，出发点正在于促进人与人之间能够按照既定的规范和观念来友善交流、和谐共处，其精髓就在于"毋不敬"，这也是传统社会人们的交际之道。

（一）以"贵贱有等、长幼有序"为内核的社交系统

传统社交礼自古便突出长幼尊卑的差异性，从爵位官职、年龄辈分、道德品质三个方面对社会成员之间的尊卑高下关系进行划分。卑幼者对于尊长者尤其需要注重礼节的细致周到，礼仪执行要严格许多。

（二）以"自卑尊人"为原点的社交原则

《论语》道："君子敬而无失，与人恭而有礼。四海之内，皆兄弟也。"这种尊敬他人、谦虚自己的态度几乎体现在传统社交礼的方方面面，恭敬之心与谦卑之态是传统社交礼待人接物的关键所在。

（三）以"礼尚往来"为纽带的社交网络

《礼记》载"礼尚往来，往而不来，非礼也，来而不往，亦非礼也。"传统社交礼主张人们在相见之时要坚持互通互联、有来有往的社交模式，通过礼仪规范来促成双方多次相见、加深情谊。先秦时期回拜复见之时还会将前来宾客所赠之挚作为礼物归还，同样体现了主宾间注重情义而不重物的观念。复见礼在后世朝代一直延续下来，现在回访交际仍是社交礼的重要组成部分。

（四）以"表情见意"为功能的社交方式

社交礼是社会成员表达内心情感和思维观念的重要途径，一方面，通过细致的礼仪规范有理有据地表达着社交场合中人们的思想情感，传递和深化着宾主双方之友谊，文献所载"盛装出迎""蹑履相迎""待为上宾"等均是突出主人对宾客的尊崇之情；另一方面，这并非毫无节制的纵情纵意，而是一种"以礼节情"的礼俗形态，主张"发乎

情，止乎礼"。

（五）以"唯礼是依"为根本的社交观念

孔子曰："道之以德，齐之以礼，有耻且格。"在传统社会中，礼与德始终是关于行为与观念二者一体双生的文化内涵。社交礼通过礼仪制度规范人们的基本行为准则，同时也培养塑造着人们的文化观念，其根本也在于树立个人道德。无论礼仪仪节如何随着时代变化，其内在的文化观念依然传承、延续并继续指导着当时的礼仪实践。

三、现代社交礼仪原则

在当今社会，随着社会的发展进步，有些传统社交礼仪和观念因为不符合时代潮流，已经消失了。但也有许多既符合当下时代精神，又具有民族文化内涵的优秀礼仪观念，仍然值得在现代社会弘扬推广。例如，稳重大方的拱手作揖、真诚热情的待客礼仪、细致规范的饮宴礼仪，还有提倡恭敬谦让、与人为善、尊老爱幼的交际理念等，都有助于规范交际行为、养成公民道德、促进社会和谐，也都是我国优秀传统文化的一部分。特别是在新冠疫情暴发以来，拱手作揖等传统相见礼，既方便卫生也稳重优美、自然大方，富有民族文化的归属感和仪式感；也有着许多既符合当下时代精神，又具有民族文化内涵的礼仪观念与实践原则，在一定程度上仍受到现代社会的接受和欢迎，值得我们在推动中华优秀传统文化传承创新、增强文化自信、涵养核心价值、凝聚民族精神的过程中深入思考和借鉴。

（一）真诚尊重

真诚是在社交活动中待人真心真意的友善表现。首先具体表现为对人不说谎、不虚伪、不骗人、不侮辱人，所谓"骗人一次，终身无友"。其次表现为对他人的正确认识，相信他人，尊重他人，所谓心底无私天地宽。只有真诚尊重，才能使社会交往双方心心相印，友谊地久天长。

（二）平等适度

平等在社会交往中，表现为不骄狂，不我行我素，不自以为是，不厚此薄彼，更不傲视一切，目空无人，更不能以貌取人，或以权压人，而是应该处处时时平等谦虚待人。适度的原则是需要把握交往分寸，与人交往时，既要彬彬有礼，又不能低三下四；既要热情大方，又不能轻浮献媚。要自尊不自负，要坦诚不粗鲁，要信人不轻信，要活泼但不轻浮。

（三）自信自律

自信是社交场合的一份很可贵的心理素质，一个有十足自信的人，才能在交往中不卑不亢、落落大方，遇强者不自惭，遇磨难不气馁。

（四）信用宽容

信用即信誉的原则。孔子曰："民无信不立。"与朋友交，言而有信。在社交场合尤其要讲究：一是要守时，与人在约定时间的约会、会见、会谈、会议等，决不应拖延迟到；二是要守约，即与人签订的协议、约定和口头答应的事情，要说到做到。故在社交场合，如果没有十分的把握就不要轻易许诺他人。宽容是一种较高的境界，容许别人有行动与见解自由，要对不同于自己和传统观点的见解有耐心公正的容忍。站在对方立场考虑一切，是你争取朋友的最好方法。

四、社交礼仪功能

（一）从个人角度

社交礼仪有助于提升自身修养，能够助力人们顺利走向社会，在与人交往中给人留下彬彬有礼、温文尔雅的美好印象。

（二）从社会角度

社交礼仪可以免除交际场上的胆怯与害羞，指点交际场中的迷津；给人增添更多社交信心和勇气，使自己知礼懂礼；同时也有助于获取信息、有益于信息交流，是适应现代信息社会的需要。

（三）从企业角度

社交礼仪是企业文化、企业精神的重要内容，是企业形象的主要附着点。但凡国际化的企业，对于礼社交仪都有高标准的要求。其有助于塑造单位的美誉形象，提高顾客满意度与业界知名度，最终达到提升单位的经济效益和社会效益的目的。

总体而言，学习社交礼仪可以进一步提高人们应对酬答的实际能力，养成良好的社交礼仪习惯，具备基本的文明社交素养。

第二节　古代社交礼仪

一、行礼方式

传统社交礼中，在人们见面拜访、行止坐卧、举手投足之间均有着规范的礼仪动作和丰富的文化意蕴，反映着不同场合的礼仪表达。

（一）拱手

拱手又称捧手，人们见面行礼时将双手平行相叠、拇指相交合抱在胸前，前臂稍稍上举，手臂形似抱鼓，向对方表达敬意。《尔雅》载"两手合持为拱"。拱手是传统社会最常见、沿用最久的相见礼仪，并且在相见行拜礼、揖礼时均需要行拱手礼。拱手也有男女之别、吉凶之别，男子常常尚左手，即以左手抵于右手之上，而女子尚右手，即右手抵于左手之上，且在礼仪规范中，也以吉礼尚左手，凶礼则需要以右手为尚。《礼记·檀弓上》载有孔子因姐丧而尚右手拜礼造成了门人误会之事。唐宋时期，还有一种"叉手礼"，行礼时，用左手握住右手拇指，左手小指向着右手腕处，左手大指向上，其余四指伸直。动作就像用右手掩在胸前，但要离胸八九厘米的距离。《王虚中训蒙法》称六岁孩童入学时便需先学叉手；柳宗元有"入郡腰恒折，逢人手尽叉"的诗句；《朱子语类》载时人陈才卿衣裳不整，朱子提醒后，其自觉羞赧，"急叉手鞠躬曰：'忘了'"。明清时期，还流行"抱拳礼"，将原来的合抱手势变为拳掌相贴的手势，左手四指并拢伸直，拇指屈拢，右手握拳，左手紧贴右手背，现在传统武术界也还沿用着抱拳礼（见图7-1）。

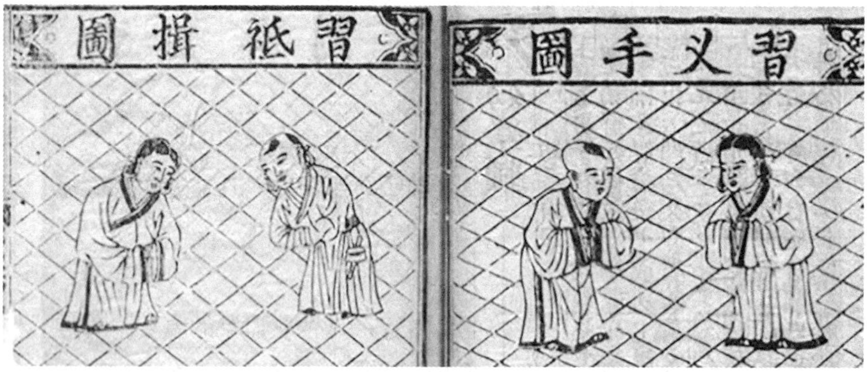

图7-1　《事林广记》记载的儿童学拱手作揖礼仪

（二）揖礼

人们见面时在拱手礼的基础上向前弯腰致意的礼仪，比拱手礼更加正式和郑重，称为"作揖"或"揖礼"。《周礼》中记载了天揖、时揖、土揖、三揖、还揖、特揖、旅揖七种揖礼，差异主要在于行礼时手部的动作或者行礼的次数。天揖是对尊长或同姓的揖礼，行礼时双手抱圆，俯身前推，举到胸部以上；时揖是平辈之间的常用见面礼，行礼时拱手向前水平推出；土揖，用于尊长者向卑幼者行礼的情形，行礼时俯身将手略向下推出。汉魏以前，拜礼、揖礼并行，郑重程度有所不同，站立则揖，跪坐则拜，唐宋时跪坐渐无，拜礼则融入揖礼之中。《宋氏家仪部》载"久旷则拜，常见则揖。礼见则拜，燕见则揖。初见则拜，偶见则揖"。唐宋时诞生了揖拜礼仪，称为"祗揖"，又作"肃揖"。明代《童子礼》载"肃揖，凡揖时，稍阔其足，则立稳。须直其膝、曲其身、低其首，眼看自己鞋头，两手圆拱而下。凡与尊者揖，举手至眼而下；与长者揖，举手至口而下，皆令过膝。与平交者揖，举手当心，下不必过膝，然皆手随身起，又于当胸"。又如"厌揖礼"，指并不拱手，两手仅胸前抱拳，并上下推动，表示连连作揖的恭敬姿态。还有"鞠躬礼"，双脚并拢，双手下垂，弯曲腰部以示敬意，与今天的鞠躬十分相似。在明清时期，还有"打恭"一说，指的是见面拱手弯腰鞠躬的礼仪，表示恭敬、谦虚或是谢意。此外，当时的蒙满礼俗对于传统相见礼仪也有影响，如产生了"请安"礼，又称"打千儿"，即屈左膝，垂右手，上身微向前倾以向人行礼。这一礼仪首先属于满族习俗，而后汉族也有行此礼的。《老残游记》写到人们见面时的情景，"这一群人来了，彼此招呼，有打千儿的，有作揖的，大半打千儿的多"，说明打千儿作为相见礼俗得到了民众的广泛接受。女子见到他人一般也行揖礼，身体肃立，右手在上，双手叠抱于腰前或左腰侧，身体微微鞠躬行礼。男女相见场合一般也要有所回避，常常以帷帐、门窗等遮蔽女子。女子送迎宾客时均不可出门，《礼记》有"妇人迎客、送客不下堂"之语，《国语·鲁语》也有"守礼不游阈"之语，《司马氏书仪》载"妇人无故不窥中门。有故出中门，必拥蔽其面"。

（三）拜礼

拜礼是屈膝跪地、俯身下拜的礼仪动作，一度是古人常见的相见礼仪。先秦时期，人们席地而坐，见面时往往通过拜礼相互致意。《周礼》中记载了稽首、顿首、空首、振动、吉拜、凶拜、奇拜、褒拜和肃拜九种不同情形和形态的拜礼，称为"九拜"。其区别主要在于行礼时动作身姿尤其是头部和手部的高下深浅和行礼次数。顿首、稽首、空首是最常见的三种拜礼。"顿首"，又称为叩头、叩首，是当时平辈或朋友相见常用的礼仪。行礼时屈膝跪地，俯身低头，拱手至地面，头也跟着缓缓置于地面后便抬起。"稽首"的动作和顿首一样，区别在于头置于地面后要停留一段时间再抬起。它是"九拜"中最隆重的一种，一般用于臣拜君、子拜父等场合。"空首"，一般用于尊长者对卑幼者行礼的场合，跪拜时头不触地，拱手齐于胸前，再引头至手行礼。拜礼次数也有讲究，依据长幼尊卑的差异，一般而言相见场合行一拜礼，对于尊长者、君臣相见或者正式场合之中为表敬意则会行再拜礼，而三拜及以上礼则只有在尤为郑重之场合施行，即一般对于天地、君王、长辈方会行此大礼。唐宋时，随着桌椅等高足家具的推行，人们就不再像先秦一样坐着见面，跪拜行礼越来越不方便，拜礼在日常相见中逐渐减少。但也有所见，如《水浒传》中江湖好汉相见还是"纳头便拜""扑翻身便拜"。直到民国时期，民国政府颁布法令正式禁止相见时行跪拜礼，而用鞠躬脱帽礼代替传统礼仪，促使跪拜礼在日常见面场合进一步消失。

（四）执手礼

古时还流行起双方见面时拉手以表亲密之情，称"执手"，也作"握手"。秦汉时，握手礼被视为轻率的行为，魏晋时期以后，执手礼逐渐流行起来，成为人们日常相见时的常用礼仪。李白有"我愿执尔手，尔方达我情"之句，柳永有"执手相看泪眼，竟无语，凝噎"之句。

（五）交寒温

人们相见，还有问候起居寒暖的客套话，称为"寒暄"或"暄寒"。汉魏时期也称为"交寒温"，《乐府诗·门有车马客行》就有"拊膺携客泣，掩泪叙温凉"的句子。唐宋时还出现了发声致敬、口道颂辞的见面礼仪，男子的礼仪称为"唱喏"或是"声喏"，即出声答应对方；女子的礼仪称为"万福"，即道"万福"的祝福语。这一礼节一般伴随拱手、揖礼或者叉手礼实行，常用于卑幼者拜见尊长者。《水浒传》中王进见高俅时，行四拜礼，躬身唱喏，立于一侧；潘金莲初见西门庆时，也是"叉手深深地道个'万福'"。《朱子家礼》载"丈夫唱喏，妇人道万福"，《女论语》有"主宾相顾，万福一声，即登归路"之语，也可知当时唱喏、万福的通行。

（六）趋翔

"趋翔"是见面时礼貌性地快步行走，依照速度和动作的不同又分为"趋"和"翔"。"趋"是在遇到尊长者时，为表恭敬而以低头弯腰、双臂张开、小跑疾行的方式经过；"翔"则是更进一步地抬手疾行。《礼记》载"遭先生于道，趋而进，正立拱手"，说明了路遇长者时的谨慎姿态。《论语》中记录了孔子的儿子孔鲤见到孔子时趋行着经过的礼仪，也记录了孔子见到穿丧服者、着礼服者、盲人时，坐着时必然起身，经过时必然趋行的仪态。在重文轻武的宋朝，朝廷武官见同级文官有"必执梃趋庭，肃揖而退"之礼。此外，也有一些不可趋、翔的情形，《礼记》载有"帷薄之外不趋，堂上不趋，执玉不趋"之语。

（七）鞠躬

最早的鞠躬礼源自我国古代祭天仪式。当时人们认为，在祭坛上将牛、羊等祭品弯成鞠形，才能表达对上天的恭敬与虔诚。而后在古代社交生活中，人们又逐渐沿用这种"弯一弯腰，象征性地表示愿把自己作为鞠祭的牺牲品而奉献给对方"的形式来表达自己对地位崇高的人、长辈等的崇敬，并逐渐演绎成日常社交中的致意礼节，即通过弯腰、低头，避开对方视线，向其表示恭顺和没有敌意。

二、拜访礼仪

孔子曰："有朋自远方来，不亦乐乎？"日常交往相见中，如何登门拜访，如何接待他人，在传统社会里有很多礼仪规范。在主宾迎送方面，大体上延续门迎门送的礼仪规范，一般有门迎、揖拜、延客入门、至于堂上、先后揖拜入座、款待相谈、宾客告辞、门送等礼仪流程。《颜氏家训》载"门不停客，古所贵也"，可见及时出门迎客的礼仪要求，不出门迎客则是失礼行为。《义山杂纂》中有"送客不出门下厅，不安排椅榻，失主人体……逃席后，不传语谢主人，失宾客体"。不过，不同地域之间迎送礼仪也有差别，如《颜氏家训》载："南人宾至不迎，相见捧手而不揖，送客下席而已；北人迎送并至门，相见则揖，皆古之道也。……今南北之俗，遂尔盛行，唯宾至迎送于门为异耳。"

（一）投递名片

在士大夫阶层中，登门拜访是先要投递名片的。早期的名片用竹木制成，称为"谒"，所以拜访又叫"拜谒"。有的大人物摆架子，递进名片去他拒不接见，客人要连递三四次，并在名片上写明求见缘由，方才得以接见。至于在平民百姓那里，当然不必再递什么名片。但是作为礼节，也是不可擅自闯入的。一般必得先敲门，让主人出来开门，方可进入。例如，《礼记·曲礼上》里就有记载："将上堂，声必扬。户外有二履，言闻则入，言不闻则不入。"

（二）携带礼物

古人登门拜访，尤其是初次拜见时，必须携带礼物，称为"贽"。《左传·庄公二十四年》云："男贽大者玉帛，小者禽鸟，以章物也；女贽不过榛栗枣，以告虔也。"根据客人身份的不同，带不同的"贽"。这和后世的馈赠礼物有些区别，"贽"主要是用来表示对客人的尊敬，所以成为一种礼仪规范。《乡仪》记载，亲友远行或归来相见时皆赠以礼物，称为"赆劳"，礼物重在真诚，其轻重可酌情裁定，但是要符合双方的关系，不可过于简陋或过于奢侈。礼物要按形状加以排列，并且向长者赠礼时需禀告后献上，长者两次辞让则停止；赠予平辈及以下者则用书简、名纸或传话告知即可，受者需辞让三次。在拜访结束时，主人一般都会把贽退还给客人，或在回拜时把原贽带去退还。只是尊长可以受贽不退，或是求婚的纳彩礼、学生拜师的贽见礼等，也可不退。

（三）迎接客人

古代有"拥彗"之礼。"彗"就是扫帚，客人到了，家中的仆人双手拿着扫帚，躬身在门口迎接，表示家中已经打扫干净了。对于尊敬的客人，还要到郊外去远迎。主客相见，主人要说一些欢迎的套话，诸如"欢迎大驾光临""有失远迎"等。在一些地方，还有燃鞭炮迎接客人的礼俗。历代礼书上，则有关于迎接客人的许多详细的礼节记载。比如，主人和客人一起进门，每到一个门口都要让客人先进。对于贵客，主人往往侧身相迎，甚至在客人前面倒退着走，把客人引进屋，《礼记·曲礼上》中记载："凡与客入者，每门让于客。客至于寝门，则主人请入为席，然后出迎客。客固辞，主人肃客而入。"上台阶更有讲究，谁走东阶，谁走西阶，都有一定的安排；主客之间还得推让几次，然后是主人先登阶，客人再登。请客人入座前，主人要拂拭座席上的尘埃，即使座席刚刚擦过，也要象征性地拂拭一下，然后恭敬地请客人入座。座席有尊卑之分，主人得根据客人的身份，恭请客人坐上座。有时候客人觉得按礼自己不该这么坐，又要谦让一番。

（四）客来入座

在待客方面，首先是宾主需按照长幼尊卑入座，座位也有主位、客位、上位、下位的区分。坐具也发生了改变，魏晋以前，人们还是如先秦时期一般席地而坐，此后出现了胡床、交椅等高足桌椅，逐渐代替了原来的座席。例如，《乡仪》中便记载士民聚会相见一般以年齿论座次。入座前双方要相互作揖行礼，按照长幼尊卑依次谦让落座，坐下后也要保持"正襟危坐"，不可随意倾斜身躯倚靠在椅背上。

（五）客来敬茶

这大概是唐以后开始流行的礼俗。客人就座后，适时端上一杯清茶，以表示对客人的尊重和欢迎。不敬茶会被认为是失礼。第一杯茶一般只斟至三分之二处，民间有"浅茶满酒"的说法。敬茶时要双手奉上茶盏，笑吟吟地说："请用茶！"客人也应微微欠身，双手接茶，说声："谢谢！"在许多地方则有"敬三道茶"的规矩。第一道茶，客人略略品尝一下即可放下。第二道茶，茶味充分散发，则可边品边谈，进入拜访的正题。等到主人为客人斟第三道茶时，客人就应该起身告辞了。《瓮牖闲评》便以"主人则有少汤，客边尽是空盏"为失礼可笑的事。

古代一些达官贵人又有"端茶送客"的规矩。客人起身告辞时，主人要端起自己的茶杯以示欢送。后来有的主人要下逐客令，也举杯作为示意，下人马上会喊一声"送客"，客人就该知趣地离开了。

明末之后，随着烟草的传入和普及，相见时还常以旱烟、水烟、鼻烟招待宾客，成为明清时期新兴的待客习俗，时人也称此物"醉人无借酒，款客未输茶"，反映了烟草在当时已成为常见待客之物。

三、拜贺庆吊礼仪

在古代生活中，当与自己家庭有密切关系的另一个家庭发生了重大事情，将举行与此相关的典礼仪式时，人们必定会准备相应的礼物前往拜贺庆吊，以示关心，同时也借此进一步联络感情。对方发生的是喜事，则庆贺之，如婚嫁、生育、冠笄、生辰寿诞、上梁乔迁、中举升官、店铺开张等，届时要送贺仪、喜联、喜幛等。对方发生的是凶事，则慰问吊唁，如死亡、灾祸等，特别是对方举行丧礼，前去吊唁时更有许多礼节上的讲究，带去的礼物统称为"赙仪"。

一般情况下，举办婚丧一类典礼仪式的家庭也都特别需要亲友在此时能前来拜贺庆吊。家中有了喜事，所谓"人逢喜事精神爽"，本来就十分高兴，需要与亲朋好友一起分享这种快乐，并且借机炫耀一番，以满足自己的虚荣心，所以格外欢迎亲友上门，还要设宴款待，热闹一番。亲友中间，如果以往有些隔阂，存在芥蒂的，正好借着拜贺而一笑了之，重归于好；如果以往走动较少，已经有所疏远的，也可借此加强联络；如果有事相求而一时难以启齿的，那么借着喜宴的氛围向对方提出。人们历来把拜贺喜庆典礼当作人际关系的润滑剂是不无道理的。直到今天，它的这种功能仍然十分突出。

当家中发生丧事或是遇到灾祸之际，一般来说当事人大多十分悲痛，甚至感到孤立无助，情绪低落，此时也非常需要得到亲友们的慰问和帮助。"一方有难，八方支援"，正是中华民族的传统美德。由此可见，必要的慰问吊唁充满了人情味，对于帮助当事人度过困难时期可以起到不可忽视的作用，这种精神也是应该继续发扬的。

至于拜贺庆唁的具体仪节规范，则由于时空条件的不同而变化无穷，实在不胜枚举。以服饰为例，参加婚礼时总要鲜艳些、华丽些，吊唁时则宜素，不可太过鲜艳；以见面时的客套话、问候语为例，则因人因事因时因地都有所区别，旧时由于不懂礼仪而在这方面闹出笑话的事例也屡见不鲜。不过我们也不必把这些仪节规范看得过于神秘。总的来说，应该掌握两个原则：一是要有真情实感、真心待人。你去贺喜，就应该真心诚意地去祝贺，只要是真心，在礼物或是礼节上有所欠缺，主人也不会太计较；你去慰问吊唁，确实发自肺腑，对方同样也是会感受得到的。二是要事先做些准备，了解一下当时当地通行的礼仪规范，使自己的言谈举止不至于失礼。典礼仪式的规范经常会有一些变化，又有民族和地域的差别，要每一个人都记得一清二楚，不出任何差错，实在太难。但是只要认真去对待，尊重当时当地的礼俗，尊重主人的意愿，在典礼上多加留神，也就出不了什么大错。

还需要特别指出的是，传统社交礼仪确实也存在明显的弊端。早在春秋时期，墨家就对"繁饰礼乐""厚葬久丧"开展过猛烈的批判。在整个封建社会里，也不断有人提出移风易俗的主张，提倡婚丧礼仪应该节俭，反对奢靡之风。事实上，有关婚丧典礼的排场越来越大，非但当事人无法忍受，连带着相关的亲友也会因为送不起礼而叫苦连天。更有一些有权有势的人借着举办典礼巧立名目，向人勒索钱物，这已经成为一种公害。由此可见，婚丧典礼以及家庭中的一系列庆典虽然是私事，完全可以"悉听尊便"，但是因为这些典礼总要涉及与之相关的许多人，同时又是维系人际关系的重要感情纽带，因此它又成为人们所普遍关心的一个社会问题，是移风易俗的重要组成部分。时至今日，这个问题仍引起社会各方面的普遍关注。

四、送别礼仪①

引入案例

千里送鹅毛

"千里送鹅毛"的故事发生在唐朝。当时，云南一少数民族的首领为表示对唐王朝的拥戴，派特使缅伯高向太宗贡献天鹅。路过沔阳河时，好心的缅伯高把天鹅从笼子里放出来，想给它洗个澡。不料，天鹅展翅飞向高空。缅伯高忙伸手去捉，只扯得几根鹅毛。缅伯高急得顿足捶胸，号啕大哭。随从们劝他说："已经飞走了，哭也没有用，还是想想补救的方法吧。"缅伯高一想，也只能如此了。到了长安，缅伯高拜见唐太宗，并献上礼物。唐太宗见是一个精致的绸缎小包，便令人打开，一看是几根鹅毛和一首小诗。诗曰："天鹅贡唐朝，山高路途遥。沔阳河失宝，倒地哭号啕。上复圣天子，可饶

---

① 知乎网。

缅伯高。礼轻情意重，千里送鹅毛。"唐太宗莫名其妙，缅伯高随即讲出事情原委。唐太宗连声说："难能可贵！难能可贵！千里送鹅毛，礼轻情意重！"

这个故事体现着送礼之人诚信的可贵美德。今天，人们用"千里送鹅毛"比喻送出的礼物单薄，但情意却异常浓厚。

在"车马慢、书信远"的古代，出行往往意味着前途未卜和生死难知。再加上守土而居、安土恋乡等观念在古人心中落地生根，因此离别也就显得弥足庄重，有了特殊的仪式感。在《西游记》中，唐僧西行取经时，唐王李世民为唐僧举办了非常隆重的送别仪式，李世民在给唐僧喝的素酒里放了一撮黄土，并劝唐僧喝下去，这本是古人别离之时最常见的桥段了，唐王对玄奘法师说"宁爱本乡一捻土，勿恋他国万两金"。唐僧被唐皇封为御弟，又受万民重托，到西方求取大乘佛法真经，除了君臣情深，依依不舍惜别，又有期盼早日归来之意。虽然，这只是一个司空见惯的送别桥段，却反映了我国古代极具特色的送别文化。

（一）送别方式

1. 折柳送别

"折柳送行"的习俗最早见于我国第一部诗歌总集《诗经》里的《小雅·采薇》。古时柳树又称小杨或杨柳，因"柳"与"留"谐音，可以表示挽留之意。比起其他常见的古人"送别"方式而言，这种方式既有"送别"、惜别的礼仪礼节，也有"礼物"的馈赠，如果应景，就更加显得无比的浪漫和记忆深刻。例如，《三辅黄图·桥》载："霸桥，在长安东，跨水作桥。汉人送客至此，折柳赠别。"如隋朝无名氏《送别》中"杨柳青青著地垂，杨花漫漫搅天飞。柳条折尽花飞尽，借问行人归不归"，古人在送别之时，往往折柳相送，以表达依依惜别的深情。"折柳"一词寓含"惜别"之意。同时，折柳赠别亦是对旅人行途安全的祝吉。古人视柳树为可以辟邪驱鬼的"鬼怖木"，北魏贾思勰《齐民要术》载："正月旦取柳枝著户上，百鬼不入家。"行人带上它，可使鬼魅望而生畏，远远躲开，确保旅程的平安。

2. 攀花送别

即采折花草送别。古人喜欢攀花弄草，宋朝王安石《杖策》一诗中就有"杖策窥园日数巡，攀花弄草兴常新"。攀花送别之俗起源于何时一时难以说清，至少在唐朝已颇为流行。唐张籍的《送从弟删东归》称："春桥欲醉攀花别，野路闲吟触雨行。"李白《江夏送张丞》亦称："藉草依流水，攀花赠远人。"类似的还有耿湋的《荐福寺送元伟》："送客攀花后，寻僧坐竹时。"在古代，攀花送别与折柳相赠同时流行，并不矛盾，没有柳时就送花。唐戴叔伦《送吕少府》诗称："共醉流芳独归去，故园高士日相亲。深山古路无杨柳，折取桐花寄远人。"从诗中看，当时由于路边没有柳树，戴叔伦便随手折了桐花送给远行的友人。

3. 饮酒饯别

这是古代文人最常见的"送别"方式。古代文人多爱喝酒，大多以酒交朋友、以酒会友、以酒待友，自然送别时就少不了酒的礼仪礼节。送行酒一般都是人们在和朋友分别时，表达自己的不舍，也是希望自己的朋友在旅途和远方一切顺利，是对自己朋友的一种祝愿。例如，王维诗里的"劝君更尽一杯酒，西出阳关无故人"表达了浓浓的惜别情分，在酒盅里淡化开来，也道不尽何年何时再相聚。

4. 音乐相送

古人以音乐结缘和结交的故事不在少数，其中最著名的要数"伯牙子期"了，当然，以"音乐相交"，自然就少不了以"音乐"惜别和相送。古往今来，许多文人墨客对于离别总是歌吟不绝，或用以激励劝勉，或用以抒发友情，或用于寄托诗人自己的理想抱负。《荆轲刺秦王》中就写到了音乐送别的方式："至易水上，既祖，取道。高渐离击筑，荆轲和而歌，为变徵之声，士皆垂泪涕泣。"在唐朝，送别诗歌被赋予更为隆重的仪式感，这些送别诗歌往往洋溢着积极向上的青春气息，充满希望和梦想，反映了盛唐的精神风貌。李白在《赠汪伦》中也吟道："李白乘舟将欲行，忽闻岸上踏歌声。"白居易在《琵琶行》中更是描写了送别时音乐的重要性。

（二）送别地点

古代的送别，一般有固定的地点：走陆路的一般在长亭或者短亭里，走水路的则在渡口边。

1. 陆上送别，长亭相送

"长亭"在中国古代文化中已成为一个传统的送别意象。长亭，词典里的解释是古时设在路旁的亭舍，常用为饯别处；也指旅程遥远。近城的长亭经常是人们送别的地方，这在中国古诗词里可略窥一二，如宋柳永的《雨霖铃》："寒蝉凄切，对长亭晚，骤雨初歇。都门帐饮无绪，留恋处，兰舟催发。"此外，《西厢记》里的长亭送别最为知名。现代很经典的歌曲《送别》中也唱道："长亭外，古道边，芳草碧连天。"很显然，李叔同也是采用了"长亭送别"这一传统习俗。

2. 渡口送别，多为渭阳南浦

"渭阳"最早出现在《诗经》。《秦风·渭阳》中写道："我送舅氏，曰至渭阳。"渭阳，即渭水之南，这设置了水边送别的场景，此后，渭阳也就成了人们送别的地方。明代王韦在《柳条枝》中说："渭水西来万里遥，行人归去水迢迢。"杜甫"寒空巫缺曙，落日渭阳情"，杜牧"寒空金锡响，欲过渭阳津"等，"渭阳"都取送别之意。另一个常见的水边送别地点是南浦。屈原《九歌·河伯》中有诗句云："子交手兮东行，送美人兮南浦。"南浦与渭阳，异曲同工。另外，古人送别的时间多为清晨或者傍晚，在诗词中也寻得到依据。

应注意的是，在古代，回访也是一种礼节。来而不往，非礼也。在送走客人之后，主人也应该在适当的时候去客人家中拜访，又称"回拜"。

学习拓展

社交活动中开玩笑

社交活动中，幽默与善意的玩笑往往给人带来轻松愉快，但决不可戏弄取乐。如果拿别人姓名为笑料，或给人起不雅的绰号，都是十分不敬的。南北朝时颜之推就曾对此种不敬之举表示气愤："今世愚人，遂以相戏。或相指名为豚犊者，有识旁观，犹欲掩耳，况当之者乎。"礼尚往来，也是礼貌待人的一条重要准则。就是说，接受别人的好意，必须报以同样的礼敬。这样人际交往才能平等友好地在一种良性循环中持续下去。因此，《礼记》说："礼尚往来，往而不来，非礼也；来而不往，亦非礼也。"对于受恩者来说，应该滴水之恩，涌泉相报。在古人眼中没有比忘恩负义更伤仁德的了。孔子说"以德报德，则民有所劝以怨报德，则刑戮之民也"（《礼记·表记》）。

第三节　现代社交礼仪

一、迎引礼仪

（一）迎接

社交场合中往往需要对他人的到来表示欢迎。如果作为企业，迎接客人时除了准确掌握来宾抵达时间之外，还要弄清所乘交通工具，并提前通知全体迎送人员和有关单位，如果情况发生变化，应及时告知有关人员，做到既顺利接送来客，又不耽误迎送人员的时间。

对于经常见面的客人，有关人员在双方见面的会客室里静候即可。如果来宾人数较多，企业主方可以安排公关接待人员在楼下入口处迎候。如果来宾中有级别较高或身份重要的人物，主人或者企业主方的高级领导应该亲自到门口迎候，甚至需要到宾客驻地去迎接。

迎接客人时，应在客人抵达前到达迎接地点，看到来宾的车辆开来，要微笑挥手致意。车停稳后，要快步上前，同来宾一一握手、寒暄，表示欢迎。

（二）引领

在社交场合中，为来宾亲自带路，或是陪同对方一道前往目的地的过程就称为"引领"。不管是个人社会交往还是组织公关接待，都必须把握好引领礼，这是做好社会交际，给来宾创造良好感知的重要环节。尤其是一些大型接待组织，必须安排专人如接待人员、礼宾人员、专门负责联络此事者，或是接待方与来宾对口单位的办公室人员、秘书人员进行引领。

1. 关键环节

引领时，需要特别把握好以下几个关键因素：

距离及方位：引领时，要保持走在宾客左侧前方 2~3 步，请客人走在右侧，并尽可能随着宾客的步伐而保持适当的行走速度。引领过程中，要始终面向并留意客人，遇到转弯、台阶、门口时，都需要回头并适当使用指引手势，并转过身说："请向这边来"，然后继续行走，如果走在内侧则应放慢速度，如走在外侧则应加快速度。需要注意的是：一是以右为尊，宾客一般都居于右侧；除非右侧道路崎岖危险，需要进行更替；二是假如对面有人过来，需要调整位置的是引领者，不可以是您引领的宾客。

2. 手势

有客人到访，用前述所讲授手势（仪态礼仪部分）来表达欢迎、邀请并且指引方位，干练而规范的动作能够给客人呈现一种训练有素、值得信赖的良好印象。

需要说明的是，有时当左手有物品，需要给宾客指引向左走的时候，可以不必特意将物品换到右手上用左手指引，可以将右手小臂提到与大臂呈90°，将右手的手心朝上，去做一个引领的手势。

此外，在实际引领中，有的人还有左手是否可以起到引领手势的困惑。必须明确的是，引领有时并不用纠结是否一定要用右手或者左手，如果宾客已经出现在您的右侧，就没有必要一定要绕道宾客的右侧来引导，可以自然地用左手为宾客进行引导。还有在走廊引领宾客的时候，在宾客的左前方引领，自然你的引领手势要用左手完成。

3. 不同地点的引领

（1）平面引领。

在宾主双方并排行进时，引导者应主动在外侧行走，而请来宾行走于内侧。若三人并行时，通常中间的位次最高，内侧的位次居次，外侧的位次最低。宾主之位此时可酌情而定。

而在单行行进时，循例应由引导者行走在前，而使来宾行走于其后，以便由前者为后者带路。

（2）电梯（楼梯）引领。

应注意的是，站在客人的左前方引领，尤其要注意开门。

如果是手扶电梯，让客人先上，引领者再上，站在客人的下边，一是表示永远把第一阶留给客人，客人在高处，表明客人在我们心目中的地位。二是站在客人的下边，可以起到安全保护的作用。在下电梯的时候，正好相反，引领者应该站在客人的前边，同样把高贵、安全的位置留给客人。不过需要强调的是，如果引领的客人是一位女士，而女士又身穿短裙，引领者就需要走在女士前面，因为女士身着短裙又高高在上就有"走光"的问题。

如果是直升电梯，进入电梯时，引领者提前进入，按住按钮，以免电梯门碰到客人，下电梯时，引领者同样按住按钮，请客人先下，引领者再下。如果电梯内有专门的电梯员，应该先引领客人上电梯，因为按照礼仪原则，"第一步要留给客人"；但下电梯时，由于有专门的引领员负责开关电梯，因此，引领者应该先下电梯，一是以防挡住客人下电梯，二是以便继续在平面引领（见图7-2、图7-3）。

图 7-2　有电梯员时的引领

图 7-3　开关直升电梯的手势

（3）进出房引领。

在出入房门时，标准做法是位高者先进或先出房门。但是如果需要引领时又或者室内灯光昏暗的话，引领者需主动替来宾开门或关门。此刻，引领者可先行一步，推开或拉开房门，待来宾首先通过，随之再轻掩房门，赶上来宾。切记不可用肘部顶、膝盖拱、臀部撞、脚尖踢等不良方式开关门。此外，尽量是反手开门，反手关门，始终注意面向对方，而非背部面向对方。

（4）轿车引领。

如果引领者与来宾出行，宾主不同车时，一般应该由引领者坐在车前，来宾坐车后，宾主同车时，则大都讲究引导者后登车，先下车，来宾先登车，后下车。

（三）注意事项

引领时一定要配合相应的语言，并尽量使用普通话，声音适当、温柔、有亲和力；注意指引方向时，不可用一根手指指出，显得不礼貌；引领时不可以使用您的下颌进行提示；引领时不可以左顾右盼，心不在焉。

二、介绍礼仪

介绍是现代社交场合中人们互相了解的基本方式，正确的介绍礼可以使不相识的人相互认识。人们也可以通过落落大方的介绍和自我介绍，显示良好的交际风度，促成社会交往。介绍礼仪有三种，即自我介绍、介绍他人和集体介绍。

（一）自我介绍

1. 基本程序

自我介绍的基本程序是：先向对方点头致意，得到回应后再向对方介绍自己的姓名、身份和单位，同时递上准备好的名片。自我介绍时，表情要坦然、亲切，注视对方，举止稳重，如果见到陌生人就紧张胆怯，不仅说不清自己的身份和来意，还会造成难堪的局面。

需要注意的是：如果有介绍人在场，自我介绍会被视为对介绍人的不尊重。自我介绍时应善于用眼神的交流表达自己的友善及沟通的渴望。如果想认识旅游行业的某位人物，最好预先获得一些有关他的资料或情况，如性格、兴趣、爱好等，通过主动出击、寻找共同点、突出介绍重点等融洽交谈来加深印象。

2. 关键细节

（1）时机。

自我介绍前，一定要注意对方是否表现出想认识自己的愿望。如果有不相识者要求自己作自我介绍，或有必要与他人建立临时接触时、自我推荐时、自我宣传时；又或欲结识某些人或某个人，而又无人引见时等，如有可能，即可向对方自报家门，自己将自己介绍给对方。

（2）时间。

自我介绍时要言简意赅，时间以半分钟为佳，最好不超过 3 分钟。有时为了节省时间，就可以利用名片、介绍信加以辅助。

（3）态度。

态度一定要自然、友善、亲切、随和，要表现得镇定自若、落落大方。既不能唯唯诺诺，畏首畏尾；又不能虚张声势、轻浮夸张、矫揉造作。表示自己渴望认识对方时要真诚，语气要自然，语速要正常，语音要清晰。

3. 主要形式

（1）应酬式。

适用于某些公共场合和一般性的社交场合，这种自我介绍最为简洁，往往只包含姓名一项即可。例如："您好，我叫 ××。"

（2）工作式。

适用于工作场合，介绍内容包括本人姓名、所在单位及部门、承担的职务或从事的具体工作等。例如："你好，我叫 ××，我是 ×××× 学校 ×× 系教师。"

（3）交流式。

适用于社交活动，介绍的内容更包括姓名、工作、籍贯、学历、兴趣以及与交往对象的某些熟人的关系，应依照具体情况而定。例如："我的名字叫 ××，×× 公司的人力资源部经理，我和您先生是高中同学。"

（4）礼仪式。

适用于讲座、报告、演出、庆典、仪式等一些正规而隆重的场合，介绍内容包括姓名、单位、职务等项。例如："各位来宾，大家好！我叫 ××，是 ×× 集团的总经理。现在由我代表总公司欢迎各位光临我们的周年庆典，谢谢大家的支持。"

（5）问答式。

适用于应试、应聘和公务交往。一般来说，就是有问必答，问什么就答什么。

（二）介绍他人

又称第三者介绍，是经第三者为彼此不相识的双方引荐、介绍的一种交际方式。介绍他人通常是双向的，即对被介绍者双方各自作一番介绍。有时也需要进行单向的介绍，即只将被介绍者中某一方介绍给另一方。

1. 时机

遇到下列情况时，有必要进行介绍：

（1）与家人外出，路遇家人不相识的同事或朋友。

（2）本人的接待对象遇见了其不相识的人士，而对方又跟自己打了招呼。

（3）在家中或办公地点，接待彼此不相识的客人或来访者。

（4）打算推介某人加入新的交际圈。

（5）受到为他人作介绍的邀请。

（6）陪同亲友前去拜访亲友不相识者。

2. 态度

为他人作介绍的时候，要了解双方是否有结识的意愿，要慎重自然，不要贸然行事。介绍他人时，要有礼貌地以手示意，不要指指点点。此外，介绍者为被介绍者介绍之前，要征求被介绍双方的意见，切勿上去开口便讲，显得很唐突，让被介绍者感到措手不及。被介绍者在介绍者询问自己是否有意认识某人时，一般不应拒绝，而应欣然应允，实在不愿意时，则应说明理由。

3. 顺序

在现代社交场合介绍他人时，谁先谁后是比较敏感的问题。一般来说，人们要遵循"尊者有优先知情权"的礼仪规则。先确认双方的具体情况后，再作依次介绍。根据规则，介绍他人的礼仪顺序大致有以下内容（见表7-1）。

表7-1　介绍他人的顺序

介绍他人时的不同情况	先	后
介绍公司同事与客户时	同事	客户
介绍非官方与官方人士时	非官方	官方
介绍本国与外国同事时	本国	外国
介绍女士与男士认识时	男士	女士
介绍长辈与晚辈认识时	晚辈	长辈
介绍上下级认识时	下级	上级
介绍来宾与主人认识时	主人	来宾
介绍同事、朋友与家人认识时	家人	同事、朋友
介绍已婚者与未婚者认识时	未婚者	已婚者
介绍与会先到者与后来者认识时	后来者	先到者

4. 内容

根据场合的不同，为他人做介绍时的内容也会有所不同。通常有以下几种方式可供选择（见表7-2）。

表7-2　介绍他人的方式

介绍他人的方式	适用场合	介绍内容
一般式、推荐式	正式场合	以介绍双方的姓名、单位、职务等为主；或者介绍者经过精心准备，将某人举荐给另一人，介绍时一般会对被介绍者的优点加以重点介绍
引荐式	普通场合	将被介绍双方引到一起
附加式	社交场合	用于强调其中一位被介绍者与介绍者之间的关系，以期引起另一位被介绍者的重视

续表

介绍他人的方式	适用场合	介绍内容
简单式	一般场合	只介绍双方姓名一项，甚至只提到双方姓氏而已
礼仪式	隆重场合	其语气、表达、称呼上都更为规范和谦恭

5. 手势

介绍他人时，介绍的姿态都应该使被介绍者面向对方，伸出手做出介绍手势，具体做法是：手臂打开，手掌向上，五指并拢伸向被介绍者。千万不能用手指指指点点或手指张开，因为这样显得粗俗无礼。

6. 其他注意事项

（1）介绍者为被介绍者介绍之前，一定要征求一下被介绍双方的意见，切勿上去开口即讲，这样会显得很唐突，让被介绍者感到措手不及。

（2）被介绍者在介绍者询问自己是否有意认识某人时，一般不应拒绝，而应欣然应允。实在不愿意时，则应说明理由。

（3）介绍人和被介绍人都应起立，以示尊重和礼貌；待介绍人介绍完毕后，被介绍双方应微笑点头示意或依照合乎礼仪的顺序握手，并且彼此问候对方。问候语有"你好、很高兴认识你、久仰大名、幸会幸会"，必要时还可以进一步作自我介绍。

（4）在宴会、会议桌、谈判桌上，介绍人和被介绍人视情况可不必起立，被介绍双方可点头微笑致意；如果被介绍双方相隔较远，中间又有障碍物，可举起右手致意，点头微笑致意。

（三）集体介绍

集体介绍是指在双方和多方人员共同参与聚会或活动时，为使参与人员之间互相认识进行的介绍。实际上，集体介绍是他人介绍的一种特殊形式，一般是在规模较大的社交聚会上，有多方参加，各方均可能有多人。

1. 顺序

集体介绍的顺序可参照他人介绍的顺序，也可酌情处理。但需注意越是正式、大型的交际活动，越要注意介绍的顺序。

（1）"少数服从多数"，当被介绍者双方地位、身份大致相似时，应先介绍人数较少的一方。

（2）强调地位、身份。若被介绍者双方地位、身份存在差异，虽人数较少或只一人，也应将其放在尊贵的位置，最后加以介绍。

（3）单向介绍。在演讲、报告、比赛、会议、会见时，往往只需要将主角介绍给广大参加者。

人数多一方的介绍。若一方人数较多，可采取笼统的方式进行介绍。比如："这是我的家人""这是我的同学"。

（4）人数较多各方的介绍。若被介绍的不止两方，需要对被介绍的各方进行位次排列。排列的方法为：①以其负责人身份为准；②以其单位规模为准；③以单位名称的英文字母顺序为准；④以抵达时间的先后顺序为准；⑤以座次顺序为准；⑥以距介绍者的远近为准。

2. 注意事项

集体介绍的注意事项与他人介绍的注意事项基本相似。除此之外，还应再注意以下两点：

（1）不要使用易生歧义的简称，在首次介绍时要准确地使用全称。

（2）不要开玩笑，要很正规。介绍时要庄重、亲切，切勿开玩笑。

三、名片礼仪

名片是当代人际交往中一种最经济实用的介绍性媒介。作为个人介绍信和社交联谊卡，名片在社交场合中可用以自我介绍、保持联系、业务介绍、通知变更、拜会他人、简短留言等（见图7-4）。

图 7-4 商务名片样例

（一）**索要**

在现代社交场合中，如果没有必要，最好不要强索他人的名片。若有心索要他人名片，则应采用以下几种方法：

一是明示法。即向对方提议交换名片。

二是交易法。即主动递上本人名片，此所谓将欲取之，必先予之。

三是谦恭法。即询问对方：今后如何向您请教？此法适用于向尊长索取名片。

四是联络法。即询问对方：以后怎样与您联系？此法适用于向平辈或晚辈索要名片。

注意的是，当他人索取本人名片，而自己不想给对方时，不宜直截了当，而应以委婉的方法表达此意。可以说：对不起，我忘记带名片。或者说：抱歉，我的名片用完了。但若手中正拿着自己的名片，并且已被对方看见了，则那样讲显然不合适。

若本人没有名片，而又不想明说时，亦可以上述方法委婉地表述。

如果自己名片真的没有带或是用完了，自然也可以这么说，不过不要忘记加上一句改日一定补上，并且一定要言出必行，付诸行动，否则会被对方理解为自己没有名片，或故意不想给对方名片。

（二）**交换**

1. 交换名片的时机

希望认识对方，表示自己重视对方，被介绍给对方，对方想要自己的名片，提议交换名片，初次登门拜访对方，通知对方自己的变更情况，希望获得对方的名片等。

2. 不必交换名片的场合

如果对方是陌生人，你不想认识对方，不愿与对方深交，对方对自己并无兴趣，经常与对方见面，双方之间地位、身份、年龄差别很大等场合可以不必交换名片。

（三）**递交及保存**

1. 递送名片

递名片给他人时，应郑重其事。最好是起身站立，走上前去，使用双手或者右手，将名片正面面对对方，交予对方。

切勿以左手递交名片，不要将名片背面面对对方或是颠倒着面对对方，不要将名片举得高于胸部，不要以手指夹着名片给人。

若对方是少数民族或外宾，则最好将名片上印有对方认得的文字的那一面面对对方。

将名片递给他人时，口头上应有所表示。可以说"请多指教""多多关照""今后保持联系""我们认识一下吧"，或是先作一下自我介绍。

与多人交换名片，应讲究先后次序，由近而远，或由尊而卑。一定要依次进行，切勿挑三拣四，采用跳跃式方法。当然，也没有必要滥发自己的名片。双方交换名片时，最正规的做法是，位卑者应当首先把名片递给位尊者。不过一般也不必过分拘泥于这一规定（见图 7-5）。

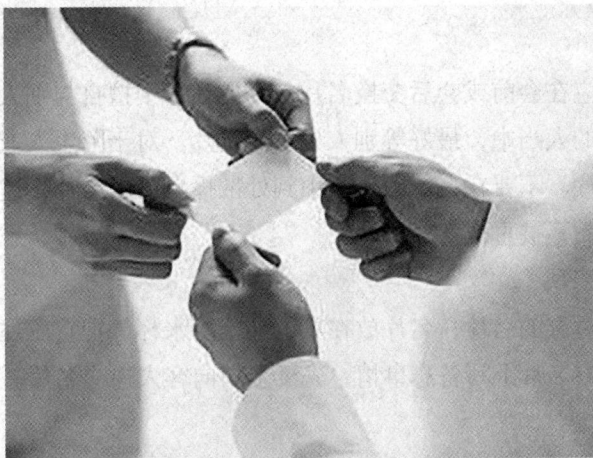

图 7-5　递送名片

2. 接拿名片

当他人表示要递名片给自己或交换名片时，应立即停止手中所做的一切事情，起身站立，面含微笑，目视对方。接受名片时，宜双手捧接，或以右手接过，切勿单用左手接过。若需要当时将自己的名片递过去，则最好在收好对方的名片后再做，不要一来一往同时进行。

接过名片，首先要看，此点至为重要。具体而言，就是在接过名片后，当即要用一分钟左右的时间，从头至尾将其认真默读一遍。若有疑问，则可当场向对方请教，此举意在表示重视对方。若接过他人名片后看也不看即手头把玩，或弃之桌上，或装入衣袋，或交予他人，都算失礼的行为。

接受他人名片时，应口头道谢，或重复对方所使用的谦辞敬语，如"请您多关照""请您多指教"等，切不可一言不发。

3. 与多人交换名片

应讲究先后次序，或由近而远，或由尊而卑，一定要依次进行。切勿挑三拣四、采用"跳跃式"。当然，当他人表示要递名片给自己或交换名片时，应立即停止手上所做的一切事情，起身站立，面含微笑，目视对方。

（四）注意事项

1. 准备充分

首先要把自己的名片准备好，整齐地放在名片夹、盒或口袋中，要放在易于掏出的口袋或皮包里。出席重大的社交活动，一定要记住带名片且是足够数量的名片。交换名片时如果名片用完，可用干净的纸代替，在上面写上个人信息。

2.完整清洁

名片是自己的脸面，破旧名片应尽早丢弃，与其发送一张破损或脏污的名片，不如不送。

3.掌握时机

参加会议时，应在会前或会后交换名片，不要在会中擅自与别人交换名片。假设处在一群彼此不认识的人当中，最好等别人先发送名片。对于陌生人或巧遇的人，不要在谈话中过早发送名片。不要在一群陌生人中到处散播自己的名片，这会让人误以为是想推销什么物品，反而不被重视。

4.防止外行的表现

无意识地玩弄对方的名片；名片放在桌上甚至用水杯等把它压住；把对方名片放入裤兜里；当场在对方名片上写备忘事情；先于上司向客人递交名片，等等。

学习拓展

名片的失误

某公司新建的办公大楼需要添置一系列的办公家具，价值数万元。公司的总经理已做了决定，向A公司购买这批办公用品。这天A公司的销售部负责人打电话来，要上门拜访这位总经理。总经理打算，等对方来了，就在订单上盖章，定下这笔生意。

不料对方比预订的时间提前了2小时，原来对方听说这家公司的员工宿舍也要在近期内落成，希望员工宿舍需要的家具也能向A公司购买。为了谈成这件事，销售负责人还带来了一大堆的资料，摆满了台面。总经理没料到对方会提前到访，刚好手边又有事，便请秘书让对方等一会儿。这位销售员等了不到半小时，就开始不耐烦了，一边收拾起资料一边说：我还是改天再来拜访吧。

这时，总经理发现对方在收拾资料准备离开时，将自己刚才递上的名片不小心掉在了地上，对方却并没有发觉，走时还无意从名片上踩了过去。但这个不小心的失误，却令总经理改变了初衷，A公司不仅没有机会与对方商谈员工宿舍的设备购买，连几乎到手的数百万元办公用具的生意也告吹了。

四、致意礼仪

所谓致意，是指在现代社交场合中，人们借由行为举止来向他人表达问候、尊重和敬意，它通常在迎送、拜访或被别人引见时作为见面的礼节，对社交活动成效影响极大。礼貌的致意，不仅会给人以友好友善的感觉，而且会让对方感受到你的修养和素质。

（一）基本规则

1. 致意讲究先后顺序

通常应遵循"尊者优先"的原则，即年轻者先向年长者致意；学生先向老师致意；男士先向女士致意；下级先向上级致意等。

2. 致意的细节规范

向他人致意时，往往可以两种形式同时使用，如点头与微笑并用，起立与欠身并用。致意时应大方、文雅，一般不要在致意的同时，向对方高声叫喊，以免妨碍他人。如遇对方先向自己致意，应以同样的方式回敬，不可视而不见。

（二）主要形式

1. 点头致意

点头致意往往在社交场合遇到相识的人而相距较远时；与相识者在一个场合多次见面时；对一面之交或不太相识的人在社交场合见面时，均可微笑点头向对方致意，以示问候，而不应视而不见，不理不睬。施礼时，一般应不戴帽子。具体做法是：身体要保持正直，两脚跟相靠，双手下垂置于身体两侧或搭放于体前，目视对方，面带微笑，头向前下微低。注意不宜反复点头，也不宜幅度过大。

2. 欠身致意

欠身致意是一种表示致敬的举止，常常用在别人将你介绍给对方，或是主人向你奉茶等时候。欠身致意时，应以腰为轴，上体前倾 15° 即可。行礼时应面带微笑注视对方。如果是坐着，欠身时只需稍微起立，不必站立起来。

3. 举手致意

举手致意的场合，与点头致意的场合大致相似，它最适合向距离较远的熟人打招呼。行举手礼的正确做法是，右臂向前方伸直，右手掌心向着对方，轻轻向左右摆动一两下。不要将手上下摆动，也不要在手部摆动时以手背朝向对方。

4. 注目致意

注目致意主要用于升国旗、剪彩揭幕、庆典等活动时。行注目礼时，不可戴帽、东张西望、嬉皮笑脸、大声喧哗。正确的做法为：身体立正站好，挺胸抬头，双手自然下垂放于身体的两侧，表情庄重严肃，目视行礼对象，并随之缓缓移动。

5. 鞠躬致意

《论语·乡党》："入公门，鞠躬如也。"正如前所述，鞠躬礼在我国社交场合中有相当长的应用历史，至今仍然是我们日常生活、社交活动中的重要礼节之一。

（1）场合。

现在，鞠躬礼不仅成为服务行业也是社交场合中，向他人表示致意、谢意、致歉等方面的常用礼节。社交活动中，鞠躬致意还可以用于演讲者或演员感谢观众的热情欢迎掌声、上台领奖后向授奖人及与会观众表示感谢等。另外，拜托别人帮忙，行鞠躬礼表示感谢，或由于做错了事，行鞠躬礼表示道歉，也不乏其例。

（2）方式。

依据敬意程度，鞠躬礼大体分3个档次：浅度、中度、深度。浅度鞠躬上身弯曲15~30°，敬意程度稍轻，略高于日常使用的点头致意礼节，适合于见面招呼、社交问候；中度鞠躬上身弯曲30~45°，适合于一般性感谢、敬意、歉意以及招呼客人等；深度鞠躬上身弯曲45~90°，表示郑重、虔诚的敬意、悔恨。浅度、中度鞠躬，只需致礼一次，不可连续、重复施礼。深度鞠躬敬意程度高，一般需连续致礼3次，头部下垂，上身下弯度可达90°。

（3）要领。

仪态郑重，神情亲切，动作稍缓慢。在受礼人前约两米，摘下围巾、帽子，目视对方，挺胸、站直，脚跟并拢，两脚尖稍分开。先致问候语，再弯身鞠躬行礼。说话和鞠躬不可同时进行。头部与上身保持一致，向前、向下弯，颈部不可伸得太长，上身抬起略慢于下弯。

双手：男士鞠躬时，双臂下垂，手指并拢，贴于身体两侧；如两脚分开，两臂也可顺着上身动作，手背朝外，垂于体前，演员谢幕时，可如此行礼。女士则手指并拢，双手叠搭于腹前，右手盖在左手上。注意，鞠躬时不可将双手背于身后。

目光：行礼开始时，要注视对方眼睛。问候之后，随致礼时上身前倾、下垂，目光要下移，离开受礼人脸部，最后落在自己脚前。礼毕，站直时，目光又回到对方面部。

时间：从问候、弯腰，到上身恢复原状，鞠躬致敬过程2~3秒就够了。时间过长显得拖沓，过短会让人感到心意不诚。致礼上半身弯下时，可先吸一口气，动作到位后，略做停顿，然后慢慢平身，头部不可先行抬起。

回应：互相行鞠躬礼时，地位低者、后辈应先致礼。对别人的鞠躬致意，应及时回应。地位相当者，可回致同样鞠躬，长辈、年老者可欠身、拱手或握手作答均可。无动于衷，或回礼马虎、潦草，会让人难堪，是失礼行为。

（4）忌讳。

鞠躬行礼时，忌讳不郑重。如不脱帽，或边鞠躬边说话，甚至嬉笑、左顾右盼、吃东西、一只手插在衣袋里等。鞠躬时应避开受礼人视线，这是表示恭敬、恭顺的重点所在。鞠躬时试图看对方的脸，势必要把头抬起、倾斜，使眼睛上翻，使鞠躬动作滑稽可笑，是不尊重对方的严重失礼行为。在应该行鞠躬礼的时候，以点头哈腰应付，是轻视受礼人的不严肃表现（见图7-6）。

图 7-6　鞠躬的不同尺度

五、邀请礼仪

现代社会中，邀请有时也被称为邀约或邀集。站在社会交往这一角度来看待邀请，实质上是一种双向的约定行为。当一方邀请另一方或多方人士，前来自己的所在地或者其他某处地方约会，以及出席某些活动时，不能仅凭自己的一厢情愿行事，而是必须取得被邀请方的同意与合作。作为邀请者，不能不自量力，无事生非，自寻烦恼，既麻烦别人，又自讨没趣。作为被邀请者，则需要及早地做出合乎自身利益与意愿的反应。不论是邀请者还是被邀请者，都必须把邀约当作重要事项看待，对它绝不可掉以轻心，大而化之。

（一）邀请类型

在一般情况下，邀请有正式与非正式之分。正式的邀请，既讲究礼仪，又要设法使被邀请者备忘，故此多采用书面的形式。非正式的邀请，通常是以口头的形式来表现。相对而言，它要显得随便一些。正式的邀请，则有请柬邀请、书信邀请、传真邀请、电报邀请、便条邀请等具体形式。它适用于正式的商务交往中。非正式的邀请，也有当面邀请、托人邀请以及打电话邀请等不同形式。

在比较正规的社会交际如商务往来之中，必须以正式邀请作为主要形式。因此，有必要对它做出较为详尽的介绍。在正式邀请的诸形式之中，档次最高，也最为商界人士所常用的当数"请柬邀请"。凡精心安排、精心组织的大型活动与仪式，如宴会、舞会、纪念会、庆祝会、发布会、单位的开业仪式等，只有采用请柬邀请嘉宾，才会被人视之为与其档次相称。

（二）请柬采用

请柬又称请帖，它一般由正文与封套两部分组成。不管是上街购买印刷好的成品，还是自行制作，在格式与行文上，都应当遵守规定。请柬正文的用纸，大都比较考究。它多用厚纸对折而成。

以横式请柬为例，对折后的左面外侧多为封面，右面内侧则为正文的行文之处。封面通常讲究采用红色，并标有"请柬"二字。请柬内侧可以同为红色，或采用其他颜色。但民间忌讳用黄色与黑色，这两种颜色通常不可采用。在请柬上亲笔书写正文时，应采用钢笔或毛笔，并选择黑色、蓝色的墨水或墨汁。红色、紫色、绿色、黄色以及其他鲜艳的墨水，则不宜采用。目前，商务交往中所采用的请柬，基本上都是横式请柬。它的行文是自左而右，自上而下地横写的。除此之外，还有一种竖式请柬，它的行文则是自上而下，自右而左地竖写的。竖式请柬则多用于民间的传统性交际应酬。

在请柬的行文中，通常必须包括活动形式、活动时间、活动地点、活动要求、联络方式以及邀请人等项内容。在对外交往中使用的请柬，应采用英文书写。在行文中，全部字母均应大写，不分段，不用标点符号，并采用第三人称。在请柬的封套上，被邀请者的姓名要清楚、端正。这是为了对对方示敬，也是为了确保它被准时送达。

（三）书信邀请

以书信为形式对他人发出的邀请，叫作书信邀请。比之于请柬邀请，书信邀请显得要随便一些，故此它多用于熟人之间。用来邀请他人的书信，内容自当以邀约为主，但其措辞不必过于拘束。它的基本要求是言简意赅，说明问题，同时又不失友好之意。在当今新媒体时代，书信邀请完全可以利用电邮、微信、QQ、传真、电报等多元媒体载体，且在装贴与款式方面，电子邀请信不必过于考究，且由于它在生活情境中的大量运用，反而往往会使被邀请者感到亲切、自然。

六、送别礼仪

现代社会交往中，他人来时，以礼相待；他人告辞，还应当以礼相送，使整个交往过程善始善终。送客如若失礼，会大大影响社交效果。因为他人离开后，会很自然地品评主方待客情况。因此，送别礼仪要讲究礼仪艺术。

（一）道别礼仪

社交场合中，如交往一方告辞离开时，主人一般应真诚地挽留，并起身与客人握手道别。不论是朋友来访，还是业务上的往来，当对方走时，作为东道主，一定要热情相送，不要一出门，对方客气表示请留步，就不送了。即便之前谈得再热情、再友好，如果你一关门就把对方推出去了，他会从心里感到不自在。所以无论是谁来访、无论对方多客气地不让送，都要送对方一程，并叮嘱"小心慢走""注意台阶"，使用"感谢光临""欢迎再来"等礼仪用语。

对于本地客人，一般应陪同送行至本单位楼下或大门口，待客人远去后再回单位。如果是乘车离去的客人，一般应走至车前帮客人拉开车门，待其上车后轻轻关门，并挥手道别，目送车开远后再离开。

（二）送行礼仪

如果是企业交往行为，主方可协助外地客人办好返程手续，准确掌握外地客人离开本地时间及所乘交通工具的意向，为其预订好车票、机票，尽早通知客人，使其做好返程准备。如果要更周到的安排的话，应该还要为长途旅行的客人准备一些途中吃的食品。同时，最好由原交往人员将客人送至车站、码头、机场。如果原交往人员因为特殊原因不能送行，应该向客人解释清楚，并表示歉意。

送客乘坐交通工具的时间一定要严格掌握，送客的人到达的时间要恰当，要给客人留出收拾东西、打点行装的时间。去得太早，不但会影响客人收拾行李，而且也有催行的嫌疑；来得太晚，可能会错过飞机或火车的开行时间，让客人着急。

七、馈赠礼仪

随着现代社会交际活动的日益频繁，馈赠礼仪能起到联络感情、加深友谊、促进交往的作用，越来越受到人们的重视。

（一）选择礼品

正确选择礼品的做法是，既要考虑到对方的文化、习俗、爱好、性别、身份、年龄，又要考虑到礼品本身的思想性、实用性、艺术性、趣味性和纪念意义等，还要注意避奢脱俗。掌握好以下原则有助于馈赠方选好合适的礼品。

1. 对象原则

在选择礼品时，必须考虑到自己与受赠对象之间的关系现状，不同的关系应当选择不同的礼品。应根据与馈赠对象的亲缘关系、地缘关系、业缘关系、性别关系、友谊关系、文化习惯关系、偶发性关系等在选择礼品时要区别对待。例如，玫瑰是爱情的象征，是送给女友或夫人的佳礼。但若把它随便送给一位普通关系的异性朋友，就可能引起误会。

2. 轻重原则

通常情况下，礼品的贵贱厚薄，往往是衡量交往人的诚意和情感浓烈程度的重要标志。然而，礼品的贵贱厚薄与其物质的价值含量并不总成正比。因为礼物是言情寄意表礼的，它仅仅是人们情感的寄托物，人情无价而物有价，有价的物只能寓情于其身，而无法等同于情。也就是说，就礼品的价值含量而言，礼品既有其物质的价值含量，也有其精神的价值含量。"千里送鹅毛"的故事，在我国妇孺皆知，是礼轻情意重的楷模和学习典范。"折柳相送"也常为文人津津乐道。

但是，如果因种种原因陷入"人情债务链"时，则既要注意以轻礼寓重情，又要入乡随俗地根据馈赠目的和自己的经济实力，择定不同轻重的礼物。对于那些人情礼轻重的把握尺度，目前国内常以个人收入的1/3为最上限，下限则酌情而定。总之，除非是有特殊目的的馈赠，其他馈赠礼物的贵贱厚薄都应以对方能愉快接受为尺度。

3. 效用性原则

同一切物品一样，当礼以物的形式出现时，礼物本身也就具有了价值和实用价值。就礼品本身的实用价值而言，人们经济状况不同、文化程度不同、追求不同，对于礼品的实用性要求也就不同。一般来说，物质生活水平的高低，决定了人们精神追求的不同。在物质生活较为贫寒时，人们多倾向选择实用性的礼品，如食品、水果、衣料、现金等；在生活水平较高时，人们则倾向选择艺术欣赏价值较高、趣味性较强和具有思想性、纪念性的物品为礼品。因此，应视受礼者的物质生活水平，有针对性地选择礼品。

4. 投好避忌原则

就礼品本身所引发的直接后果而言，由于民族、生活习惯、生活经历、宗教信仰以及性格、爱好的不同，人们对同一礼品的态度是不同的，或喜爱或忌讳或厌恶，等等。因此，旅游公关人员一定要把握投其所好、避其禁忌的原则，馈赠前充分了解受礼者的喜好，尤其是禁忌。

总的来说，选择礼品不应忽视的禁忌有四类：第一类，个人禁忌。送情侣表给一位刚刚守寡的妇女、送一条三五烟给一位从不吸烟的长者，都会触犯对方的私人禁忌。第二类，民俗禁忌。如俄罗斯人最忌讳送钱给别人，因为这意味着施舍和侮辱，汉族人忌送钟、伞，因为这意味着不吉利。第三类，宗教禁忌。如对伊斯兰教徒不能送人形礼物，也不能送酒、雕塑和女人的画片，因为他们认为酒是一切万恶之源。第四类，伦理禁忌。如各国均规定不得将现金和有价证券送给并无私交的公务人员。

（二）馈赠时机

就馈赠的时机而言，及时适宜是最重要的。中国人很讲究"雨中送伞""雪中送炭"，即十分注重送礼的时效性，因为只有在最需要时得到的才是最珍贵难忘的。一般来说，时间贵在及时，超前滞后都达不到馈赠的目的；机会贵在事由和情感及其他需要的程度，"门可罗雀"时和"门庭若市"时，人们对馈赠的感受会有天壤之别。所以，对于处境困难者的馈赠，其所表达的情感就更显真挚和高尚。

学习拓展

奥黛丽·赫本的礼物

国际著名影星奥黛丽·赫本十分爱狗。多年来一直养着一只叫杰西的长耳罗塞尔种的小猎犬。白天，杰西那无忧无虑和温柔的品性，令赫本感到平和温暖，夜晚杰西暖融融地依偎在赫本的脚旁，伴她入睡。然而，有一天，杰西误吃了毒药，很快就死了，赫本爱犬心切，一连数日无法控制自己的情绪，终因悲伤过度而一病不起。这时，她的朋友克里斯多夫·格里文森托人给她送来了又一只长耳罗塞尔狗，它叫彭妮，小巧玲珑，毛色白亮，十分可爱。彭妮给了赫本无限的慰藉，赫本说："彭妮不仅使我恢复了健康，也赐给我无限的幸福，它真是来自天堂的宝贝。"

（三）精美包装

赠送的礼品要有精美的包装，不可把一堆没有包装的礼品放在一起，随便用提包一装就给人送去。此外，礼品包装时还应注意包装的材料、容器、图案造型、商标、文字、色彩的选择和使用符合相关政策法规和习俗惯例，不要触及或违反受赠方的宗教和民族禁忌。

像有的国家关于数字方面的禁忌也是礼品包装所要注意的问题。如日本忌讳"4"和"9"这两个数字，因此，出口日本的产品，就不能以"4"为包装单位，像4个杯子一套，4瓶酒一箱这类包装，在日本都将不受欢迎，而欧美人则忌讳"13"。

礼品包装时，应根据世界各国的生活习俗，选择适宜的色彩。日本忌绿色喜红色，美国人喜欢鲜明的色彩，忌用紫色；伊斯兰教徒特别讨厌黄色，因为它象征死亡，喜欢绿色，认为它能祛病除邪；基督教徒憎恨包装盒上出现"十字架"型的礼结等。

（四）赠送地点

馈赠时应注意区分公务场合与交际场合。在公务交往中，一般应选择工作场所或交往地点赠送礼品；而在社交过程中，则宜于私下赠送，受赠对象的家中通常是最佳地点。

（五）馈赠方法

1. 说明意图

应在适当的时机和场合赠送礼品，送礼前应先向对方致以问候，简要委婉地说明送礼的意图，如"祝你工作顺利""真是感谢你上次的帮助"等。

2. 介绍礼品

赠送礼品时，送礼者应对礼品寓意、礼品使用方法、礼品特色等适当明确解释。邮寄赠送或托人赠送时，应附上一份礼笺，用规范、礼貌的语句解释送礼缘由。在当面赠送礼品时，则应亲自道明送礼原因和礼品寓意，并附带说一些尊重、礼貌的吉言敬语。

3. 仪态大方

在面交礼品时，送礼者应着装规范，起身站立，面带微笑，目视对方，双手递交。将礼品交予对方后，与对方热情握手。

（六）受赠礼仪

1. 心态开放

接受礼品时，受赠者应保持客观、积极、开放、乐观的心态，要充分认识到对方赠礼行为的郑重和友善，不能心怀偏颇，轻易比较礼品的价值高低或做出对方有求于己的判断。

2. 仪态大方

受礼时，受赠者应落落大方，起身相迎，面带微笑，目视对方，耐心倾听，双手接受。受礼后与对方热情握手，不可畏畏缩缩、故作推辞或表情冷漠、不屑一顾。

3. 受礼有方

按照国际惯例，受礼后一般可以当面拆启包装，仔细欣赏，面带微笑，适当赞赏。切不可草率打开，丢置一旁，不理不睬。中国人比较含蓄，不习惯当面打开，所以与中国人交往时也可遵守这一传统习惯。另外，不是有礼必受，对于有违规越矩送礼之嫌的，应果断或委婉拒绝。

4. 表示谢意

接受礼品时，应充分表达谢意。表达时应让对方觉得真诚、友好，若是贵重礼品，往往还需要用打电话、电子邮件等方式再次表达谢意，必要时还应选择适当的时机加以还礼。

（七）拒收礼品

生活中经常会出现别人送的礼品自己不方便收的情况，那么，遇到这样的情况我们该如何处理呢？首先要明确哪些是应拒绝收纳的礼品，如并不熟悉的人送的极其昂贵的礼品；隐含着需要你发生违法乱纪行为的礼品；你觉得似乎自己接受后会受到对方控制的礼品。

另外，在拒收礼品时，也要注意分寸，讲究礼仪。应保持礼貌、从容、自然、友好，先向对方表达感激之情，再向对方详细说明拒收的原因，切不可生硬地阻挡，以免对方难堪。

学习拓展

送花礼仪

如果需要送花表达心意，切记无论送鲜花还是干花都要注意：与花店加强沟通，避免写错收花人的名字，虽然对方一定知道不是你的错，但是仍会让人觉得别扭；要特别注意不要送红玫瑰之类有特殊含义、引人遐想的花。送花的技巧包括以下内容：

1. 新店开张

对新店、公司开业则宜送繁花似锦的花篮或花牌，以祝贺生意兴隆，财源广进。宜送月季、紫薇等，这类花花期长，花朵繁茂，寓意"兴旺发达，财源茂盛"。

2. 乔迁新居

送可以改善家庭新居污染的花卉或含有财源广进的观叶植物，一般以吊兰，常春藤、芦荟、仙人掌、发财树、摇钱树、富贵龙、绿萝、荷兰铁为宜。

3. 工商界朋友

可送杜鹃花、大丽花、常春藤等祝福其前程似锦，事业成功。

4. 祝贺结婚

对祝贺结婚的除用玫瑰、百合、郁金香，香雪兰、扶郎花外，还可添加菊花（国内作喜花看待）、剑兰、大丽、风信子、舞女兰、石斛兰、嘉特兰、大花蕙兰、红掌等。

5. 祝贺生日

对祝贺友人的生日，属喜庆的花都可相赠。但对于长辈就应选用万寿菊、龟背竹、百合花、万年青、报春花等具有延年益寿含义的花草，如能赠送国兰或松柏、银杏、古榕等盆景则更能表达尊崇的心意。

6. 朋友远行

宜送芍药，因为芍药不仅花朵鲜艳，且含有难舍难分之意。

7. 送离退休同事

可选兰花、梅花、红枫、君子兰，敬祝正气长存，保持君子的风度与胸怀。

8. 灵台致祭或习俗扫墓

至于哀悼死者，除送花圈外一般不必另送花束，但可以送白色菊花。对灵台致祭或习俗扫墓应以白花为主和搭配其他时花，也可以在墓前栽种塔柏、南洋杉、雪松等常绿植物。

9. 出生满月

对出生满月的婴儿最好送给各种鲜艳的时花和香花。

10. 送病人

给病人送花有很多禁忌，探望病人时不要送整盆的花，以免病人误会为久病成疾。香味很浓的花对手术病人不利，易引起咳嗽；颜色太浓艳的花，会刺激病人的神经，激发烦躁情绪；山茶花容易落蕾，被认为不吉利。看望病人宜送兰花、水仙、马蹄莲等，或选用病人平时喜欢的品种，有利病人怡情养性，早日康复。

课后研讨

接待礼仪是企事业单位的工作核心之一，也是现代职场人士的必备技能。为了能展示组织及个人良好形象，应在接待礼仪各个细节由内而外传递出对接待对象的尊重，做到心中有数、眼里有活，同时制定符合企业实际情况的高标准服务流程、时刻为接待对象考虑来做好接待工作。请根据已学习的社交礼仪内容，为某企业设定一个具体的接待场景，制定一份翔实的接待方案（可以包括形象塑造、会务管理、接待流程等）。

第八章　中国餐饮礼仪文化

📖 学习目标

1. 了解中国经典菜系的分布、特点和特色菜品。
2. 了解中国酒饮的种类、起源、发展现状。
3. 理解中国古代菜肴的陈设、饮食的流程、饮食的规矩。
4. 掌握现代中餐位次礼仪、中西餐用餐礼仪。
5. 掌握斟酒的规则、喝酒的礼仪、敬酒的礼仪。
6. 掌握上茶的礼仪、喝茶的礼仪。

➡ 佳句赏析

饮水思源，饮食须谨。——《孟子》
客到屋，酒逢杯，有限量，知足好。——《诗经》
茶有道，不求热烈，只愿从容。——《茶经》

中国餐饮礼仪文化的精髓，宛如一幅细腻而丰富的画卷，流淌着千年的韵味与智慧。其独特之处，在于和谐、尊重与谦逊的完美融合。和谐，是中国餐饮礼仪文化的核心。从菜肴的色香味搭配，到餐具的摆放与选择，再到宾客的座次安排，无不体现了和谐共生的理念。每一道菜都如同大自然中的一分子，相互映衬，共同构成了一幅美丽的画面；尊重，贯穿于餐饮礼仪的始终。尊重食物，尊重他人，更尊重传统文化。在餐桌上，人们不仅品尝着美食，更在传递着对食物的敬意与感恩。尊重他人，则体现在言谈举止之间，谦和待人，礼貌周到，使餐饮成为增进感情、加深友谊的桥梁；谦逊，是中国餐饮礼仪文化的又一重要品质。主人谦逊待客，不骄不躁；宾客谦逊入座，不卑不亢。在餐桌上，人们相互谦让，不争不抢，展现了中华民族的传统美德。这些品质不仅体现了中华民族的文化底蕴，更成为我们日常生活中不可或缺的一部分。

第一节 古代餐饮礼仪

中国古代餐饮礼仪，承载着深厚的文化底蕴与人文精神。其精髓在于"和"与"敬"。餐桌之上，主人谦和待客，宾客恭敬入席，体现了和谐共处的社会理念。餐具摆放有序，食物分配均匀，展现了公平与尊重。席间交谈温文尔雅，举止得体，彰显了礼仪之邦的风范。每一道菜肴的品尝，都伴随着对食物的敬畏与珍惜，传达了天人合一、尊重自然的哲学思想。这些礼仪不仅是餐桌上的规矩，更是中华民族礼仪文化的缩影，体现了古人的智慧和修养。

一、中国经典菜系

我国有鲁菜、川菜、粤菜、苏菜、闽菜、浙菜、湘菜、徽菜八大菜系，其中鲁菜、川菜、粤菜、苏菜形成于清代初期，成为当时最有影响的地方菜，被称作"四大菜系"。到清末时，浙菜、闽菜、湘菜、徽菜四大新地方菜系分化形成，共同构成中国传统饮食的"八大菜系"。

（一）山东菜（鲁菜）

山东菜系餐饮文化的精髓，在于其深厚的历史底蕴与独特的烹饪哲学。它讲究"醇而不腻，鲜而不浮"，每一道菜都散发着浓郁的山东风情。传统烹饪技艺与现代创新理念的结合，让山东菜在保持原汁原味的同时，又不失时尚感。山东菜系注重食材的天然与新鲜，追求原汁原味，强调健康饮食。其独特的烹饪手法和丰富的菜品选择，不仅令人垂涎欲滴，更展现了山东人民对美食的热爱与追求。这种独特的餐饮文化，如同山东大地一般，厚重而富有魅力。山东菜历史悠久，影响广泛，是中国饮食文化的重要组成部分，以其味鲜咸脆嫩、风味独特、制作精细享誉海内外。庖厨烹技全面，巧于用料，注重调味，适应面广，其中尤以"爆、炒、烧、塌"等最有特色。

（二）四川菜（川菜）

四川菜系餐饮文化的精髓，在于其麻辣鲜香、热烈奔放的独特风味。每一道菜都如同四川的山川河流，热烈而富有激情。辣椒与花椒的巧妙搭配，释放出浓郁的麻辣味道，令人回味无穷。四川菜系不仅追求味道的极致，更讲究食材的新鲜与烹饪的精细。从选材到烹饪，每一步都凝聚着厨师的匠心独运。这种对美食的热爱与追求，使得四川菜系成为中华美食的瑰宝，让人沉醉其中，流连忘返。四川菜由成都菜、重庆菜、自贡菜组成，原料以省境内所产的山珍、水产、蔬菜、果品为主，兼用沿海干品原料；调味以本省井盐、川糖、花椒、姜、辣椒及豆瓣、腐乳为主。味型以麻辣、鱼香、怪味为突出特点，素以"尚滋味""好辛辣"著称。

（三）广东菜（粤菜）

广东菜系餐饮文化的精髓，在于其清新雅致、兼容并蓄的烹饪理念。选材讲究新鲜，追求食材的原汁原味，每一道菜都犹如岭南大地的清泉，纯净而甘甜。烹饪手法细腻独特，蒸、炖、炒、烧，样样精通，将食材的鲜美发挥到极致。广东菜系不仅注重味道的丰富多样，更追求营养均衡，注重食疗养生。广东菜由广州菜、潮州菜、东江菜组成，而以广州菜为代表，既有传统佳肴的韵味，又吸收外来烹饪技法的精华，形成了兼容并蓄的餐饮文化。

（四）江苏菜（苏菜）

江苏菜系餐饮文化的精髓，在于其精细雅致、色香味俱佳的烹饪艺术。选材讲究，注重时令与新鲜，每一道菜都仿佛是大自然的馈赠，凝聚着四季的精华。烹饪手法细腻，刀工精细，火候独到，使得菜品色香味俱佳，令人垂涎欲滴。江苏菜系不仅追求口感上的满足，更讲究营养与健康的平衡。菜品丰富多样，既有江南水乡的婉约风味，又有淮扬菜的精致典雅，都体现着江苏人民对美食的极致追求与不断创新的精神。江苏菜的主要特点是原料以水产为主，注重鲜活；加工精细多变，因料加工施艺；烹制善用火功，调味清鲜平和，由今淮扬、金陵、苏锡、徐海四大地方风味构成。

（五）福建菜（闽菜）

福建菜系餐饮文化的精髓，在于其独特的地域风味和深厚的文化底蕴。海鲜丰富，尤以海蛎、鱼丸等闻名，每一口都仿佛是大海的馈赠，鲜甜而纯粹。烹饪手法讲究，注重原汁原味，清蒸、红烧、炖煮等技法，将食材的鲜美发挥得淋漓尽致。福建菜系不仅追求口感的鲜美，更注重食材的营养与健康。菜品风格多样，既有福州菜的清鲜，又有闽南菜的浓郁，每道菜都散发着浓厚的地域风情。福建菜以烹调山珍海味而著称，在色香味形俱佳的基础上，尤以"香""味"见长，其清鲜、醇和、香荤、不腻的风格特色，以及汤路广泛的特点，拥有福州、闽南、闽西三路不同的技术和风味，在烹坛园地中独占一席。

（六）浙江菜（浙菜）

浙江菜系餐饮文化的精髓，在于其清新雅致、注重食材本味的烹饪哲学。浙江菜讲究"鲜、嫩、滑、爽"，每道菜都犹如江南水乡的一幅水墨画，清新脱俗。选用当地时令食材，如西湖莼菜、东海黄鱼，追求食材的原汁原味，让每一口都充满自然的鲜美。烹饪手法细腻，注重火候与调味，使菜品口感丰富，层次分明。浙江菜系不仅追求味蕾的享受，更强调健康与营养的平衡，将传统烹饪技艺与现代健康理念完美结合。浙江菜是由杭州、宁波、绍兴菜发展而成的，其中杭州菜久负盛名。杭州菜集全省各地菜肴精华为一体，以制作精细、清鲜爽脆、淡雅细腻的风格著称，集中体现了浙江菜的主要风味特色。

（七）湖南菜（湘菜）

湖南菜系餐饮文化的精髓，在于其辣而不燥、香醇浓郁的独特风味。湖南菜由湘江流域、洞庭湖区和湘西山区为基调的三种地方风味组成，每一道菜都犹如湘江的激流，热烈而奔放，辣味中蕴含着丰富的层次与韵味。湖南菜讲究用料广泛，口味多变，辣椒与姜蒜的巧妙搭配，使得菜品香辣可口，回味无穷。烹饪手法上，湖南菜注重火候的掌握，善于运用蒸、煮、炖、炒等多种技法，将食材的鲜美与调料的风味完美融合。湖南菜系不仅追求口感的刺激与满足，更强调菜品的健康与营养，体现了湖南人民对美食的热爱与追求。

（八）安徽菜（徽菜）

安徽菜系餐饮文化的精髓，在于其古朴典雅、重味尚鲜的独特风味。菜品注重原汁原味，追求食材的自然鲜美，每一道菜都仿佛是一幅山水画，细腻而富有韵味。安徽菜讲究刀工精细，烹饪手法独特，善于运用炖、蒸、烧、炒等技法，将食材的鲜美与调料的醇厚完美融合。由于不同的自然条件和民风食俗，形成了徽菜多姿多彩的复合风味，大体可分为皖南、沿江、淮北菜三大类。徽菜中的名菜如臭鳜鱼、毛豆腐等，以其独特的风味令人陶醉。此外，安徽菜系还强调汤品的烹制，汤汁鲜美醇厚，令人回味无穷。

二、中国酒饮

（一）米酒

中国是米酒的故乡。早在新石器时代中期，我们的祖先就已懂得酿酒。1983年，在陕西眉县马家镇杨家村的仰韶时代遗址中出土一组陶制酒器，包括五个小杯、四个大杯和一件葫芦瓶，这是迄今为止我国出土最早的一组酒器，距今6000多年。属于新石器时代后期的龙山文化遗址和大汶口文化后期遗址出土的酒器，则不胜枚举。成套酒器的出现，说明酒已变成日常饮料，只有具备定向生产酒的能力，才有可能形成这种情况。中国历史上的名酒数以千计，许多酿酒基地都有跨世纪沿用的酒窖。著名的泸州酒窖，从明代万历年间开始，沿用了400多年，至今仍香味四溢，成了闻名遐迩的古窖名酒基地。中国的米酒具有浓香、清香、酱香、豉香、肉香、米香等多种香型，这些米酒各具特色，香气扑鼻，口感醇郁，饮后回甘，各具魅力。它与茶一样，与国民生活结下了不解之缘，成了饮食文化的重要组成部分。但如饮酒无度，则会损害健康或造成社会问题。

米酒文化，宛如一首流淌千年的诗篇，诉说着古人的智慧与情怀。它源于自然的馈赠，汲取着大地的精华，经过岁月的沉淀，酿就了独特的芬芳。米酒文化，彰显着人与自然和谐共生的理念。它让人们懂得珍惜大自然的恩赐，倡导绿色健康的生活方式。同时，米酒也是人际交往的桥梁，人们在品酒的过程中，增进了彼此的了解与友谊。总之，米酒文化是一种独特的文化现象，它融合了自然、历史、人文等多重元素，成为中华民族传统文化的重要组成部分。

（二）茶

甲骨文中的"茶"字是以手采茶芽或采茶籽的象意字，这是商代已有茶的反映。陆羽《茶经》记载：唐代大巴山到巫峡一带，有两人合抱的大茶树。唐代见到的这种参天大茶树，始植年代可上溯到商代或更早。我国最初培植茶叶是在西南地区，晋代常璩《华阳国志》记载：武王伐纣以后，巴为封国，四川的茶、蜜、丹、漆等都是常年贡品。云南西双版纳勐海县的巴达山现今还有一株老茶树，高达30多米，据鉴定已有1700多年的树龄，这是目前所知世界上最古老的一株茶树。文献记载最早的植茶基地是四川。《茶经》列举唐代出产茶叶的地方，包括秦岭和淮河以南四五十个州县，可见到了唐代，茶叶种植已遍布于大半个中国。茶的外传，大约也起于唐代，鉴真和尚东渡时传到日本；西部经维吾尔族和突厥族的商人传到亚洲西部；近代传到欧、美、非、澳各洲。茶叶多姿多彩的色、香、味、形，使它具有特殊的艺术品格和文化素质。它的品类很多，按其制法可分为绿茶类（包括青茶和白茶）、红茶类（包括普洱、六安等）、乌龙茶类（包括岩茶、单枞、铁观音、水仙等等）、花茶类、紧压茶（包括各类砖茶和沱茶）五大类。

茶带着淡淡的清香走进人世，给人类增添无限生活情趣，以茶敬客或以茶作为各类人文活动的媒介，都能增进温馨祥和的气氛，所以茶成了人际关系中的和平使者。在人际关系中，无论在客厅里待客，在茶楼里对茗，或在茶会中共饮，都自然形成一种温馨淡雅的气氛，有利于心灵的交流。自古以来，在中国社会生活中，形成了名目繁多的以"茶"为主题的聚会，最初发生在士大夫中，或以吟诗作对相聚；或以游名山、品名泉相聚；或以恳亲娱乐相聚；或为亲友洗尘、饯别相聚。这种茶聚，从茶具到饮茶环境的美化，从烹茶技艺到饮啜的艺术化、礼仪化，逐渐形成一种生活规范，这就产生了各种"茶道"（把饮茶与修心养性和心灵交融结合起来）和"茶艺"（把饮茶过程程式化、艺术化）。许多世纪以来，茶在中国的社会生活和交际场所中，几乎无所不在。

三、菜肴的陈设

中国古代菜肴摆设礼仪文化的精髓，在于雅致与和谐的统一。宴席之上，菜肴的摆设犹如一幅精美的画卷，色彩搭配、造型设计皆讲究和谐与平衡。主菜居中，配菜环绕，寓意着团结与和谐。餐具的摆放亦需细致入微，每一道菜肴的呈现都凝聚着厨师的匠心与技艺。古人注重饮食美学，菜肴的摆设不仅追求外在的美观，更强调内在的文化内涵。通过菜肴的摆设，传达出对宾客的尊重与欢迎，营造出温馨、雅致的用餐氛围。这种追求雅致与和谐的菜肴摆设礼仪文化，彰显了中国古代文化的独特魅力。

礼仪产生于饮食，同时又严格约束饮食活动。尤其古代的饮食礼仪，不仅讲求饮食规格，而且连菜肴的摆放也有规则，还有饭菜的食用规定、上菜的礼仪等。古代的菜肴摆放规则，凡是陈设便餐，带骨的菜肴放在左边，切的纯肉放在右边。干的食品菜肴靠着人的左手方，羹汤放在靠右手方。细切的和烧烤的肉类放远些，醋和酱类放在近处。蒸葱等伴料放在旁边，酒浆等饮料和羹汤放在同一方向。如果要分陈干肉、牛脯等物，则弯曲的在左，挺直的在右。这套规则在《礼记·少仪》和《礼记·曲礼》中均有详细记载。中国古代，在饭、菜的食用上都有严格的规定，通过饮食礼仪体现等级区别，如王公贵族讲究"牛宜秩，羊宜黍，象宜穆，犬宜粱，雁宜麦，鱼宜涨，凡君子食放焉"。而贫民的日常饭食则以豆饭藿羹为主，"民之所食，大抵豆饭藿羹"。此外，古代菜肴的品种也有等级分类，用来体现各个阶层的区别。古代上菜时，要用右手握持，而托捧于左手上；上鱼肴时，如果是烧鱼，以鱼尾向着宾客；冬天鱼肚向着宾客的右方，夏天鱼脊向着宾客的右方。

四、饮食的流程

中国古代饮食流程文化，如诗如画，流转着千年的雅致与礼仪。从选材开始，古人便讲究时令与新鲜，尊重食材的原汁原味。烹饪时，火候的掌握、调料的搭配，皆需细致入微，以呈现佳肴的色香味俱佳。席间，宾客按序入座，主人谦和待客，气氛和谐。菜肴一道道呈上，每一道都蕴含着深厚的文化底蕴。用餐时，人们细嚼慢咽，品味食物的鲜美，同时交流情感，增进友谊。餐后，古人还注重茶点搭配，以消食解腻，增添雅趣。整个饮食流程不仅是一场味蕾的盛宴，更是一次文化的传承与体验。

作为汉族传统的古代宴饮礼仪，一般的程序是：主人折柬相邀，到期迎客于门外；客至，互致问候，延入客厅小坐，敬以茶点；导客入席，以左为上，是为首席。席中座次，以左为首座，相对者为二座，首座之下为三座，二座之下为四座。客人坐定，主人敬酒让菜，客人以礼相谢。宴毕，导客人客厅小坐，上茶，直至辞别。

五、饮食的规矩

（一）宴请之礼

宴请是古人社交活动的重要组成部分，因此古人非常注重宴请的礼仪。主人宴请宾客，要以请柬相邀，当客人登门时主人要迎客于门外。客人进门后要先互致问候，请入侧室，敬以茶点，然后引客人入席。宴请座位也是一门大学问，还记得著名的"鸿门宴"里，项羽、项伯坐的是主位东向坐，即最尊贵的位置，其次是谋士范增南向坐，而刘邦作为项羽的客人只有北向坐，地位最低的张良自然就是西向东坐了。从座次中可以明显看出项羽对刘邦的轻视，正因为刘邦懂得宴席座次里的这些讲究，才能更加警惕，帮助他逃过一劫。

（二）尊卑之礼

尊卑之礼，历来是中国礼仪中的一个重要内容，古人将餐桌礼仪立为伦理纲常、家训甚至法律予以遵守。古时陪伴长者饮酒时，年少者须起立为长者斟酒，并离开座席面向长者施礼。当长者表示不必如此时，年少者方可入座而饮，如果长者举杯一饮未尽，少者不得先干。与长者同桌进餐，年少者要先吃几口饭，虽然年少者可以先吃，但又不能先吃饱完事，必得等长者吃饱后才能放下碗筷。年少者吃饭时要小口地吃，而且要快些咽下去，随时要准备回复长者的问话，谨防发生边吃边说。如果餐桌上有水果等物，则要让长者先吃，年少者不可抢先。古人对水果等食物比较重视，长者若赐水果，吃完剩下的果核不能扔下，须揣在兜里带走，否则便是失礼。

（三）进食之礼

在用饭过程中，也有相关礼仪。《礼记曲礼》记载："共食不饱，共饭不泽手，毋抟饭，毋放饭，毋流歠，毋咤食，毋啮骨。毋反鱼肉，毋投与狗骨。毋固获，毋扬饭，饭黍毋以箸。毋嚃羹，毋刺齿，毋歠醢，客絮羹，主人辞不能亨，客歠醢，主人辞以窭。濡肉齿决，干肉不齿决，毋嘬炙。卒食，客自前跪，撤饭齐以授相者，人兴辞于客，然后客坐。"这段话的大意是：同别人一起进食，不能吃得过饱，要注意谦让。如果和别人一起同器食饭，手上不能有汗泽。不要用手撮饭团，不要把多余的饭放进食器中。不要猛饮汤汁像流水发出声响，咀嚼时不要让口中发出难听声音，主人会觉得你是对他的饭食表现不满意。不要专意去啃骨头，这样容易发出不好听的声响，使人有不雅不敬的感觉。不要把咬过的鱼肉又放回盘中，不要把咬过的骨头扔给狗。不要专据食物，也不要簸扬热饭使其变冷。吃黍饭不要用筷子，但也不提倡直接用手抓，食饭必得用匙。不可以用口圉圉地喝汤，也不要调和羹汤。不要当众剔牙齿，也不要喝肉醢汁。如果有客人在调和羹汤，主人就要道歉，说是烹调得不好；如果客人喝酱汁，主人也要道歉，说是备办的食物不够。湿软的肉可以用牙齿咬断，干肉就得用手分食，吃炙肉时不能并在一起吃。吃饭完毕，客人应起身向前收拾桌上的碟子交给旁边伺候的主人，主人跟着起身，请客人不要劳动，然后客人再坐下。

第二节　现代餐饮礼仪

在现代社会，餐饮礼仪不仅是一种行为准则，更是展现文明素养和社交能力的重要窗口。随着时代的发展，中国餐饮礼仪文化不断演变，融合了传统与现代的精髓，反映了当代人们的生活态度和社会价值观。在今天的餐桌上，我们不仅注重食物的品质和营养，更注重与人的交往方式和沟通技巧。现代餐饮礼仪不仅强调了对待食物的敬畏和对待客人的尊重，还更加注重环境保护和健康生活的理念。通过了解和遵循现代餐饮礼仪，我们能够提升自身的综合素养，增强社交能力，更好地融入现代社会生活。因此，现代餐饮礼仪不仅是一种生活方式，更是一种文明素养的象征，引领着我们走向更加文明和谐的未来。

📑 案例阅读

尊老与共享的宴会

在一个周末的傍晚，张家的客厅内布置得温馨而雅致，桌上摆满了各式佳肴。这是张家为庆祝张老爷子八十岁寿辰而举办的家庭宴会。张家的儿女、孙子、孙女以及亲朋好友都聚集一堂，共同为老人祝寿。宴会开始前，张家的儿女们按照传统礼仪，先向老人鞠躬行礼，然后献上精心准备的寿礼。接着，宴会正式开始。在座位上，年长的张老爷子被安排在主位，其他人则按照辈分和年龄依次入座。在用餐过程中，张家儿女们不断向老人敬酒、夹菜，表达对老人的敬意和关爱。而张老爷子也慈祥地回应着儿女们的关心，不时地向大家讲述自己年轻时的故事。整个宴会充满了欢声笑语，温馨而和谐。在宴会的高潮部分，张家儿女们一起为老人唱起了生日歌，并送上了生日蛋糕。老人眼中闪烁着感动的泪光，微笑着接受了大家的祝福。

本案例展示了中国餐饮礼仪文化中尊老与共享的精神。在餐桌上，长者的地位被高度尊重，他们的意见和需求被优先考虑。同时，家庭成员之间通过共同用餐、互相照顾、分享美食的方式，增进了彼此之间的感情和信任。这种尊老与共享的精神不仅体现了中国传统文化中的孝道思想，也体现了家庭和睦、社会和谐的价值观。

一、中餐位次礼仪

现代中餐位次礼仪文化的精髓，在于尊重与和谐。在餐桌上，座位的安排体现了对长辈、贵宾的尊重，主人位于主位，以示对宾客的欢迎与款待。宾客按尊卑长幼依次入座，彰显礼仪之邦的严谨与秩序。席间，举止言谈需得体大方，夹菜时避免触碰他人的餐具，传递菜肴时应展现优雅风范。用餐时，细嚼慢咽，既是对食物的尊重，也是对他人的尊重。现代中餐位次礼仪文化，不仅传承了古代礼仪的精髓，更融入了现代社会的文明与和谐。它让人们在享受美食的同时，感受到礼仪文化的熏陶，营造出一种温馨、和谐的用餐氛围。

中华饮食文化源远流长，饮食礼仪自然成为饮食文化的一个重要部分，尤其在商务聚餐时，更加注重中餐位次礼仪。商务聚餐的第一目的，不是吃饭，而是换一个场合沟通。所以不论中餐还是西餐，都需要知道"怎么坐"和"怎么做"。

1. 桌次排列

在中餐宴请活动中，往往采用圆桌布置菜肴、酒水。圆桌排列的尊卑次序，有以下两种情况。

（1）由两桌组成的小型宴请。

这种情况，又可以分为两桌横排和两桌竖排的形式。当两桌横排时，桌次是以左为尊，以右为卑。这里所说的右和左，是由面对正门的位置来确定的。当两桌竖排时，桌次讲究以远为上，以近为下。这里所讲的远近，是以距离正门的远近而言，如图8-1所示。

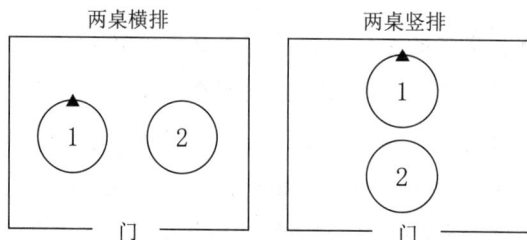

图 8-1　两桌宴请桌次示意[①]

（2）由三桌或三桌以上的桌数所组成的宴请。

在安排多桌宴请的桌次时，除要注意"面门定位""以左为尊""以远为上"规则外，还应兼顾其他各桌距离主桌的远近。通常，距离主桌越近，桌次越高；距离主桌越远，桌次越低，如图8-2至图8-4所示。

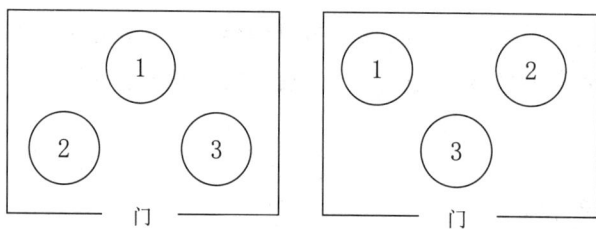

图 8-2　三桌宴请桌次示意[②]

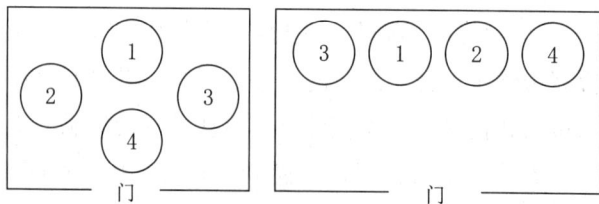

图 8-3　四桌宴请桌次示意[③]

①②③　杨雅蓉.高端商务礼仪［M］.北京：化学工业出版社，2021.

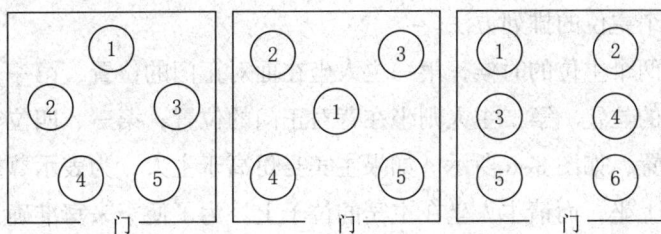

图 8-4　五桌宴请以上桌次示意 [①]

在安排桌次时，所用餐桌的大小、形状要基本一致。除主桌可以略大外，其他桌都不要过大或过小。为了确保在宴请时赴宴者及时、准确地找到自己所在的桌次，可以在请柬上注明对方所在的桌次、在宴会厅入口悬挂宴会桌次排列示意图、安排引位员引导来宾按桌就座，或者在每张餐桌上摆放桌次牌（用阿拉伯数字书写）。

2. 位次排列

宴请时，每张餐桌上的具体位次也有主次尊卑的分别。排列位次的基本方法是：主人大都应面对正门而坐，并在主桌就座；举行多桌宴请时，每桌都要有一位主桌主人的代表在座，位置一般和主桌主人同向，有时也可以面向主桌主人；各桌位次的尊卑，应根据距离该桌主人的远近而定，以近为上，以远为下；各桌距离该桌主人相同的位次，讲究以右为尊，即让该桌主人面向为准，右为尊，左为卑。根据以上位次的四个排列方法，圆桌位次的具体排列可以分为两种具体情况，它们都和主位有关。

（1）每桌一个主位的排列方法。

每桌只有一个主位，一般遵循"面门为上""以右为尊"的原则，主人在主位上坐，第一主宾坐在主人的右手位置，第二主宾坐在主人的左手位置。其余客人按此顺序排列下去，如图 8-5 所示。

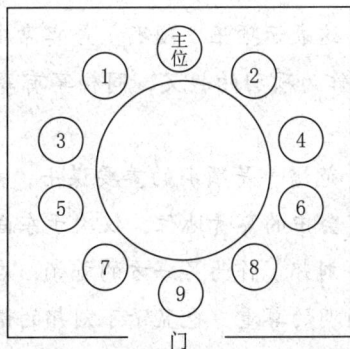

图 8-5　每桌一个主位的排列方法 [②]

①② 杨雅蓉. 高端商务礼仪 [M]. 北京：化学工业出版社，2021.

（2）每桌两个主位的排列方法。

如果每桌有两个主位的时候，第一主人坐在面对正门的位置，第一、二主宾分别坐在其右手和左手的位置。第二主人则坐在背对正门的位置，第三、四位客人分别坐在其右手和左手的位置，如图 8-6 所示。如果主宾身份高于主人，为表示尊重，也可以安排主宾在主人位子上坐，而请主人坐在主宾的位子上。为了便于来宾准确无误地在自己位次上就座，除招待人员和主人要及时加以引导指示外，应在每位来宾所属座次正前方的桌面上，事先放置醒目的个人姓名座位卡。举行涉外宴请时，座位卡应以中、英文两种文字书写。中国的惯例是，中文在上，英文在下。必要时，座位卡的两面都可书写用餐者的姓名。

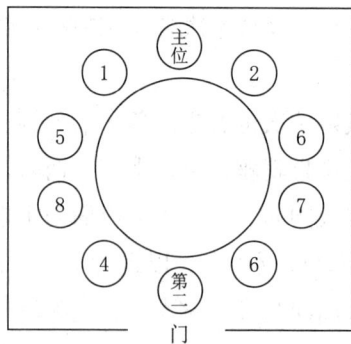

图 8-6　每桌两个主位的排列方法 [①]

学习拓展

从《鸿门宴》中窥探中餐位次礼仪

（1）项王、项伯东向坐：这表示项王（项羽）是宴席中的最尊贵者，因为根据古时的礼仪，"东向"为尊。项伯作为项羽的叔父，同样享有尊贵的地位，因此也坐在东向的位置。

（2）亚父南向坐：亚父（范增）是项羽的重要谋士，被尊称为"亚父"，地位仅次于项羽。南向坐体现了他在宴会中的尊贵地位，仅次于东向的项羽和项伯。

（3）沛公北向坐：沛公（刘邦）作为另一方的首领，在宴会中处于次要的地位，因此坐在北向。这既体现了对项羽的尊重，也显示了刘邦的谦逊。

（4）张良西向侍：张良作为刘邦的谋士，在宴会中处于侍者的位置，坐在西向。这反映了在古代宴会中，侍者的地位最低，通常坐在最不被重视的位置。

通过《鸿门宴》中的座次安排，我们可以清晰地看到中餐位次礼仪的严格和细致。

---

① 杨雅蓉.高端商务礼仪［M］.北京：化学工业出版社，2021.

在古代，座次的安排不仅体现了参与者的社会地位和身份，也反映了宴会的正式程度和尊重程度。同时，这种位次礼仪也体现了古代社会的等级观念和尊卑有序的思想。在现代社会，虽然位次礼仪的具体形式已经有所变化，但其基本精神和原则仍然值得我们学习和借鉴。

二、用餐礼仪

（一）中餐

现代中餐用餐礼仪文化的精髓，在于对传统的继承与发扬，同时融入现代社会的文明与和谐。宾客入座时，应遵循长幼尊卑的顺序，展现对长辈和贵宾的尊重。用餐时，举止应优雅得体，轻声细语，避免喧哗。餐具的使用要规范，如筷子不宜插立碗中，以示尊重食物。品尝美食时，应细嚼慢咽，珍惜每一口滋味，同时与同桌交流情感，增进友谊。餐后，适当称赞菜肴的美味，表达对主人的感谢。现代中餐用餐礼仪文化，不仅是对食物的尊重，更是对人际关系的珍视，体现了中华民族的传统美德与文明素养。

1. 点菜礼仪

点菜是商务宴请的初始阶段，它关系到整个宴请的成功与否。如果因为点菜不周到而让客人不满，会影响到整个宴请的效果，甚至会影响到商务工作。所以掌握商务宴请的点菜技巧是必不可少的。

（1）谁来点菜。

宴请时谁点菜很讲究，要看被请人的身份地位，以及彼此的关系。因为彼此关系、身份地位不同则点菜的方式也会不同。如果是主人买单，先让客人点菜，然后主人再点菜；如果客人是外地来访，尽量主人点菜；如果陪同领导吃饭，千万不要因为尊重他，或是认为他应酬经验丰富，而让他来点菜，除非是他主动要求，否则他会觉得不够体面，但要把点酒水饮料的权利留给领导。

（2）点什么菜。

点菜时，一定要心中有数。点菜时，可根据以下三个规则来进行：一看人员组成。一般来说，人均一菜是比较通用的规则。如果是男士较多的餐会可适当加量；二看菜肴组合。一般来说，一桌菜最好是有荤有素，有冷有热，尽量做到全面。如果桌上男士多，可多点些荤食，如果女士较多，则可多点几道清淡的蔬菜；三看宴请的重要程度。若是普通的商务宴请，平均一道菜在 50~80 元可以接受。如果宴请的对象是比较关键的人物，则可以点几个高端一些的菜。

（3）点菜注意事项。

在点菜时要注意，尽量避免重复的配料、口味、烹调方法等。要注意就餐人员的忌讳、地区口味、年龄差别、身体健康状况等因素。重点菜和口味菜需提前询问一下大家是否喜欢，尤其注意不要只点适合自己口味的菜。点菜要上档次，只需点几个有特色、有档次的菜，不需要每个菜都很昂贵。要注意客人是否有忌口——是否吃辣、是否有孕、是否服药、是否海鲜过敏，如有老人、小孩注意点几个清淡、软烂的菜。点菜时不应询问服务员菜肴的价格，或是讨价还价，这样会让客户觉得不自在。

学习拓展

不同商务场合的点菜技巧

（1）商务会谈双方初次接洽。商务会谈双方第一次接洽宴请客户点菜的原则是体面周到。真诚、自然的表现是非常重要的。点菜之前最好能够进行几分钟非正式的谈话，让对方先放松，打破商务工作中的僵局。

（2）商务谈判中宴请点菜。商务谈判中宴请要讲究档次，做到简约精致。点菜的时候主方主动点菜，或者将菜单给谈判方人员浏览，并请他们点菜。一般这些都是礼仪礼貌性的点菜，做主的人仍是主方。

（3）商务合作宴请点菜技巧。由于有了商业目的，怎么吃饭就不再是一件简单的事情。食材都变成了一种商务工具或者说是道具。如何发挥这些道具的作用，可是大有学问的。合作中商务合作宴请突出经济实惠，人少时，菜最好少而精；人多时，菜最好精而全。合作宴请点菜原则是喜庆祥和，注意营养、色彩、口味、烹调等的有效搭配。

2.餐具使用礼仪

中餐与西餐相比最大的不同就是就餐所用的餐具。中餐的餐具一般摆有一个食碟、一个汤碗、两把汤匙、一副筷子及筷子架，食碟的前面从左至右依次摆放水杯（大杯）、葡萄酒杯（中杯）白酒杯（小杯）。如图8-7所示。

图8-7 中餐餐具摆放

（1）筷子。

中餐最主要的餐具就是筷子，筷子必须成双使用。用筷子用餐取菜时，需注意以下几个问题：

①要注意筷子是用来夹取食物的，用来剔牙或用来夹取食物之外的东西都是失礼的。

②与人交谈时，要暂时放下筷子，不能一边说话，一边像指挥棒似的舞筷。

③不论筷子上是否残留食物，千万不要去舔。

④不要把筷子竖插在食物的上面，因为在中国习俗中这是有一定忌讳的。

（2）勺子。

中餐里勺子的主要作用是舀取菜肴和食物。有时，在用筷子取食的时候，也可以使用勺子来辅助取食，但是尽量不要单独使用勺子去取菜。同时在用勺子取食物的，不要舀取过满，以免溢出弄脏餐桌或衣服。在舀取食物后，可在原处暂停片刻，等汤汁不会再往下流再移过来享用。用餐间，暂时不用勺子时，应把勺子放在自己身前的碟子上，不要把勺子直接放在餐桌上，或让勺子在食物中"立正"。用勺子取完食物后，要立即食用或是把食物放在自己碟子里，不要再把食物倒回原处。若是取用的食物太烫，则不可用勺舀来舀去，也不要用嘴对着勺子吹，应把食物先放到自己碗里等凉了再吃。切记不要把勺子塞到嘴里，或是反复舔食。

（3）碗。

中餐的碗可以用来盛饭、盛汤，进餐时，可以手捧饭碗就餐。拿碗时，用左手的四个手指支撑碗的底部，拇指放在碗端。吃饭时，饭碗的高度大致和下巴保持一致。

（4）盘子。

中餐的盘子有很多种，稍小点的盘子叫碟子，主要用于盛放食物，使用方面和碗大致相同。用餐时，盘子在餐桌上一般要求保持原位，且不要堆在一起。需要重点介绍的是一种用途比较特殊的盘子——食碟，也称餐碟或骨碟。食碟在中餐里的主要作用是用于暂放从公用的菜盘中取来享用的菜肴。使用食碟时，应注意以下事项：

①一般不要取放过多的菜肴在食碟里。

②不吃的食物残渣、骨头、鱼刺不要吐在饭桌上，而应轻轻取放在食碟的前端，取放时不要直接从嘴里吐到食碟上，而要使用筷子夹放到碟子前端。

③如果食碟放满了，可示意让服务员换食碟。

（5）汤盅。

汤盅是用来盛放汤类食物的。用餐时，使用汤盅有一点要注意的是，将汤勺取出放在垫盘上并把盅盖翻转平放在汤盅上则表示汤已经喝完。

（6）水杯。

中餐的水杯主要用于盛放清水、果汁、汽水等软饮料。使用水杯需注意以下事项：

①不要用水杯来盛酒，也不要倒扣水杯。

②喝进嘴里的东西不能再吐回水杯里，这样是十分不雅的。

（7）牙签。

牙签也是中餐餐桌上的必备之物。它有两个作用：一是用于扎取食物；二是用于剔牙。但是用餐时尽量不要当众剔牙，非剔不可时，要用另一只手掩住口部，剔出来的食物，不要当众"观赏"或再次入口，更不要随手乱弹、随口乱吐。剔牙后，不要叼着牙签，更不要继续用其来扎取食物。

（8）水盂。

水盂，也就是盛放清水的洗手盅。它是在用餐期间，进食海鲜等带有腥味食物后用于洗手的。盂中的水千万不能喝。洗手时，先将两手轮流沾湿指尖，然后浸入水中刷洗。洗毕，应将手置于餐桌之下，用餐巾擦干。

（9）湿巾。

中餐用餐前，一般会为每位用餐者上一块湿毛巾。这块湿毛巾的作用是擦手，不要用其擦脸、擦嘴、擦汁。擦手后，应该把它放回盘子里，由服务员拿走。宴会结束前，服务员一般会再上一块湿毛巾，和前者不同的是，这块湿毛巾是用擦嘴的，也不能用其擦脸或抹汗。

3. 就餐礼仪

中国人一般都很讲究吃，同时也很讲究吃相。随着餐饮礼仪越来越被重视，饭桌上的吃和吃相也更加讲究。

（1）餐前洗手。

中餐宴席进餐伊始，服务员送上的第一道湿毛巾是擦手的，不要拿去擦脸。上龙虾、鸡、水果时，会送上一只小水盂，其中漂着柠檬片或玫瑰花瓣，它不是饮料，而是洗手用的。洗手时，可两手轮流沾湿指头，轻轻涮洗，然后用小毛巾或餐巾擦干。

（2）用餐时要注意文明礼貌。

对外宾不要反复劝菜，可向对方介绍中国菜的特点。有人喜欢向他人劝菜，甚至为对方夹菜，外宾没这个习惯，若是一再客气，可能会让对方反感。

（3）入席后，不要立即动手取食。

入席后，应待主人打招呼，由主人举杯示意开始时客人才能开始动手取食。夹菜要文明，应等菜肴转到自己面前时再动筷子，不要抢在邻座前面，一次夹菜也不宜过多。要细嚼慢咽，这不仅有利于消化，也是餐桌上的礼仪要求。绝不能大块往嘴里塞，狼吞虎咽，这样会给人留下贪婪的印象。不要挑食，不要只盯住自己喜欢的菜吃，或者急忙把喜欢的菜堆在自己的盘子里。

（4）用餐的动作要文雅。

夹菜时不要碰到邻座，不要把盘里的菜拨到桌上，不要把汤泼翻。不要发出不必要的声音，如喝汤时"咕噜咕噜"，吃菜时嘴里"叭叭"作响，这都是粗俗的表现。不要一边吃东西，一边和人聊天。嘴里的骨头和鱼刺不要吐在桌子上，可用餐巾掩口，用筷子取出来放在碟子里。掉在桌子上的菜，不要再吃。进餐过程中不要玩弄碗筷，或用筷子指向别人。不要用手去嘴里乱抠。不要让餐具发出任何声响。

（5）餐后事宜。

用餐结束后，可以用餐巾、餐巾纸或服务员送来的小毛巾擦擦嘴，但不宜擦头颈或胸脯。餐后不要不加控制地打饱嗝，在主人还没示意结束时，客人不能先离席。

（二）西餐

现代西餐用餐礼仪文化的精髓，在于对细节的极致追求与对礼仪的尊重。宾客入座时，应等待主人引导，展现对主人的尊重与礼貌。用餐时，举止应优雅得体，餐具使用需遵循规范，如左手持叉、右手持刀，以示对食物的敬重。品尝美食时，应细嚼慢咽，不大声喧哗，以免影响他人。酒水的饮用也要适量，以展现对自身的控制力。餐后，应将餐具摆放整齐，表示对服务人员劳动的尊重。现代西餐用餐礼仪文化，不仅是对美食的享受，更是对礼仪文化的传承与发扬，彰显着现代社会的文明与和谐。

1. 餐前礼仪

（1）事先预约。

越高档的饭店越需要事先预约。预约时，不仅要说清人数和时间，也要表明是否需要隐蔽或视野良好的座位。如果是生日或其他特别的日子，可以告知宴会的目的和预算。在预定时间内到达，是基本的礼貌。

（2）穿着得体。

再昂贵的休闲服，也不能随意穿着进入西餐厅。吃饭时穿着得体是欧美人的常民。去高档的餐厅，男士要穿着整洁的上衣和皮鞋；女士要穿套装和有跟的鞋子。如果指定需穿正式服装的话，男士必须打领带，进入餐厅时，男士应先开门，请女士进入。应请女士走在前面。入座、点餐时，都应让女士优先。特别是团体活动，更别忘了让女士们走在前面。

2. 入座礼仪

（1）入座的基本要求。

①进入西餐厅后，需由服务生带领入座，不可贸然入座。

②就座时，由左侧进入，慢慢拉开椅子，慢慢坐下，身体要端正。手肘不要放在桌面上，不可翘足，与餐桌的距离以两个拳头为佳。女士双脚要并拢，餐桌上已摆好的餐具不要随意摆弄。

（2）入座的座次安排。

座次排列遵照"女士优先、恭敬主宾、以右为尊、距离定位、面门为上、交叉排列"的基本规则。

①长桌的座次排列如图 8-8 所示。

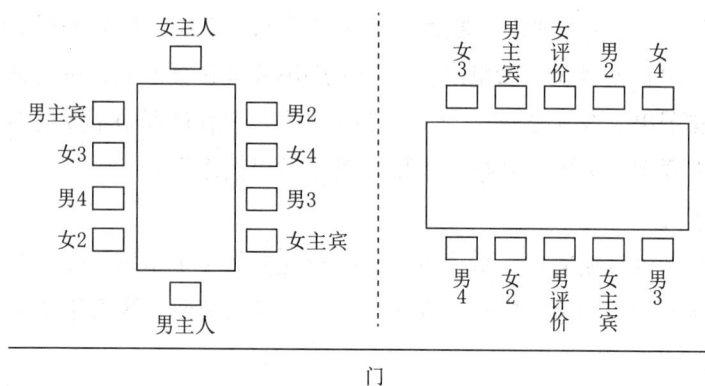

图 8-8　长桌的座次排列[①]

②圆桌的座次排列如图 8-9 所示。

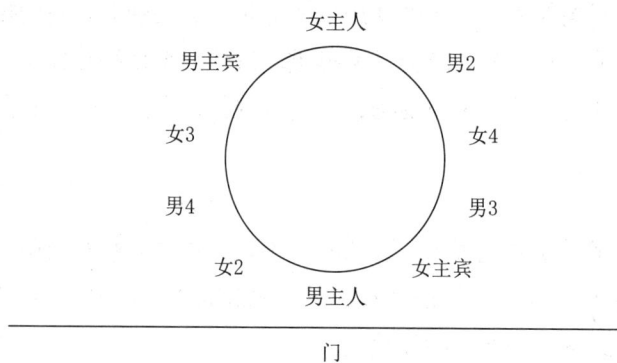

图 8-9　圆桌的座次排列[②]

③方桌的座次排列如图 8-10 所示。

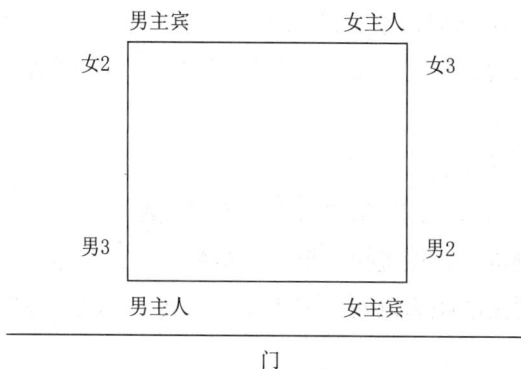

图 8-10　方桌的座次排列[③]

3.餐具使用礼仪

（1）正式西餐的餐具摆放。

在正规的西餐宴会上，西餐餐具一般如图 8-11 所示摆放。通常是吃一道菜换一套刀叉，所以刀叉数目与菜品数目相等，整套吃下来不能用同一套刀叉或者乱用刀叉。

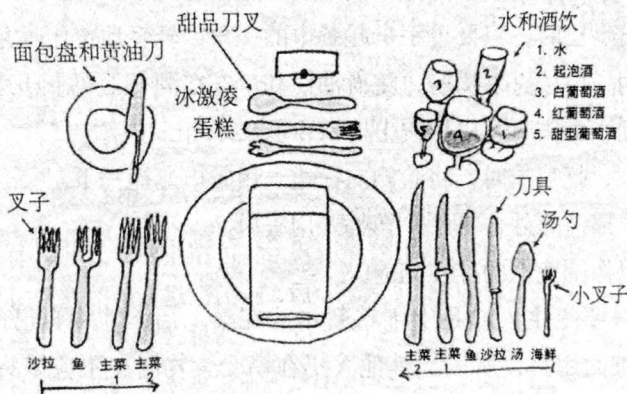

图 8-11　西餐餐具摆放[①]

（2）餐具使用。

①使用刀叉进餐时，从外侧往内侧取刀叉。

②右手持刀左手持叉，切东西时左手拿叉按住食物，右手拿刀，食指在上，用力往下按将食物切成小块，每次切下的大小最好以一次入口为宜。

③叉如果不是与刀并用，叉齿应该向上；刀叉并用时，叉齿应该向下。

（3）刀叉的摆放。

①刀右、叉左，刀口向内、叉齿向下，呈"八字形"摆放在餐盘之上，表示暂停用餐，如图 8-12 所示。

②刀口向内、叉齿向上，刀右叉左并排纵放，或刀上叉下横放在餐盘里表示用餐完毕，如图 8-13 所示。

图 8-12　暂停用餐[②]

图 8-13　用餐完毕[③]

①②③　杨雅蓉.高端商务礼仪［M］.北京：化学工业出版社，2021.

（4）餐巾的使用。

餐巾是进餐时重要的用品，不但是你坐下来之后第一个会接触到的用品，也是离席时最后的用品。因此从餐巾用法可以看出你的餐桌文化造诣。餐巾在用餐前就可以打开。点完菜后，在前菜送来前的这段时间把餐巾打开，往内折三分之一，让三分之二平铺在腿上，盖住膝盖以上的双腿部分。使用餐巾应注意以下事项：

①用餐巾擦拭嘴巴时，只要单手拿起餐巾的一角，轻轻地按压嘴角就行。

②喝酒前，用餐巾按一下嘴唇，免得油污和口红在酒杯上留下印迹。

③不小心吃到小骨头时，也用餐巾掩口再取出来。

④忍不住咳嗽、打喷嚏时，将脸侧向一边，用餐巾遮掩一下。

⑤除了擦脸、擦汗之外，餐厅一切都要用餐巾。

⑥餐巾不可以像围兜似的挂在胸前。

⑦餐毕离开时要等主人或是女士将餐巾放在桌上后，才将自己的餐巾放到桌上。此外，餐巾是拭脏的用具，所以当其他人仍在享受食物时，不应该将玷污的餐巾放在桌上。

⑧最后要离席时的餐巾不必折整齐，正确的摆法是放在咖啡杯的左边。若只是暂时离席，可将餐巾放置座椅上，不用折整齐，表示你只是暂时离开。

4. 用餐时的礼仪

（1）喝汤的方法。

喝汤时不能吸着喝。先用汤匙由后往前将汤舀起，汤匙的底部放在下唇的位置将汤送入口中。汤匙与嘴部呈 45° 角较好。身体的上半部略微前倾。碗中的汤剩下不多时，可用手将碗略微抬高。如果汤是用有握环的碗装，可直接拿住握环端起来喝。

（2）面包的吃法。

先用两手撕成小块，再用左手拿来吃。吃硬面包时，用手撕不但费力而且面包屑会满处掉落，此时可用刀将硬面包切成两半，再用手撕成块来吃。避免像用锯子似的割面包，而应把刀刺入面包后切。切时可用手将面包固定，避免发出声响。

（3）鱼的吃法。

鱼肉极嫩易碎，因此西餐厅常不备餐刀而备专用的汤匙。这种汤匙比一般喝汤用的汤匙稍大，不但可切分菜肴，还能将调味汁一起舀起来吃。若要吃其他混合的青菜类食物，还是使用叉子为宜。首先用刀在鱼鳃附近刺一条直线，刀尖不要刺透，刺入一半即可。将鱼的上半身挑开后，从头开始，将刀叉在骨头下方，往鱼尾方向划开，把针骨剔掉并挪到盘子的一角。最后再把鱼尾切掉。由左至右，边切边吃。

（4）肉的吃法。

从左侧或外侧开始切，切一块吃一块，不可一开始就把肉切成一块一块的。点缀的蔬菜也要吃完。

（三）自助餐

现代自助餐用餐礼仪文化，以自由、便捷为特点，同时不失礼仪与文明。宾客在享用美食时，应排队取餐，避免拥挤与冲突。取餐时，适量选取，不浪费食物，展现对资源的尊重与珍惜。用餐时，应坐姿端正，举止文雅，不大声喧哗，不打扰他人。食物残渣与餐具应正确归位，保持餐桌整洁，为后来者创造良好的用餐环境。此外，自助餐也是社交的场合，宾客间可轻声交谈，增进了解与友谊。现代自助餐用餐礼仪文化，在享受美食的同时，也传递着文明、和谐的用餐理念。

1. 就餐的时间

在餐饮接待尤其是商务交往之中，依照惯例，自助餐大都被安排在各种正式活动之后，作为其附属的环节之一，极少独立出来单独成为一项活动。也就是说，商界的自助餐多见于各种正式活动之后，用以招待来宾的项目之一，而不以此作为一种正规的商务活动的形式。

因为自助餐多在正式的商务活动之后举行，故而其举行的具体时间受到正式的商务活动的限制。不过，它很少被安排在晚间举行，而且每次用餐的时间不宜超过一个小时。根据惯例，自助餐的用餐时间不必进行正式的限定。只要主办方宣布用餐开始，大家就可开始就餐。在整个用餐期间，用餐者可以随到随吃，用餐者只要自己觉得吃好了，在与主办方打过招呼之后，随时都可以离去。通常，自助餐是无人出面正式宣告其结束的。

一般来讲，主办单位假如打算以自助餐形式招待来宾，最好事先以适当的方式对其进行通报。同时，必须注意一视同仁，即不要安排一部分来宾用自助餐，而安排另外一部分来宾去参加正式的宴请。

2. 就餐的地点

选择自助餐的就餐地点，要既能容纳下全部就餐人员，又能为其提供足够的交际空间。一般来说，自助餐安排在室内外进行皆可。通常，自助餐大多选择在主办单位所拥有的大型餐厅、露天花园内进行。有时，也可租或借与此相类似的场地。在选择、布置自助餐的就餐地点时，有下列三点事项应予以注意：

（1）要为用餐者提供一定的活动空间。

除了摆放菜肴的区域之外，在自助餐的就餐地点还应划出一块明显的用餐区域。这一区域不要显得过于狭小。考虑到实际就餐的人数往往具有一定的弹性，实际就餐的人数难以确定，所以用餐区域的面积宁肯划得宽裕一些。

（2）要提供足够数量的餐桌与座椅。

尽管真正的自助餐所提倡的是就餐者自由走动，立而不坐。但实际上，有不少就餐者，尤其是年老体弱者，还是期望在其就餐期间能有一个暂时的歇脚之处。因此，在就餐地点应当预先摆放好一定数量的桌椅供就餐者自由使用。在室外就餐时，有必要提供适量的遮阳伞。

（3）要使就餐者感觉到就餐地点环境宜人。

在选就餐地点时，不仅要注意面积、费用问题，还须兼顾安全、卫生、温湿度等问题。要是用餐期间就餐者感到异味扑鼻、过冷过热、空气不畅，或者过于拥挤，显然都会影响到来宾对用餐体验的整体评价。

3. 食物的准备

自助餐中为就餐者提供的食物，既要有其共性，又要有其个性。其共性在于，为了便于就餐，以提供冷食为主；为了满足就餐者的不同口味，应当尽可能地使食物在品种上丰富而多彩；为了方便就餐者进行选择，同一类型的食物应被集中在一处摆放。其个性在于，在不同的时间或是款待不同的客人时，食物可在具体品种上有所侧重。比如，以冷菜为主、以甜品为主、以茶点为主、以酒水为主。除此之外，还可酌情安排一些时令菜肴或特色菜肴。一般的自助餐上所供应的菜肴大致应当包括冷菜、汤类、热菜、点心、甜品、水果以及酒水等几大类型。在准备食物时，务必要注意保证供应充足。同时，还须注意食物的卫生以及热菜、热饮的保温问题。

4. 客人的招待

招待好客人，是自助餐主办者的责任和义务。要做到这一点，必须特别注意下列环节。

（1）要照顾好主宾。

不论在任何情况下，主宾都是主人要重点照顾的对象。自助餐中也不例外，主人在自助餐中对主宾所提供的照顾，主要表现在陪同其就餐、与其进行适当的交谈、为其引荐其他客人等。但也要注意给主宾留下一点供其自由活动的时间，不要始终伴随其左右。

（2）要充当引荐者。

在自助餐进行期间，主人要尽可能地为彼此互不相识的客人多创造一些相识的机会，并且积极充当引荐者，即介绍人。需注意的是，介绍他人相识，必须提前了解双方是否有此心愿，切勿自作主张。

（3）要安排服务者。

小型的自助餐，主人往往可以兼任服务者。但是，在大规模的自助餐上，是不能缺少专人服务的。在自助餐中，直接与就餐者进行正面接触的主要是侍者，而且侍者最好由健康而敏捷的男性担任。

5. 享用自助餐的礼仪

作为赴宴者，在享用自助餐时，应注意以下礼仪：

（1）要排队取菜。

在享用自助餐时，尽管需要就餐者自己照顾自己，但这并不意味着可以因此为所欲为。实际上，在就餐取样时，由于用餐者往往成群结队而来的缘故，大家都必须自觉地维护公共秩序，讲究先来后到，排队选用食物。不允许乱挤、乱抢、乱插队，更不允许不排队。

在取菜之前，先要准备好一只食盘。轮到自己取菜时，应以公用的餐具将食物装入自己的食盘之内，然后即应迅速离去。千万不要在众多的食物面前犹豫再三，让身后人久等，更不应该在取菜时挑挑拣拣，甚至直接下手或以自己的餐具取菜。

（2）要循序取菜。

按照常识，自助餐取菜时的先后顺序依次应当是：冷菜、汤、热菜、点心、甜品和水果。因此在取菜时，最好先转上一圈，了解一下情况，然后再去取菜。

（3）要量力而行。

严格来说，在享用自助餐时，多吃是允许的，而浪费食物则是不允许的。这一条，被称为自助餐就餐时的"少取"原则，也被称为"每次少取"原则。

（4）要多次取菜。

在自助餐上遵守"少取"原则的同时，还遵守"多次"的原则。"多次"是指"多次取菜"。也就是说，用餐者在自助餐上选取某一种类的菜肴，可以反复地去取。每次只取少量，待品尝之后，觉得适合自己，还可以再次去取，直至自己感到吃好为止。千万不要为省事而一次取用过量，装得太多是失礼之举。另外，在选取菜肴时，最好每次只为自己选取一种。待吃好后，再去取用其他的品种。

（5）要避免外带。

所有的自助餐，都有一条不成文的规定，即自助餐只允许就餐人在用餐现场自行享用，而不允许用餐人在用餐完毕后携带食物回家。尤其是商务人士在参加自助餐宴请时，一定要牢记这一点。在用餐时不论吃多少都可以，但是千万不要偷偷往自己的口袋、皮包里装一些自己的"心爱食物"，更不要要求侍者替自己"打包"。

（6）要送回餐具。

自助餐中强调自助，不但要求就餐者取用菜肴时以自助为主，而且还要求在用餐结束之后，自觉地将餐具送至指定处。不允许将餐具随手乱丢，甚至任意毁损。在自助餐厅里就座用餐，有时可以在离去时将餐具留在餐桌之上，由侍者负责收拾。即便如此，也要在离去前对其稍加整理为好，不要弄得自己的餐桌上杯盘狼藉，杂乱不堪。

（7）要照顾他人。

商务人士在参加自助餐宴请时，除对自己用餐时的举止表现要严加约束之外，还须与他人和睦相处，对同伴要多加照顾。在对方乐意的前提下，可以向其提出一些有关选取菜肴的建议。不过，不可以自作主张地为对方直接代取食物，更不允许将自己不喜欢或吃不了的食物给对方吃。在用餐的过程中，对于其他不相识的用餐者，应当以礼相待。在排队、取菜、寻位以及行动期间，对于其他用餐者要主动加以谦让，不要目中无人，蛮横无理。

（8）要积极交际。

一般来说，参加自助餐时，商务人士应主动寻找机会，积极地进行交际活动。首先，应当找机会与主人进行攀谈。其次，应当与老朋友叙旧。最后，还应当争取多结识几位新朋友。不应当以不善交际为由，躲在僻静之处埋头大吃，或者来了就吃，吃了就走，而不与其他在场者进行任何形式的正面接触。

三、饮酒礼仪

现代饮酒礼仪文化讲究适度与尊重的交融。宾客在饮酒时，应适量饮用，不过度劝酒，既尊重自己也尊重他人。举杯时，应目视对方，微笑示意，传递友好与尊重的情感。品酒时，应细细品味，感受酒香与口感的层次，这是对酒文化的尊重与欣赏。在饮酒过程中，应保持优雅的举止，不高声喧哗，不打扰他人，营造和谐的饮酒氛围。现代饮酒礼仪文化，不仅是对酒文化的传承，更是对人际关系的珍视与维护。它倡导文明饮酒，尊重他人，体现了现代社会的文明与和谐。

（一）斟酒的规则

1.斟酒的步骤

（1）检查擦拭酒瓶。

在上餐台斟酒前，须将瓶口、瓶身擦干净，并检查瓶子有无破裂、酒水有无变质，发现问题应及时调换。

（2）示瓶。

在给每位宾客斟酒前，首先要向客人展示酒品。主要目的是：第一，向客人表示尊重；第二，让客人确认所点酒水。示瓶的操作步骤：第一，站在客人的右后侧；第二，右手握瓶颈，左手托瓶底；第三，将酒标朝向点酒的客人；第四，报出酒水的名称，让客人辨认商标和品种；第五，当客人确认无误后，当着客人的面开瓶。

（3）开瓶。

开瓶的要求：第一，使用正确的开瓶器；第二，开瓶时动作要轻，尽量减少酒瓶的晃动；第三，开瓶时将瓶口向上或者对着自己，一是以示礼貌，二是避免开瓶时酒水溅到客人身上；第四，开瓶后，用干净的餐巾仔细擦拭瓶口。

（4）斟倒酒水。

服务员站在宾客的右后侧，左手托盘，托盘应始终保持平稳，右手从托盘内取出酒瓶，手握瓶身下端，为客人斟酒。斟酒时身体不可紧贴客人，但也不宜离得太远。无论斟酒、斟水，均要绕到每位客人的右边进行，绝不可左右开弓。

（5）斟酒的顺序。

先给主宾斟酒，然后按顺时针方向依次进行。

（6）斟酒量。

中餐常要斟满杯（八分满），以示对客人的尊重。

（7）斟酒的注意事项。

第一，斟酒时，瓶口不可碰到杯口，但也不要拿得太高，避免酒水溅出，一般以1厘米为宜；第二，斟完酒后，注意旋转瓶身，抬起瓶口，使最后一滴酒随着瓶身的转动，分布在瓶口边沿；第三，宾客的酒斟完后，将酒瓶放在餐台上，并随时注意桌面情况，当客人杯中的酒只剩下1/3时，要为客人添酒；第四，为客人斟倒不同的酒水时，一定要换杯；第五，当操作不慎将酒杯碰翻或碰碎时，应向客人道歉，并迅速铺上抹布，将溢出的酒水吸干，迅速为客人调换酒杯。

2. 斟酒的基本方法

（1）桌斟。

服务员站在宾客的右边，侧身用右手握酒瓶向杯中倾倒酒水，瓶口与杯沿需保持一定的距离。服务员每斟一杯，都要换一下位置，站到下一位宾客的右侧。采用桌斟时，还要注意掌握好斟满的程度，尽量保证所斟的每杯酒酒量适当、均匀。

（2）捧斟。

捧斟多适用于酒会和酒吧服务，其方法是一手握瓶，一手将酒杯捧在手中，站在宾客的右侧，然后再向杯内斟酒。斟酒动作应在台面以外的空间进行，然后将斟满的酒杯放在宾客的右手处。捧斟适用于非冰镇处理的酒。捧斟时服务员要做到准确、优雅、大方。

（二）喝酒的礼仪

1. 酒杯的握法

酒类服务通常由服务员负责将少量酒倒入酒杯中，让客人鉴别一下品质是否有误。只需把它当成一种形式，喝一小口并回应。接着，侍者会来倒酒，这时，不要动手去拿酒杯，而应把酒杯放在桌上由侍者去倒。正确的握杯姿势是用手指轻握杯脚。为避免手的温度使酒温增高，应用大拇指、中指、食指握住杯脚，酒杯端起时小指放在杯子的底台固定，如图8-14所示。

2. 喝酒的方法

喝酒时绝对不能吸着喝，而是倾斜酒杯，像是将酒放在舌头上似的喝。喝前轻轻摇动酒杯让酒与空气接触以增加酒的醇香，但不要猛烈摇晃杯子。此外，一饮而尽，边喝边透过酒杯看人，都是失礼的行为。女士不要用手指擦杯沿上的口红印，用面巾纸擦较好。

图 8-14　酒杯的握法 ①

（三）敬酒的礼仪

当主人向宾客敬酒时，宾客应立即起立回敬。敬酒时，应右手持杯，左手扶杯底，面带微笑，目视对方。此外，敬酒要有自知之明，切忌饮酒过量，以免失言、失态。一般的正式宴会，应将饮酒控制在本人酒量的 1/3 内。在主人和主宾致辞、祝酒时，应暂停进餐、交谈，注意倾听。

四、茶道礼仪

现代茶道礼仪文化的精髓，在于静谧与和谐的完美融合。泡茶时，需心静如水，专注细致，以展现对茶叶的尊重与珍视。品茶时，应细细品味，感受茶香的悠长与醇厚，体会茶道带来的心灵宁静。茶道中的一举一动，都蕴含着深厚的文化底蕴与礼仪之美。宾客间应以茶会友，通过品茶交流情感，增进友谊。茶道礼仪强调尊重、和谐与分享，展现了现代人对生活的热爱与追求。在现代茶道礼仪文化中，人们不仅品味着茶香，更品味着生活的美好与智慧，体验着茶道带来的精神享受与心灵洗礼。

案例阅读

酒店的形象需要每一个塑造

某大学旅游系与某酒店有着关于饭店管理专业学习的合作项目。某酒店是一家三星

---

① 百度网。

级外资酒店，以前在社会和旅游业界有较好的声誉。但最近，酒店的经营状况不尽如人意。在酒店实习的学生写信向系里反映情况，流露了中止在该酒店实习的想法。为了让实习生专心完成实习任务，某老师受旅游系委派，到该酒店了解实习生实习情况，协助酒店进行实习生管理工作。经到人事部了解情况并召来实习在岗上班的学生谈话，基本达到目的。已近中午12点，为不给酒店添麻烦，某老师向主管人员告辞，主管人员提出与酒店主管人事的总监见个面，于是又逗留了些许时间。之后，某老师在人事部处的走廊等候下班的实习生一道去宿舍，借此看看酒店内部橱窗内容。这时，一个熟悉的身影走过，朝其背影看了看，"哦，总监女士下班了。"几分钟前还在一起谈话的人，她竟视而不见，擦身而过。于是，该老师突然悟出了实习生为什么不安心在这家酒店实习的原因：作为酒店重要部门的人事部，在接待协助酒店工作的外地学校教师的2个多小时里没有倒上一杯水；作为酒店高级管理人员的总监连最基本的礼节礼貌也不懂。由此，可以看出这个酒店的旅游服务接待工作做得不好，所以直接影响酒店良好形象的塑造，导致酒店经营管理失败。

（一）上茶的礼仪

从古至今，有朋自远方来，必然要有好茶一盏待客以示礼数周到，这是中国传统文化一脉相承的精髓之一。而时至现代社会，接待宾客时不仅可以待茶，还可以用水、果汁、咖啡等多种类型的茶水，也就是把"茶"的外延进行了拓展和丰富。

1. 问询

无论是机关、企业，还是家里，通常招待客人就座后，接待人员、礼宾人员、相关人员等就应该招徕客人喝茶水。必须明确的是，在准备充分的前提下，不应该随意问客人想喝点什么，而是根据准备的茶水类型温和礼貌地提出封闭式问题（不要用开放式问题），如"您好，我们单位有红茶、花茶、绿茶和咖啡，请问您想喝哪一种呢？"这样显得有礼有节，且不会因为客人的随意回答而使自己陷入没有准备的尴尬境地。

2. 倒茶

泡茶（咖啡）的时候，茶叶（咖啡）不宜过多，也不宜太少。茶叶（咖啡）过多，茶（咖啡）味过浓；茶叶（咖啡）太少，冲出的茶（咖啡）没有味道。

假如宾客主动介绍自己喜欢喝浓茶（咖啡）或淡茶（咖啡）的习惯，那就按照他（她）的口味把茶冲好。

水温不宜太烫，为80℃左右，刚泡好的茶（水或咖啡）要告知对方。

俗话说，茶倒七分满，留下三分是人情。倒茶（咖啡）时，无论是大杯小杯，都不宜倒得太满，一般以杯子的七八分满为宜。而倒酒时给他人倒满，感觉是满满的情谊。喝茶与喝酒不同，酒是冷的，我们倒满客人接过去不会觉得烫，如果是满满一杯刚冲泡的热茶，拿起茶杯的过程可能会轻轻晃动，不仅茶杯会烫手，如果不小心溢出茶汤，也会烫到手，所以倒茶倒七分就够了。

3. 上茶

上茶时，请以托盘端出，托盘约与胸部同高。茶杯应放在客人右手的前方。请客人喝茶，要将茶杯放在托盘上端出，并用双手奉上。尽量不用一只手上茶，尤其是不能用左手，切勿让手指碰到杯口。

如果人多，遵循先客后主、先主宾后次宾、先女后男、先长辈后晚辈的原则。如果来宾甚多，且其彼此之间差别不大时，可采取下列四种顺序上茶：其一，以上茶者为起点，由近而远依次上茶；其二，以进入客厅之门为起点，按顺时针方向依次上茶；其三，在上茶时以客人的先来后到为先后顺序；其四，上茶时不讲顺序，或是由饮用者自己取用。或者是把所有茶都泡好，请客人自己拿。

4. 添水

把握好续水时机，以不妨碍宾客交谈为佳，切不能等到茶叶见底后再续水。添水时，如果是有盖的杯子，则用右手中指和无名指将杯盖夹住，轻轻抬起，大拇指、食指和小拇指将杯子取起，侧对客人，在饮水者右后侧方，用左手持水壶将杯子续满，同样摆放在宾客右手上方5~10厘米，有柄的则将其转至右侧。

5. 换茶

一壶茶经过几泡之后，茶汤味道会慢慢变淡，颜色也慢慢变浅，内含的营养物质也早已释放大半，此时如果还在继续冲泡这久泡无味的茶，即是对客人的冷淡，其中的潜台词就是要送客的意思啦，所以需要在与客人谈话时，注意观察，及时换茶。

6. 注意事项

一般是从客人左后侧为之上茶，意在不妨碍其工作或交谈的思绪。万一条件不允许时，至少也要从其右侧上茶，而尽量不要从其正前方上茶。

为来宾续水让茶一定要讲主随客便，切勿神态做作，再三再四地以斟茶续水搪塞客人，而始终一言不发。

会议茶水服务时，在会议之前要检查每个茶杯的杯身花样是否相同；茶水的温度以80℃为宜；在倒茶的时候每一杯茶的浓度要一样；倒茶时要先给上座的重要宾客，然后按顺序给其他宾客；在客人喝过几杯茶后应立即续上，不能让其空杯。

（二）饮茶的礼仪

作为接受款待一方，在饮茶之时也应对主人投桃报李，勿失谦恭与敬意。

1. 礼貌致谢

如果是主人，特别是女主人或者长辈上茶时，在可能的情况下，应当即身站立，双手捧接，并说："谢谢！"不要视若不见，不理不睬。如果对方为自己上茶、续水时，自己难以起身站立、双手捧接或答以"多谢"时，至少应向其面含微笑，点头致意，或者欠身施礼。不喝的凉茶、剩茶，千万不要随手泼洒在地上。

2.交谈过程中不要饮茶

不论是你或交谈对象正在讲话时，你要是突然转而饮茶，不但会打断谈话，而且也会显得用心不专。只有在你不是主要的交谈对象时，或是与他人的交谈告一段落之后，才可以见机行事，喝上一口茶润润嗓，细心品味。

3.要细心品味

在饮茶时要懂得细心品味。这样做，不仅体现着自身的教养，而且也是待人的一种礼貌做法。

（1）每饮一口茶后，应使其在口中稍作停留，再慢慢地咽下去，这样品茶才香。

（2）饮茶时不要大口吞咽，一饮而尽，喝得口中"咕咚咕咚"直响，茶水顺着腮帮子直流。

（3）在端起茶杯时，应以右手手持杯耳。端无杯耳的茶杯，则应以右手手握茶杯的中部。不要双手捧杯，不要用手掌端起杯底，或是用手握住茶杯杯口。

（4）饮茶的时候，忌连茶汤带茶叶一并吞入口中，更不能下手自茶中取出茶叶，甚至放入口中食之。万一有茶叶进入口中，不应将其吐出，而应当嚼后吞咽。

（5）饮盖碗茶时，可用杯盖轻轻将漂浮于茶水之上的茶叶拂去，不要用口去吹。

（6）茶太烫，不要用口去吹，待茶自然冷却后再饮。

（7）若主人告之所饮的是名茶，则饮用前应仔细观赏茶汤，并在饮用后加以资赏。不要不予理睬，或是随口加以贬低。比如："没听过这种茶的名字""喝起来不怎么样""这茶有些走味"或是"没把好茶泡好"之类令主人不愉快的话。

结语

中国餐饮礼仪文化承载着博大精深的民族情感和文明积淀。它不仅是一种饮食习俗，更是一种尊重传统、维系人际关系的重要方式。通过了解和遵循中国餐饮礼仪，我们不仅能够体会到中华民族对食物的敬畏之情和对客人的尊重之意，更能领略到中国人对生活的态度和修养的追求。在当今世界日新月异的变化中，传统餐饮礼仪的重要性愈发凸显。它不仅是文化传承的重要组成部分，更是凝聚民族凝聚力的象征。因此，我们应当珍视和传承中国餐饮礼仪文化，让其成为我们生活的一部分，以此弘扬中华文明，促进人类文明的多样发展。愿餐桌上的礼仪之风，在我们的日常生活中绽放出更加绚丽的文化之花。

课后研讨

研讨：

一位老师带领学生前往一大集团公司应聘，公司的老总是该老师的大学同学。老总不仅亲自接待还非常客气。工作人员为每位同学倒水，席间有位女生表示自己只喝红茶。学生们在有空调的大会议室坐着，大多坦然接受服务，没有半分客气。当老总办完事情回来后，向学生们不断表示歉意，却没有人回应。当工作人员送来笔记本，老总亲自双手递送时，学生们大都伸着手随意接过，没有起身也没有致谢。从头到尾只有一个同学起身双手接过工作人员递过来的茶和老总递来的笔记本时客气地说了声："谢谢，辛苦了！"最后，只有这位同学收到了这家公司的录用通知。有同学感到非常疑惑甚至不满，问道："他的成绩并不比我好，为什么选择他而不是我？"老师叹气地说：我给你们创造了机会，是你们自己失去了。想想是什么原因使这些同学失去机会的？这些同学有哪些行为是不合乎礼仪的？

第九章 中国情境礼仪文化

学习目标

1. 了解中国古代宫廷礼仪的类型与礼仪规范。
2. 了解中国古代民间礼仪礼俗的内容与礼仪规范。
3. 掌握中国传统节日的起源与习俗内容。
4. 理解中国现代民间礼俗、节日庆典礼俗，熟悉少数民族礼俗。
5. 掌握交通工具、旅游景区等公共休闲礼仪的要求。
6. 掌握观演、图书馆、品茗等高雅场合的基本礼仪规范。

佳句赏析

花落草齐生，莺飞蝶双戏。——孟浩然（唐）《清明即事》

千门万户曈曈日，总把新桃换旧符。——王安石（宋）《元日》

九天阊阖开宫殿，万国衣冠拜冕旒。——王维（唐）《和贾舍人早朝大明宫之作》

第一节 古代宫廷礼仪

古代宫廷是礼仪文化的重要发源地，其严格的礼仪系统是封建社会等级秩序和权力结构的反映。帝王典礼的庄严仪式、皇家祭祀的深刻意义及跪拜礼仪的文化内涵，这些礼仪不仅构成了宫廷文化的核心，也影响着整个古代社会的礼仪实践。

一、帝王典礼

《文献通考》中说："事莫大于正位，礼莫盛于改元。"在中国古代，帝王典礼通常极为隆重和烦琐，这些典礼不仅是皇权的象征，还承载着深厚的文化内涵和宗教信仰。帝王通过一系列祭天告祖活动，表明自己获得至高无上权力是合法的，是不可侵犯的。

（一）帝王典礼的类型

帝王的登基仪式是标志着新皇权确立的重要典礼，其形式和内容根据皇位获得方式的不同而有所不同。通常来讲，登基仪式大致分为三种类型，每一种背后都有其独特的历史背景和深层意义。

首先是推翻旧政权的开国大典，这往往伴随着新朝代的诞生。在这样的庆典中，"普天同庆"成为主题，它不仅是对新君主的祝贺，更是对整个新时代的欢庆。例如，《明史》记载："即位日，先告祀天地。礼成，即帝位于南郊。丞相率百官以下及都民耆老，拜贺舞蹈，呼万岁者三。具卤簿导从，诣太庙，上追尊四世册宝，告祀社稷。还，具衮冕，御奉天殿，百官上表贺。"朱元璋登基即位的那天，先是向天地祷告祭祀。祭祀礼仪完成后，在南郊继承皇位。丞相率领百官及和都城的百姓耆老，一边跳舞一边叩拜祝贺，三呼万岁。准备好车驾和仪仗，前往太庙，献上追尊四世的册命与宝玺，并向社稷祷告祭祀。回到皇宫后，穿戴好衮服和冕冠，到奉天殿临朝，百官上表祝贺。

其次是继承先君的嗣位典礼则显得更为庄重而内敛。由于先帝的离世，这种典礼通常不会过分张扬喜庆，而是以一种"乐设而不做"的形式进行，即虽有音乐之设，但并不演奏，以此表达对先帝的哀思和尊重。但也有例外，比如嘉庆皇帝登基时，当时乾隆皇帝尚在人世，为了体现父子之间的和睦以及皇权的平稳过渡，嘉庆皇帝的登基仪式被设计得特别喜庆而隆重，既展现了新皇帝的威严，也彰显了皇室内部的和谐。

最后是通过特殊手段获得的皇位，如禅让等。这种情况下，新君主往往会举办盛大而隆重的登基仪式，以彰显其皇位的正当性和天命所归。禅让，作为中国古代的一种皇位传承方式，不同于血缘继承，更多地体现了一种政治上的权衡和选择。因此，通过这样的方式获得皇位的君主，更需要通过盛大的仪式来巩固自己的统治地位，并向天下昭示其政权的合法性。

（二）帝王典礼的流程

在长达 2000 多年的历史长河中，自秦至清，共有 400 余位皇帝登基执掌江山。尽管历代帝王的登基仪式在细节上略有差异，但其核心环节无外乎以下三步：首先，由皇帝亲自或委派专门的官吏祭祀天、地、宗社，祭告自己受命于天和祖宗。因为皇帝是"天子"，所以"拜天"或"祭天"是头等大事，是皇帝"合法性"的证明。其次，接受朝臣拜贺，确立君臣之分。最后，任命文武百官，颁布继位诏书，封赏皇族，并宣布改元、大赦天下等重要事项。

在登基之前，历代皇帝通常会遵循"劝进"制度。新皇即将登基时，群臣会三次上表劝进，而皇帝则在前两次表示推辞，直至第三次才"勉为其难"地接受。

古代帝王的典礼是一种权力交接、国家统一和社会秩序的展示，同时也是一种文化传承和宗教信仰的体现。这些典礼不仅彰显了帝王的尊贵地位和威严，也加强了国家与人民之间的联系和团结。

二、皇家祭祀

（一）祭天之礼

在中国传统文化中，"天"被视为至高无上的存在。《诗经·烝民》中咏叹："天生烝民，有物有则。"这句话传达了一个核心理念：是上天创造了人类，并赋予了我们形体与生活的法则。因此，在古代中国，祭天礼仪不仅是吉礼中最重要的礼仪，更是中国古代所有礼仪之首。

在先秦时期，祭天的对象"皇天上帝"是一个较为抽象的概念，包含多个祖先神。秦始皇统一中国后，推广自己的祖先神为全国统一的祭祀对象。汉武帝时期，太一成为最高的神灵，象征天的最高统治者，此后各朝各代对至高神的认识和称呼有所不同，但总体上逐渐趋于统一，最终将祭天的对象确定为"昊天上帝"。

祭天之礼通常由皇帝亲自主持，明清时期将主要的祭祀地点固定在北京的天坛，尤其是圜丘，它是专门为朝拜天而建造的大型祭台。祭天之礼的仪式极其复杂和庄重，包括了严格的斋戒、祭祀前的准备、奏乐、献祭品（如牲畜、玉器、绸缎等）、焚香、行三跪九叩之礼等。仪式中，特定的礼器如燔柴炉、瘗坑等被用来焚烧祭品，袅袅升起的烟雾象征着与上天的沟通。礼仪中还包括了对昊天上帝以及配祀神的各种仪式活动，如迎神、奠玉帛、进俎、献礼等，每一步都严谨而神圣，伴随着特定的文本诵读和乐舞表演。

祭天之礼不仅是宗教活动，更具有重要的政治意义。皇帝通过这一公开仪式，向全国展示了其对上天的崇敬以及天命所归的统治权，从而加深民众对皇权的信任和尊重。同时，这种仪式也有助于强化人们对国家秩序和宇宙观的认同，体现了古代中国"天人合一"的哲学思想。

（二）祭祖之礼

皇家祭祖通常在春秋两季特定时间于皇家宗庙（太庙）进行。太庙是皇家专用的庙宇，供奉着历代皇帝的牌位和神位，象征着皇家的世系和延续。祭祀的对象不仅包括历代皇帝，还有重要的皇族成员，如皇后和功臣等。这些对象的牌位在宗庙中有严格的排列顺序，反映了其在皇家历史中的地位。

皇家祭祖的过程由皇帝亲自主持或由指定的皇族成员执行。祭祀程序严格按照古代礼仪进行，包括净身斋戒、入庙拜祭、献祭、奏乐舞蹈、烧香、祭文朗读等。斋戒通常持续三天，以净化身心，同时彰显对祭祀仪式的重视和对祖先的尊敬。参与祭祀的官员和皇族成员需穿戴规定的礼服前往宗庙进行祭拜，祭祀服饰在颜色、样式上通常都有严格规定，以体现其庄重和神圣。

祭祀时，祭品的选择和摆放也非常讲究，常见的祭品包括食物、酒水、丝绸等，这些祭品不仅代表着对祖先的供奉，也寓意着对祖先的怀念和敬意，同时也象征着丰收和繁荣。皇家祭祖仪式中会使用特定的宫廷音乐和舞蹈，如《雅乐》等，以表达对祖先的敬仰和祈求祖先的庇佑，同时音乐与舞蹈也增添了仪式的庄重氛围。祭文和祝词是仪式中的核心部分，由皇帝或高级官员朗读，内容包括对先祖的赞颂、对国家未来的祈愿等。

皇家祭祖不仅是对先祖的祭祀，也是展示皇权合法性和历史延续的政治活动。通过这种公开的祭祀活动，强化了皇族内部的团结和民众对皇室的忠诚。

（三）祭社稷之礼

祭社稷是中国古代皇家重要的国家礼仪之一，其根基深植于中华民族对土地和农业的尊重与崇拜。在古代中国，"社"代表土地神，"稷"代表五谷神，二者合称社稷，象征国家的根基与生命力。这种礼仪不仅是对土地与农作物的祭祀，也象征着对国家安定与富足的祈愿。

祭社稷的历史可以追溯到周朝，当时已有明确记载的社稷坛礼仪。到了明代，这一礼仪被赋予了更加严格的规范。皇帝作为国家的最高统治者，亲自主持祭社稷的仪式，显示了对国家根基的维护与祈福的重视。社稷神在宗教信仰中的地位仅次于昊天上帝，其祭祀活动也就成为国家大典的重要组成部分。

祭社稷的仪式通常在京城的社稷坛进行，涉及详尽的准备和庄重的过程。明代洪武初年的仪式流程就包括以下内容：

前期准备：皇帝在祭祀前需斋戒数日，以净化身心。正祭前二日，皇帝在奉先殿祭告祖宗，祈求祖宗配神同享此祭。

仪式开始：仪式正式开始时，典仪领导官员与皇帝就位，进行"迎神"仪式，通过《广和》之曲引领神灵降临，体现了对神灵的尊敬和期待。

奠玉帛与进俎：接下来是奠玉帛和进俎（献上祭品），展示对社稷神的敬仰。通过《肃和》与《凝和》之曲，表达了对神灵的敬意和对国家丰收的祈祷。

献礼仪式：分为初献、亚献与终献，每一环节皆有专门的音乐与舞蹈伴随，通过执事官献上玉帛与祭品，祝文官宣读祝文，展示了皇帝对社稷神的尊崇及对国家未来的祈愿。

赐福与结束：最后，太常卿颁发福酒和胙肉，象征神灵的赐福。随后进行"送神"与"望瘗"（瘗祭品），结束整个礼仪。

祭社稷不仅是一种宗教仪式，更承载了深厚的文化内涵。它体现了古代中国人对于土地和五谷的敬畏与感激，同时也展示了皇家对于国家稳定和富足的深切期望。

名画鉴赏

《雍正帝祭先农坛图卷》[①]

《雍正帝祭先农坛图》卷，清，绢本，设色，纵 61.8 厘米，横 467.8 厘米。

先农坛位于北京外城永定门内，始建于明永乐十八年（1420），嘉靖年间扩建，是明清两代皇帝祭祀农神、祈求丰收的地方。根据史料记载，雍正皇帝在位期间十分重视农业生产，曾多次前往先农坛参加祭祀典礼。《雍正帝祭先农坛图》卷就是这样一件描绘他在先农坛祭祀农神活动的纪实性绘画作品（见图 9-1、图 9-2）。

图 9-1 雍正帝祭先农坛图卷（左半幅）

图 9-2 雍正帝祭先农坛图卷（右半幅）

画卷起始为一片松林，一条御道由右向左延伸。画幅上端有一处殿宇，只画出了台基和部分门窗、墙面，此处应是具服殿。画面再向左出现了众多身着朝服的官员，几十名侍卫围成半圆形，簇拥着缓缓前行的雍正皇帝。乐队队员身穿红袍静候着皇帝的到来，钟磬鼓瑟齐备。御道拐弯通向一处高台，台上安置桌案、香炉，黄色帐篷里设供案，上置祭器。据《清史稿》记载，祭先农坛"祭品礼数，如社稷礼"，即"羊一，豕一，帛一，豆四，铏、簋、簋各二。"画卷结尾是一片茂密的松柏林和一座坛门。整幅

作品构图严谨精确，人物描绘细致生动，敷色明快华丽，堪称清代宫廷绘画的上乘之作。画卷的作者不详。

《雍正帝祭先农坛图》卷分上、下两卷，此为上卷，下卷现藏于法国巴黎吉美博物馆。上、下两卷分别表现皇帝祭农神和扶犁耕耤田，由此构成皇帝祭祀农神活动的全部内容。

第二节　古代民间礼俗礼仪

中国古代礼仪多载于《礼经》，然而，现实生活中却不可能一概而论，因此礼仪的实践中常有变通，形成了一套民间自发的规矩。这些变通的、自发的、非系统化的礼期被民间称为"老规矩"或"禁忌"，学术界称之为"礼俗"，是礼之补充。

一、诞生礼仪

诞生，标志着一个新生命的到来。此时父母沉浸在喜悦中，会用多种方式迎接新生命，以表达对孩子的爱与祝福。千百年来，中国人在这份爱意中创造了一系列绚丽多彩的诞生礼俗，诞生礼仪也就成为人生中极为重要的第一个礼仪。

（一）报喜

古代，孩子的出生被称为"添喜"，家中往往会第一时间以各种方式向亲友邻里报告喜讯。早在先秦时期，《礼记·内则》记载："子生，男子设弧于门左，女子设帨（shuì）于门右。"若家中诞生男孩，主家就在门的左边门外会悬挂木弓，作为喜得贵子的标识，古人称之为"悬弧之庆"。《礼记·射义》释为："故男子生，桑弧蓬矢六，以射天地四方。天地四方者，男子之所有事也。"古人有生男孩的第三天要举行射礼的习俗。用桑木制成的弓，蓬梗制成的箭六支，分别射向天、地、东西南北四方。寄寓男孩子长大后，能骑擅射，要有志于天地四方的抱负。如果生的是女孩，则在门的右边挂一条佩巾，希望长大后能慈惠温良。

在国君或贵族家庭，诞生的庆贺方式则更为复杂。《礼记·内则》记载："凡接子，择日。冢子则大牢，庶人特豚，士特豕，大夫少牢，国君世子大牢。其非冢子，则皆降一等。"只要是举行迎接新生儿诞生的仪式，必须在三天之内选个好日子。若天子的太子出生，在奉告天子时，要用太牢（牛、羊、猪）这样的重礼来迎接太子。若大夫家有孩子诞生，则用少牢（羊、猪）来庆贺。至于庶人的长子出生，就用一头小猪来庆贺即可。不同身份的家庭根据其地位使用不同规格的祭品来庆祝新生儿的到来，从大牢到特豚，体现了礼仪的层级差别。

《诗经·小雅》描写道："乃生男子，载寝之床。载衣之裳，载弄之璋。""乃生女子，载寝之地。载衣之裼（tì），载弄之瓦。"璋指美玉，瓦指一种古代的纺织工具——陶纺轮。诗歌的意思是，如果生了男孩，就让他坐在床上，给他穿上衣裳，拿贵重的玉器给他玩耍。希望长大后，衣着辉煌，成家立业。如果生的是女孩，就让她坐在筵席上，给她裹上褓裸，拿陶纺轮给她玩耍，愿长大后，既能心灵手巧纺麻织布，又能操持酒食勤于家务。因此，古人把庆贺生男孩称作"弄璋之喜"，庆贺生女孩称作"弄瓦之喜"。

（二）洗三朝

古称"洗三朝"或"洗三"，即在婴儿出生后的第三天进行的洗礼仪式，意在为新生儿洗去污秽，祝福其健康成长。这一习俗自唐朝以来便非常流行。唐玄宗开元十四年（726），皇太子李亨的儿子李豫出生，在第三日的洗礼上，唐玄宗高兴得亲自前来，赐皇孙金盆来洗浴。

在洗礼中，家长会设宴款待来宾，用特定的祝词和仪式为孩子洗礼。比如，清朝时期，北方满族人洗三的时候由家里的婆婆或产婆来给小儿洗礼。老太太边洗边祈福："洗洗头，做王侯；洗洗腰，一辈倒比一辈高；洗脸蛋，做知县；洗腚沟，做知州。"洗完之后，还要用姜片和艾蒿，擦擦小儿的脑门和身体各个关节，希望小儿身体健健康康。再用一块新布蘸清水，轻轻擦拭一下小儿的牙床，如果小儿大哭，家人就更高兴，代表"响盆"的意思。最后，用一根大葱，象征性地打一下小儿，边打还得边诵："一打聪明（取谐音），二打伶俐，三打明明白白。"打完孩子后，由父亲把葱倒挂在房上。仪式结束后，亲朋好友一起道贺祝福。有的地方专门用面条来招待亲友们，有祝福孩子健康长寿之意。

（三）满月与百日

满月和百日是孩子成长中的重要节点，通常会有相应的庆祝活动。

满月时，主家要举办一定规模的酒宴，邀请亲朋好友一起庆贺，古人称之为"做满月"，又称"弥月"。同时，主家会向邻居分送喜饼和其他食物。前来祝贺的亲朋好友也会赠送贺礼。传统习俗中，送孩子衣物居多，比如鞋、帽、袜、衣等，上面还装饰上寿星、狗头、虎头等图样。

满月礼最重要的一项，就是给小儿剃胎发，也有待到百日才给孩子剃的。古礼要求，剃胎发一般由新生儿的外婆家来主持，请全福之人（父母、配偶、子女全有之人）抱着小儿，坐在行礼处的中央，由专门的剃头师傅为新生儿剃去胎发。据《礼记·内则》记述："三月之末，择日剪发为鬌，男角（jiǎo）女羁（jī），否则男左女右，是日也，妻以子见于父。"孩子出生三个月后，选个好日子，为小儿剪去胎发。男孩儿留下天灵盖儿两旁的胎发，称为"角"。女孩儿头顶一前一后的胎发不剃，称为"羁"。剃下来的胎发，不能随便处置。古人认为，"身体发肤，受之父母"，铰下来的那部分胎发，要留一些，珍藏好，以示对父母的尊敬、孝敬的意思。有的用红绸布缝好挂在床头，有的用胎发制作成毛笔，以此作为纪念。剃完胎发，小儿的父母都要盛装打扮，最后由父亲给孩子命名。

孩子出生一百天，称之为"百日"，又称"百晬""百岁"。"百"在中国传统文化中是一个很有寓意的数字，有"圆满""百禄""百福""百寿"之意。百日则象征着孩子初步成长的完满，亦有与满月类似的庆祝方式。

此外，古代民间还有穿"百家衣"，戴"百家锁"的习俗。当新生儿降生，家人会挨家挨户报喜，同时向邻居们讨要小布片。这些布片来自不同的家庭，每家都会选出颜色明丽的布片相送。回到家后，家人会把这些布片拼合起来，缝制成新衣给新生儿穿上，一直穿到周岁。这不仅体现了新生儿家庭与邻里的和睦关系，更蕴含了大家对孩子未来的美好祝愿。

"百家锁"，也被称为"百岁锁"或"长命锁"。最初，这把锁是由新生儿父母挨家挨户乞讨来的碎银打造而成，它汇集了百家之福，寄托了大家对孩子健康成长的期盼。后来，百家锁通常由亲友赠送，材质更加珍贵，有金银也有宝玉。锁上还刻着吉祥的文字和图案，如"长命百岁""福寿双全"，或者是莲花、金鱼等吉祥图案，把对孩子最美好的祝福都刻在了这把长命锁上，以福佑孩子健康成长。

（四）抓周

抓周，又称试周、试儿，是孩子满周岁时举行的最普遍的仪俗，最早可追溯到魏晋南北朝时期。随着时代的发展，这一习俗在宋代已经广为流传，并逐渐演变成一种预测孩子未来职业和兴趣的方式。

抓周仪式在孩子满周岁这天举行，家长在床上或桌上摆放各种物品，如笔、墨、纸、砚、印章、账册、算盘、钱币、首饰、花朵、胭脂、食品等，如果是女孩，还要摆一些女工绣线、针、勺子、剪刀等。抓周的时候，任由孩子自己抓取，而他们所抓取的物品，被认为能够预示着他们未来的职业和兴趣。比如，孩子抓到毛笔，便推测孩子以后可能爱读书，也许会金榜题名，走上仕途这条道。如果抓到算盘，也许孩子以后会经商。

学习拓展

古时的抓周

江南风俗，儿生一期，为制新衣，盥洗装饰，男则用弓、矢、纸、笔，女则刀、尺、针、缕，并加饮食之物及珍宝服玩，置之儿前，观其发意所取，以验贪廉愚智，名之为试儿。——《颜氏家训·风操篇》

至来岁得周，名曰'周'，其家罗列锦席于中堂，烧香秉烛，顿果儿饮食，及父祖诰敕、金银七宝玩具、文房书籍、道释经卷、秤尺刀剪、升斗等子、彩缎花朵、官楮钱陌、女工针线、应用物件，并儿戏物，却置得周小儿于中座，观其先拈者何物，以为佳谶，谓之'拈周试'。其日诸亲馈送，开筵以待亲朋。——《梦梁录·育子》

抓周不仅是庆祝孩子满周岁的一种仪式，更是家长们对孩子未来的一种期盼和祈愿。当然，这种用各种物品来算孩子的未来的方式，也只是迷信罢了。随着知识水平的提高，人们自然也不会相信这种迷信的做法。但当代，抓周习俗仍非常盛行。人们不论阶层高低、富裕程度，常采取这种游戏的形式来表达对子女的美好期盼，抓周之礼更多地成为人们享受天伦之乐的一种表现形式。

二、祝寿礼仪

中国传统文化中，长寿被视为智慧、德行和社会地位的象征。《孟子·公孙丑下》中提到："天下有达尊三：爵一，齿一，德一。"可见，长寿与爵位、德性并重，显示了对长者的极高尊重。传统上，六十岁以上称为耆寿，七十七为喜寿，八十八岁为米寿，九十九岁为白寿。六十岁以前不称寿，都叫过生日，只有六十岁以后才叫"过寿"。过寿的习俗虽然起源较晚且各地风俗不同，但都遵循着一些共通的习惯。寿宴的举办大体包括布置寿堂、儿孙贺寿、吃面暖寿三个重要环节。

（一）寿堂布置

寿堂通常设在正厅或正屋大堂，是行拜寿礼的地方，通常会装饰以吉祥图案，如福山寿海、寿星、蝙蝠、松、鹤、龟等，每一种都象征着健康和长寿。寿堂南墙上挂有红绸，上书"寿"字，也可用百寿图代替，两旁挂寿联，上悬寿幛，其他寿联可挂在其余墙壁上。另外，寿堂内设立供案，上面供奉着"寿星"（南极老人星）或"福、禄、寿"三星的塑像或画像，以示对长寿和幸福的祈求。寿堂的桌子上会摆满寿桃、寿面、寿酒、寿点等寓意吉祥的食品，这些不仅是供品，也是为参加寿宴的宾客准备的。在寿堂的四周，还可能会摆放一些花卉和盆景，以增加生气和美观。寿堂的两边则摆放客人坐的椅子。

（二）儿孙贺寿

寿庆当日，寿星老人身穿新衣，朝南坐于寿堂之上，接受亲友、晚辈的祝贺和叩拜，六亲长辈分尊卑，男左女右坐旁席。仪式开始时，长子会点燃寿灯，每满十岁增加一支红蜡烛，象征寿星的年龄。随后，寿星的长辈或亲戚会发表贺寿词，长子随后发表祝寿辞，感谢老人的养育之恩并赞颂其一生的功德。叩拜仪式包括团体拜、家庭拜和夫妻拜。长子和长媳持酒向寿星敬酒，寿星接酒后离座向天地敬酒，随后返回座位。接着是各家庭成员依次叩拜，未婚的孙辈则进行集体团拜。

贺寿时，家里子女后辈需准备贺寿礼。寿礼品种丰富多样，因人而异。既有寿金，也有食品、衣物，食品要以老人平时喜欢吃的为主，但不能缺少寿桃、寿糕和面条。相传，某年孙膑匆匆赶去为母亲尽孝，但身上仅有一个桃子。母亲疼爱幼子，于是吃了孙膑的桃子。吃完后，竟然奇迹般地年轻了起来。自此以后，人们便把桃子作为贺寿时最经典的礼物了。后世，寿桃一般用面自己蒸制，也有用鲜桃的。寿糕指寿礼糕点，多以面粉、糖及食用色素混合蒸制成形，饰以各种图案。

学习拓展

仙山楼阁图 [①]

《仙山楼阁图》轴，清，王时敏作，纸本，墨笔，纵 133 厘米，横 63.3 厘米（见图 9-3）。

图 9-3　《仙山楼阁图》

---

① 故宫博物院官网。

自识："乙巳冬日，写仙山楼阁图，为静孚道兄尊堂方太夫人七秩寿。王时敏。"钤"王时敏印""西庐老人""玄赏"印。

"乙巳"为清康熙四年（1665），王时敏时年74岁。

上诗堂有清初吴伟业题云："陈子静孚母夫人方太君七十，王烟客奉常、王湘碧郡伯绘仙山楼阁图以为祝。郡伯所制可以颉颃松雪，若太常此帧苍深高远，尺幅之中恍见仙真楼上，出入于烟云缥缈间，笔墨之奇非仅得子久三昧也。太夫人女箴妇德可镌琬琰，余将托诸诗歌，得两公妙染，真所谓画中有诗，不待九如之颂，可效凹舰之祝矣。吴伟业题。"

本幅鉴藏印："过云楼考藏金石图书""顾子山秘笈印"两方。

此图是王时敏为友人陈静孚之母七十寿辰而作。画面上峰峦叠嶂，林木葱郁，流泉曲绕，长松挺立。山谷中点缀着茅亭草舍，环境清幽。在构图和笔墨方面都具备典型的中国画特征。首先，构图方面采用全景式构图，以散点透视的方法描绘景物，近景双松清晰挺拔，远景高山连绵巍峨，所画内容具有美好的象征意义，十分契合祝寿的主题。其次，在笔墨表现方面，继承董巨（董源、巨然）、元人的笔墨传统，尤其是黄公望的画法，以仿古见长，具有程式化的特点。笔法精绝老到，为王氏晚年佳作。

（三）吃面暖寿

寿宴中不可缺少的是吃长寿面。寿星全家人都要吃一点，称为"暖寿"。寿面讲究又细又长，表示寿禄长久，盼望老人"富贵不回头"。相传，汉武帝时期，人们普遍追求长生不老。在某一天，汉武帝在与群臣闲聊时，不经意间提及了《相书》上的一种观点，那就是人的寿命与其人中的长度息息相关。据说，如果一个人的人中长度能达到一寸，那么他的寿命便能达到一百岁。然而，坐在汉武帝身边的东方朔听到这个说法后，却突然大笑起来，说"如果按照陛下所言，人活一百岁人中长一寸，那么彭祖活了八百岁，人中岂不是应该长八寸，那他的脸得有多长啊。"虽然靠脸长来长寿并不现实，但人们依然希望通过某种方式表达对长寿的愿望。于是，"脸即面，脸长即面长"的观念逐渐形成。人们开始用长长的面条来寓意长寿。渐渐地，这种做法演化为生日时吃面条的习惯，称之为吃"长寿面"。

在民间，过寿也有许多特殊的讲究。例如，"做九不做十"，指选择49、59、69等来做寿，这是因为"九"与"久"谐音，符合"长生久视"等说法。"四"与"死"谐音，所以四十岁的生日尤其要低调。这些民间传统做法体现了人们对长寿的美好祝愿。

三、婚礼礼仪

在中国古代文化中，婚礼被视为极为重要的社会仪式。《礼记·昏义》说："昏礼者，将以合二姓之好，上以事宗庙，而下以继后世也，故君子重之。"婚礼作为人生五礼之一，也是涉及宗族稳定、社会稳定的大事。

（一）婚前礼仪

在中国古代，婚礼前的准备工作包括纳采、问名、纳吉、纳征、请期五个环节，每个环节都有其特定的意义和程序。这些环节体现了双方家庭的慎重和尊重，也是确保婚姻稳定的重要步骤。

纳采：相当于后世的提亲，男方会派遣使者到女方家表达求婚意愿，并赠送大雁作为礼物，表示对女方的尊重和求婚的诚意。所谓使者，其实就是媒人。在中国古代，需要通过媒人牵线搭桥，从而体现男女双方结合的严肃性。反之，无媒就叫作私订终身，不会得到长辈和祖先的认同，被认为是非礼的婚姻。

问名：男家行纳采礼后，再托媒人询问女方的名字和出生年月及时辰，以便男家卜问，决定成婚与否，吉凶如何。另一说法是问名是男方遣使者问女方生母的姓氏，以便分辨嫡庶。后问名范围扩展到议门第、职位、财产以至容貌、健康等多侧面。

纳吉：男方问名、合八字后，男方会在家庙中占卜，若得吉兆，表示这门亲事得到了祖先的认同。此时，男方则需再次派出使者告知女方家族，并送礼表示要订婚的礼仪。

纳征：又称纳币或过大礼。双方达成一致后，男方会择日派遣使者带备聘金、礼金及聘礼到女方家中；完成纳征的仪式后，婚约便正式订立。

请期：男方会占卜婚期，用红笺书写男女生庚（请期礼书），由媒妁携往女家，和女家主人商量迎娶的日期。

（二）婚成礼仪

亲迎：即迎亲，古代中国婚礼"六礼"之六。婚礼前，纳采等五礼均由新郎的使者代办，且都必须在清晨进行。而亲迎的环节就必须由新郎亲自前往女方家，且必须在傍晚进行。儒家认为，结婚乃是阴阳结合的大事，只有配合天地的阴阳交合，方能顺受其正，顺遂圆满。《仪礼》中把婚礼写作"昏礼"，昏也就是傍晚，此时正是阴阳交互的时间点，正好选为迎亲的吉时。汉儒郑玄说："必以昏者，取其阴来阳往之意。"（《三礼目录》）新娘因此顺之而去，故又称作"婚姻"。

昏礼：成婚礼仪是中国古代婚礼中最为庄重的环节，象征着新娘正式成为新郎家庭的一员。新娘到达夫家后，新郎首先在门外迎接，恭敬地引领新娘进入家门，通常从西阶登堂，以示对家中长辈的尊重。进入家门后，新郎与新娘在众人的见证下共进宴席，这一环节被称为"共牢而食"。宴席上，新郎与新娘面前会摆放特别准备的酱料和各种食物，如腌制的冬葵菜、螺肉酱和肉汤等，象征夫妻共享的生活。宴席中，夫妇需进行三次食礼，祭祀家族祖先。每次食礼包括用口啜羹汁和手指咂酱，通过这一仪式，新婚夫妇展示了对家族传统的继承。随后，进行三次漱口仪式，新郎和新娘需用酒清洁口腔，象征洗净旧时的纷扰，迎接新生活的纯净。此外，新郎和新娘还需向对方行拜礼，表示对彼此的尊重和感激。仪式结束时，侍女和乳母协助新娘更换衣物，安排夫妻卧席，这标志着新娘正式成为家庭成员，并开启了两人作为夫妻的新生活。

（三）婚后礼仪

若丈夫的父母俱健在，新婚的第二天，新妇要早早起床，梳洗打扮，拜见舅、姑（即公、婆）。拜见仪式以进食为主。

待公公婆婆进入房间内，新娘便洗手，准备进献食物。新娘将从鼎中取出事先准备好的煮熟并切开的小猪，分别放置在公公和婆婆的食板上。除此之外，新娘还需准备各种酱料和腌菜，以及羹汤，摆放方式须与婚礼中夫妇共用的餐食类似，表示夫妇共同的生活和责任。在用餐过程中，新娘辅助公婆进行三次食礼，三次食用过后，新娘递酒给公婆漱口，结束餐食部分。随后，新娘在屋中北墙下铺席，将公婆吃剩下的食物撤到席上，摆放方式如撤席前一样。摆放完，新娘假装要吃公公剩下的余食，但被公公制止。随后，新娘吃婆婆的余食。吃之前，也必须对食物先一一祭祀。吃完后，婆婆递酒，请新娘漱口。新娘受酒，婆媳互拜。新娘将酒饮尽，随后撤下余食。

此外，公婆也会用一献之礼来款待新娘，以表达对新娘的欢迎与尊重。公公首先敬酒，新娘回敬，然后婆婆斟酒，形成互相尊重和谐的家庭氛围。仪式结束后，公婆洗手，准备离开，象征着对新娘的信任和对家事的交托。

婚礼后，男方家还要款待女方家来的送婚者。公公用一献之礼款待女方家的有司，并赠送五匹锦。婆婆用一献之礼款待送婚者的女眷，也赠以五匹锦。至此，整套的婚礼仪式就完成了。

📖 学习拓展

皇帝大婚礼仪之婚成礼 [1]

在经历了婚前诸礼之后，开始进入婚姻成立之实质性阶段，这是婚礼中的关键，只有经过这一礼仪，男女双方才可以确立夫妇之关系，所以也是婚礼的高潮。皇帝大婚的婚成礼包括册立奉迎礼、同牢合卺礼，清代皇帝大婚尚有坐帐礼，跨火盆与马鞍的习俗。

皇帝大婚与臣庶婚礼最大的不同，是臣庶在举行了婚前礼以后，须由新郎亲自前往女家迎娶新娘，所以称此礼为"亲迎礼"；而皇帝则必须派遣使节先到后邸对皇后进行册立，然后再把皇后迎入宫中。贵为天子的皇帝，绝对不可能屈尊前去迎接，必须由使节奉命迎接，因而称"奉迎礼"。

---

[1] 故宫博物院官网。

《光绪皇帝大婚图册·御太和殿行册立奉迎礼图》如图 9-4 所示。

图 9-4　《光绪皇帝大婚图册·御太和殿行册立奉迎礼图》

册立奉迎礼。这是皇帝大婚礼中最为隆重的礼节，实际上是两个相连续的礼仪。册立礼就是向"准皇后"授予象征皇后地位的由黄金制作的金册与金宝，它们就如同皇后的"身份证"一样。清代金册镌刻以满汉文，金宝亦镌刻以满汉文，其形式与皇帝御宝形式相同，现今故宫博物院还典藏有清代册立皇后的满汉文"皇后之宝"，按光绪《大婚典礼红档》记载，制作金宝用金 550 两。册立礼在皇后府邸举行，经过这一礼节，待字闺中的"准皇后"才真正确立为皇后的身份，然后才有皇帝遣使迎娶的程序。奉迎礼是迎娶皇后进入皇宫的礼仪。册立与奉迎礼一般在同一日连续举行，册立礼结束后随即行奉迎礼，清代只有同治帝把两项礼节分为两日举行。清代同治、光绪二帝奉迎皇后以"子"时，却又颇有复古的倾向。

按清朝典制规定，皇后入宫启用皇后在重大典礼时所乘的凤舆，而对于皇后，最重大的典礼莫过于亲蚕和大婚。皇后凤舆定制在乾隆年间，当时所著图文并茂的《皇朝礼器图式》图说载其形制与用途："乾隆十四年，钦定皇后仪驾，凤舆木质髹以明黄……楹四启，青紃纲之……内髹浅红，中置朱座……椅髹明黄……亲蚕御之"。

皇后入宫的凤舆不与常人相同，而且在皇后乘坐凤舆入宫时，还要提前在其内部放置御笔"龙"字，光绪帝大婚时凤舆内的"龙"字为皇太后慈禧所写，至今还典藏在故宫博物院。此外还要有金质双喜"如意"一柄。皇后坐在凤舆内向宫中行进时，必须一手持金质双喜"如意"，一手持苹果。

《皇朝礼器图式册·皇后凤舆图》如图 9-5 所示。

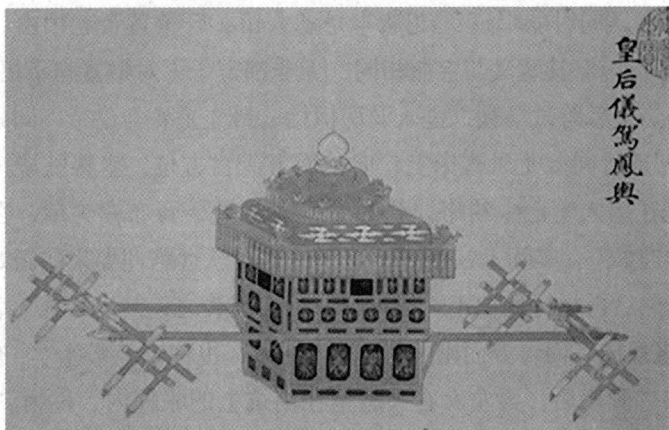

图 9-5　《皇朝礼器图式册·皇后凤舆图》

　　奉迎皇后，凤舆到了乾清门，才算到了皇帝之"家"，于是在乾清宫阶下轿。"皇后降舆。福晋接苹果，递宝瓶，皇后接宝瓶，四福晋搀扶，内务府营造司预设火盆于乾清宫殿内，武备院预设马鞍于坤宁宫门槛上。"按满族传统，新娘要跨越火盆才可迎娶进入夫家之中，所以皇后在乾清宫须跨越火盆。有的学者考证此俗是满族萨满信仰中对火崇拜的反映。其实，以火驱邪这种习俗不仅满族流行，而且"外人到东海窝集部的窝棚、帐篷时，要跳火，过火，这就意味着盛火去掉了邪气"。新娘从母家走进夫家，也是从外族他姓而来，为了不给夫家带来邪气妖魔，所以要从火上跨过。满族以火驱邪不仅表现在婚礼中，即使在丧事时也同样要跨火："满洲人如本家遇有孝服者，必请出神位安于洁净之室。若族中孝服，则在大门外释去孝衣，始入院内。如无另室之家，则净面洗目，焚草越火而过之，始入"。皇后不仅在进入皇家——夫家之时跨火驱邪，而且对迎娶时所乘之轿以及盖头，提前也要用藏香熏一下以驱除邪气。

　　皇后跨过火盆，出乾清宫后到达洞房坤宁宫时，还要从门槛上的马鞍上跨过，才可进入洞房。其马鞍之下还要压有两个苹果。跨马鞍之俗，由来已久，以其音与"安"相同，于是人们用它作为祈祷平安的代表物。按《坚瓠广集》载："唐突厥默啜请尚公主，诏送金缨马鞍。默啜以鞍乃涂金，非天子意，请罢和亲。鸿胪卿知逢尧曰：'汉法重女婿而送鞍，欲安且久，不以金为贵。'默啜从之。今人家娶妇，皆用鞍与宝瓶，取平安之意，其来久矣。"清代皇帝大婚，皇后所跨之马鞍下压有苹果，真是更加符合了"平安"之意。而皇后在乾清宫下轿的同时，就要由在宫中执事的福晋命妇接过皇后手中的"如意"与苹果，递上宝瓶，皇后要怀抱宝瓶前往坤宁宫。但宝瓶并非取其"平安"之意，其作用如同聚宝盆，它是财富的象征，其内盛装"珍珠二颗、宝石二块、金钱二个、银钱二个、金'如意'二个、银'如意'二个、金锞二个、银锞二个、金八宝二个、银八宝二个、金银米"。满族民间新娘也抱宝瓶，只是其内所盛装的东西不能像皇家那样昂贵，一般装有大米和小米，权称为金银米。在河北的一些地方，新娘下轿时，还有递给花瓶之俗，同时歌唱道："花瓶本是圣人留，轩辕黄帝起根由。今日落在新人手，富贵荣华万万秋。"其意义与宝瓶相同，无非都寄予了对财富与幸福生活的向往。

洞房诸礼俗。皇后跨过马鞍，进入洞房伊始，最先是要与皇帝一同先行"坐帐礼"。档案记载："皇上皇后同御龙凤喜床上，向正南方天喜方位，坐帐礼毕……"坐帐礼不见诸经典，只是在唐人笔记中约略记载为："北朝婚礼，青布幔为屋，在门之外，谓之青庐，于此交拜迎妇"。实际上在当时，这不过是对从远路迎娶来的新娘，让其有一小段时间的歇息，然后再举行各种正式的礼仪。后来因袭之，并以"礼"名之。在满族民间，"新娘入帐篷登床，面吉方而坐，俗称'坐福'，也称'坐帐篷'。有的地区已没有帐篷，新郎新娘进洞房后，男左女右并肩坐在南炕上的帐帏内，称为'坐帐'"。这种俗称的"坐福"礼，在当代东北传统的婚礼中还在流行。

坐帐之后行合卺礼。此时皇后要重新梳洗打扮，换下在母家奉迎时所穿的龙凤同合袍，把"没上头"的长发姑娘打扮成"两把头"媳妇，穿上朝袍朝褂。这身打扮，完成了从闺阁女子到已婚女子的蜕变，朝袍加身也已然表明从平民女子到皇后身份的蜕变，只有这种身份才配与皇帝合卺。清代帝后在合卺时，却模仿古人席地而坐之俗，"内务府女官恭进宴桌，铺设坐褥于龙凤喜床沿下，相向坐，恭进皇上、皇后交杯用合卺宴"。皇后居左，皇帝居右，对饮对食。在帝后饮食之时，还要有结发的侍卫夫妇在坤宁宫外的屋檐下用满语唱交祝歌，其歌词虽不见档案记载，但无非是祝愿的吉利词语。按古礼，在新娘新郎合卺之后，"媵馂主人之余，御馂妇余"。即由新娘的陪嫁女子"媵"吃新郎所剩之饭食，新郎的从人"御"吃新娘所剩之饭食，以此表明阴阳（男女）蕴藉交接。明代帝后大婚尚恪守古礼中的合卺之仪，如以四个金爵和两个卺行合卺礼，分三次酯酒，并且"皇帝从者馂皇后之馔，皇后从者馂皇帝之馔"。而在清代皇帝大婚中，各种文献已不见爵与卺并存的记载，其合卺改以金质合卺杯。合卺后当晚，帝后还要吃长寿面，次日还要举行"团圆宴"，以表明帝后婚后生活的美满。在满族婚礼中，不论民间，抑或皇家均不见传统完全复古的合卺礼仪式。甚至在民间合卺时，还要由萨满太太向空中抛肉。这些正是满族不同于汉族传统婚礼之处。

清代皇帝大婚在行合卺礼之前，却还先有一项帝后同吃子孙饽饽之俗。子孙饽饽，即饺子。它不由皇家预备，而是由皇后母家预备。子孙饽饽必煮得半生不熟，以谐音"生子"，它寄予了皇家祈求子嗣繁兴的愿望。吃子孙饽饽不同于合卺席地而坐，而是在龙凤喜床上，皇帝居左，皇后居右。在满族民间，新郎新娘食子孙饽饽时，还有"一男童隔窗问道：'生不生？'照例由新郎或娶亲太太回答：'生！'表示婚后要生儿育女，宗支繁衍，瓜瓞绵绵"。在民间，食子孙饽饽往往还安排在合卺之后，而在清代宫廷，却在皇帝皇后还未行合卺礼，未成夫妇之前即先吃子孙饽饽，可见皇家对帝后婚姻之"下以继后世"的殷切希望。

四、丧葬礼仪

中国丧葬礼仪的形成始于远古时代，植根于古代灵魂不灭的观念，认为人死后要到阴间世界去生活，因而希望已亡故的亲人在另一个世界得到幸福与安宁，并且保佑家人兴旺发达，为此尽可能对治丧和送葬大操大办，厚葬重殓，民间俗称"办白事"。在周朝，形成了一套相当完整且严格的礼仪系统。在处理丧事时，礼仪将对祖先的崇拜与对父母孝道的实践结合在一起，奉行"事死如事生"的原则，这种做法自春秋时期延续至晚清，影响深远。

（一）招魂与入殓

古人相信灵魂的存在，认为人死之初，灵魂不会走得太远，通过招魂或许可以让灵魂回归身体，让他再活过来，此即称为"复"。复，就是为死者招魂的仪式，由活着的人拿着死者生前穿过的可以代表其身份地位的衣服，一手执领，一手执腰，登上屋顶，面向幽冥世界所在的北方，拉长声音高喊死者的名字，如此重复3次。然后，把死者的上衣卷起来投到屋下，另一人接过衣服，赶快覆盖到死者的尸体上，希望其复活。这一仪式，表示亲属不忍死者死去，为挽留其生命所做的最后一次努力。死者复而不醒，然后才能开始办理丧事。

入殓是指将逝者正式放入棺材的过程。死者死后的第二天早晨，正式穿上入棺的寿衣，称为"小殓"。小殓的时候，房中陈列着所有的殓衣，堂下陈列着各种馔食，一面为死者入殓，一边向死者祭奠。死者的亲属要抚尸擗踊，即捶胸顿足地痛哭，表示极度的哀伤。为死者着装之后，要用衾被裹尸。饭含是入殓时的一种丧仪。饭是在死者口中放入米、贝等食物，含是在死者口中放入珠、玉等物。饭含的目的一是防止死者无饭可食，变成饿鬼；二是用珠玉等物保护尸体。饭含之物也因各人身份的尊卑不同而有区别。天子以珠，诸侯以玉，大夫以玑，士以贝，庶人含谷实。小殓次日举行大殓，即入棺仪式。大殓时，也要陈衣陈馔，如小殓一样，然后抬入棺木，孝子孝妇擗踊痛哭，在棺内铺席置衾，奉尸入棺，盖棺之后，擗踊如初。接着进行祭奠，宾客向死者行礼，孝子答拜，孝妇在帷内痛哭。

（二）停棺与下葬

殡即古代丧葬之礼当中的停棺之礼。中国古代将盛放死者遗体的棺木称"柩"，停柩待葬的一段时间，称为"殡"。大殓礼毕，殡期就开始。死者的灵柩停于家中堂屋之西，西在古代是客位，意思就像对待宾客一般来对待死者。让死者灵柩停放家中，表示亲人不愿离去的意思，表达了生者对死者的眷恋之情。停灵时间各家不同，一般依财力而定。最长的停灵于"七七"49天后下葬。

出殡，也称"发引"，即送灵柩前往葬地，这是古代丧礼的高潮。人们把出殡的隆重与否不仅看成死者的哀荣，也看作生者的显赫。

启殡之前，先要对着灵柩诵读随葬品清单，然后再次进行祭奠。这些仪式完成后，才能发车出殡。发引的礼仪是白衣执绋。白衣，指所有参加出殡的人都要身着白色素衣。绋，是牵拉柩车的绳子。

葬是丧葬之礼当中的下葬之礼。也就是说当灵车到达墓地后，抬下灵柩，再行祭奠，然后将灵柩放入墓坑中，称为"窆"，又叫作"封"。亲属按男东女西肃立两旁，棺木安置好之后，孝子等哭踊。再放入各种随葬品，加上覆盖，筑土成坟，亲属等拜奠。

死者下葬之后，灵车回到殡所，孝子等升堂而哭，此称为"反哭"。随即进行虞祭。虞者安也，意即设祭使死者魂灵有所归依。虞祭时要为死者设立用桑木制作的神主，上面写有死者的官爵名讳。在神主之前，要放置供品，使死者魂灵安之。

虞祭后行卒哭之祭。卒哭，就是止哭的意思。卒哭大多在丧后第一百天举行，先秦时期行卒哭之祭时，还要在家门外向代表死者的尸献酒。后世受佛教影响，民间普遍以"做七"代替了卒哭之祭。做七，就是人死后每隔 7 天做一次佛事，设斋祭奠。七七四十九天后，称为"断七"，断七也就相当于卒哭了。卒哭之后的第二天，要将死者的神主奉入祖庙，依照世次顺序安放到神座上，与所有的祖先一齐祭祀，此称为"祭后"，仍将神主奉回家宅。至此，丧礼告一段落，于是大家分别回到自己的丧居。

五、其他禁忌

中国的民间习俗极为丰富，在长时期的生活实践中，民间逐步形成了不少日常有趣的说法和禁忌，成为民间礼仪礼俗的重要补充。

比如民间在用餐时，最忌讳一双筷子有长短，这称为"三长两短"，很不吉利。正式吃饭时，握筷子的方式也很有讲究，要避免不用食指，而仅用拇指、中指、无名指与小指来握筷子，腾出的食指有指责别人之嫌，谓之"仙人指路"，是很不礼貌的动作。在吃饭时，切忌用筷子敲击盆碗，这会给人乞食的感觉，有损尊严。夹菜时，不能拿着筷子来回在菜盆上巡回，这叫"执箸巡城"，好像很高傲的样子；当然也不能用筷子在一个菜盆里扒拉不停，这被称为"迷箸刨坟"，既不卫生，也不吉利。吃饭时也忌脱鞋、摸脚趾、踩踏椅栏，也不可说话，伸懒腰。民间谚语说："吃饭伸腰，天打勿饶。"因为这实在太不尊重粮食了。不难发现，这些饮食禁忌不完全都是迷信的，从卫生到道德，包罗甚广。

服饰禁忌在古代也是比较重要的方面，比如颜色的使用、图案的使用，都有社会等级的象征在其中，要尽量避免错。与此同时，奇装异服也是禁忌，在传统社会中被称为"服妖"。在古代，人们常常将服饰的变化与当时的政治、经济、文化环境以及社会的急剧变化相关联。因此，"服妖"不仅仅指奇装异服，更重要的是这些异装被视为社会变化或灾异的先兆。这种政治上的禁忌最终影响到民间的服饰选择，成为服饰上的保守传统。

古代民间的禁忌和礼仪内容庞杂，是中国传统文化的重要组成部分，它们往往蕴含着深厚的历史、文化和宗教意义，反映了中国人民的谦逊、尊重和关怀他人的品质。在现代社会中，虽然一些传统的礼仪和禁忌可能已经不再完全适用，但是尊重和理解这些传统文化仍然是非常重要的。

第三节　中国传统节日礼仪

经过数千年的积淀与演变，中国的传统节日逐渐成形，并赋予了每一个节日别具一格的庆典形式和礼仪规范。从热闹的春节到寄托哀思的清明节，从悬挂艾草的端午到遍插茱萸的重阳，散落在岁时"点"上的中国传统节日，是民众安顿个体精神、休憩心灵的重要节点。它们像是一条条历史的经线，将过去、现在与未来紧密相连，蕴含于这些传统节日礼仪习俗中的，不仅是博大精深的传统文化，更是中华民族坚守的价值观念和思想精粹。

一、春节礼仪

春节，又称农历新年、新春、新岁等，是中国隆重的传统节日。春节的起源可以追溯到上古时代的岁首祈岁祭祀。据史书记载，从西汉时期开始，春节的习俗逐渐形成，并随着历史的演进逐渐丰富和完善。春节作为中华民族的传统佳节，蕴含深厚文化内涵，体现了人们对新一年的希望与祝福。

（一）年前习俗

春节，一般是从腊月二十三祭灶揭开序幕的。

祭灶，是一项在我国民间影响很大、流传极广的习俗。旧时，差不多家家灶间都设有"灶王爷"神位，人们称这尊神为"司命菩萨"或"灶君司命"，传说他是玉皇大帝封的"九天东厨司命灶王府君"，负责管理各家的灶火，被作为一家的保护神而受到崇拜。灶王爷自上一年的除夕以来就一直留在家中，以保护和监察一家；到了腊月二十三日灶王爷便要升天，去向天上的玉皇大帝汇报这一家人的善行或恶行，送灶神的仪式称为"送灶"或"辞灶"。玉皇大帝根据灶王爷的汇报，再将这一家在新的一年中应该得到的吉凶祸福的命运交于灶王爷之手。因此，对一家人来说，灶王爷的汇报实在具有重大利害关系。祭灶多在黄昏入夜之时举行。一家人先到灶房，摆上桌子，向设在灶壁神龛中的灶王爷敬香，并供上用饴糖和面做成的糖瓜等，用饴糖供奉灶王爷，是让他老人家甜甜嘴。有的地方，还将糖涂在灶王爷嘴的四周，边涂边说："上天言好事，回宫降吉祥。"这是用糖塞住灶王爷的嘴，让他别说坏话。民谣唱的"二十三，糖瓜粘"指的就是每年腊月二十三或二十四的祭灶。汉族民间还有"男不拜月，女不祭灶"之风习，故祭灶仅限男子。

举行过祭灶后，便正式开始做迎接过年的准备。每年从农历腊月二十三起到除夕止，民间把这段时间叫作"迎春日"，也叫"扫尘日"。扫尘就是年终大扫除，北方称"扫房"，南方叫"掸尘"。"腊月二十四，掸尘扫房子"的风俗由来已久。据《吕氏春秋》记载，我国在尧舜时代就有春节扫尘的风俗。按民间的说法：因"尘"与"陈"谐音，新春扫尘有"除陈布新"的含义，其用意是要把一切穷运、晦气统统扫出门。这一习俗寄托着人们破旧立新的愿望和辞旧迎新的祈求

农历腊月的最后一天，称为"岁除"，那天晚上叫"除夕"，与春节（正月初一）首尾相连。"除夕"中的"除"字是"去，易，交替"的意思，月穷岁尽，人们都要除旧布新，因此自古有贴年红、祭祖、团圆饭、守岁等习俗。

贴年红，即贴春联、门神、年画、福字、横批、窗花等的统称，大都以红色为主，增添过年的喜庆元素，所以统称为"贴年红"，寄托着人们对新年新生活的美好期盼。春联亦名"门对""对联""桃符"等，是对联的一种，以工整、对偶、简洁、精巧的文字描绘时代背景，抒发美好愿望。年画，起源于"门神"。随着木版印刷术的兴起，年画的内容已不仅限于门神之类，而是渐渐把财神请到家里，进而在一些年画作坊中产生了《福禄寿三星图》《天官赐福》《五谷丰登》《六畜兴旺》《迎春接福》等彩色年画，以满足人们喜庆祈年的美好愿望。春节贴"福"字也是民间由来已久的风俗之一。据《梦粱录》记载："岁旦在迩，席铺百货，画门神桃符，迎春牌儿……""士庶家不论大小家，俱洒扫门闾，去尘秽，净庭户，换门神，挂钟馗，钉桃符，贴春牌，祭祀祖宗。"文中的"贴春牌"即写在红纸上的"福"字。春节贴"福"字，无论是现在还是过去，都寄托了人们对幸福生活的向往，对美好未来的祝愿。民间为了更充分地体现这种向往和祝愿，干脆将"福"字倒过来贴，表示"幸福已到""福气已到"。

除夕祭祖是过年的重要习俗之一。中华民族自古就有慎终追远的传统，过节总不会忘记祭拜祖先，报答祖先的恩德。除夕，人们会摆上菜肴、倒上美酒，举行隆重的祭祀仪式，以此表达对先人的怀念并祈求祖先的庇佑，这一传统习俗代代相传。祭祖的形式各有不同，有的到宗祠拜祖，而大多在家中将祖先牌位依次摆在正厅，陈列供品，然后祭拜者按长幼的顺序上香跪拜。祭祖，多半做鱼肉碗菜，盛以高碗，颇有钟鸣鼎食之意。

年夜饭，又称团年饭、团圆饭等，特指年尾除夕的阖家聚餐。年夜饭源于古代的年终祭祀仪式，拜祭神灵与祖先后团圆聚餐。团年饭是年前的重头戏，不但丰富多彩，而且很讲究意头。吃团年饭前先拜神祭祖，待拜祭仪式完毕后才开饭。席上一般有鸡（寓意有计）、鱼类（寓意年年有余）、汤圆（寓意团团圆圆）、莲藕（寓意聪明）等菜品以求新年吉利，是对来年美好生活的期许。

守岁，又称守岁火、照岁等。新年前夕夜晚守岁，民俗活动主要表现为点岁火、守

岁火，即每个房间要整夜灯火通明，合家欢聚，迎接新岁到来。除夕夜遍燃灯烛通宵不灭，谓之"照虚耗"，据说如此照岁之后，就会使来年家中财富充实。有的地方在除夕，全家团聚在一起，吃过年夜饭，点起蜡烛或油灯，围坐炉旁闲聊，通宵守夜，象征着把一切邪瘟病疫照跑驱走，期待着新的一年吉祥如意。

（二）年后习俗

拜年是中国民间的传统习俗，是人们辞旧迎新、相互表达美好祝愿的一种方式，现在依然是春节最重要的活动之一。正月初一家长带领小辈出门谒见亲戚、朋友、尊长，以吉祥语向对方祝颂新年。古时，卑幼者必须叩头致礼，谓之"拜年"；主人家则以点心、糖食、红包（压岁钱）热情款待。初一拜年一定是长辈或者左邻右里，一般不出远门去拜年；长辈给压岁钱，压住邪祟。

此外，大年初一的习俗是放开门炮仗、占岁、聚财等。俗传正月初一为扫帚生日，这一天不能动用扫帚，否则会扫走运气、破财，而把"扫帚星"引来，招致霉运。假使非要扫地不可，须从外头扫到里边。这一天也不能往外泼水倒垃圾，怕因此破财。今天许多地方还保存这一习俗，大年夜扫除干净，年初一不出扫帚，不倒垃圾，备一大桶，以盛废水，当日不外泼。

春节期间大家互访拜年的形式，根据彼此的社会关系，大体可分四类：一是走亲戚。初一到本家，初二到岳父家、须带礼物。二是亲朋间礼节性的拜访，如给同事、朋友拜年。三是感谢性的拜访。凡对人家欠情的（如律师、医生等）就要买些礼物送去，借拜年之际，表示谢忱。四是串门式的拜访，对于部分左邻右舍的街坊，素日没有多大来往，但见面都能说得来，到了年禧，会到院里，见面彼此一抱拳说"恭喜发财""一顺百顺"，在屋里坐一会儿而已，无甚其他过多礼节。

春节是中华民族传统和礼仪的重要承载体。这些习俗不仅展现了人们对美好生活的向往，也体现了中华民族的团结、和谐与勤劳。春节期间的各种习俗，从扫尘到祭灶，从守岁到团圆饭，都是对家庭与祖先的敬仰和对新年的美好祝愿的表达。

二、元宵礼仪

正月十五为元宵节，又称为上元节、春灯节、元夕或灯节，是春节之后的第一个重要节日。元宵节的节俗活动讲究一个"闹"字，首先就是花灯。白天的市集人声鼎沸，热闹非凡，而到了夜晚，点亮的灯火更是形成了一道壮丽的风景线。在清代，元宵节除了灯火辉煌，还有舞龙、舞狮、跑旱船、踩高跷、扭秧歌等丰富多彩的"百戏"表演，将春节期间的娱乐活动推向了高潮。

元宵赏灯的风俗起源于东汉明帝时期。明帝崇尚佛教，在得知佛教有正月十五日点灯敬佛的传统后，便下令皇宫和寺庙在这天晚上都要点灯，并鼓励士族和普通百姓也挂起灯笼。随着时间的推移，这一佛教仪式逐渐演变成了民间盛大的节日，从宫廷到民间，从中原地区逐渐传播到全国各地。随着时代的发展，元宵灯节的规模越来越大，持续时间也越来越长。在唐代，灯会会举办三天；到了宋代，又增加了两天，变成五天；明代更是延长到了整整十天，从正月初八一直持续到正月十七。

元宵节还有另一个重要习俗，那就是吃元宵。这种在中国历史悠久的食品，最初被称为"浮元子"，后来改名为"元宵"，有些商家还给它起了个吉祥的名字——"元宝"。元宵的馅料丰富多样，包括白糖、玫瑰、芝麻、豆沙、黄桂、核桃仁、果仁和枣泥等，外面用糯米粉包裹成圆形。元宵可以煮汤、油炸或蒸食，寓意着团圆和美满。在古代，元宵是一种珍贵的食品，有一首诗这样写道："贵客钩帘看御街，市中珍品一时来。帘前花架无行路，不得金钱不肯回。"生动描绘了元宵的珍贵和受欢迎程度。

📑 学习拓展

明上元节

古代宫中及民间都以正月十五日为上元节或元宵节、灯节。是日观灯夜游的习俗很早就已存在。据古文记载，唐景龙四年（710）正月"丙寅夜，帝与皇后微行观灯"。是夜放宫女数千人观灯。次日又微行观灯。当时认为上元夜天神下降，故从正月十四至十六日3夜均放灯，后增至5夜。到10—13世纪的宋代，元宵节不仅灯火辉煌，且有歌舞百戏填充街巷，"乐声嘈杂十余里"。

明代仍沿旧习，宫中元宵节前后放假3天，并赐文武群臣及耆老宴，午门置鳌山灯，听人纵观，表示与民同乐。大臣们可奉父母来观灯，皇帝并予赏赉。永乐年间一次灯山起火，有不及躲避而死者，帝甚惋惜，以后未再举行，但放假、赐宴如故。《明宫史》载，正月十五日上元，内臣宫眷，皆穿灯景补子、服蟒衣。灯市十六日更盛，天下繁华咸萃于此，勋戚内眷登楼玩看，了不畏人。

据晚明人记载，自明初始，"上元十夜灯"，正月初八始至十七日罢。北京的灯市在东安门外迤北（今灯市口一带）。做灯者，皆各持所有，到灯市出售。"灯之名不一，价有值千金者。"是时四方商贾云集，珠石奇巧，罗绮绸缎，古今异物毕至。更有技艺百戏，于市上演出，观者男妇交错，挨肩擦背，热闹非凡。乡村人则扎秫稭作棚，周悬杂灯，门迳曲折，长三四里，入游者一时迷不能出，谓之"黄河九曲灯"。有的家人，以小杯子108个盛油夜灯之，遍置井灶门户各处，聚如萤，散如星，颇有趣味。夜间并放烟花爆竹，有响炮、起火、三级浪、地老鼠、花盆、花筒等多达数百种。有的烟火则架高一丈，盒分五层，各处燃放，通宵不尽。此外尚有走桥、摸钉以祛百病等习俗。正阳、宣武、崇文各门皆不闭，任民往来，校尉巡守，通宵达旦，其盛况也不亚于唐宋。

三、清明礼仪

清明节的起源可追溯至古代帝王将相的"墓祭"之礼，后来民间也仿效，于此日祭祖扫墓，历代沿袭而成为中华民族一种固定的风俗。

现代的清明其实是古时寒食与清明两个节日合并而成的。历史上，寒食节与清明节是截然不同的两个庆典。寒食节原本是在冬至后的第一百零五天，其间人们禁火、不吃热的食物、祭拜先祖。由于在时间上与清明相近，且都有祭祖的传统，唐代之后，寒食节的影响力逐渐减弱，而清明节扫墓则成为绵延不断的传统。唐代著名诗人白居易的《寒食野望吟》与宋代诗人高菊卿的诗作，都生动地描绘了清明节祭祖扫墓的场景，体现了这一习俗的深远影响。即使在今天，清明节扫墓仍然是一种重要的文化表达，人们通过铲除墓地杂草、献上供品、燃香祈祷以及焚烧纸钱等方式，来表达对祖先的缅怀之情。

清明时节，正值春意盎然，扫墓之余，人们往往借此机会踏青游玩，享受春天的美好时光。这种春游活动，古人称之为探春或寻春，是清明节另一项深受欢迎的传统。在这个节日里，无论是扫墓还是踏青，人们都沉浸在春天的气息中，共享天伦之乐。古时妇女平日不能随便出游，清明扫墓是难得的踏青机会，故民间有"女人的清明男人的年"之说。

此外，清明节还有插柳的习俗。在这个杨柳抽芽的时节，人们会折下嫩绿的柳枝，或把玩或编制成帽或插于门楣之上，寓意着祈福和辟邪。谚语有"清明不戴柳，红颜成皓首""清明不戴柳，死后变黄狗"的说法，说明清明折柳在旧时是很普遍的习俗。清明节插柳植树的风俗习惯，据说是为纪念发明各种农业生产工具并曾"尝百草"的神农氏；另一说是介子推死时所抱的柳树后来复活，晋文公赐名为"清明柳"，并折柳成圈戴在头上，此做法后来在民间相沿成俗。

在进行清明祭祀时，也有一些传统禁忌需要遵守。例如，祭祀时通常使用菊花，因为菊花在我国文化中象征着思念之情。在扫墓之前，祭扫者往往需要禁食或食素，且需穿着整洁，以示对祖先的敬重。同时，墓地作为逝者的安息之地，应保持安静和庄重，不可有喧哗和不敬之举。清明节期间，人们也倾向于穿着素色衣物，避免穿着过于鲜艳的色彩。

四、端午礼仪

端午节起源于中国，最初是人们祛病防疫的节日。春秋时期之前，吴越之地的人们有农历五月初五举行龙舟竞渡，以此来祭祀部落的图腾的习俗。后因诗人屈原在这一天死去，逐渐演变成了汉族人民纪念屈原的传统节日。当然，部分地区也有纪念伍子胥、曹娥的说法。端午节有许多独特的习俗，如吃粽子，饮雄黄酒，挂菖蒲、蒿草、艾叶，薰苍术、白芷，最为经典的则是赛龙舟。

端午佳节吃粽子是中国人民的传统习俗。粽子应该算得上是中国历史上迄今为止文化积淀最深厚的传统食品了，从春秋时期开始，粽子的形状和用料就在不断变化和发展。据记载，早在春秋时期，用菰叶（茭白叶）包黍米成牛角状，称"角黍"；用竹筒装米密封烤熟，称"筒粽"。到了晋代，粽子被正式定为端午节食品。这时，包粽子的原料除糯米外，还添加中药益智，煮熟的粽子称"益智粽"。米中掺杂禽兽肉、板栗、红枣、赤豆等，品种增多。粽子还用作交往的礼品。到了盛唐时期，粽子的用米已"白莹如玉"，其形状出现锥形、菱形。日本文献中就记载有"大唐粽子"。宋朝时，已有"蜜饯粽"，即果品入粽，诗人苏东坡有"时于粽里见杨梅"的诗句。在今天，粽子花色品种更为繁多。从馅料看，北方多包小枣；南方则有豆沙、鲜肉、八宝、火腿、蛋黄等多种馅料。千百年来，吃粽子的风俗在中国盛行不衰，而且流传到朝鲜、日本及东南亚诸国。

赛龙舟是端午节的重要活动之一。有关赛龙舟活动的起源有很多说法，其中流传最广的是楚国人为纪念投江自尽的屈原，借龙舟驱散江中之鱼，期望阻止鱼吃掉屈原的身体。在湖南汨罗市，赛龙舟前必先往屈子祠朝庙，将龙头供在祠中神龛祭拜，披红布于龙头上，再安龙头于船上竞渡，既拜龙神，又纪念屈原。而在广东，龙舟竞渡之前要首先进行请龙、祭神的仪式。如今，龙舟竞赛已发展为一项水上体育运动，在世界各地一些沿海、沿河地方亦有定期举行。赛龙舟已经超越了一项体育运动的范畴，变成了一种中华民族代代传承的精神图腾。

端午节也是自古相传的"卫生节"，人们在这一天洒扫庭院，挂艾枝，悬菖蒲，洒雄黄水，饮雄黄酒，激浊除腐，杀菌防病。民谚说："清明插柳，端午插艾"。旧时，人们还会用菖蒲、艾叶、榴花、蒜头、龙船花，制成人形或虎形，称为艾人、艾虎悬挂家中。《后汉书·礼仪中》有云："虎者阳物，百兽之长，能击鸷牲食魅魅者也。"艾虎为旧时端午节驱邪辟祟之物，也作装饰品。妇女则会佩戴由菖蒲、艾叶等制成的花环、佩饰，用以驱瘴。雄黄也是一种药材，据说能杀百毒。端午节，百姓以雄黄入酒饮之。至今，如广西宾阳，逢端午时便有一包包的药料出售，包括雄黄、朱末、柏子、桃仁、蒲片、艾叶等，人们将上述药料浸入酒后再用菖蒲、艾蓬蘸洒墙壁角落、门窗、床下等，再用酒涂小儿耳鼻、肚脐，以驱毒虫，求小儿平安。这些活动，从卫生角度来看还是有一定的科学道理的，也反映了中华民族的优良传统。

📃 学习拓展

《端午图》

《端午图》轴，清，王时敏绘，纸本，墨笔，纵100.8厘米，横40.1厘米。

本幅款署："丙辰端午西庐老人戏墨。"下钤"王时敏印"（朱文）、"西庐老人"（白文）印。鉴藏印有"桐阴馆藏""陆润之鉴藏"二方。丙辰为清康熙十五年（1676年），王时敏时年85岁。

此图是王时敏为端午节所作的节令画，描绘了菖蒲、蜀葵、玉簪以及蔷薇等几种初夏的时令花卉。民间习俗在端午节时将菖蒲、艾草编节，用以薰避蚊虫，因而菖蒲、艾草是端午节的代表物。该图所绘花卉笔墨简练洁净，清新古雅，表现了吉祥喜庆的意境。此图是王时敏较为罕见的墨笔花卉，为其晚年作品（见图9-6）。

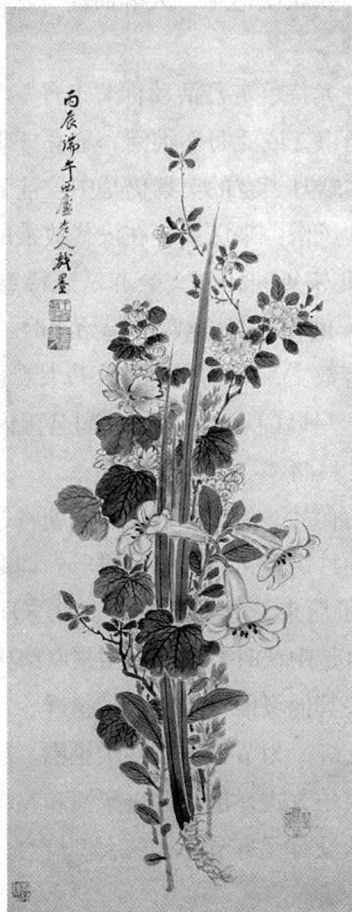

图 9-6　《端午图》

五、中秋礼仪

中秋节，又称"团圆节""八月节"等，始于唐朝初年，盛行于宋朝，至明清时，已与春节齐名，成为中国的主要节日之一。中秋节时间为每年农历八月十五日，人们通过一系列习俗和活动，庆祝丰收，表达对未来的祝福及对家人的思念。

《礼记》早有记载"秋暮夕月",其意为"拜祭月神"。人们会在户外设一香案,摆上月饼、水果等祭品,向月神祭拜,祈求平安和团圆。祭月时,家人会依次向月亮鞠躬,表达对月神的尊敬。

赏月是中秋节最重要的习俗,在唐代十分流行,许多诗人的名篇中都有咏月的诗句,如"海上生明月,天涯共此时""今夜月明人尽望,不知秋思落谁家"。到宋代,中秋赏月之风更盛,每逢这一日,"贵家结饰台榭,民间争占酒楼玩月"。文人士大夫对赏月更是情有独钟,他们或登楼览月或泛舟邀月,饮酒赋诗,留下不少脍炙人口的千古绝唱。如宋代文豪苏轼,中秋欢饮达旦,大醉而作《水调歌头》,借月之圆缺喻人之离合。

古时,中秋节之夜还有一大特色赏月活动称"走月"。皎洁的月光下,走月的人们衣着华美,三五结伴,或游街市,或泛舟秦淮河,或登楼观赏月华,谈笑风生。直到今天,一家人围坐在一起,欣赏皓月当空的美景仍是中秋佳节必不可少的活动之一。

在浙江等地,中秋观潮的风俗由来已久。在汉代枚乘的《七发》大赋中就有汉人热衷于中秋观潮的记载。到了北宋年间,大文豪苏轼还特意为观潮写到《八月十五日看潮》一诗。而宋代《梦粱录》也有观潮记载,"起始之时,微见远处如白带一条迤逦而来,顷刻波涛汹涌,水势高有数丈,满江沸腾,真乃大观也"。现如今,浙江一带继续延续中秋观潮这一传统习俗,"钱江秋涛"一词也闻名国内外。在中秋节期间,全国各地的游客都会前来浙江海宁,目睹钱江潮的奇观。

月饼是中秋节不可或缺的食品。传说最初是由唐朝将领裴寂发明,并用作军粮。俗话说"八月十五月正圆,中秋月饼香又甜"。"月饼"一词源于南宋吴自牧的《梦粱录》,那时仅是一种点心食品。到了后来,人们逐渐把赏月与月饼结合在一起,寓意家人团圆,寄托思念。同时,月饼也是中秋时节朋友间用来联络感情的重要礼物。

在中秋节期间,还有一些其他习俗,如燃灯、猜谜、玩花灯等。明清时期,人们会在中秋之夜点燃宝塔灯或柚皮灯,为节日增添喜庆氛围。同时,人们还会聚集在一起猜灯笼上的谜语,这既是一种娱乐方式,也是增进亲情和友情的好时机。玩花灯也是中秋节的传统活动之一,虽然中秋没有元宵节那样的大型灯会,但家庭和孩子们会自制或购买各种花灯来庆祝。

学习拓展

中秋传说故事之貂蝉拜月

貂蝉是东汉末年司徒王允的歌女,国色天香,有倾国倾城之貌。见东汉王朝被奸臣董卓所操纵,于月下焚香祷告上天,愿为主人担忧。王允眼看董卓将篡夺东汉王朝,设下连环计。王允先把貂蝉暗地里许给吕布,在明把貂蝉献给董卓。吕布英雄年少,董卓老奸巨猾。为了拉拢吕布，董卓收吕布为义子。二人都是好色之人。从此以后，貂蝉周旋于此二人之间，送吕布于秋波，报董卓于妖媚，把二人撩拨得神魂颠倒。

吕布自董卓收貂蝉入府为姬之后，心怀不满。一日，吕布乘董卓上朝时，入董卓府探貂蝉，并邀凤仪亭相会，貂蝉见吕布，假意哭诉被董卓霸占之苦，吕布愤怒。这时董卓回府撞见，怒而抢过吕布的方天画戟直刺吕布，吕布飞身逃走，从此两人互相猜忌，王允便说服吕布，铲除了董卓。

六、重阳礼仪

"九"数在《易经》中为阳数，"九九"两阳数相重，故曰"重阳"。古时民间在重阳节有登高祈福、拜神祭祖及饮宴祈寿等习俗。在民俗观念中"九"在数字中是最大数，有长久长寿的含义，寄托着人们对老人健康长寿的祝福。传承至今，又添加了敬老等内涵。登高赏秋与感恩敬老是当今重阳节日活动的两大重要主题。

古代民间在重阳节有登高的风俗，故重阳节又叫"登高节"。金秋九月，天高气爽，这个季节登高远望可使人心旷神怡，达到健身祛病的目的。早在西汉时，《长安志》中就有汉代京城九月九日人们游玩观景的记载。在东晋时，"龙山落帽"的故事中就提及重阳登高。登高风俗的由来一般有两种说法：一是源于古人的山岳崇拜；二是源于道教文化中的登往高处乘清气升天。道家认为这一天清气上扬，浊气下沉，地势越高，清气聚集越多，就可以乘清气而升天。登高的地点没有统一的规定，登高所到之处大抵分为登高山、登高楼抑或登高台。

古代还盛行重阳节插茱萸的习俗，所以重阳节又被称作茱萸节。《风土记》记载："九月九日折茱萸以插头上，避除恶气而御初寒。"茱萸香味浓，有驱浊湿、逐风邪的作用，入药能消积食，治寒热，可制酒养身祛病。插茱萸在唐代就已经很普遍。民间认为九月初九也是逢凶之日，多灾多难，所以在重阳节人们喜欢佩戴茱萸以辟邪求吉，茱萸因此还被人们称为"辟邪翁"。

重阳节还有吃重阳糕的习俗。重阳糕又称花糕、菊糕、五色糕，制无定法，较为随意。待九月九日天明时，以片糕搭儿女头额，口中念念有词，祝愿子女百事俱高，乃古人九月做糕的本意。讲究的重阳糕要做成九层，像座宝塔，上面做成两只小羊，以符合重阳（羊）之义。有的还在重阳糕上插一小红纸旗，并点蜡烛灯。这大概是用"点灯""吃糕"代替"登高"的意思，用小红纸旗代替茱萸。如今的重阳糕，仍无固定的品种，各地在重阳节吃的松软糕类都可称为重阳糕。

晋代陶渊明在《九日闲居》诗序文中说："余闲居，爱重九之名。秋菊盈园，而持醪靡由，空服九华，寄怀于言"。可见，在魏晋时期，重阳日已有了饮酒、赏菊的习俗。北宋京师开封，重阳赏菊之风盛行，当时的菊花就有很多品种，千姿百态。民间还把农历九月称为"菊月"，在菊花傲霜怒放的重阳节里，观赏菊花成了节日的一项重要内容。菊花含有养生成分，晋代葛洪《抱朴子》有南阳山中人家饮用遍生菊花的甘谷水而益寿的记载。菊花酒，在古代被当作重阳必饮、祛灾祈福的"吉祥酒"。

发展至近代，重阳节被赋予了新的含义，1989年，中国政府将每年的九月九日定为老人节，将传统与现代和谐地结合起来，使这一传统佳节成为尊老、敬老、爱老、助老的新式节日。2012年，新修改的《中华人民共和国老年人权益保障法》明确每年农历九月初九为老年节。在传承发展中，重阳节以富有生命意蕴的节庆活动世代流传，设宴敬老、饮宴祈寿主题逐渐和中国传统孝道伦理相融合，成为当今重阳节日活动重要主题之一。

📑 学习拓展

重阳节的传说

相传在东汉时期，汝河有个瘟魔，只要它一出现，家家就有人病倒，天天有人丧命，这一带的百姓受尽了瘟魔的蹂躏。

一场瘟疫夺走了青年恒景的父母，他自己也因病差点儿丧了命。病愈之后，他辞别了心爱的妻子和父老乡亲，决心出去访仙学艺，为民除掉瘟魔。恒景四处访师寻道，访遍各地的名山高士，终于打听到在东方有一座最古老的山，山上有一个法力无边的仙长，恒景不畏艰险和路途的遥远，在仙鹤指引下，终于找到了那座高山，找到了那个有着神奇法力的仙长，仙长为他的精神所感动，终于收留了恒景，并且教给他降妖剑术，还赠他一把降妖宝剑。恒景废寝忘食苦练，终于练出了一身非凡的武艺。

这一天仙长把恒景叫到跟前说："明天是九月初九，瘟魔又要出来作恶，你本领已经学成，应该回去为民除害了。"仙长送给恒景一包茱萸叶，一盅菊花酒，并且密授避邪用法，让恒景骑着仙鹤赶回家去。

恒景回到家乡，在九月初九的早晨，按仙长的叮嘱把乡亲们领到了附近的一座山上，发给每人一片茱萸叶，一盅菊花酒，做好了降魔的准备。中午时分，随着几声怪叫，瘟魔冲出汝河，但是瘟魔刚扑到山下，突然闻到阵阵茱萸奇香和菊花酒气，便戛然止步，脸色突变，这时恒景手持降妖宝剑追下山来，几个回合就把温魔刺死剑下，从此九月初九登高避疫的风俗便年复一年地流传下来。

第四节　现代节俗礼仪

节俗适应时代，是历史的规律，也是现实的要求。在全球化浪潮的推动下，社会的发展促使传统节俗礼仪在坚守其文化精髓的同时，也积极吸纳现代元素，进而演绎出多样化的庆祝方式和礼仪规范。

一、民间礼俗礼仪

随着社会的进步，丰富多样的传统民间礼俗礼仪逐渐融入现代元素和理念，以适应时代的发展需要。在众多的民间礼俗中，标志生命重大阶段的婚礼和葬礼始终承载着深厚的文化意义和社会价值。

（一）现代婚礼礼仪

婚礼不只是两个人结合的仪式，而是一场融合了爱情、家庭与友情的盛大庆典。在这个特殊的日子里，新人将携手步入婚姻的殿堂，开启他们共同的人生旅程。

现代婚礼通常需要提前几个月甚至一年进行筹备，包括婚礼日期、场地、婚礼风格、宾客名单、婚纱摄影、婚礼策划等。新人和家庭会根据自己的预算和喜好选择专业的婚礼策划公司进行协助。

现代婚礼仪式通常分为西式和中式两种形式。西式仪式包括交换戒指、新郎新娘互诉誓言等；中式仪式则可能包括敬茶礼、拜堂等传统习俗。而在现场布置方面，现代婚礼更讲究个性化和主题化，通过鲜花、布置、灯光等营造浪漫和梦幻的氛围。不管是中式还是西式的婚礼，婚礼主持人都是整个仪式的关键人物，常常请专业的婚礼主持人来主持整个仪式，确保婚礼流程顺畅，气氛热烈。

在婚宴方面，现代婚礼既可选择传统的中式宴席，也可采用西式自助餐。餐食选择反映了新人的品位以及对宾客的款待规格。现代婚宴也越来越注重互动体验，如设置照片墙、互动游戏等，让宾客参与和享受整个庆祝活动。此外，现代婚礼一般会安排专人进行摄影摄像，记录整个婚礼过程，制作婚礼视频和相册，保存美好回忆。婚礼宾客通常会给新人礼金作为祝福，新人则会准备精美的回礼或婚礼纪念品以示感谢。

现代婚礼的形式多样，不同地区根据当地的民风民俗而有细微的差异。总体上来，现在婚礼大都是古代"三书六礼"婚礼制度的基础发展演变上，充分融合现代元素，形成了一套既符合现代审美又极具实用性的婚礼形式。

（二）现代丧葬礼仪

尽管在现代文明的冲击下，许多繁复的传统礼仪已被简化，但葬礼仍是一件庄重的事务。现代葬礼的流程包括停灵、报丧、吊唁、出殡、火化、安葬、答谢宾客及追思等环节。现代葬礼强调环保和节俭，提倡简约而不失庄重的丧葬方式。

停灵期间，逝者的遗体被安放在肃穆的灵堂内，供亲友们前来吊唁。这一阶段，家人们穿着黑色素服，以表达对逝者的哀悼之情。报丧则是家属发布讣告，通知亲友们逝世的消息，以便他们能赶来参加葬礼，共同缅怀逝者。讣告通常包括死者生前职衔、死亡时间、直系亲属名字、殡葬时间及地点等。现代社会中，葬礼的讣告通常通过电子方式广泛传播，以便迅速通知亲友。

出殡前，一般会举办追悼仪会或遗体告别仪式。追悼仪式是指为逝者举行的追忆、告别活动。追悼会场布置应当肃穆、庄严；追悼会开始后一般奏哀乐；治丧机构负责人或代表致悼词、来宾发言；遗体告别时，须绕死者遗体一周，并深鞠躬；来宾向死者家属表示慰问；重奏哀乐并将死者遗体送往火化或土葬，追悼会即告结束。在参加追悼会时，来宾应着素色服装，并送花圈和挽联。

安葬完成后，家人们会设宴答谢前来参加葬礼的宾客们。这不仅是对宾客们的感谢，也是为了让大家有机会共同回忆逝者生前的点滴，分享彼此的哀思。

现代葬礼的礼仪虽然简化了许多传统的繁复环节，但仍然保留了对逝者的尊重和对生者情感的关怀。此外，随着社会的发展，一些新兴的悼念方式，如将在线悼念平台与传统的祭拜方式相结合，也日渐流行。这些变化体现了人们对死亡和生命理念的不断进化。无论是坚持传统，还是倾向简化和创新，核心目的都在于表达对逝者的尊重和对生者的慰藉。因此，在处理丧事的实践中，我们应尊重个体的选择，并保持开放性，接受并包容新兴的悼念方式和观念。

二、节日庆典礼仪

节日庆典是指为纪念特定的事件或文化、宗教的重要日期而举行的各种庆祝仪式、活动。这些庆典包括官方的各类节日、公众纪念日等，通常涉及聚会、仪式、游行、表演等活动。在参与各类节日庆典时，应遵守适当的行为规范和礼节，以保持活动的庄重和秩序，同时也能体现参与者对节日文化背景的敬意。

（一）着装得宜

根据庆典的性质选择合适的服装。例如，正式的庆典或宗教活动可能需要正装或遵循特定的着装；在非正式的节日庆典中，可选择休闲但得体的服装以营造轻松愉快的氛围。特定文化或宗教节日中，穿着传统服装不仅是对节日文化的尊重，也是庆典体验的一部分，如穿旗袍参加春节庆典。此外，应保证个人仪容整洁，避免蓬头垢面，展现对庆典活动的尊重。

（二）举止恰当

参加节日庆典时，应提前了解并尊重当地的文化传统和习俗。这不仅体现了对主办方及其他参与者的尊重，也能帮助自己更好地融入庆典活动。

在庆典举行期间，不要嬉皮笑脸或是愁眉苦脸，以免影响庆典的整体氛围。假若庆典中安排了升国旗、奏国歌的程序，一定要依礼行事：起立，脱帽，立正，面向国旗或主席台行注目礼，庄严肃穆地和大家一起唱国歌。

在出席庆典时，不要想来就来、想走就走，或在庆典举行期间到处乱走、乱转。不要找周围的人说悄悄话、开玩笑，或朝他人挤眉弄眼、做出夸张举动。不要有意无意地表现出对庆典毫无兴趣的样子，如玩手机、打瞌睡等。不要让他人觉得自己心不在焉，如探头探脑、东张西望、一再看手表，或向别人打听时间等。

（三）态度友好

参加节日庆典时，对待他人应始终保持友好的态度。如果为节日庆典的主办方人员，更应热情和礼貌。当遇到来宾时，主动致意，用温暖的问候迎接他们。对于来宾的任何疑问，应迅速并友好地进行解答。

在庆典进行中，应避免任何可能给他人带来不适的行为，如公开指点或表现出不友善的态度。当他人发言或被主持人介绍时，应以热烈的掌声表达欢迎和感谢，避免任何形式的歧视或偏见行为。同时，不应中断他人的讲话或提出攻击性问题。所有互动都应建立在尊重和理解的基础上，确保节日庆典的氛围温馨和谐，让每位参与者都能感受到节日的欢乐和尊重。

三、少数民族礼仪

中国是一个多民族国家，每个民族都拥有自己独特的文化和礼仪习惯，这些习惯在长期的历史发展中形成了丰富多彩的民族文化景观。从回族的清真饮食，壮族的壮歌壮舞，到蒙古族的那达慕大会，再到藏族的藏历新年，每一种礼仪礼俗都深深植根于各民族的文化传统与生活方式之中，了解和学习这些不同民族的礼仪，是增进民族间的理解和尊重的有效途径。以下是部分民族的礼仪习俗：

（一）壮族

壮族主要分布在广西、云南和广东，他们热情好客，乐观豪迈，保持着世代相传的文化传统。壮族服饰崇尚蓝黑色，男女服饰各有特色，女子普遍喜欢佩戴银饰。

壮族节庆饮食颇有特色。"三月三"吃"五色饭"，色彩鲜艳，用以祭祖和待客；春节、端午节家家户户包"驼背粽"，是节日馈赠的礼品。此外，妇女有嚼槟榔和用槟榔待客的传统习俗。

客人来访时，必由主人出面热情招待，让座递烟，双手捧上香茶。茶不能太满，否则视为不礼貌。与客人共餐，要两脚落地，与肩同宽，切不可跷起二郎腿。客人告辞时，主人要将另留的鸡肉和客人盘中的剩余肉用菜叶包好，让客人兜着带回去，给亲人品尝，客人绝不能拒绝。

壮族人热爱对歌，有独特的歌棚文化，还有多姿多彩的舞蹈。此外，壮族也存在一些独特的禁忌：壮族人民一般不吃青蛙肉；有的地区的青年妇女不吃牛肉和狗肉；农历正月初一不杀生；正月初一到初三不可出村拜年，否则会将鬼神带进家中；妇女生小孩的头三天（或七天），外人不得入内；妇女生孩子不出满月，不能到别人家去；行商外出忌碗破；新婚出嫁忌打雷；等等。

（二）回族

回族是中国深受伊斯兰教影响的民族之一，其礼仪礼俗独具特色。

回族人见面时会互致"祝安辞",即"道色兰",以示友好。在饮食习惯上,他们不吃猪肉和未经祈祷宰杀的动物肉,也不吃动物的血。偏爱牛、羊及鸡、鸭和有鳞的鱼类,对蔬菜一般不忌讳什么,但忌烟酒。

回族人非常注重身体清洁,特别强调礼拜前的沐浴。外出一般要戴帽子,忌露顶。他们尊敬长者,避免使用不敬言辞,同时在新生儿诞生、结婚、丧葬等场合都有独特的礼仪。

回族人款待客人吃饭时,主人须为客人添饭添菜,即使客人表示已经吃饱了,仍要增加少许,以示尊敬。客人若不吃,便有失敬之嫌。另外,给客人端饭、端菜时均用右手,客人则用双手相接,否则将被视为不礼貌。

此外,回族除过春节、端午节和中秋节等传统节日外,还独特地庆祝开斋节、古尔邦节和圣纪节,这些习俗共同构成了回族丰富多彩的文化传统。

(三)维吾尔族

维吾尔族主要聚居在新疆维吾尔自治区,他们信奉伊斯兰教,并以团结、联合为族群的核心价值。维吾尔族人非常讲究礼节礼貌,特别是对长者极为尊敬,在各种场合都会优先礼让长者。他们的服饰特色鲜明,男女都有独特的装扮习惯。

在饮食上,维吾尔族的主食种类繁多,其中馕和抓饭是最具特色的食品。馕是用玉米面或面粉制成的圆形烤饼,有的还加上肉、蛋和奶油。抓饭用羊或牛肉、清油、胡萝卜、葡萄干、葱和大米做成,吃时用手抓,故又称"抓饭",这是维吾尔族特有的饮食习惯。吃饭前要洗手三次,并用手帕或布擦干,不能顺手甩水;吃饭时,一般是盘腿坐在褥垫上,将抓饭盛到大盘里,用手指捏着吃。而副食则主要以牛羊肉和鸡肉为主,忌猪肉、驴肉、骡肉,南疆地区还禁食马肉、鸽肉。

维吾尔族在交谈中,忌讳吐痰、擤鼻涕、打哈欠,否则,会被认为是大不敬;送礼物时,接受人必须用双手接礼物,忌用单手,尤忌单用左手;睡觉时忌头东脚西或四肢平伸仰卧;屋内就座时应跪坐,忌双腿直伸、脚掌朝人;忌讳进入门口挂有红条(表示家有产妇和病人)的房子。

维吾尔族还以歌舞闻名,他们的舞蹈轻巧优美,有多种流行舞蹈。在节日方面,维吾尔族的主要传统节日包括开斋节、古尔邦节和诺鲁孜节等。

(四)藏族

藏族主要分布在中国的西藏、青海、甘肃、云南和四川等地,他们多信仰藏传佛教。藏族人非常讲究礼仪,在日常生活中对长者和平辈有不同的鞠躬致礼方式,同时热情好客,常以哈达、青稞酒和酥油茶招待客人。

哈达是藏族文化中的重要元素,常用于敬献和祝福。哈达一般长约 1.5 米,宽约 20厘米。哈达越长越宽,其礼仪也就越隆重。敬献哈达的方法是:献者双手手心向上,将哈达搭在食指与拇指之间,使两端下垂。若献给尊长或贵宾,献者必须弓腰低首将哈达举过头顶送至对方座位前请其收纳；若献给平辈，则将哈达送到对方手中或腕上即可；献给晚辈或下属，则将哈达搭在对方的颈脖上即可。敬献哈达时，双方都要互致问候和祝福。

藏族的传统服饰是藏袍，而他们的饮食习惯以糌粑和酥油茶为主。在婚恋习俗上，藏族青年男女常用送饰品、抢帽子等方式表达爱意。藏族人能歌善舞，有多种舞蹈形式。在节日方面，藏历年（藏历新年）是藏族最重要的传统节日之一，其间有丰富的庆祝活动和文化习俗。

此外，藏族也有一些禁忌需要遵守。如忌吃驴肉、狗肉，有些地方甚至不吃鱼；忌用单手接递物品；忌讳别人对自己的孩子过分夸奖；进入帐篷后，男左女右，不得混杂着坐；不得在藏民拴牛、拴马和圈羊的地方大小便；不得动手摸弄藏民的头发和帽子；凡遇门口挂有树枝或红布条，外人切勿进入。

（五）蒙古族

蒙古族主要聚居在中国内蒙古、辽宁、吉林、河北、黑龙江和新疆等地，他们以热情、豪爽的性格著称，并信奉藏传佛教。蒙古族的习俗礼仪丰富多彩，包括敬鼻烟壶、敬献哈达等，而蒙古袍是他们的传统服装。在饮食方面，蒙古族以肉食为主，同时也喜爱奶茶和各种奶制品。蒙古族的婚礼独具特色，包括一系列有趣的仪式。

蒙古族是一个非常好客的民族，十分尊敬客人，讲究礼仪。招待客人常用手抓羊肉，招待贵宾或喜庆时则用全羊席，最隆重的招待是请客人吃羊头和羊尾巴，席上还要致演说词，并有一套仪式。对蒙古族风味食品，即使吃不惯，也不能拒绝，象征性地品尝一下，并点头称好，才是符合其民族礼仪的。送任何礼品，都要成双成对。送接礼品、敬茶斟酒均要用双手，以示尊重；不应用单手，更不能用左手。

那达慕大会是蒙古族最盛大的传统节日。节日期间，男女老幼身穿节日盛装，云集于各个集会点，举行赛马、摔跤、射箭、拔河、蒙古象棋、歌舞表演等富有民族特色的文体活动，并进行生产经验交流和物资交流等，内容丰富多彩，吸引了众多国内外游客前来观赏和参与。

第五节　公共休闲礼仪

在公共场所和休闲活动中，礼仪同样不可或缺，对于维护社会秩序和个人间的和谐关系至关重要。无论是乘坐交通工具、游览旅游景区，还是参加高尔夫等高雅运动，甚至是在涉外活动中，礼仪都扮演着重要的角色。得体恰当的公共休闲礼仪不仅是个人素养的直接体现，更是社会文明进步的重要标志。

一、交通工具礼仪

交通工具是人们生活中不可缺少的重要组成部分。遵守公共交通礼仪最能体现一个人的知礼程度和个人素养,也是社会精神文明程度的重要体现。

(一)乘坐飞机时的礼仪

飞机已经成为现代生活中人们远距离出行时经常使用的公共交通工具。人们在乘坐飞机出行时,应了解并践行有关的乘机礼仪,这样才能体现出文明素质并使旅途畅行愉快。

1. 起飞准备

按飞机起飞时间,要至少提前一个小时到达机场办理登机手续。出行以轻装便行为主要原则,行李的大小要按照机场的有关规定准备。接受机场的安全检查时,要主动、自觉地配合机场安检人员的工作,不携带易燃易爆等危险物品登机,不随便给陌生人带东西。按规定系好安全带,配合空乘人员工作,关掉手机。如果有晕机症状,应提前向空乘人员索要晕机药物,避免起飞后给周围的乘客带来不便。

2. 飞机上的注意事项

飞机飞行中,要遵守机舱内的一切规章制度。认真倾听乘务员关于氧气面罩、救生衣、紧急出口等有关安全事项的说明。要坐在自己的位置上,注意保持环境卫生,不要随意走动和使用违禁物品,不要大声聊天,以免影响他人休息。飞行途中坐累了,可以将座位倾斜,但是在调整座椅之前,要先向后座的乘客打声招呼。用餐时尽量不要发出声音。最好不要喝酒,要尊重乘务人员,支持他们的工作,服从他们的管理。如果飞机遇到特殊情况,一定不要慌张,要听从空乘人员的统一安排。

3. 离机时的注意事项

到达目的地后,要等飞机停稳之后,再站起来拿行李,防止摔倒或伤到他人。下飞机的时候不要拥挤,应排队按顺序走出去。对空乘人员站在机舱门口的送行要给予回应,微笑点头并说"再见"或"谢谢您周到的服务"等。

(二)乘坐火车时的礼仪

火车是一种重要的交通工具,在现代生活中也非常普遍、不可缺少。乘坐火车时也要遵守一定的规则,这样才能保证出行的安全和顺利。

1. 要有序上车、入座、存放行李

上车前,要自觉排队,有秩序地进入车厢。上车后要对号入座,不占别人的座位。行李以轻便、易携带为宜。较大的行李要放在行李架上,要顺着行李架放好,不要超出行李架之外。

2. 乘车时要文明、礼貌

乘车过程中不要大声聊天,以免打扰周围乘客的正常休息。阅读后的杂志或者报纸要整理好，不要随处乱扔。身旁有无座的长途旅行乘客时，可以主动让他们轮流坐下休息会儿，这不仅表现出个人的修养和道德境界，也会使周围环境温馨和谐。

3. 要保持车厢环境卫生

车厢环境卫生是保证顺利、愉快出行的必备条件，每位乘客都有责任维护车厢的整洁干净。食物的残渣要放在垃圾袋中或放在列车指定的垃圾投放点，不要在列车上脱鞋子，更不要把脚搁在对面的座位上。这样做不但不雅观，也是对其他乘客的不尊重。

4. 要注意安全

乘坐火车出行时，要做到不携带易燃易爆等危险物品上车，注意防火防盗。发现可疑物体和可疑人员，要及时与列车长或乘警取得联系，把隐患消灭在萌芽状态。尤其要注意旅途过程中的人身安全和财产安全，对陌生人的热情接触要格外警惕，防止与陌生人交流涉及个人隐私的话题，时刻都要有防骗意识。

（三）乘坐公共汽车时的礼仪

公共汽车是人们日常生活中非常普遍的一种交通工具，也几乎是人们使用频率最高、涉及人数最多的交通工具。所以，乘坐公共汽车的礼仪规范具有广泛的群众影响。

1. 要遵守乘车秩序

乘坐公共汽车时，应自觉排队、有序乘车，不要拥挤，不要抢座、占座。在车厢里要扶好站稳，以免刹车时碰着别人，万一碰了别人要主动道歉。如果遇到老人、儿童、残障人士、孕妇及体弱者等需要帮助的人，要主动让座。快要到站之前，应提前向车门处移动，做好下车准备。

2. 要保持车厢的良好环境

乘车时，要注意保持车厢安静。接打手机时应低声细语，并尽量缩短通话时间，不要旁若无人地大声说话。车上人多的时候，遇到熟人点头示意就好，不要硬挤过去交谈，更不要远距离大声交谈。还要注意乘车卫生问题，乘车时尽量不要穿油污的衣服，不带脏的东西，以免妨碍他人；必须带上车时，要提醒别人注意并且放到适当的地方。下雨天乘车，在上车前应把雨伞收好，雨衣脱下叠好，尽量不要把车厢地面弄湿或把别人的衣服弄湿。

3. 乘车过程中的特殊情况处理

乘车过程中，如果遇到特殊情况，不要慌乱，要听从司乘人员的统一安排，有序离开。当发现有人有意靠近你时，要注意自己的财物安全，防止被盗。

（四）乘坐地铁时的礼仪

地铁已经成为人们外出时经常选择的交通工具之一。乘坐地铁出行时主要应遵守以下礼仪规范。

1. 遵守乘车秩序

遵守乘车秩序是乘坐地铁应注意的首要问题。从进入地铁站口到买票进站，从到达站点下车到出站，都有规范、明显的指示牌。乘坐地铁时要按照指示信息规范乘车，遵守公共秩序。

2. 保持乘车的良好环境

在乘坐地铁的过程中，要注意保持车厢的环境卫生，做到不吃东西，不乱扔垃圾；保持车厢安静，不大声讲话谈笑；站在车门旁边时应注意安全，并不影响他人顺利下车。在车厢里应该主动给老人、儿童、残障人士、孕妇及体弱者等需要帮助的人让座。

3. 乘坐地铁时的注意事项

在地铁站台的候车区域有乘车区和下车区的明显划分，候车的乘客应按照指示在指定的区域等待，要自觉排队候车，不争不抢。上车时，应注意车门要关时不要抢上，防止发生事故；下车时，要提前移动到车门处，等车停稳、车门打开后及时下车。

（五）乘坐轿车或出租车时的礼仪

在日常生活和工作中，轿车或出租车也是人们出行的重要交通工具，乘坐轿车或出租车出行时主要应注意以下礼仪规范。

1. 上车

如果陪同客人同乘一辆轿车，上车前主人应先打开轿车的右侧后车门，请客人上车，并以手挡住车门上框，提醒客人防止碰头，待客人坐好后再关好车门。特别注意不要夹到客人的手或衣服，然后主人从左侧后车门上车。

如果同亲朋好友一同乘车，应请女士与长辈先上车，并为之开关车门。倘若女士裙子太短或太紧不宜先上车，可以请男士先上车。女士上车时，应先轻轻坐在座位上，然后再把双腿一同收进车内。

2. 下车

到达目的地时，主人应先下车，绕过车体为客人打开车门，以手挡住车门上框，协助客人下车。女士下车时，一般要双脚同时着地，然后轻轻起身。

3. 乘坐位置的安排

如果有专职司机开车，乘车时应按照以后为尊、以右为尊的原则安排就座。其中，车上最尊贵的位置是后排右侧的座位，其他座次排序如图9-7所示（图中灰色方框代表司机）。

乘坐出租车时，若一人乘车，可坐在后排。若三人乘车，可前排坐一位，后排坐两位。如果是一男二女乘车，可以男士坐前排，女士坐后排；如果是二男一女乘车，则女士坐前排，男士坐后排。

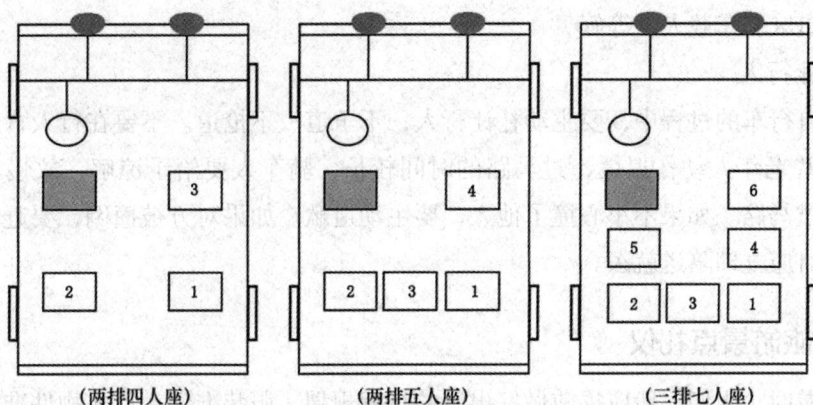

（两排四人座）　　　　　　（两排五人座）　　　　　　（三排七人座）

图 9-7　有专职司机的座次安排

如果是主人亲自驾车，乘车时应按照以前为尊、以右为尊的原则安排就座，座次排序如图 9-8 所示（图中灰色方框代表主人）。

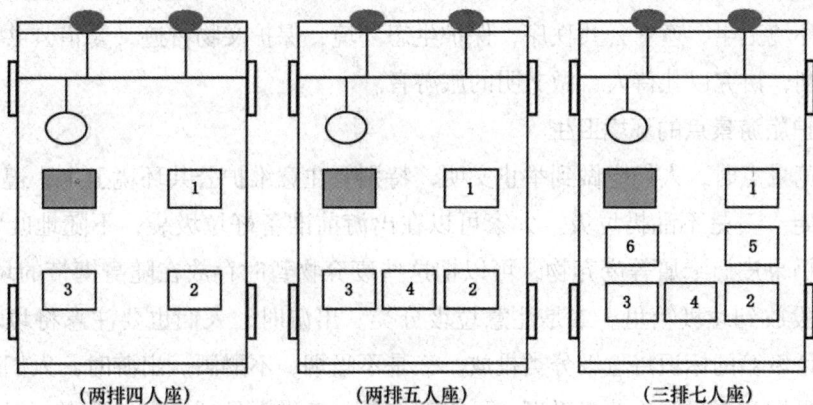

（两排四人座）　　　　　　（两排五人座）　　　　　　（三排七人座）

图 9-8　有主人驾车的座次安排

4. 与司机的礼仪

不管是乘坐轿车，还是乘坐出租车，都尽量不要与司机闲谈，以免分散司机的注意力。尽量不要催促司机加快车速。当有事情需要询问司机时，要文明礼貌。同时，还要注意不能与司机有肢体接触，以免影响司机开车。下车时，要对司机的服务表示感谢。

（六）骑自行车时的礼仪

自行车是居民出行的常用代步工具。骑自行车出行时，应文明骑乘自行车，规范使用自行车。

1. 严格遵守交通规则

选择骑自行车出行时，一定要遵守交通规则，要在道路右侧的自行车道或非机动车道骑行。同时，还要注意不要多人并排骑车，不要勾肩搭背；不要在无任何手势示意的情况下突然拐弯，不要撑伞或单手持物骑车。要做到不闯红灯，不互相追逐或曲折竞驶，不在市区骑车载人，等等。

2.礼让行人

骑乘自行车的过程中，要主动礼让行人，不争道、不抢道。不要在行人背后猛然按车铃。有些老年人动作迟缓，过马路的时间较长，骑车人要给予谅解，放慢车速，让老年人先过马路。如果不小心撞了他人，要主动道歉。如果对方被撞倒，要赶快下车搀扶，必要时应立即陪送就医。

二、旅游景点礼仪

在出游时，人们一般应提前做好出游的行程规划、服装准备、重要物件准备、日常用品准备等，以满足出游中的各种需要。在出游过程中，人们应遵守相关礼仪规范，也要注意相关的礼仪禁忌。

（一）游览景点的礼仪规范

人们在景点旅游时，要遵守《中国公民国内旅游文明行为公约》，树立文明出游意识，维护环境卫生，遵守公共秩序，保护生态环境，保护文物古迹，爱惜公共设施，尊重他人权利，讲究以礼待人，做文明的旅游者。

1.维护旅游景点的环境卫生

在游览景点时，人们应做到举止文明，特别要注意维护公共环境卫生，遵守景点卫生管理规定。一是不乱扔垃圾。大家可以在出游前准备好垃圾袋，不随地吐痰和口香糖，不乱扔果皮、纸屑等废弃物，可以把这些废弃物暂时存放在随身携带的垃圾袋里，然后定点投放到垃圾箱里。二是注意垃圾分类。出游时，人们也要注意将垃圾合理分类，按照垃圾箱的标识将垃圾分类投放。三是不吸烟、不酗酒。出游时，人们应做到不在景点内吸烟和酗酒等。若想吸烟，可以咨询景区工作人员到指定的地点，但要注意及时熄灭烟头，不随意乱扔烟头，以免发生火灾。

2.遵守旅游景点的公共秩序

景点是公共场所，人们在游览时一定要遵守公共秩序。一是遵守排队秩序。在游览景点时，特别是在进入景区时、在热点景色处拍照时、游玩项目时、就餐时等，都需要大家文明排队，依次进行。二是规范行进的方式。在出游中，如果同行的人较多，一定要注意右侧通行，不能多人并行挡道。同时，还要注意景点的行进方向标识，如仅限上行、仅限下行等，应按照标识有序行进。三是不大声喧哗吵闹。在游览景点时，大家说话时要尽量放低音量，不要随意大声喧哗、追逐打闹，带小朋友的家长要看管好自己的孩子，不要影响其他游客。

3.保护旅游景点的生态环境

人们在出游过程中，要有环境保护意识，在保护环境卫生的同时，也要注意保护旅游景点的生态环境。一是不能随意踩踏草坪。景点的草坪是供游客享受和欣赏的，不能随意走进草坪中休息、照相、露营等。二是不摘折景点的花木和果实。景点的花草树木都是景点工作人员辛苦培育，供游客欣赏和参观的，不宜因为个人喜好随意摘折。同时，为了这些花木的成长，景点工作人员还会不定时地喷洒药物，大家为了个人安全也不应随意摘折。三是要爱护景点的动物。人们应严格按照景点相关管理规定观赏动物，要认真阅读动物区附近的标识文字以及禁忌要求等，不追捉、投打、乱喂动物，以防造成人身安全事故。

4. 保护旅游景点的文物古迹

文物古迹是历史发展进程中人类所创造的宝贵财富，相比较于一般的旅游资源，文物古迹有着明显的特殊性，主要表现在文物古迹的历史性、不可再生性以及脆弱性等方面。因此，人们一定要认识到这些文物古迹的真正价值，要精心爱护。一是不随意涂刻。在参观文物古迹时，大家不仅要怀有敬畏之心，还应做到不在文物古迹上乱写、乱画、乱刻、乱涂等。二是不攀爬触摸文物。在景点，许多文物古迹都被工作人员用围栏保护起来，只允许游客保持一定距离参观，但仍有部分游客不仅靠近，而且还攀爬触摸文物古迹，这不仅违反了景点的相关规定，也违背了出游的礼仪要求。三是不随意拍照摄像。拍照摄像已经成为人们出游的常规性行为，但是参观文物古迹时，一定要按照景点的规定进行。因为一些拍照和摄像设备的使用会对文物古迹造成无法弥补的伤害，所以，景点会有一些文物古迹是禁止拍照的。人们一定要理解和积极支持景点的相关规定。

5. 爱惜旅游景点的公共设施

景点的公共设施是旅游基础设施，主要包括旅游饭店（宾馆）、旅游交通以及各种文化娱乐、体育、疗养等物资设备等。公共设施是旅游景点为人们提供便利服务的基本条件，因此，要文明使用、细心爱护。一是不污损公共设施。在游览过程中，不仅要注意景区公共设施的合理使用，还要注意保持公共设施的整洁卫生，应做到不破坏、不玷污、不影响其他游客使用。二是不私自占有公共设施。景点的公共设施是公共物品，是为所有游客服务的。因此，在使用时，既不能将其据为己有，也不能长时间占用，因为那样做不仅会影响其他游客的正常使用，也是不道德的行为，甚至是违法的行为。

6. 尊重他人的权利

根据《中华人民共和国旅游法》的相关规定，游客在出游过程中应当享有下列权利：自主选择权、拒绝强制交易权、知悉真情权、要求履约权、受尊重权、请求救助保护权、特殊群体获得便利优惠权等。游客在享受上述权利的过程中也要同样尊重他人拥有的相应权利。尊重他人权利，一是要尊重他人的生活习俗和选择。在出游过程中，人们有时会遇到一些有个性的游客，他们有自己的习惯，在饮食、服装、游览项目的选择等方面都有自己的个性化特点。这时人们应给予理解和尊重，不要嘲笑和批评。二是礼让他人。礼让他人是一种礼貌，也是对他人的一种尊重。在景点的表演场地、餐厅、卫生间等公共场所，容易出现插队、拥挤和争抢座位等现象。大家如果能主动礼让他人，遵守公共秩序，就会避免上述情况的出现。这样不仅能展示个人的礼仪素养，也会融洽游客之间的感情。三是尊重景点工作人员。他们是为所有游客提供服务和帮助的人。他们每天都为景点的环境卫生、景点项目的咨询、景点位置的引导、景点的餐饮等付出辛苦的劳动，因此，游客应理解并尊重他们的工作。游客主动自觉地遵守景点的相关规定，就是对景点工作人员尊重的表现。不仅如此，游客还应对工作人员提供的每一项服务报以微笑和感谢。

7. 以礼待人

以礼待人是出游礼仪的尊重原则和自律原则的具体表现，也是出游过程中人们友好交往必备的素养。以礼待人主要表现在以下几个方面。一是着装整洁得体。游客在游览的过程中，可以穿着舒适、得体、干净的服装，但不能穿过分"透、紧、露"的衣服，否则容易引起他人的不适和反感。同时，还要注意一些特殊的景点，比如宫殿、教堂、寺庙、陵寝等，到这些地方游览前，应提前明确穿衣规定，按要求选择合适的衣服。二是语言文明礼貌。在游览景点时，游客使用的语言是否文明，会直接影响游客之间的互相交流，也会影响个人的心情和他人的情绪。因此，在交流时，大家应注意使用礼貌用语，多用敬语和谦语，这是以礼待人的表现，切记不要讲粗话、俗话和脏话。三是态度谦和、热情。在出游时，人们对待他人都应该做到态度可亲，热情和蔼，相互之间要真诚，不做作；遇到他人有困难时，要及时相助；遇事要稳重，不急躁、不粗暴。

（二）游览景点的礼仪禁忌

1. 忌用语不当

在游览景点时，除要注意使用文明用语外，还要注意语言的使用场合、交流对象的特点，以及对对方的称呼等。交谈的话题和内容不能违背对方的民族文化、风俗习惯和宗教信仰等。例如，大家在参观寺庙时，与僧人交谈不宜提及杀戮之词、婚配之事等，以免引起他人反感，甚至产生意外的麻烦。在使用称呼时，要注意使用尊称、谦称，切忌不使用任何称呼，直接使用"喂""哎"等；也不要使用替代性称呼，例如，称呼年长者为"老头""老太太"等，或称呼对方为"××佬"等；更不要使用侮辱性称呼，例如，直接称呼他人为"胖子""黑子"等。

2. 忌行为不当

在游览景点时，要注意规范个人的行为举止，遵守公共秩序。参观游览，忌抢车、抢座、抢食，更忌结伙"互助"分工抢占。对于妇、幼、老、弱，忌不予理睬，更忌轻视埋怨他们。自驾游时，忌在危险的地方超人抢路或堵道不让。游览观光过程中，忌有意无意地突然碰撞别人。在参观寺庙、教堂时，忌乱走、乱动、乱摸，也忌指点议论、妄加嘲讽等。

3. 忌礼节不当

参观游览时，礼节准确到位非常重要。不同的地域、不同的民族、不同的信仰，人们的礼节也不同。游客应注意不要违背游览景点的具体规定、当地的风俗习惯以及宗教信仰等。例如，参观寺庙时，与僧人见面，常见的行礼方式为双手合十，微微低头，或单手竖掌于胸前、低头，忌握手、拥抱、摸僧人头部等行为。

4. 忌离群独行

在出游过程中，大家一般应紧随集体行动，尽量不要私自离群独行，特别是到一些不太熟悉的旅游景点或有特殊宗教信仰的地方，因为那样容易因为个人行为不当而引起麻烦，使自己陷入危险的境地，甚至危及生命。同时，离群独行还会影响团体的出游计划，造成相关人员的担忧和恐慌，甚至带来更大的麻烦。

5. 忌轻信他人

在出游过程中，人们往往会遇到许多不了解的人，大家要有自我保护意识。例如，在住宿、购物、就餐、娱乐时，大家都要保持警惕，到正规的场所消费，不要轻信别人的话，更不要轻易跟随他们到陌生地方，这样不仅容易造成财物损失，有时甚至会带来生命危险。

（三）出境旅游的礼仪禁忌

各个国家或地区因为文化和历史背景不同，形成了不同的民俗习惯和禁忌。例如，在饮食、言谈举止、着装、赠送礼品等方面，不同的国家或地区有不同的要求或禁忌。出境旅游时，游客应提前了解目的地的相关禁忌，并严格遵守，以确保旅途顺畅和安全。

1. 饮食禁忌

出境旅游时，大家要注意当地的饮食禁忌。一是要注意饮食习惯禁忌。游客一般应提前查阅所要出游的国家（地区）的饮食习惯，就餐时尽量不要违背。例如，到加拿大旅游，尽量忌食虾酱、鱼露、腐乳以及动物内脏等；到美国旅游，尽量忌食动物内脏、大蒜、过辣的食品等。二是要注意餐具使用禁忌。在就餐过程中，游客要注意准确使用餐具。如果用刀叉就餐，就要注意刀叉的使用方式以及不同情况下应如何摆放刀叉。吃西餐时，要成对依次取用刀叉，忌用一副刀叉吃所有餐点。例如，吃鱼用的刀叉不能再用来吃肉或奶酪。如果使用筷子就餐，也要了解相关禁忌。例如，在日本就餐时，忌把筷子竖直插到碗里，不用筷子时，应把筷子平行横放在桌上一角。此外，有一些国家（地区）的人们用餐时不用筷子或刀叉，而直接用手。三是就餐行为禁忌。在境外旅游时，人们应注意自己的就餐行为是否恰当，避免让对方产生厌烦情绪，甚至违背当地的风俗习惯，带来麻烦。例如，在一些国家（地区），忌讳用左手就餐、碰杯等；到美国旅游时，忌进餐时发出声响，忌替他人取菜，忌在进餐过程中吸烟和劝酒等；到英国旅游时，忌就餐时碰响水杯等。

2. 言谈举止禁忌

通常，同样的言谈举止在不同的国家（地区）所代表的意思不尽相同。游客在出境旅游过程中应注意当地的言谈举止禁忌。一是要注意言谈禁忌。在交谈中，有许多内容是必须回避的。例如，许多国家（地区）的人们都忌讳涉及政治、宗教等敏感性话题的交谈内容。也有些国家（地区）的人们忌讳谈及年龄、收入等个人隐私问题。同时，还要注意有些国家（地区）的人们忌讳当面批评他人和背地评论他人。二是要注意行为举止禁忌。有些国家（地区）的人们因为受宗教或习俗的限制而忌讳某些行为。例如，到东南亚国家旅游时，当地人忌触摸头部，即使大人对小孩的爱抚，也不会用手去摸他们的头部，因为他们认为头部是最高贵的部位；同时，当地人还忌用左手与别人接触，忌双腿分开坐或跷二郎腿。西方人忌讳别人乱动衣物，忌讳谈话时把手插入口袋，老人忌讳被搀扶。

3. 着装禁忌

由于宗教信仰、民俗习惯有所不同，不同国家（地区）的人们对着装也有不同要求。出境旅游时，人们应注意当地的着装禁忌。一是要注意着装的款式禁忌。在出游过程中，人们的着装应得体、整洁、舒适，忌穿着过分暴露的衣服。例如，到一些国家参观寺庙、宫殿等时，需要穿着端庄，不应穿暴露胳膊、腰部、膝盖等的衣服。二是要注意着装的颜色禁忌。出境旅游时，人们也要注意服装颜色的选择，避免与当地的着装习俗相违背。例如，到马来西亚旅游时，当地人忌讳穿黄色或过于鲜艳的衣服。到捷克旅游时，忌讳穿红三角图案或类似图案的衣服。在西方，有些国家忌讳黑色或紫色。三是忌穿着假冒服装。出境旅游时，人们在着装方面还要注意选择正式品牌，忌穿假冒伪劣、仿造的服装。尤其是西方一些国家，他们特别重视服装品牌的维权问题，如果被发现穿着仿造服装，可能会带来麻烦。

4. 赠送礼品禁忌

出境旅游时，如果需要给他人赠送礼品，要注意当地的赠送礼品禁忌。一是要注意礼品的寓意禁忌。在赠送礼品时，应注意礼品本身在当地的特殊寓意。例如，荷花在我国代表高贵纯洁，但在日本则被认为是丧花，当地人忌讳被赠送荷花。还有些国家忌讳赠送刀、剪等，因为他们认为这样的礼品有断绝关系的寓意。二是要注意礼品的数量禁忌。许多国家的人们不喜欢数字"13""4"，还有些国家的人们不喜欢数字"7""9"。此外，西方一些国家的人们还忌送双数的礼品或者鲜花。出境旅游需要赠送礼品时，一定要了解当地的这些风俗习惯。三是要注意礼品相关图案的禁忌。在赠送对方礼品时，要注意不要赠送带有违背对方风俗习惯和个人忌讳图案的礼品。例如，日本人忌讳带有狐狸、獾等图案的礼品。一些国家的人们忌讳带有猪、狗、猫等动物图案的礼品，还有些国家的人们忌讳带有菊花图案的礼品。

三、高尔夫礼仪

高尔夫礼仪作为高尔夫运动最重要的组成部分，是区别于其他运动项目的特点之一，因此高尔夫也被称为"绅士运动"。不管你如何标榜自己的球技、球龄，或者展示自己昂贵的球具和一身名牌行头，只要看看你在球场上的举止是否遵守了高尔夫礼仪，就能区分出你是一个名副其实的高尔夫球手，还是一个只会拿着球杆在场上比画的玩球人。通过你的场上表现，人们可以观察到你是否热爱这项运动、理解它的传统并尊重一起打球的同伴，进而对你个人的教养和人品作出评价。

（一）着装符合要求

从事高尔夫运动，装扮是否得体、是否符合高尔夫球的标准被视作最起码的礼仪。首先是只要踏进高尔夫球场必须穿着高尔夫球鞋，因为其他类型的鞋在人行走时，会存在破坏草坪的风险。另外，男士必须着带领的衬衫，下身着宽松运动裤；女士穿带领 T 恤，下身着运动裤或者短裙。正确的衣着是被认为在高尔夫运动中最重要的一点。

（二）尽可能避免迟到

也许很多人会说在任何运动中都是需要遵守时间规则的，但是在高尔夫运动中，将迟到视为对朋友或者对手的极大不尊重。据说因为之前在欧洲，高尔夫作为一项贵族运动，参赛者必须提前到场，而如果迟到则会被判失利或者罚杆。在现代高尔夫比赛中，也极少出现比赛迟到的行为，因此，如果跟朋友约好去打高尔夫，一定要注意不要迟到。

（三）姿势优雅

手势：左手把杆子从食指靠掌的第一指节斜着横贯上紧紧地靠着掌缘下端的厚肉垫，大拇指跟食指的"V"形纹要指着右眼。右手全用指头去握杆，杆子直着压过靠掌的指节上，一定要握在手掌之外。中指及无名指吃力最重，在练习右手握杆的时候，把右手的大拇指和食指拿开，拇指和食指形成"V"字形指着下巴。两手握杆的时候，要联结在一起形成一体，最常见的握杆式为重叠式，即右手的小指头在左手指和中指的夹缝里；左手的大拇指正好平稳地被藏在右掌拇指下的窝里。双手握杆也可采用互锁式握杆，将右手小拇指插入左手食指和中指之间互相锁住，适合挥杆速度非常快的人。此外，初学者也可采用棒球式握杆，也称自然式握杆法，是将两只手并排握住球杆，如果右手为惯用手，一般右手在上左手在下，将位于上方的手的小拇指与在下方手的食指紧挨，这样可以更好地利用右手手臂的力量（见图 9-9~图 9-11）。

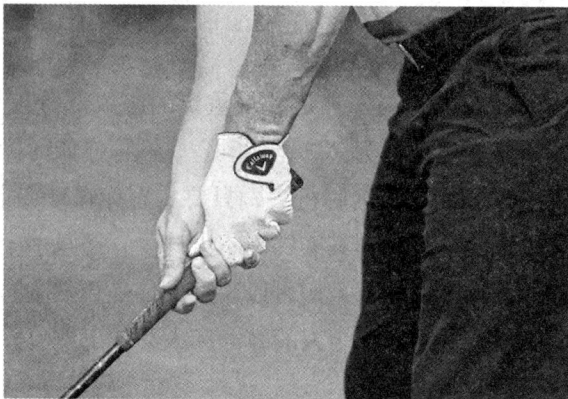

图 9-9　高尔夫重叠式握杆（瓦顿式）[1]

图 9-10　高尔夫互锁式握杆 [2][3]

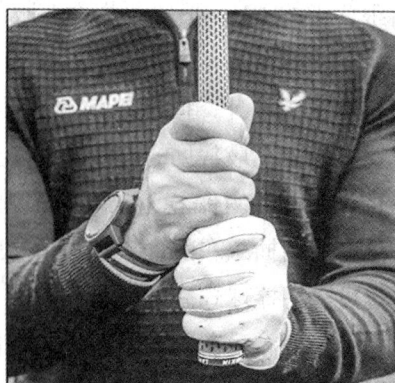

图 9-11　高尔夫棒球式握杆 [4]

①　知乎网。
②　知乎网。
③　知乎网。
④　百度网。

站姿：右脚方方正正地抵着假想中与弹道平行的一条线呈 90° 角。左脚向外开 1/4，以 5# 铁杆为准，双脚分开与肩同宽，比 5# 铁杆长的就开得宽；比 5# 铁杆短的，双脚就向内拢一些。身体重量均匀分布于两脚。握杆后双臂前伸，杆柄与地面平行，从臀部开始微微翘起，双膝稍作弯曲，背部始终保持平直。弯曲腰部，直至杆头触及地面。此时可感知到身体重心位于前脚掌，双臂处于自然下垂状态，右肩明显低于左肩，双手与双腿保持大约一只手的距离，手肘舒适内压（见图 9-12）。

图 9-12 高尔夫站姿 [①]

（四）击球后对果岭进行修复

果岭是指高尔夫球场内的果岭区，果岭区覆盖的全是沙培的百慕大草。这种草具有叶片纤细、密集、节间短、低矮等优点，极适用于高尔夫运动。但是这种草却是整个球场最需要呵护的地区。当球员击球落地时，球会在果岭上留下一个凹点，这个凹点被称为果岭凹点。在传统高尔夫球场礼仪中，运动者有义务对自己产生的凹点进行修复。修复方法就是：用球座尖端或果岭修理叉沿凹痕周边向中心插入并挖起，直到凹陷部分与表面平齐，然后用推杆头底面轻轻敲击压平实。

（五）不干扰他人

在球场上不应以走动、讲话或制造不必要的噪声干扰他人打球。

应当确保自己带到球场的任何电子用品不会对其他人造成影响。

在发球台上，在轮到自己发球之前球员不应先架球。

不破坏别人击球的路线。当你在电视上看高尔夫比赛时，是否发现有运动员在比赛时，会用手扶着洞口杆，这是极其不好的一种行为，因为这样会破坏杆洞旁边的草皮，如果那个被破坏的草皮正好在其他人的击球路线上时，那么将会对其他人产生不好的影响。最好的办法就是，击完球之后，应当迅速离开果岭区，并且尽量不要干扰到其他球员。

---

① 百度网。

（六）注意安全

在击球或练习挥杆时，应确保球杆可能击打到的地方及可能因击球或挥杆而被球或任何石块、树枝等打到的地方及其附近无人站立。

在前面一组球员还没有走出球的射程可及范围之前，球员不应打球。

在球员的击球可能会危及附近或前方的球场管理人员时，应当随时提醒相关人员。

如果打球后球飞向可能会击中别人的方向，应当立即高声喊叫进行警告，在该场合警告的惯用语是"看球"。

四、涉外活动礼仪

涉外活动礼仪是指人们在涉外交往与工作中，用以维护自身和国家形象，向交往对象表示尊重与友好的各种礼仪规范。它是在长期的国际交往中逐步形成的，是国际通用的礼仪规范。在现代社会中，无论是国际政治、经济交往，还是国际文化交流，人们都应遵照一定的、大家普遍认可的礼仪规范。如果离开了这些礼仪规范，人们的涉外交往活动便会变得无章可循，费时费力，甚至混乱不堪。

（一）着装礼仪

在涉外交往中，人们应根据所处的具体场合，遵循相应的着装礼仪规范。

在处理公务或开展工作时的公务场合，涉外人员的着装应当端庄大方、整洁规范。具体而言，男士最好身着藏蓝色、黑色的西服套装或中山装，内穿白色衬衫，脚穿深色袜子、黑色皮鞋。女士最好身着单一色彩的西服套裙，内穿白色衬衫，脚穿肉色长筒丝袜和黑色高跟皮鞋；不宜穿时装和便装，以及过于暴露、紧身、短小的服装。

在公务活动之外，与他人开展交流、参加应酬活动的社交场合，涉外人员的着装应当重点突出"时尚、个性"的风格，不必过于保守从众，也不宜过于随便。社交场合常见的着装类型主要有时装、礼服、具有本民族特色的服装等。在许多国家，人们在出席隆重的社交活动时有穿着礼服的习惯，男式的礼服是黑色的燕尾服，女式的礼服是露肩、露背、拖地的单色连衣裙。在我国，需要穿礼服时，男士一般穿深色中山装套装，也可以穿民族服装或西服套装，女士则穿单色的旗袍或下摆长过膝部的连衣裙。

休闲场合是人们在公务、工作之外，置身于闲暇地点进行休闲活动的场合，如居家或进行健身、娱乐、逛街、旅游等活动的场合。在休闲场合，涉外人员的着装可突出"舒适、自然"的风格。只要不有碍健康，不违背伦理道德，不触犯法律，在休闲场合的着装可以无拘无束，怎么舒服、怎么方便就怎么穿。休闲场合的着装主要有牛仔装、运动装、夹克衫、T恤衫、短袖衬衫等。在休闲场合，男女的着装分别并不明显，甚至可以男女通用。在休闲场合不宜穿套装或套裙，也不必穿制服，否则就会因过于正规而令人不适。

（二）拜访礼仪

1.有约在先

在社会飞速发展的今天，时间对于每一名现代人而言，既是效率，又是财富。因此，若非受到拜访对象的专门邀请，则务必在进行拜访之前，与对方事先约定，并且在具体时间上应请对方定夺，或者双方进行协商。这样的话，就不至于打乱对方的工作计划，影响对方的日常生活。

拜访外国人时，切勿未经约定便不邀而至。也不要在对方难以安排或缺乏准备的时间执意登门造访，否则会令对方勉为其难。此外，外国人大都强调个人生活至上，讨厌一切外来干扰，因此，应当尽量避免前往其私人居所进行拜访。

在约定拜访外国人的具体时间时，通常应当避开节日、假日、用餐时间、非办公时间、过早或过晚的时间，以及其他一切对方不方便的时间。

2.守时践约

在国外如要约见他人时，一个很重要的礼仪便是要预先约定。除此之外，守时践约也是做人所应具备的基本教养，这不仅是为了体现个人信用、提高办事效率，更是体现对交往对象的尊重友好。

要做到守时践约，最重要的是，要准点正点地在宾主双方约定的地点亮相。既不可迟到或失约，也不必早到。迟到是一种非常不礼貌的行为，在拜访外国友人时，千万不可发生。万一因故不能准时抵达，务必及时通知拜访对象，以免对方久候。必要的话，还可将拜访另行改期。在这种情况下，一定要记住向对方郑重其事地道歉。矫枉不可过正，提前在拜会地点出现也是不必要的。那样做，有可能会打乱被访者的安排，令其措手不及。

有些外国人喜欢选择酒吧、餐馆、咖啡厅或酒店的前厅为会客地点。倘若对此处环境、路线不太熟悉，则不妨提前5分钟抵达现场，确认地点无误后。可先在附近小候片刻，随即正点出场。

3.进行通报

进行拜访时，倘若抵达约定地点之后，未与拜访对象直接见面，或是对方没有派人在此迎候，则在进入对方的办公室或私人居所的正门之前，有必要先向对方进行一下通报。

具体而言，前往大型的公司、企业拜访他人，尤其是拜访职高位显的要人时，应首先前往接待处，向接待人员进行通报。或者先行前往秘书室，由秘书代为安排、通报。若对方一时难以分身，不妨暂时小候片刻。

前往酒店、宾馆拜访他处时，按照人们约定俗成的做法，首先应当在拜访对象下榻的酒店、宾馆的前厅里，打一个电话给对方，由双方决定双方见面的具体地点。切勿直奔对方的客房而去。

前往私人居所或普通人的办公室进行拜访时，最忌讳在附近大声喊叫对方姓名，在房门上拍拍打打；或是一声招呼不打，便莽莽撞撞地推门而入。得体的做法是，要首先轻叩一两下房门，或是轻按一两下门铃，得到主人允许之后，再推门而入。叩门或按门铃时要保持耐心，不要再三再四，或者二者并用。国外的有些私人居所的门上，为安全考虑，装有监视器、对讲机或门镜。在此处登门拜访时，不要胡闹或者吓唬主人。

4. 登门有礼

登门拜访外国人时，不论与对方是深交或是初识，是因公会晤还是因私小聚，均应遵守基本的礼节，切忌不拘小节、失礼失仪。

当主人开门迎客时，务必主动向对方问好，并且要与对方互行见面礼节。倘若主人一方早已恭候于门口，并且不止一人之时，则对对方的问候与行礼必须在先后顺序上合乎礼仪惯例。其标准的做法有二：一是先尊后卑，即先向地位、身份高者问候、行礼，后向地位、身份低者问候、行礼。二是由近及远，即先向距离自己最近者问候、行礼，然后依次而行，最后再向距离自己最远者问候、行礼。

在此之后，应在主人的引导之下，进入指定的房间，并且在指定的座位上就座。如果主人开门之后并未请来宾进入室内，切勿擅自闯入，尤其是不应当进入主人并未指定的房间之内。在就座之时，要与主人同时就座，不要目空一切地一马当先、抢先就座。

倘若自己到达时，发现尚有其他客人在座，应当先问一下主人，自己的到来会不会影响对方。必要时，可以改日再来，或在别的房间内稍候。若主人恳请自己与先到的客人见面，应依礼向对方行礼、问好。可能的话，在不妨碍对方的情况下，应主动与其稍事交谈。

为了不失礼、不失仪，在拜访外国友人之前，应随身携带一些备用的物品，它们主要有纸巾、擦鞋器、袜子、口气清新剂等。它们被人简称为"涉外拜访四必备"。进入外国人的办公室或私人居所之后，循例应当将自己身上的几件衣物脱下来，以示对对方的敬意。它们主要是指帽子、墨镜、手套和外套。它们也被叫作"入室后的四除去"。

5. 举止有方

在拜访外国人时，于其办公室或私人居所之内进行停留的时间里，一定要注意自尊自爱，并且时刻以礼待人。

与主人或其家人进行交谈时，要慎择话题，切勿信口开河。特别重要的是，不要跟对方滥开玩笑，不要出言无忌、开口伤人。与异性交谈时，更要讲究分寸。不要有意回避他人，或是故意压低声音。

对于在主人家里所遇到的其他客人，不论对方来得比自己早或是更晚，都要表示尊重，友好相待。不要在有意无意之间冷落对方，更不要对对方视若不见、置之不理。那样的话，不仅有失风度，而且对于主人也是很不尊重的。

若遇到的其他客人较多，既要以礼相待，也要一视同仁。切勿明显地表现出厚此薄彼，更不能只顾与某些有地位的或者年轻的客人或者相貌出众的异性客人攀谈，而本末倒置地将主人抛在一旁。

在主人家里，不要随意脱衣、脱鞋、脱袜，也不要大手大脚，动作嚣张而放肆。未经主人允许，不要自作主张地在主人家中四处乱闯，尤其是不应当进入其卧室内。随意乱翻、乱动、乱拿主人家中的物品，也是严重的不合乎礼仪规范的行为。

6. 适可而止

在拜访他人时，尤其是在进行较为正式的拜访时，一定要注意在对方的办公室或私人居所里停留时间的长度。从总体上讲，应当具有良好的时间观念。不要因为自己停留的时间过长从而打乱对方既定的其他日程。具体来讲，若宾主双方事先并未议定拜访的时间长度，则拜访者自身需要自觉把握好时间。在一般情况下，礼节性的拜访，尤其是初次登门拜访，应控制在一刻钟至半小时之内。在正常情况下，最长的拜访，通常也不宜超过一小时。

有些重要的拜访，往往需要由宾主双方提前议定拜访的具体时间长度。在这种情况下，务必严守约定，绝不单方面延长拜访时间。

自己提出告辞时，虽主人表示挽留，仍须执意离去。但要向对方道谢，并请主人留步，告之不必远送。在拜访期间，若遇到其他重要的客人来访，发生重要事件，或主人一方表现出厌客之意，应当机立断，知趣地告退。

（三）通信礼仪

在现代涉外交往中，通信方式主要有书信、电话、手机和网络等。无论采用哪种通信方式，都应遵循相关的礼仪规范。

1. 书信礼仪

在涉外交往中，书信交往依然扮演着不可或缺的角色。除传统的纸质书信外，电子书信也就是电子邮件，在现代涉外交往中已越来越重要。在正式的涉外交往中，对重要事务的处理，往往通过书信的往来才能做最终决定。一份完整的涉外书信，其内容无论涉及哪些方面，都应遵循"7C"原则，即完整（Completeness），完整要求书信的内容要全面，不要有缺漏，不要使用省略的表达方式。例如，尽量不用"ditto（同前）"之类的表意不明确的省略式表述。具体（Concreteness），书信的内容要详细、准确，不要使用含糊、抽象、模棱两可、用意笼统的词。例如，在说明日期时，避免使用 yesterday（昨天）、today（今天）之类的词，而要具体说明某月某日。清楚（Clearness），书信要根据主旨意思准确而恰当地把话讲明白，一般句子不要太长，一个段落表达一层意思，同时避免使用可能产生歧义或表意不明确的词语。简洁（Conciseness），书信要简明扼要地表达需要表达的意思，长话短说，直接切题。正确（Correctness），书信语言叙述正确、数字使用正确、术语运用正确和写作方法正确，不能在行文中出现错误，这是书写书信的核心原则。礼貌（Courtesy），礼貌要求书信中的语言要文明、客气，避免使用语气强硬或容易引起对方不快的词语。体谅（Consideration），书写书信时要顾及收信人的要求、愿望、感情以及收到此信后可能做出的反应。写信时，应该适当地从收信人的角度考虑问题，设身处地地替对方着想，这也充分体现了写信人对收信人的尊重。

2. 电话礼仪

拨打涉外电话时，要选择对方方便的时间，注意不要在他人的休息时间给对方打电话。打公务电话，不要占用他人的私人时间，尤其是节假日时间。非公务电话，应避免在对方的通话高峰期和业务繁忙的时间段内拨打。

拨打电话前，最好将所讲事情的要点写在纸上，准备好相关资料，避免遗忘。拨通电话后，应确认接话人身份。确认无误后，应先向对方说明自己的身份，然后询问对方是否方便接听电话。若对方当时方便接听电话，应用最短的时间说清自己的通话目的和要求。通话过程中声音要柔和，态度要和善。通话结束后，要礼貌地说声再见，再挂上电话。

若有电话打进来，一般应及时接听。电话接通后，一般应及时自报家门，并向对方问候，方便对方确认信息。接听电话的过程中，要注意做好重要信息的记录，确认信息准确无误后，可以配合对方及时结束通话。在接听电话的过程中，始终应注意做到语言礼貌、态度和蔼。

3. 手机礼仪

使用手机进行涉外交流时，要注意选择合理的时间。因公务需要使用手机沟通时，应选择在对方工作的时间内拨打，尽量不要占用工作以外的时间，以免影响对方的个人活动。如果是私人沟通，可以根据对方的习惯拨打对方的家庭电话或手机，但是一定要注意时差问题。

随着手机的普遍使用，手机的安全性问题越来越突出。在涉外活动中，主要应注意以下两个问题。一是要有信息安全意识，不泄密，通话内容应避免涉及商业秘密和国家安全信息，防止造成信息外露。二是要提高警惕，避免受骗，如果发现是陌生电话，可以通过电话号码等基础信息来辨别是否安全。如果暂时不能辨别，可以先接通，若发现对方信息异常，应立即挂断。

在涉外活动中，要恰当处理手机信息。当收到对方的信息时，应注意信息内容的合理性。如果收到的信息内容是正确、合法的，可以给予对方肯定和支持。当需要转发信息时，必须先确定信息内容的准确性和客观性，以免造成误解和不良影响。如果收到的信息内容不合理，应及时删除，必要时还要上报相关部门。

4. 网络礼仪

在涉外活动中，如不注意网络使用的安全性，往往会危及个人安全、单位安全，甚至国家安全。在公务交往中，可以使用双方认可的网络平台进行必要的公务信息交流和确认。切忌传递涉及商业和国家机密的信息。在非公务交往中，要注意不要将私人信息或保密性信息随意泄露给他人或网络平台。同时，还要注意发送文件的安全性，发送信息前要对文件进行杀毒，以免将病毒传给对方。

使用网络进行涉外通信时，要特别注意沟通的时间，一般可以根据双方的时差和与对方沟通的内容来选择，尽量在工作时间处理公务，在非工作时间处理私事。选择恰当的时间，能提升沟通的效果，促进双方的交流。

使用网络通信时，一定要确保所传递信息的准确性。一是确认传递信息的网址是否准确。发送信息前一定要确保发送地址准确无误，否则很容易出现误传，甚至引起不必要的麻烦。二是确认网络信息内容的准确性，这将直接影响网络沟通的效果。发送信息前要对文件的内容进行认真核准，确保没问题后再发送。

（四）小费礼仪

世界上许多国家都有给付小费的习俗。由于世界各地的文化背景和民族习俗的差异，小费的给付方式也有一些不同。比较常见的给付小费的方式有以下几种：一是将小费直接在交付账单上公开列明，常见于宾馆住宿、餐厅就餐时。二是私下将小费直接送到服务员手里。三是将小费放置在宾馆床头、茶盘、酒杯底下，由服务人员自取。四是不收付款时找的零钱，将其当作小费。五是在官方接待中，因不收小费，所以可酌情赠送一些小纪念品（如香烟、小瓶酒等）以示感谢。

给付小费的金额一般有这样几种情况。一是按照消费总额的比例给付，这种给付方式比较常见。不同场合下，给付的小费比例有所区别。就餐时，可给付消费总额的 5%~20% 的小费给服务人员，也可以再给付消费总额的 5% 的小费给领班。二是按照定额给付，对于一些特定的服务岗位，他们更喜欢定额给付。例如，在宾馆住宿或请人搬运行李时，可按照当地的固定金额给付一些小费。所以，出国时应随身携带小额外币或零钱，用于给付小费。

欧美一些国家的服务行业收取小费的风气很盛行。收取小费的人群主要有以下几类：一是酒店的门童、行李员、送餐员、客房服务员；二是餐厅的领位员、侍者、乐手、卫生间保洁员；三是美容美发场所的美容师、发型师、泊车者；四是出租车司机；五是影剧院的衣帽厅侍者、节目单发放者、剧场领位员；六是旅游观光场所的导游员、驾驶员等。需要注意的是，对售货员、自助洗衣店的服务员则不必给付小费；对警察、海关检查员、大使馆职员、政府机关职员等公务人员绝不可给付小费。

第六节　高雅场合礼仪

在高雅社交的舞台上，得体的行为和恰到好处的礼仪无疑是彰显个人素养的绝佳方式。深入了解和掌握不同场合所应遵循的礼仪，不仅能够帮助我们在高雅场合表现自如、举止文雅，而且能够在潜移默化中提升个人的文化修养和社交技巧，从而在人际交往中展现出更加优雅从容的姿态。

一、观演礼仪

近年来，越来越多的人将走入剧场、影院观看演出作为自己的生活习惯。观演礼仪虽然不是影院、剧院的明文规定，也没有兼具强制性和惩罚性的硬性规定，但还是每一个走进剧院、影院的观演者都应该自觉遵守的社会公序良俗。在音乐会、歌剧等演出中，现场的每一位观众都是这场艺术盛宴的参与者。观演礼仪不仅反映了观众的文化素养和对艺术的尊重，还有助于营造一个专注和尊重的欣赏环境，让每个人都能沉浸在艺术的熏陶之中。同时，正确的礼仪使艺术家和观众之间建立起一种无形的交流和理解，是演出活动顺利进行及最大化艺术享受的重要保证。

（一）着装得体

虽然大多数剧场不再强制要求正式着装，但整洁得体的服装仍是必需的，以示对演出的尊重。对于普通观众而言，一般通勤上班的着装即可；对于特殊邀请的嘉宾而言，需要有一定礼服性质的装束，但是也不必非常隆重的服装。观看演出时，建议避免穿戴过于随意的服装，如背心、短裤或拖鞋。

（二）提前到达

演出当天，尽早赶到剧场附近，务必留有一定的时间提前入场，这也是对演出团体和艺术家最起码的尊重。剧场与电影院不同，一些细微的动静会显得异常明显。这些细微的动静不仅会极大地影响其他观众的观赏体验，甚至会造成不小的矛盾。更为严重的是，迟到的观众会影响到舞台上演员的表演，以直接影响演出质量。

入场时，如你需要穿过成排的座位去找自己的位置，把脸转向站起来的人和被你打扰的观众，以示尊重。如果是不可避免的出于可理解的原因而迟到，应该安静地进入大厅，等待中场休息时间再去找自己的座位。

不携带宠物、危险品及食品入场。剧场禁止饮食，其原因除了打扰演员、观众、给保洁造成不便之外，剧院中线路设备众多，食物残渣或者饮料里的糖分会招来老鼠。一旦它们咬断了哪怕只有一根电线，也很有可能会导致整场演出无法进行。实际上，即使是剧场工作人员也是禁止在后台等绝大部分区域饮食的。

（三）安静欣赏

安静倾听是观看演出最起码的礼仪。观看演出前，不要吃喝太多让你频频上厕所的食物，也不要吃太撑让自己现场打嗝。尽量避免携带那些容易发出干扰噪声的物件入场。入场后，将手机调整到振动或关闭状态，并将电子设备的屏幕亮度调低，保证在观看演出时不影响欣赏效果。

在演出过程中，应保持肃静，不可交谈、打瞌睡、喝水（饮料）、吃东西、走动等。

尽量避免做一些"小动作"，例如：在座位上移动大衣、将包打开或关上、捡掉到地上的东西、清喉咙以及咳嗽、嚼口香糖等。如果在演奏进行中正巧碰见熟人，坐在原位向其点头致意，万万不可离开座位，跑去大声问好、说话。如果对某个节目不满意，也不要与身边的观众相互低语，对节目进行评论，应在演出结束退场后再对节目进行评价。为了保护演出版权，保证演员和大多数观众的利益，演出期间未经许可不得录音、录像、拍照和使用闪光灯。

（四）适时鼓掌

对于台上的艺术家来说，最高兴的事情，永远都是建立在观众的正确反应之上。台下观众正确的情感表达，能够使得台上与台下建立起良好的精神沟通。在观看戏剧类演出时，通常在演出的最后或者明显的表演结束时鼓掌，如戏剧的幕间或最终谢幕。

而音乐会中，音乐会开始时，应鼓掌迎接指挥上台。对上台演出的独奏演员也应给予掌声鼓励。乐章之间和组曲之间不鼓掌，对于篇幅较长的作品而言，一个段落的结束，只表明情绪或速度的变换，并不是完全的停止。有些乐团指挥，会在一个曲目结束后，转过身来向听众示意，这时，观众就该积极鼓掌。鼓掌时，为了产生理想的音量，双手不要互相对着拍击，而是只用右手整个手指轻轻拍击左手掌心。

（五）有序退场

演出结束时，观众应等待演员完全谢幕后再离开。提前离场不仅失礼，也可能影响其他观众和演员的情绪。谢幕是演出的一部分，热烈的掌声是对演出者最好的肯定。离开表演大厅时请勿拥挤。需要指出的是，在演出过程中或中场休息时，离开音乐会、剧院或歌剧院，是不合礼仪的，这对于表演者和艺术家来说是冷漠无情的。

二、图书馆礼仪

图书馆是净化心灵、提升自我的清静之地，图书馆礼仪是指在图书馆这一公共场所中，人们应当遵循的一系列行为规范，以确保图书馆环境的安静、整洁和有序，从而营造出一个良好的阅读和学习氛围。它既体现出一个人自身的修养，又包含着对他人的关照。以下是一些重要的图书馆礼仪：

（一）图书馆之"静"礼

进入图书馆走路要轻，入座起座要轻，以免打扰到其他读者；在图书馆内，保持安静阅读，翻看书刊要轻，遇到熟人可以使用点头、微笑的方式打招呼，避免大声喧哗或打电话；如需长时间讨论，应前往图书馆指定的讨论区或室外进行。同时应将手机及其他电子产品调整为无声，不随意拨打、接听手机。

（二）图书馆之"净"礼

读者应保持个人仪表的整洁，着装得体，不要披头散发或穿拖鞋、背心进入图书馆。同时，也要保持图书馆的整洁，不乱扔垃圾，不携带食物进入图书馆，离开时清理好阅览桌面，将纸屑等垃圾带走。

图书馆的桌椅、书架、电脑等设备都是公共财产，应加以爱护，不要随意刻画、破坏。同时，也要爱护图书，不涂画、不撕页、不折角，保持书籍的整洁完好。爱护图书馆和阅览室的桌椅、设备等公物，不随意刻画、破坏。

（三）图书馆之"敬"礼

要尊重知识产权，合理复制和使用文献；借书时少量取阅书刊，阅后再取，按时归还图书，不超期、不超量借阅；自助借还图书人较多时，安静地自觉排队等候，耐心等待办理相关事宜；阅览过程中，如遇无法自行解决的问题，有礼貌地咨询图书管理员；一人一座，不占座，按位就座，需坐在他人旁边空位时，应有礼貌地请问旁边是否有人；借书时如与他人同时看中同一本图书，应互相礼让，急需者先借。

图书馆礼仪是人们在图书馆中应当遵循的行为规范，它有助于营造一个安静、整洁、有序的阅读环境，让每个人都能在这里享受到阅读的乐趣。我们每个人都应该自觉遵守图书馆礼仪，共同维护这个宝贵的文化空间。

三、品茗礼仪

茶亦茗，古体字荼即茶，古亦荼，早在西晋时候，诗人张载写下了第一首茶诗："芳茶冠六清，溢味播九区。人生苟安乐，兹土聊可娱。"晋代张华《博物志》曰：饮真茶令人少眠，故称茶为"不夜侯"。我国是种茶、饮茶最早的国家。唐代陆羽撰写的《茶经》是我国第一部关于茶的专门著作，书中论述了茶的性状、品质、产地、采制、烹饮方法及用具等。

千载以来，品茗饮茶在中国被视为生活之雅事，盛世之清尚。茶亦是中国人最富情趣、最具全民性的生活习俗之一，如今在中国的很多传统茶乡，茶更是与科技、产业紧密结合，成为乡村振兴、百姓致富的金叶子。茶也是享誉全球的"中国名片"，从古代通过茶马互市远播四方，到如今沿着"丝绸之路经济带""21世纪海上丝绸之路"跨越山海，中国茶成为世界之饮品。

品茗以茶为主角，深度挖掘茶文化的内涵，让我们深刻体味它的历史、文化、艺术、哲学之美。品茗更是将茶作为一种文化象征和传承媒介，伴随着中国人走过悠长的岁月。它不仅有着精湛的茶艺、茶道讲究，更有茶文化内涵、茶文明传承和茶道礼仪引导。

（一）斟茶礼——酒满敬人，茶满欺人

正如俗话所说"茶满欺客"，茶水过满不仅不便握杯品尝，也可能烫伤客人。因此，斟茶时只需七分满，寓意着"七分茶三分情"的深厚情谊。与斟酒不同，斟茶时需格外注意，因为茶是热的，若满杯则可能让客人接手时感到烫，甚至导致茶杯滑落，让客人尴尬。因此，为表示对客人的尊重，倒茶时只需七分满，让客人细细品味，同时也避免

了不必要的尴尬。

（二）长茶礼——先尊后卑，先长后幼

对于年长或辈分较高的喝茶人，以及尊贵的客人，泡茶人应将其安排在左侧。在倒茶时，应首先按照辈分和年龄大小的顺序，为每位客人倒上一杯。随后，可根据喝茶人的进度，灵活地为他们续茶。

泡好茶后，泡茶人应使用杯垫来端茶给客人。这不仅更为卫生，也更为礼貌。在递送时，应双手拿着杯垫，托住杯子，然后轻轻地放在客人眼前的桌面上，同时微笑着说："请喝茶。"

（三）奉茶礼——双手端茶，以示尊重

为表达尊重和礼貌，端茶给客人时，必须使用双手。切忌只用一只手递茶给客人，这会显得非常不礼貌。在双手端茶时，也要注意姿势。对于有杯耳的茶杯，应一只手抓住杯耳，另一只手托住杯底，然后将茶端给客人。当然，现在很多人会使用杯垫来端茶，这样操作起来更加方便且显得更加礼貌（见图9-13、图9-14）。

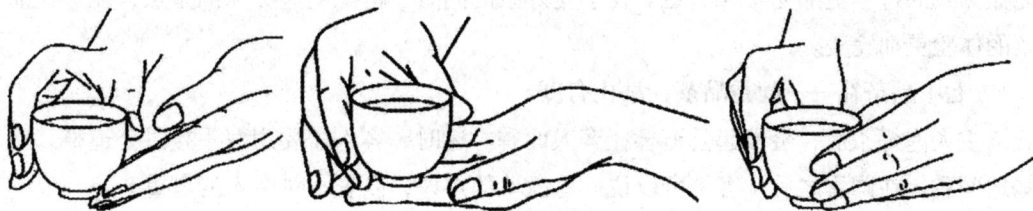

图9-13　正面奉茶姿势

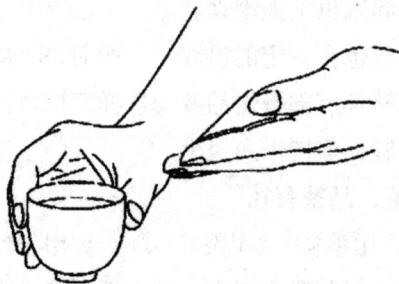

图9-14　侧面奉茶姿势

（四）换茶礼——新客到来，重新泡茶

在品茶的时刻，如有新客来访，我们应换上新茶，重新沏泡，以示敬意。在为客人倒茶时，我们应先给予这位初来乍到的客人，请其品尝并予以评价。品茶之人，切忌流露出不悦之色，而应懂得修养，以有礼有节的方式表达自己的意见。

（五）观茶礼——续茶观杯，换茶问客

要注意观察客人喝茶的节奏，一旦发现杯子空了，便要及时为其续上热茶。若杯中尚留半杯，则暗示"暂不需要续茶"之意。如客人杯中茶汤已凉，必须热心为客人倒掉，并为其倒入滚烫的热茶。当茶汤已经经过几次冲泡，味道变得淡薄之时，切勿让客人品味淡而无味的茶汤。此时，及时更换新茶叶，并询问客人是否需要品尝其他茶类。

（六）茶点礼——准备茶点，防止茶醉

在品鉴一杯好茶时，应该尽量保持清空的状态，让味蕾能够充分体验茶的香气和口感。如果同时食用茶点，很可能会掩盖好茶的独特滋味，就像是在品尝美食被打扰了一样，浪费了一杯难得的好茶。

然而，在非正式场合或者品茶时间较长的情况下，准备一些茶点是必要的。这样可以防止出现茶醉的情况，让品茶的过程更加舒适和愉悦。在选择茶点时，我们应该避免选择重口味的蜜饯、奶糖类茶食，因为这些食物会破坏茶的清新口感。相反，一些坚果类的零食是比较适宜的选择。它们不仅口感丰富，而且能够与茶相辅相成，为品茶增添一份美妙的体验。

当品茶到深夜时，备些茶点是必要的。这样可以防止因为空腹而感到不适，同时也能让品茶的过程更加充实和满足。在享受好茶的同时，搭配一些美味的茶点，能够让品茶的体验更加完美。

（七）品茶礼——闻香品茶，举止有度

主人泡好茶后，会端起公道杯让客人闻香。这时，客人需要用双手接过公道杯，轻轻地闻香。在闻香之后，客人可以说一些简单的点评，以表示对主人的尊重。

但是，请注意，千万不要将公道杯拿在嘴边，边闻边说话。应该将公道杯传递给下一个人或者归还主人后再说话。否则，在说话时，你的口气和唾液可能会溅到公道杯中，不仅影响了他人闻香，看起来也不太雅观。

在品茶时，拿品茗杯的手势也有一定的讲究。一般而言，应该使用大拇指与食指拿在杯口下方位置，中指托在品茗杯底部慢慢品茶。这样不仅可以让茶水更加稳当地倾斜出来，还可以避免手指碰到嘴唇，保持干净卫生。

（八）谢茶礼——扣指谢茶，品茶有礼

此礼仪被称为"扣指礼""扣手礼""扣茶礼"。它被用于以下场合：当长辈为晚辈倒茶时，他们会五指合拢成拳，一起敲向桌面，共三下，象征五体投地。如果他们敲九下，则表示对特别尊敬的人的敬意，寓意三跪九叩头。对于关系密切的上下辈，也可以采用这种手势。当同辈之间倒茶时，他们通常会用食指和中指一起轻敲桌面三下。而关系亲密的朋友之间，也可以采用这种轻点的方式。对于年龄相仿的人，食指轻点即可。

（九）茶道礼——茶亦有道，礼尚往来

冲水时，拉动手臂，有节奏连续上下拉动三次，水流不间断，水不外溢，冲水量恰到好处，即"凤凰三点头"。茶叶随着水的注入，上下回旋，茶汤迅速达到浓淡一致，同时也是向品饮者致意，以示礼貌与尊重。

伸掌礼，这主要用于主泡与助泡之间协同配合，或者主人向客人敬奉各种物品时。此礼简练实用，一般应同时说"谢谢"或者"请"。行伸掌礼时，四指并拢，虎口分开，手掌略向内凹，侧斜之掌伸于敬奉的物品旁，同时欠身点头。当两人相对时，可伸右手掌对答表示；若侧对时，右侧方伸右掌，左侧方伸左掌对答表示。这个礼节不仅是一种仪式，更是一种尊重和友好的表达。

鞠躬礼，即弯腰行礼，是中国的传统礼节。茶道迎宾、开始和结束时，主客都要行鞠躬礼。其分为站式和跪式两种。根据鞠躬的弯腰程度可分为真、行、草三种。"真礼"用于主客之间，"行礼"用于客人之间，"草礼"用于说话前后。

（十）送茶礼——敬畏茶道，从容品茶

当茶叶已经泡得淡了，主人却未曾再次换茶。这其实是他无声的暗示，告诉你品茗已经结束，又或许他还有更重要的任务等待去完成。此刻，你可以优雅地起身，以鞠躬礼、拱手礼、叉手礼或者点头礼等方式，用言语表达你的感谢，然后告辞。学会这些喝茶的礼仪，当和朋友一同品茶时，也不必担心因为一个动作或一句话，让大家都愣住，场面陷入尴尬。你将能够自信地应对各种场合，与朋友共度愉快的时光。

看似简单的一杯茶，实则蕴含着丰富的学问。每一滴茶水都犹如人生的缩影，充满了细腻的情感与礼仪。

学习拓展

茶饮，国饮

如今，世界上有五十多个国家种植茶叶，一百二三十个国家，三十亿左右的人口饮用茶叶，成为蔚为壮观的社会生活与文化现象。所以，"茶饮"不仅是国人之饮，更是国际之饮。

一是茶叶融入生活。中国是世界茶树原产地和茶文化的发祥地。自神农开始算起，已有五千多年了。而在这五千年中，茶叶逐步由食用、药用过渡为饮用，经历了团茶、茶饼的样式变化，提升了泡茶技艺。不仅开门七件事"茶米油盐酱醋茶"中有提到，同时还有"以茶会友""客来敬茶"等传统风俗。从生煮羹饮到禅茶一味，从散茶方兴到清饮之风，茶一直伴随着每一个时期的中国人。相比之下，虽然酒文化也盛行，在众多场合也扮演重要角色，但茶叶在世界范围内的分量可是独一份，所以更适合被称为"国饮"。

二是茶文化内涵丰富。在蜿蜒的历史长河，清清茶香中融入了中华文化思想主体之儒、道、佛精神。我国传统文化核心基本上是由儒、释、道三教精神及其影响组成的，而这一切又直接影响和制约着中国茶文化的发展与走向。儒、道、佛的要义均在于人与自然的精神联系和心灵感悟，而这思想精髓渗透到茶文化，进一步丰富了茶文化的内涵。儒学以茶作为心灵与自然沟通的契机，追求"天人合一"。道家强调品茶时要乐于与自然亲近，在思想情感上与自然交流。而佛教强调"禅茶一味"，在茶文化中体味苦寂的同时也将佛理禅机注入其中。

三是茶在中国历史中具有漫长的商业历史。我们作为历史悠久的茶生产大国和消费大国，千百年来，种茶、制茶、泡茶、饮茶已成为中华各民族的生活习俗，并由此衍生出博大精深且多姿多彩的茶文化。茶叶发展到现阶段，有几千万人从事茶业，几亿人日常生活与茶相伴。在很多地方，茶馆、茶庄等蓬勃兴起，盛况空前，茶实际上已成为举国之饮。

因此，茶作为中国的代表饮品，倡导"茶为国饮"，理所当然，实至名归。

课后研讨

研讨 1：

传统礼仪之所以能对中国社会产生持续、深远的影响，源于其对于日常生活与日常实践的关注，礼与俗、文本与实践之间也因此形成了复杂而生动的互动。正是沉淀于广大基层社会之中的日常礼仪、节俗礼仪，赋予传统礼仪文化强大的生命力，礼因落实于生活日用而产生广泛影响。"礼失求诸野"也正是在这一层面上才得以成立。

在伦理观念为核心的中国传统礼制社会中，礼仪是维系社会秩序的重要纽带。而当代社会以法治为基础，在这样的背景下，传统礼仪应如何与我们的日常生活相融合？它又如何为现代社会的稳定和和谐做出贡献？

研讨 2：

"缘情制礼"是礼仪制定的基本原则，"礼之重要性，则在导达人之情感"。礼以人情为基础，又对人情加以节制，使人情以恰当适宜的方式表达，以达"文质彬彬"之"中庸"状态。《论语》："齐之以礼"，郭象注："礼者，体其情也。"礼是情的载体，而情是礼的内在精神。《礼记·礼运》又称："礼也者，义之实也"，孔疏："礼者，体也，统之于心，行之合道。"礼又是一种通过内心对外部的衡量而把握适宜分寸的、敬而行之的实践。你如何看待礼在传统社会情境、现代社会生活情境中的价值意蕴？